C・H・ブルックス
エミール・クーエ 著

自己暗示

〈新版〉

河野 徹 訳

法政大学出版局

C. H. Brooks

Emile Coué

BETTER AND BETTER EVERY DAY

解説

この本にも書いてあるように、暗示についてヘタな理屈を求めることは、かえってその効果をなくしてしまう。しかし、この本に書いてあることが現代の科学の立場からみて、どれほどすぐれたものであるかについて解説しておくことは、有益でこそあれ、害になるとは思われない。

人類は古くから病気に悩まされてきたが、昔は、病気はその人間そのものの問題として考えられてきた。そのために、祈禱《きとう》というような方法も含めて、治療は、その人間全体にむかっておこなわれてきた。

ところが、意外なことだが、顕微鏡の発見が医学を一変させ、それが進歩にもなったわけだが、重大な偏向の原因にもなった。つまり、顕微鏡で病変部分の異常像をのぞいているうちに、病気とは人体のある部分が悪くなったために起こってくるもので、治療とはその部分をなおせばいいと思いこむようになってしまった。そうして、人体を多くの部分品にわけて考え、ばらばらにして研究するようになった。

これが、ウィルヒョウの細胞病理学説から発達してきた現在の分析的医学の歴史であり、現在の医師の大部分はそういう教育を受けてきたのである。そういう影響を一般の人も受けないはずはない。たとえば、胃病は胃が悪いのであって、自分とは関係がないと思っている人が大部分である。

このような分析的医学は人体の部分品の知識を高めたということで、それなりの意義があったというべきだろう。ただ、部分品を集めただけで人体ができるものではなく、そのおたがいの連絡・協力こそが重要である、ということをいつも忘れずにおれば、さらに効果があったであろうが。もちろん、医学者がそういうことをすっかり忘れていたわけではないが、そういう方向の研究がほとんどおこなわれなかったのだから、結局は忘れていることになってしまった。また、クロード・ベルナール以来の実験精神が、動物実験のうえに医学を築き上げる傾向をうみ、動物と人間の共通性だけが強調されて、社会と言語をもったという点で、人間が動物からどのくらい差がついてしまったかという点を検討することを忘れてしまった。

とくに日本ではさらに悪い条件がつけ加わった。それは明治以後の西洋崇拝である。もともと、科学は実際の目的と結びついて発達してきたものだから、医学は病人をなおすという情熱からはなれてはならない。したがって、かりに理由はわからなくても、経験的に病気がなおる方法があるとすれば、それは尊重され、研究されなければならないのだ。ところが、西洋医学に対する崇拝は、それ以外の治療法はいかがわしいものときめつけて、その効果を科学的に検討してみることすら満足にはおこなわなかった。このへんの事情は欧米とはだいぶちがうようである。もちろん、経験的治療法には科学性に欠けるところが多く、また、金もうけだけをねらった本当にいかがわしいものもまじっているので無責任な失敗も多く、それが非難のマトになったことも事実である。

しかし、医学にしたところで、病気が精神的なもの、人間的なものとまったく無関係なものと思いこんでいたわけではない。たとえば、気持のもちかたで病気が影響を受けること、そのために、医師は適当な態度を示さねばならぬことなど、経験的には百も承知していたのだが、それが科学らしくないというだけの理由で、科学らしくする努力もおこたったし、世俗的な精神療法のなかから正しい部分を学びとることもしなかった。

病気と精神、または人間そのものとの関係に多くの医学者が目を向けるようになったのは、日本ではここ十数年のことである。それは、分析的医学の限界を感じる一方、ノイローゼ性疾患に対する関心が高まり、さらに神経系とか内分泌系のような全身を統制しているものの研究が進歩したからである。そうして、諸外国で新しい医学の学説が生まれ、わが国にも移入されてきた。ストレス学説、精神身体医学、ネルヴィズムなどがそれで、わが国でも心療内科的なものがつくられ、精神身体医学会もさかんである。漢方医学やヨガなどの流行もその一つであろう。また、ノイローゼ性疾患とか自律神経失調症と診断される病気がふえたのもそのあらわれである。

しかし、これらの医学も、やっとそういう研究が必要だと気づかれた段階で、それでつぎつぎと病気をなおしてゆくにはほど遠い。それよりも、いままであまり見向きもしなかった分析的医学以外の治療法に目を向けて、そのなかから実際的にも理論的にも役だつものを見いだしてゆかなければならない。本書の訳者、河野氏からこの本をすすめられて、大いに興味をもって読ませてもらったのもそのためである。

私は脳科学を専攻しているので関心をもって読んだのは当然だが、同時に、かなりきびしい批判的態度をもちつづけたつもりである。しかし、これを読んで感じたことを一言でいえば、この本でいう「誘導自己暗示」とは、ひとりよがりなところのないごく自然な治療法であるということだ。そうして、創始者でもあり実践者でもあるクーエの非凡さもさることながら、ブルックスの理論的説明が理にかなっているだけでなく、私たちにも多くの示唆《しさ》をあたえてくれた。その理由のだいいちは、その理論が無理に押しつけようとか、無理にこじつけようとせずに、あるがままの現象から素直に考えられているからだと思う。

もちろん、たとえば胎児教育的な主張のように、私には十分に納得できないものもないわけではないが、それすらも私の素直さがたりないのではないかと思うほど、この本は素直である。そういう点、ほとんど無数にあると思われる暗示法とか催眠法に比してはるかにすぐれている。人間の精神活動の機序はきわめてダイナミックなものであるから、他の方法がまったく無効だというわけではない。しかし、そこにはスイッチを切って消灯するのと、熱い電球をひねって消灯するくらいのちがいがある。

もちろん発刊された年代や著者の立場からいって、この本の説明や用語にはかならずしも科学的とは思われないものも含まれている。そこで、現代医学、とくに近年、進歩のいちじるしい脳科学の立場から説明を補足することは、この本の権威をさらに高めることになるだろう。

人間以前の動物（おそらく類人猿のようなもの）から人間への進化にはいくつかの段階があったと思われるが、決定的な要因は人間が言語をもったことであろう。言語は人間がつくりだしたものだが、これは現実に存在しているものや現象や性質や人体への影響などを記号化したものである。そのために、言語は人間同志の連絡用の記号として使われたばかりではなく、言語はその表わしているものと同じような刺激として人体に受けとめられる。たとえば「氷」とか「冷たい」という言葉は、実際に氷が体にふれたときのように皮膚の血管を収縮させることなど、多くの事実が実験的にたしかめられている。

また、言語は人間の考えを伝える道具というよりも、考えは言語そのものであることが証明されつつある。つまり、私たちは言語で考え、言語は人体にいろいろの影響をあたえるということになると、考えは脳の中だけの現象ではなくて全身に影響をあたえるのは当然である。

ところで、人体の中心には脳（中枢神経）があって、全身の受容器（感覚器）から情報が送りこまれ、脳からは全身に指令が送られている。その指令は筋肉にだけではなく、すべての内臓にも送られている。たとえば、胃の運動や胃液の分泌、血管の太さなども脳からの指令の影響を受けている。そうして、脳のはたらきは、送りこまれてくる情報に対して全身の器官が適当な反応をするための指令を送りだすことである。

しかも、しだいにわかってきたことなのだが、脳に入ってくる情報も脳からでてゆく指令も、その大部分は、はっきりと意識されない。つまり、私たちの脳はほとんど私たちの知らない間にはたらいていることになる。この本でも、意識下のはたらきが重視されているわけだが、脳のはたらきで意識されている部分はほんのわずかであることがわかってきた。内臓からの情報、内臓への指令などほとんど私たちにはわからないし、体の運動でさえ、ごく大ざっぱにしか意識されていない。

たとえば、自転車に乗れるようになるのはひとりでにそうなるのであって、どうして倒れなくなったのか自分にもわからない。

にもかかわらず、人間はいつのまにか脳で起こっていることはすべて自分にわかっており、脳からでる指令はすべて自分がだしているものと思いこむようになった。とくに人体については、それが自分のものでありながらほとんどわからないので、他人から聞いた知識や先の不安（いずれも言語的なもの）をそのままのみこんでしまう。しかも、脳の中に入りこんだこれらの言語は全身に影響をおよぼすので、そこに異常が起こってくる。「痛み」という言葉は実際の痛覚をひき起こしてくる。いわば、病気そのものが言語の力、つまり暗示で起こってくることが多いのである。

もっとも、このような暗示的病気にかかりやすい下地というものがあって、それは脳機能の素直な発露が妨げられた結果の神経症的状態である。そうして、その主たる原因は、この社会でのかた苦しい、せちがらい生活にあるといえる。したがって、この本でも指摘しているように、理想的には発病を未然に防ぐために、周囲の人から病気や失敗の原因になるような言語を受けとらないように、さらに、もっとのびのびした生活を人間が送るようにするべきなのである。

しかし、実際はそういうことはほとんど不可能であるから、私たちの多くは有害な言語をすでにとり入れており、しかもその影響で健康や仕事や生活が知らず知らずのうちに障害を受けているものとして、その治療をこころみているのが本書の内容である。ここはたいせつなことだからくり返すが、私たちの脳はもともと、私たちの知らぬまに全身を調節しているのだから、自分のもっている言語でその調節が狂わされていることも気づかないのである。しかも、それは「胃病になる」というような言語よりも胃病になったときの状態を想像する言語の方が強力であることは科学的にも証明できる。たとえば、「手を上げろ」という命令が脳からでているように思っている人がいるが、じつは手を上げたときの状態を知っていて、そこまで手を動かすことなのである。本書で「想像力」という用語をつかっているのは、かならずしも不適当とは思わない。「考え」というと範囲が広くなりすぎる。

そこで、このような有害な言語をとり入れており、しかも、それを裏づけるような障害が現に起こっている場合、それが暗示の結果だとしても、その言語は単なる想像ではなく事実と結びついていて、記号として強固な言語になっている。そういう強固な言語を別の有益な言語で追いだす、あるいは相殺してしまうというのが、暗示療法の工夫のしどころである。

その有益な言語を本書では「誘導自己暗示」と名づけている。もともと、病気や失敗そのものが言語による暗示の結果なのだから、後から移入される言語もそれと変わりはない。ただ前者は知らず知らずに入りこんだ有害な言語であり、後者は意識的にとり入れる有益な言語にすぎない。しかもそれがこの本のすぐれたところだが、その言語も結果を表わす想像的言語で、つまり、有益な想像力で有害な想像力をとりはらうということになる。

そこで、すでに事実で裏づけられた有害ではあるが強固な言語に、そういう裏づけのない新しい言語が簡単に勝てるはずはない。本書で「努力をさけよ」と強調しているのは、そのためである。しかし、もともと病気しなくても失敗しなくてもいいはずのものであるから、有益な言語をまったく受けつけぬはずはない。したがって、よき結果を強く想像できるような方法で有益な言語を自然にとり入れてゆこうとするのが、この誘導自己暗示法である。

しかも、人体機能は多くの機能のバランスのうえに立っているものであるから、特定の機能も全体のバランスが好調になるにつけて好調になるわけだから、一般暗示が中心であるという本書の主張は、人体のダイナミズムを理解したすぐれた主張といわなければならない。

最後に、この本の価値を発見された河野氏の識見に敬意を表するとともに、氏のすぐれた訳文が本書の価値をさらに高めている事実を見のがすわけにゆかない。

千葉　康則

目次

解説　千葉康則

C・H・ブルックス

自己暗示

第一部　エミール・クーエの自己暗示療法……2

第一章　エミール・クーエの診療所　2

第二章　クーエの療法数例　17

第三章　児童診療所　23

第二部　自己暗示の特質……33

第一章　思考は力である　33

第二章　思考と意志　43

第三部　自己暗示の実践……56
第一章　一般的な法則　56
第二章　一般暗示　64
第三章　特殊暗示　74
第四章　苦痛をどう処理するか　84
第五章　自己暗示と子供　90
第六章　結　論　97

エミール・クーエ
意識的自己暗示による自己支配……107
意識している自己と意識していない自己　108
意志と想像力　111
暗示と自己暗示　115
自己暗示の用法　116
患者に自己暗示をおこなわせる方法　122

治療暗示の進め方　126
この方法の優越性　132
暗示はどのように作用するか　134
先天的もしくは後天的な精神的疾患と
　道徳的堕落の矯正に暗示を用いる方法　136
典型的な治療例　139
結　論　145

エミール・クーエ

教育はいかにあるべきか……147

訳者あとがき　154

いったい人間の想いは
その内にある人間の霊以外に
だれが知っていようか

「コリント人への第一の手紙・二章十一節」

自己暗示

C・H・ブルックス

第一部　エミール・クーエの自己暗示療法

第一章　エミール・クーエの診療所

フランス北東部ナンシー市のジャンヌ・ダルク街をはずれた閑静なところにエミール・クーエ（一八五七―一九二六。クエイズムともよばれる自己暗示法の創始者）の邸宅があり、その快適な庭園の中に、誘導自己暗示(1)を応用しているという彼の診療所があった。私がそこで彼に会ったのは一九二一年初夏のことで、そのとき初めて彼の診療にこの目で接する機会を得たわけである。

（1）　クーエ氏の用いている「意識的自己暗示」という術語は、誤解を招きやすい。自己暗示とは、意識の能力でなく、無意識の能力なのである。クーエ氏の術語は、結局、患者が実現したいと思う考えを意識的に選び、それをなんとかして意識下に伝えようとする自己暗示を意味するから、本書では「誘導自己暗示」という言葉を用いることにする。

われわれは九時になるすこし前に、彼の邸から庭へ出た。その一隅に煉瓦《れんが》造りの二階家があり、窓は全部、空気と日光を入れるために、広く開け放たれていた。これが診療所である。そこから数メートル離れたところに、小さな平屋があり、これが待合室になっていた。枝もたわわに実のついた杏や桜の木の下では、患者たちがベンチに腰かけ、仲よくおしゃべりや日なたぼっこをしていたが、三三五五、花壇や苺畑の中を散策しているものもあった。診療室はすでに満員だったが、新来患者たちがあとからあとからやってきて、なんとか中に入ろうとしていた。一階のベランダもふさがり戸口のところにも人垣ができていた。室内の患者は、壁に沿って並んでいた椅子が満員になると、めいめい折りたたみ式椅子の類を適宜に並べて場所を占めていた。クーエは、私の席をなんとか工面《くめん》してくれた後、ただちに治療をはじめた。

　彼が最初に呼んだ患者は弱そうな中年男で、彼の診療をうけるため、娘につきそわれて、パリからきたばかりであった。この男はひどい神経病にかかっており、歩くのもたいへんで、頭、腕、脚がたえず小刻みに震えていた。街を歩いていて見知らぬ人に出会うと、自分の病気を見ぬかれるような気がして、完全に麻痺《まひ》してしまうというのである。彼は倒れるのをふせぐため、手じかの支えになるものにすがらなければならなかった。クーエがさし招いたので、彼は椅子から立ち上がり、ゆっくりと杖をたよりに数歩前進したが、彼の膝はなかば折れ曲がっていて、両足は重々しくひきずられているようであった。

　クーエは、きっとよくなるからといって、彼を励ました。「あなたは、潜在意識に悪い種子《たね》を蒔《ま》いてきた。これからは、よい種子を蒔くんです。悪い結果を生みだしてきた力が、今後は逆によい結果を生みだすのです」

　つぎの患者は興奮性で、過労気味の、職工とも思われる婦人だった。クーエが症状をきくが早いか、滔々と病苦のかずかずを訴え、いちいち事こまかにまくしたてるので、とうとう彼は、彼女の話をさえぎってこういった。「奥さん、あなたは御自分の病気のことをあまり考えすぎるのです。そうしてはまた新しい病気をつくりだしているのですよ」

それから、頭痛のよく起こる娘、眼に炎症を起こしている青年、静脈瘤で機能不全になった農夫と続いた。クーエは、各々に、自己暗示がかならず苦痛をのぞいてくれるだろうとのべていた。神経過敏・自信喪失・恐怖意識に悩む実業家の番になると、クーエはこういった。「方法さえ心得れば、そういう観念をいつまでも抱くことはなくなるはずです」

「なくそうと思って一生懸命やっているのですが」

「あなたは、われとわが身を疲労させているのです。努力すればするほど、それだけ、とりのぞきたいと思う観念がたちかえってきます。容易に、簡単に、何よりもまず努力せずに、そういう観念を変えてゆかなくてはね」

「そうしたいのです」

「そこがあなたの思い違いなのです。〈そうしたい〉（I want to do something.）とあなたがいっても、潜在意識の方で、〈いや、それは無理です〉と答えるでしょう。〈そうしよう〉（I am going to do something.）といわなくてはだめなのです。もしそれが、可能な範囲内にあるものなら、あなたはきっと成功するでしょう」

それからすこし後で、もう一人、神経衰弱の娘さんが現われた。一〇日間、教えられた方法を自宅で実践して、三回目の診療をうけにきたのである。幸福そうなほほえみといささか稚気の抜けないうぬぼれを顔にうかべながら、もうだいぶよくなりました、と報告していた。以前よりも力が湧いてきて、人生を楽しみ、もりもり食事をし、ぐっすり眠っているということだった。彼女の誠実そうな態度や純真な喜びようで、仲間の患者たちの信念はいっそう強まったように思われた。彼女は完治の生きた証拠として、かれらに、いずれは自分もあのようになおるのだという希望を抱かせたわけである。

クーエはさらに診療を続けていった。リューマチか、ある種の麻痺性疾患で、手足が自由にならない患者にたいしては、これから回復してゆくには、ぎりぎりまで力をだしきらなくてはいけない、と呼びかけていた。

パリからきた人のほかに、杖なしでは歩けない男と女が一人ずつと、右腕が肩の高さまでしか上がらなくなってもう一〇年になるという、もとは鍛冶屋をしていた屈強な農夫がいたが、クーエは各々の人に完治すると告げていた。

治療の予備的段階で彼が口にする言葉は、暗示の性質をおびていなかった。長年の経験にもとづく意見を地味な表現でのべていたのである。とてもなおらないから、といってはねつけたことは一度もなかった。ただ、だいぶ進んだ器質性疾患の患者数人にたいしては、完治はむずかしいといっていた。しかし、これらの人々にも、彼は、苦痛をとまらせたり、闘病心を高めたり、症状の進行を遅らせたりすることを約束し、「まあいまのところ、自己暗示の効力の限界は未知のものだし、最後には回復してしまうかも知れませんよ」とつけ加えていた。さして進んでいない器質性疾患や機能性および神経性疾患の場合は、自己暗示を丹念に適用すれば、完全に回復できると断言していた。

クーエは、質問を全部終えるのに四〇分近くかかった。その間に他の患者たちが、彼の治療でどれだけ救われたかを証言してくれた。ある女性は、胸部に激しく痛むはれものをわずらい、医師から癌《がん》症状だと診断されたが（クーエはそれを誤診と判断していた）、三週間たらずの間クーエの治療をうけたら、完全になおってしまった。もう一人の女性は、稀薄だった血液をじゅうぶん濃厚にして、体重を九ポンドも増していた。ある男性は静脈瘤性の潰瘍《かいよう》をなおしてもらっていたし、もう一人の男性は、クーエの前に一度坐っただけで、生涯の悩みの種だったどもり癖がとれてしまった。再来患者のうち、ただ一人だけが回復を報告できなかった。「あなたは意志の力で病気を抑えようと努力したのですね。あなたは意志でなくて、想像力（クーエ独自の用語で潜在意識のこと）を信頼しなくてはいけません。もうよくなったと思いなさい、そうすればよくなるのです」クーエはこういっていた。

やがてクーエは、この本の第二部で詳しく扱うはずになっている自己暗示理論の概要を説明してくれた。ここではさしあたり、彼の主な結論をいくつかあげておくだけでことたりよう。

① ある考えが精神を独占してしまった場合、その考えは実際に、肉体的もしくは精神的状態となってあらわれる。

② ある考えを意志の力でおさえようと努力すれば、その考えをますます強めてしまうだけである。

この二点を証明するために、彼は患者のなかから若い貧血気味の女性に出てもらい、ちょっとした実験をおこなった。彼女は両腕を前に伸ばし、両手の指を交互にからませながらしっかりと結んだ後、さらに、両手が軽く震えだすまで握力を強めていく。「あなたの手をごらんなさい。そして、開きたいのだけど開けない、と思いなさい……。さあ手を離そうとしてごらんなさい。しっかりひっぱって。力を入れようとすればするほど、指はよけいにがっちりとからみ合ってしまいます」

クーエのこの言葉に、彼女は、手首を小刻みにけいれんさせ、実際にあらん限りの力で両手をひき離そうとするが、努力すればするほど、両手を握りしめる力が強まって、ついには、指の関節が圧迫で白く変色しはじめてきた。彼女の両手は、彼女自身ではどうにもならない力で固着させられたかのようであった。

「さあ、〈私は両手を開くことができる〉と考えなさい」クーエがこういうと、だんだん握力がゆるまって、すこしひっぱると、締めつけ合っていた指が解けほぐれた。彼女は周囲の注意を一身に集めていたことに気づいて、恥ずかしそうにほほえみながら腰をおろした。

先述の二つの論点が、これで同時に実証されたわけだとクーエは指摘した。すなわち患者の精神が〈私にはできない〉という考えでみちているとき、彼女は実際に結んだ両手を開けなかったのである。さらに意志の力で両手を引き離そうとする彼女の努力は、両手をいっそうしっかりと固着させることにしかならなかった。

こんどは一人一人の患者が順番に実験をうけることになった。想像力に比較的めぐまれている人々、とくに女性の場合はすぐに成功した。なかでも一人の老女は〈私はできない〉という考えに没頭しすぎて、〈私はできる〉と考えるように命じられても気がつかないくらいだった。彼女は、顔をうらめしそうにひきつらせ、しっかりと結ばれた両手を、あたかも運命のなせる業でもあるかのように凝視しながら坐っていた。「あれをごらんなさい、もしあの奥さんが、今の考えをもちつづけるなら、再び両手を開くことはまずありますまい」クーエはこういった。

しかし何人かの男性の場合は、すぐ成功というわけにはゆかなかった。先述した腕の不自由なもと鍛冶屋は、〈両手を開きたいと思うけど、開けない〉と考えるように命じられても、難なく両手を開き続けた。

クーエはほほえみながらいった。「いいですか。私がいうことよりもあなたの考えていることしだいで成否がきまるのですよ。あなたは何を考えていたのですか」

男はためらいながら答えた。「やはり両手を開くことができると思っていたんでしょうね」

「そのとおり。だから開けたのです。さあもう一度両手を組み合わせて。しっかり握りしめて」

圧力が適当な程度に達したとき、クーエは彼に、〈私はできない、私はできない……〉という言葉を反復させた。

この言葉をくり返すにつれて、収縮が強まり、やがて、どんなに努力しても、ひき離すことができなくなった。

クーエはいった。「さあ、おききなさい、あなたは一〇年間も、御自分の腕が肩より上にはあがらないものと思ってこられた。だから、実際、肩より上にあげることができなかったのです。どんなことでも、われわれの思いこんだことが現実となるのです。さあ〈私は腕をあげられる〉と考えなさい」

患者は不審そうな眼差しをクーエに向けた。

「さあ早く」クーエは権威のこもった声で命じた。「〈私はできる、私はできる〉と考えるのです」

「私はできる……」といいながら、男はあまり気乗りのしないような表情で腕をあげはじめ、肩の痛みを訴えた。

するとクーエはこういった。「それでよし、腕をさげないで、目を閉じて、私と一緒にできるだけ早く、〈痛みは消える《サ・パッス》、痛みは消える《サ・パッス》〉とくり返しなさい」

三〇秒ほど、彼はその言葉を、全速回転中の機械から出る唸りのような音を発しながら、ものすごい早口でくり返した。そのうちクーエが、さっと男の肩をなでたと思ったら、男は苦痛が去ったことを認めた。

「さあ、自分の腕がもちあがるということを、よーく考えるのです」クーエはこう命じた。

苦痛が去ったことで、男は信頼感をもち、「私はできる」という考えが根を張るにつれて、ついさっきまで当惑と不信に覆われた顔が、明朗一色に変わってしまった。今度こそは、という口調で「私はできる」というなり、難なく彼は腕をゆっくり頭上へともちあげ、とうとう、まっすぐに伸ばすことができた。彼はちょっとの間、勝利者のように腕をあげたままで、満場の喝采《かっさい》と激励を浴びていた。

クーエは、彼の手をとって握手した。「あなたはもうなおったのですよ」

「これは驚いた。ほんとうになおってしまいました」と男は答えた。

「証明しなくちゃ。さあ私の肩を打ってごらんなさい」クーエがこういうと、男は笑って、クーエの肩を叩いた。

「もっと強く。できるだけ強く打ってごらんなさい」クーエがこう励ますと、男の腕は、きちんと一定間隔をおいて上下しはじめ、打撃はしだいに力を増してきたので、クーエは相手を制止しなければならなかった。

「あなたはまた鍛冶屋になれるね」

男は、いまわが身に起こったことがどうにも信じられないといった面持ちで、自分の席へ戻って行った。そしてときおり、念をおすかのように、神妙な声で「私はできる、私はできる」とつぶやきながら、腕をもちあげていた。

彼からすこし遠ざかったところに、激しい神経痛を訴えている一人の女性が坐っていた。彼女の場合など、「それは消える《サ・パッス》、それは消える《サ・パッス》……」という言葉の反復効果で、ものの三〇秒とたたないうちに苦痛は消散してしまった。そして今度は、パリから訪ねてきた人の番だった。それまでの治療を目のあたりに目撃していた結果、信頼感を植えつけられたのであろう、姿勢は前より正しくなっていたし、両頰も心もち血色がよくなっており、それに震えがだいぶやわらいでいた。

彼は、両手を組み合わせておこなう例の予備実験にすぐ成功した。

「さあ、あなたはいまやよく耕やされた畑みたいなものです。いくらでも種を蒔けるわけですよ」

クーエはこういうと、まず患者に背中と両膝とをまっすぐにたもつ直立の姿勢をとらせた。それからさらに、「私はできる……」とたえず考えながら、全体重を交互に一方の足で支える運動、いわば、緩慢《かんまん》な足ぶみ運動を命じた。まわりの椅子がかたづけられると、彼は杖なしで左右へ歩かされた。彼の足並みが乱れてくると、クーエはストップをかけてそのことに注意を促し、「私はできる……」という考えを新たにしてちゃんと歩くように心がけさせた。徐々に上達しつつあるという事実が、ついに彼の想像力（潜在意識のこと）に火をともし、彼は自分自身をわがものにできたのである。彼の態度はますます自信をおびてき、歩き方はいっそうらくに、そして速くなった。彼の小さな娘は、満面に笑みをうかべ、嬉しさのあまり我を忘れて、彼のそばにつきっきりではしゃぎ、ほめそやし、励ました。まわりの人々もいっしょに笑い、拍手を惜しまなかった。

「すこし休んだら、庭をひと走りしてもらいますよ」とクーエはいった。

このようにしてクーエは診察を進めていった。苦痛に悩む患者のめいめいが、完全にもしくは部分的に苦痛から解放された。手足の不自由な人々は、症状によって程度の差はあったが、多かれ少なかれ機能を回復できたのである。クーエの態度には、静かでいてしかも相手を勇気づけずにはおかないようなところがあった。格式ばったり、相手を見くだしたりすることはたえてなく、金持ちだろうと貧乏人だろうと、親切な配慮を誰にでも一様にほどこした。しかし、以上のことをわきまえつつも、彼は、患者の気質しだいで、あるときはきっぱりと、またあるときは品よくからかったりして語調を変えるのであった。彼はあらゆる機会をとらえて、ちょっとしたユーモラスな脱線をやってのけた。傍目《はため》から見ると、ときには患者たちをいじめているようにさえみえたが、もちろん、これはクーエが気転をきかせているわけで、かれらの病気がばかげていて、とるにたらないものであり、そもそも病気になること自体がおかしな、あり得べからざる弱さ故なのであって、そんなものは、いち早くとりのぞいてしまうべきだという考えを、植えつけようとしているのである。このように、病気の威厳を認めないということが、たしかにクーエの診療所を特徴づけるものの一つであろう。病気を暴君並みに恐れうやまうようなことはいっさいしない。あわてず騒がず病気を一笑にふし、その恐ろしさなどはあれどもなきがごとくに扱えば、結局、患者は病気をものともしないようになるだろう。

さてこんどは、患者たちに一般的暗示をかける番である。全員が目を閉じると、クーエは一本調子の低音で、かれらにとってのぞましい心身両面の健康状態を、かれら自身の脳裡にうかびあがらせた。クーエの言葉をきいているうちに、かれらの警戒心はだんだんと衰えだして、とろとろと眠ってしまいそうな状態に入り、脳裡にあるのは、ただクーエが呼び起こしているいきいきしたイメージだけとなる。木々のかすかな葉ずれの音、鳥の鳴き声、庭で待っている人々の低いざわめきがまじりあって心地よい背景効果を生みだし、その中でクーエの言葉はひときわ力強く響くのである。

以下はその内容である。

「これから私のお話しする一語一語が、あなたの心の中に定着され、銘記され、刻印され、その状態は変わることなく続くということ、あなたの意志や知識をはたらかせずとも、またこれから起こることになんら気づかずとも、あなた自身、そしてあなたの全器官は、その一語一語に従うだろうということを自分自身に告げてください。まずはじめに、毎日、朝昼晩の三回、つまり普通の食事時《どき》に、あなたは空腹をおぼえるでしょう。つまり〈何か食べものがほしいなあ〉と思わせるような快適な感じをもつはずです。それから旺盛な食欲で食事を始め、食べものを賞味するでしょう。しかしもちろん、食べすぎはしないはずです。多すぎも少なすぎもしない適量の食事をするはずです。そしてじゅうぶんに食べたら、直感的にそれがわかってくるでしょう。あなたは食べものをのみこむ前に、糊状になるまで完全に咀嚼《そしゃく》するでしょう。そうすれば消化は確実におこなわれて、胃や腸に何の不快感もおぼえないはずです。あなたは食べものを完全に吸収し、あなたの全器官はそれを最大限に利用して、血・筋肉・気力・精力、一言でいえば、生命をつくりだすでしょう。

「あなたは食べものをちゃんと消化しているので、排泄《はいせつ》の機能は正常となり、毎朝起床とともに排便の必要をおぼえ、下剤やら人工的手段やらの使用を迫られることはないでしょう。

「毎晩、あなたは眠りたいと思う時間に眠り、翌朝目覚めたいと思う時間まで眠り続けるでしょう。あなたの眠りは静かで、安らかで、深く、悪夢やその他の好ましくない状態に悩まされることはありますまい。夢をみることはあっても、快適なものであるはずです。目覚めたとき、あなたは快活明敏で、仕事に積極的な気分となるでしょう。

「もし過去に、意気消沈や暗く憂うつな予感にとりつかれたことがあるとしても、今後はそういう悩みから解放されるでしょう。くよくよ心配してふさぎこんだりせずに、快活な幸福感をもつはずです。おそらく、これといった理由がなくても、幸福になるはずです。今までこれといった理由もなしに不幸だったのとは逆になるわけですね。ほんとうに悩んだり気が滅入ったりしてしまうような重大な理由がある場合でさえも、そういう気分におちいることはもうなくなるはずです。

「また、あなたが短気だったりふきげんだったことがあるのなら、今後そういうことはなくなってしまうでしょう。こんどは逆に、いつもがまん強く克己心のそなわった人間となり、かつてあなたをいらだたせたことどもに出会っても、あなたは泰然《たいぜん》自若《じじゃく》としているでしょう。

「もしあなたが、悪質で不健全な考えや、懸念、恐怖の類につきまとわれたことがあったならば、そんなものは徐々にあなたの精神から姿をかくしてしまうでしょう。ちょうど、かなたへ薄れてゆく雲のようにかき消えてしまうのです。目覚めた後の夢と同様、これらの虚像はすべて、消滅してしまうはずです。

「もう一度、あなたの器官全部が、その機能を正しく営むはずだということをいっておきます。心臓の鼓動も、血液の循環も正常で、肺も、そして、胃・腸・肝臓・胆汁の導管・腎臓・膀胱も各々の機能をまっとうするでしょう。もし現在、それらの器官のいずれかに異常があれば、日一日と、その異常さは薄れてゆき、まもなく完全に消えて、正常な機能を回復することでしょう。

「また、器官のいずれかに組織の障害が生じた場合には、きょうから徐々に快方へと向かい、遠からず全治するでしょう。どの器官がおかされているのか自覚していなくても、そうなるのです。

「さらに――これはきわめて重要なことですが――これまで自分に自信がもてなかったという場合には、この自己不信がすこしずつ消えてゆき、自己信頼に席をゆずるはずです。いいですか、くり返しますよ。あなたは、自分に自信をもつことになるでしょう。あなたのうちに宿っている権能は絶大なもので、あなたが道理にかなっていると判断したことなら、どんなことでも成就《じょうじゅ》させてくれます。この権能を自覚することによって、あなたの自信が生まれてくるのです。この自信の助けで、あなたは、どんな願望でも、どんな義務でも、道理にかなったものであれば、立派に果たせるようになるでしょう。

「どんな仕事にかかるときも、つねに〈これはやさしい〉と考えなさい。〈むずかしい〉とか〈不可能〉とか〈だめだ〉といった言葉は、御自分の用語から抹消することです。そのかわりに〈これはやさしい、だいじょうぶだ〉という言葉を専用しましょう。他人がむずかしがるようなことでも、自分でやさしいと考えれば、実際にやさしくなってきます。あなたは、それをたやすく、労せずになしとげ、しかも疲れを感じることすらないでしょう」

以上の一般的暗示についで、こんどはめいめいの患者がかかっている病気に関連した特殊暗示がはじまった。順を追って現われる患者の頭に、そっと手を当てながら、クーエは、かれらの上に遠からずよみがえってくるはずの健康と活力を、かれら自身の内面に描いてやっていた。たとえば、脚に潰瘍を生じたある女性に、彼はこう語った。「今後、あなたの全器官は、あなたの脚が完全な健康状態を回復するのに必要ないっさいのことをするでしょう。脚はじきになおってしまいます。組織は調子をとりもどし、皮膚はしなやかで健康となるでしょう。短期間のうちに、あなたの脚は力強いものになり、将来もそのままであり続けるでしょう」彼はめいめいの患者に、このように口かずこそ多くないが適切な言葉をかけてやるのだった。彼が特殊暗示を全部終わって、患者たちに目を開くように命じると、いっせいにかれらの口から軽いため息がもれて、あたかも、快適な夢から目覚めさせられるのを渋っているかのようだった。

それからクーエは、自分には人をなおす力などなく、また、生まれてこのかた、人をなおしたこともないと説明していた。患者を健康にする道具は、かれら自身の中にそなわっている。かれらが目のあたりにみた治療効果は、患者めいめいの考えが実現された故にほかならない。彼はただ、健康についての考えをかれらの内面に呼び起こす助けをしているにすぎない。今後はかれら自身で自分の運命を扱っていけるはずだし、またそうしなければならない。そういって彼は、「クーエの暗示」としてひろく知られている次のような言葉を反復朗誦するように命じた。「日々に、あらゆる面で、私はますますよくなってゆきます」(Day《デイ》 by《バイ》 day《デイ》, in《イン》 every《エヴリ》 way《ウエイ》 I'm《アイム》 getting《ゲティング》 better《ベター》 and《アンド》 better《ベター》.)

これできょうの診療は終わった。患者たちは立ち上がり、クーエのまわりに群がって質問をしたり、感謝の言葉をのべたり、握手を求めたりした。もうなおったという人、だいぶよくなったという人、また、全治する自信を得たという人など、言葉はまちまちだったが、どの人をみても、意気消沈の重圧がいずこともなく消え去っていたようにみえた。うちひしがれ、ふさぎこんでいた人々がここを出るときには、希望と楽観を満面に輝かせていた。

　しかしクーエは手をふって、いつまでも去りやらぬ崇拝者たちに道をあけさせ、歩行不能の三人の患者を庭面の方へさし招いて、果樹の枝の下に敷きつめてある砂利道のところへ連れて行った。再び、「私には歩くだけの強さと力がある」という考えをかれらの心に刻み込みながら、一人一人杖なしで砂利道を歩かせた。それについで、今度は走ってみないかと誘いかけたとき、かれらはためらったが、クーエは、走ろうと思えば走れる、走らなければだめだ、自分の力を信じさえすればよい、その考えが行動にあらわれるのだから、などといって、あくまでも走ることを強要した。

　かれらは、いかにもたよりなげに進みだしたが、クーエは後からたえず激励を浴びせながら、かれらに続いた。かれらは顔をぐっと上へ向け、足を砂利からあげて、どうやら、前よりは思うように、自信をもって走りはじめていた。道の端で折り返して帰ってくるときには、もう結構立派なペースだった。かれらの走りっぷりはどうみても格好いいものではなかったが、五〇才をはるかに越えていて、しかも格好よく走るなどは、健康体の場合だってごくまれにしかありえない。その場に群がってなりゆきを見守っていた患者の間から、突然、拍手がわき起こったが、クーエは、謙虚にもそっと抜けだして、屋内で彼を待っている新来患者たちのもとへ戻って行った。

第二章　クーエの療法数例

読者に、誘導自己暗示のもたらしうる結果をさらによく知っていただくため、筆者自身の目で実際に見たものを含めていくつかの治療例をのべ、さらに、クーエ療法を適用することによって得た恩恵について、患者たちが語っているところを紹介しようと思う。

ある日、朝の診療に顔をだしたら、五年間消化不良で悩んでいる一人の女性がいた。苦痛が最近とくに激しくなり、これならと思ってとっているミルクだけの食事でさえ、はなはだしい不快をともなう。とうぜんやせ衰えて、貧血症になり、まったく元気がなく、疲れやすく、心もふさぎこんでいる。診察をうける前に、幾人もの患者が、病状の回復ぶりについて報告しているのを聞いていたせいか、すでに彼女の想像力はかなりの暗示をうけていたようである。彼女は強い関心をもってクーエの言葉に従い、質問にも元気よく答え、クーエが診察の途中にたびたびひき起こすユーモラスな情景に、心から笑いこけていた。同じ日の五時ごろ、たまたまクーエと一緒に座談していると、この女性が彼に面会を求めてきた。部屋へ通されてきた彼女の顔は、満足ではればれとしていた。診療所を出るとすぐその足で町のレストランへ行き、定食を注文したということだった。前菜からブラック・コーヒーまで、出されたもの全部を彼女は心して食べた。食事は一時半にすんだが、それ以来なんの不快感も生じてこないという。数日後、診療所を訪れた彼女は、消化不良再発のきざしが感じられないこと、心身ともにますます快調であること、自分ではもうなおっていると思うこと、などを告げるのだった。

別のある日、喘息《ぜんそく》を訴えている男の患者がいた。発作《ほっさ》の連続で眠れない夜が続き、力仕事ができなくなっていた。階段を昇るのにも時間がかかり、しかもかなりの苦痛をともなうという。両手を結んでおこなう予備実験が非常にうまくいったので、クーエは彼に、すぐなおると保証していた。

「この診療所を出られる前に、不便な思いなどせずにあの階段をかけあがったりかけおりたりできるようになりますよ」クーエはこういった。診察が終わった後、「私はできる」という暗示の影響で、彼はなんの苦もなくクーエのいったことをやりとげた。その日の晩、軽度の喘息が再発したが、その後も診療所へかようかたわら、自宅で暗示療法を実践し続け、半月もすると、ついに喘息は彼から離れてしまった。

私が話し合った他の患者たちの中に、脊柱の彎曲《わんきょく》に悩む若者がいた。彼は四カ月間診療所にかよい、自宅でもクーエ療法を続けた結果、かかりつけの医者から、確かに脊柱がだんだん正常な位置に戻りつつあると告げられた。二二才のある女性は、数週間おきに再発するてんかんの発作に悩んでいた。半年前にこの診療所を訪れてからというもの、発作はとまってしまったという。

しかし、誘導自己暗示についてのもっとも信頼できる証言は、患者自身の言葉であろう。以下にあげるのは、書簡か会話を通じて、患者が直接私に報告してくれたものの中からいくつかを選んだものである。

六三才のある男は、三〇年間以上も、喘息とそれにともなうあらゆる障害に苦しんできた。一晩の四分の三は眠れぬまま、喘息用の散薬を吸入したりしてすごさなければならなかった。発作は毎日のように起こり、とくに、寒かったり湿気の多い日はひどかった。どんな運動も無理で、坂道をおりて行くことさえだめだった。定期的に診療所がよいをし、自宅でもクーエ療法を実行した結果、非常な改善をみ、「散薬など机の引き出しにしまいこんでしまったし」、何の不自由もなく二階への階段をあがれるようになった。

つぎは、一四年間も発作性飲酒狂に悩んでいたある女性の話である。彼女はかず多くの療法を試みたがいずれも徒労に終わり、落胆のすえ自殺を図ったが、これにも失敗した。そのことがあってすぐ、友人からクーエに相談したらとすすめられたわけだが、彼女はまずその友人に、「今度の療法でなおらなかったら、これ以上生きてゆくわずらわしさにとうてい耐えられないから、一命を絶つつもり」と相手の了解を得たうえで、クーエを訪れることに同意したという。数回クーエをおとずれ、自宅でも暗示療法に励んだところ、いつのまにか酒にたいする渇望がわが身から離れ去っていることに気づいて、おどろきを禁じえなかった。彼女はおだやかな毎晩をすごすようになり、以前の激昂狂乱にかわって冷静沈着が彼女の心を占め、文字どおり、彼女は別人となってしまったのである。

八年間子宮の脱垂に悩んでいたある女性が、クーエをおとずれ、帰宅後もクーエ療法を適用し続けたところ、五カ月目にかかりつけの医者から、全治しているといわれた。

クーエがなしとげたかずかずの治療の中でも、神経性の機能不調は、当然のことながら、きわめて多岐にわたっている。その中のある患者は次のように報告してきた。「私はかつて、自分の頭の上に鉄のバンドがはめられていて、それが赤く灼熱しているように感じられてなりませんでした。

また、数カ月間もつづく神経性の激しい発作にも襲われました。首の左右から木釘を打ちこまれているような気分になったこともあり、こんな苦痛はもうどうにも耐えられないと思うたびに、私の脳が毛布にすっぽり覆われて窒息させられているような心地でした。こういう苦しみが、今度はこれ、今度はあれ、というふうに、かわるがわる襲いかかってくるのです。死のうと思ったことも何度かあり、苦痛が激しかっただけに、この誘惑と闘うには非常な忍耐心を必要としました。……ついに、ナンシーで先生の御懇篤《こんとく》な診察をうけながら五週間をすごしたおかげで、もうじゅうぶんになおり、正常な健康状態で帰郷できることになりました」

　このような治療は、単に一時的なものではないのか、と異論をたてられるむきがあるかも知れない。しかし、この点についてじゅうぶん納得がゆくまで、用心深く、全治か否かの判断を差し控えていたという男がいる。その男がクーエに宛てた手紙の一節を引用しよう。「私の家内と私は、あなたの療法がもたらした驚くべき回復を実感しつつも、先生に御礼申し上げる日を一年間延ばしてまいりました。昨春先生にお訪ねいただいてからというもの、家内の持病、喘息の激しい発作は完全に消え去りました。最初の数週間は、一時的な圧迫感をまぬがれず、発作が起こりかけたりもしましたが、自己暗示によって数分間のうちにしずめることができました。家内は早速御礼申し上げたい気持にかられたようでしたが、やがて、一年間待つことによって、自分の証言にいっそうの重みを加えようと思いなおしたようでございます。しかし、喘息病みにとって最悪の季節がやってきてもあの恐ろしい発作を起こす気配はまったくなく、これで家内が先生に救われたことは明らかとなりました」

局部的結核症の男がクーエを訪れたことがあった。彼はすでに左脚の手術を四回もうけており、彼がかかった何人かの医師は、五回目の手術が必要なことを説いたという。手術というのは、膝から踝《くるぶし》までを切開するもので、こんど失敗すれば、切断以外に助かる道はなかった。クーエの診療所を三回訪れ、自宅でも暗示療法を続けた結果、彼はクーエに、どうやら自分はなおったらしいと告げた。数カ月後彼からきた手紙によれば、医師たちも、結核症は「自然消滅したようだから」手術の必要はもうないといってくれたそうである。

つぎにあげるのは、あるイギリス人の患者がクーエに送ってきた手紙の一節である。その内容は自ら明らかで、説明を加えるにはおよぶまい。

「……私と私の家族にはかり知れぬほどの恩恵を施してくださったこと、どんなに感謝しておりますことか。この気持を、フランスから離れる前にぜひお伝え致したく存じたしだいでございます。もう数年早く先生にお会いしていたら、と悔やまれてなりません。これまでの生涯を通じて、私の禍いのもとは、自制心を持ち続けられない、ということでした。

「私はときおり、明敏なところをみせるのですが、周期的に愚鈍放縦な状態に逆戻りするというので、悪評をこうむっていました。

「私は、生まれつきの立派な身体を衰えさせることに全力をつくし、せっかくの才能をむだにしてきました。ところが、わずか二、三日のうちにあなたは、私を自分自身の支配者にしてくれたのです。私は一生このことを忘れますまい。私のこの感謝の気持はとうてい筆舌につくしえません。

「私がこんなに早く立ちなおれたのも、当時は不幸に思えてならなかったあの事件のおかげでした。雪の凍てついた列車のステップを降りようとして滑ってしまい、右の膝をひどく捻挫《ねんざ》してしまったのです。あなたに初めてお目にかかった日のこと、朝食のとき同じ食卓に坐っていた客が、〈クーエさんに相談したらいかがですか、あの方ならなおしてくれますよ〉と私にいってくれたのです。

「私は笑い、心の中で〈チェッ〉と思いました。そして、何よりも面白半分の気持で相談にうかがったのです。集まっている患者たちに講話をなさる前、私に〈それくらいの捻挫、何でもありませんよ〉とおっしゃり、さらに続けていろいろとおさとしくださった大切なこと、まだありありと覚えております。私は、単なる興味以上のものを感じました。そして講話の最後の方で、先生が突如私の方を振り向かれて、〈膝はどうですか〉とおききになったとき、膝というものがどこについているのかもわからないほどでした。まわりの患者たちは、先生のお部屋へびっこをひきひき入って行った私の姿を覚えていたので、いきなり笑いだし、私もいっしょに笑ってしまいました。しかし今度の笑いはさっきのとはちがっていました。初めは驚きのあまり呆然《ぼうぜん》としていたのですが、やがてわが心に自信のさしそめてくるのを覚え、笑いがこみあげてきたのでしょう。先生はたちまち、その自信を私の心にしっかりと植えつけてくださいました……」

G・H（ロンドン）

つぎにあげるのは、八五才の女性が筆者に宛てて送ってきた手紙の一部である。

「あなたの御著書を読み、御説を実行して、私がどんな恩恵をうけたか、自分の力ではとても表現できません。

「よくなろうという気もなかった私でございますが、愛する息子がさかんにすすめますので、やはり従わねばと思ったわけでございます。

「暗示療法の効果は、非常にゆっくりとあらわれはじめました。はじめは、週に一度くらい、それも数分間しか実感できなかったのですが、やがて、ある日の朝、目覚めたら、私は「変身」しておりました。「変身」としかいいようがございません。

「私はいま、息子の立派な家で暮らしておりますが、家中のものが、〈日々に、あらゆる面で……〉というクーエ式暗示の内容について考えております。もちろん、思考の程度はそれぞれ異なっておりましょうが。あの暗かった日々のことを思うと、現在私は、楽園にいるような心地がいたします」

M・H（ウォールトン・オン・テムズ）

第三章　児童診療所

クーエの手で救われたもとの患者たちが、フランス国内の各地で団体をつくり、彼の自己暗示理論をひろめているが、その盛んなことは、本家本元も顔負けのありさまである。そういう人々の中で、誰よりも熱心なうえにいちじるしい成功を収めているのは、コフマン嬢である。私のナンシー滞在中、クーエの診療所で児童を扱っていたのが彼女だった。

クーエが一階で診察をしている間、幼児を抱いた母親たちは、三三五五、二階へあがって行った。そこでは、階下の人々のまったく想像もつかないような、ちょっとしたドラマがくりひろげられているのである。

明るい色彩の絵で飾られ、いろいろな玩具が備えつけてある大部屋では、若い女性たちが沈黙したまま大きな円形をつくって腰をおろしていた。かれらの病んでいる子供たちは、膝の上で抱かれているか、または足もとで遊んでいた。ふと目についた一人の子供は、遺伝性の病気におかされていて、生命がその根源のところで枯れてしまったのか、骨と皮、それに竹竿のような手足がくしゃくしゃと束ねられたような格好だった。もう一人の子供は、目を閉じ、死人のような表情をして、あたかも生まれてくる前の世界へ帰りたがっているかのように、じっと横になっていた。また、ある不具の子供は這おうとすると、どうしてもゆがんだ足をひきずるようにしなければならなかった。そのかたわらでは、五才の子供が、そんなことをすれば疲れきってしまうのに、そのかぼそい両腕を阿修羅《あしゅら》のような勢いでふりまわして、虚空をなぐっていた。もっと年をとった子供たちもいて、目や耳の疾患・てんかん・くる病・その他さまざまな重症軽症の病気に、その伸びざかりの生命をおかされていた。

この円の中心に、黒髪でやさしく、はつらつとした若い女性が坐っており、膝の上に曲がり足の四つになる子を抱いていた。不格好なブーツを脱がせた後、彼女は足をやさしくなではじめた。低い声でつぶやくように、可愛さをあらわす言葉をまじえながら、すでに早くも回復しつつあること、全治する日の近いことを話していた。「足はよくなっているわよ。関節は柔軟になったし、前よりもらくに曲げられるでしょ。筋肉もついてきたし、腱がいまあなたの足を正しい形にひっぱりなおして、まっすぐに、そして強くしようとしているところよ。もうすぐ完全な普通の足になるのよ。そしたら歩いて、走って、他の子供たちとなわとびや輪投げもできるようになるわ。学校へ行ってお勉強をしたら、お利口《りこう》になって、ききわけもよくなることよ。ぼうやはきっと、すなおでほがらかで、誰にも親切にし、嘘をつかない、勇気のある人になるわ」ぼうやは一方の腕を彼女の首にまわし、おだやかなほほえみをうかべながら話をきいていた。結構満足をおぼえ、悦に入っている表情だった。

　コフマン嬢がこのように暗示をかけている間、母親たちは、じっと彼女をみつめていた。おそらく、暗示されつつある素質をわが子が身につけた様をおもい描いていたのであろう。子供たちは、夢みるように彼女の話を聞いたり、静かに玩具で遊んだりして、騒いだりはしなかった。ときおり誰かに忠告する以外、まわりの母子には無関心で、彼女の注意は全部、膝の上の子供にそそがれていた。彼女の考えは、愛と同情の力で、一つの連続した流れに形を変え、子供の方へそそぎ出るのだった。生涯を世の児童のために捧げ、かれらをわが子のように愛せる彼女ならではのことであろう。その部屋の雰囲気は、病院というよりは教会に似かよっていた。母親たちは、悲しみを外へおき忘れてきたかのようにみえた。かれらの顔は、程度の差こそあれ、静かな自信をたたえていた。

　この診察をおよそ一〇分間つづけた後、コフマン嬢は子供を母親に返し、二言三言忠告をあたえて、次の患者の方を向いた。生後一年もたっていない幼児で、これといった病気にもかかっていないのだが、たえず体の調子が悪いというケースである。体重が普通以下で、いろいろな食べ物をあたえたり医者にかかったりしたが効果はあがらなかった。コフマン嬢はその子を膝に抱いてまた坐った。しばらくの間、沈黙したままで頭と身体を愛撫した後、話しかけはじめた。だいぶ生長して話ができるようになった子供たちの場合には、つながりのある文章で話していたが、こんどはまるで彼女の脳裡にある考えが、無意識的に言葉のかたちをとったかのようなつぶやきで、子供に回復を確信させていた。その暗示には、前の場合よりも一般的で、食欲・消化・吸収・知能面・道徳面での好ましい特性などが含まれていた。彼女は、断絶的な話しかけをまじえながら、一〇分ぐらい愛撫をつづけた後、子供を母親に返し、さらにべつの幼い患者に注意をむけた。

　話しかけても意味の通じない、ごく幼い患者を扱う場合、コフマン嬢は、愛撫だけにたよることもあった。その愛撫は、健康とはこういうものだという考えを、効果的に強く印象づけ、子供の精神の中で、病気の方に傾いていたバランスを、逆に健康の方へ傾かせるだけの力をもっているようだった。しかし世の母親たちは、自分のいうことがわかってもらえるずっと前から、わが子に話しかけている。コフマン嬢も、実質的には母親の態度をとるのだから、母親同様に話しかける権利をあたえられているとみるべきだろう。厳格な規則など彼女にはない。たとえ子供が彼女のいっていることを理解できなくとも、声にだして話したいと思ったら、そうするのだ。

　これがたぶん彼女を成功させている秘密であろう。彼女の方法は、彼女がはたらきかけている子供の心同様に順応自在なのである。クーエがはたらきかけている大人の心は、多かれ少なかれ定着してしまっているから、明確な方法を必要とし、とうてい順応自在というわけにはゆかない。コフマン嬢の場合は、健康と喜びを生みだすさまざまな考えで、子供の内部をみたし、また外部をくるんでしまうことに目的があるのだ。そのためには、可能なかぎりのあらゆる手段が用いられる。また子供も話ができるようになるとすぐに、朝晩かならず、「日々に、あらゆる面で、ますますよくなってゆきます」というクーエの暗示を唱えるよう命じられる。もし子供が病臥しているような場合は、それをできるだけひんぱんにくり返させる一方、コフマン嬢が診療のときにかけたのと同じような健康回復の暗示も合わせて唱えさせることが望ましい。これをどうおこなったらいいかについて、特別な指示があたえられることはない。妙に念の入った指示などは、面倒な混乱をまねくだけである。想像力、すなわち、あることを自分に信じこませる力は、子供たちの場合例外なしに強く、かれらは直感的にその想像力を利用して自己暗示をおこなっている。さらにかれらは、自分でも気づかずに、コフマン嬢の言葉つきばかりか、その一挙一動をまねるのである。

　しかし子供の世界の中心はなんといっても母親である。どんな方法にせよ、母親の感化力を利用しないようでは、もっとも強力な援軍を失なうことになろう。日中、母親は身をもって快活で自信にあふれた態度を示し、子供を励ます言葉以外には病気のことなど口にださないよう心がけ、子供の心にたえず回復の希望を抱かせ、子供を滅入らせるようなことはできるだけ周囲から退けるように、と忠告をうける。晩は、子供が寝入った後で、目を覚まさないように、そっと寝室へ入って行き、よい暗示を耳許でささやいてやることが必要である。このようにコフマン嬢は、数多くのさまざまな方法を集中的に用いて回復効果をあげようとする。大人の場合は、すでに有害で、しかも意識的抑制の困難なさまざまな暗示が巣くっており、それを中和させたり、変形させたりするのにたいへん苦しむわけだが、子供の場合はそういう面倒がなく、また、きわめて順応性に富んでいるので、彼女の仕事もそれだけ楽になる。以上のべたところから考えてみても、最大の回復効果が期待されるのは、むしろ子供の方なのである。コフマン嬢の指導で得られたさまざまな回復効果がどういうものかを示すために、筆者が集めた例の中から三つばかり選んで以下にのべておこう。

視力をもたずに生まれてきた女の子がいた。視覚器官は異常ないのだが、まぶたがあがらないのである。そして七才のときまで事実上の盲目だった。母親にともなわれてコフマン嬢を訪れ、診療をうけだして半月ほどたったとき、その子はまばたきをはじめた。だんだんとまばたきの回数がましてきて、診療開始一カ月後には、付き添いなしで街路を歩けるほどに目が見えてきた。筆者が彼女自身と会って実験してみた頃には、もう色彩の識別さえできるようになっていたし、実際、ボールを手にして遊んでいたのである。コフマン嬢がみせてくれた彼女のカルテは、母親の確認をえていた。

母親の妊娠中に父親が結核で死んだという子供が生まれてきた。上の五人兄弟中、一年以上生きのびたものが一人もいなかったという。どの医者も、その子はとうていもつまいといったが、なんとか二才まで生きながらえてきた。しかし内臓が弱いうえにびっこで、目がほとんど見えない。そこでコフマン嬢の手にゆだねられたのである。私がその子に会ったのは、それから三カ月後だったが、そういう症状はもはやみられず少々斜視の気味があり、片方の膝の関節が硬直していただけであった。そしてこれらも日を追ってなおりつつあった。

やはり結核の両親をもった九才ぐらいの女の子が、コフマン嬢の許へつれてこられた。片方の脚が、他方よりも五、六センチ短かったが、数カ月の診療をうけたらこの不釣合いはほとんど目につかなくなっていた。また、この子の腰のあたりに結核性の傷があったが、これも数週間のうちになおって、私が彼女に会ったときには、もう全治していた。

以上の三つの例のいずれについてみても、健康状態が全般的によくなっている。体重がふえたばかりでなく、家庭の貧困と、回復期のさまざまな試練にもめげず、快活明朗になっていた。性格・気質の面でも、子供にかけられた暗示が実現したものとみるべきであろう。

コフマン嬢の暗示診療が、一人一人別におこなわれていたので、母親たちは都合に応じていつでも診療所に出入りしてよかった。彼女は毎週一定の数日だけ診療所に出勤していた。もちろん、仕事が他にあったわけで、じつのところ、彼女の余暇の大半は家庭訪問に費やされていたのである。どんなむさくるしいアパートでも、どんなひどい貧民窟でも、平気で入りこんでは慈悲を施した。筆者も数回にわたって彼女に同伴する機会をえたが、どこへ行っても彼女を待ちうけているのは、歓迎であり、そして畏怖の念といった方がよさそうな尊敬であった。彼女は、クーエとほとんど同じくらい、奇蹟を生みだす人として渇仰されていた。しかしクーエとコフマン嬢の名声は、単なる自己暗示よりはるかに広大なもの、すなわち、かれらの非凡な善性に発していたのである。

かれらは二人とも、私財だけでなく全生涯を他人への奉仕に投じていた。二人とも、診療代など銅貨一枚だってうけとらなかった。筆者の知るかぎりでは、いかに不都合な時間でも、クーエが患者の頼んできた診療をことわったためしなどなかった。クーエ一門の名声が、フランスだけでなくヨーロッパやアメリカの各地にまで広まっていったので、クーエの仕事は非常にふえて、一日に一

五、六時間を要することもめずらしくなかった。七〇才に近づいても、彼は自分で考えだした方法の健康維持効果に支えられて、疲労の色などみせることなく、仕事を立派にやってのけた。またどんな場合でも、不平をもらしていつもの快活な表情を曇らせることなどいささかもなかった。実際、クーエは誘導自己暗示の効果をわれとわが身で実証していたのである。

精神の作用を直接、精神そのものに、また肉体におよぼして、道理にかなったことならどんな改善でも実現させてしまう方法——これが後で詳しくのべるように、誘導自己暗示なのである。その効果がみごとに実証されていることは、すでにのべたところでおわかりいただけよう。いろいろ思いうかぶ問題点の中で、もっとも読者の気にかかることは、おそらく、暗示をかける人すなわち術者が必要かどうか、ということであろう。誰か他人にわが身をゆだねなければならないのか、それとも自分の部屋で誰の手もかりずに、この強力な闘病法を実践できるのか。

すでに引用しておいたクーエ自身の意見に徴《ちょう》してもわかるように、誘導自己暗示は、他人の手をかりなくてもかけられる。他人にわれわれの行為をそれと悟られることもなく、毎日、数分の時間を都合するだけで、自力実践できるのである。しかし、自己暗示のかかる素質が、人によって異なることは認めるべきであろう。どうしても暗示がかかりにくいという人々は、人生諸事の例にもれず、通常自分自身で困難を生みだしているわけである。このような場合には、暗示を、もっとも簡単な形式、すなわち、「日々に、あらゆる面で、私はよくなってゆく」という例の言葉にかぎってしまうと、よい結果がえられる。

術者の助けをかりずに成功した人々からの手紙を二、三引用しておこう。

「だいぶ前から右肩がリューマチにかかって、右向きに寝ることもできず、さらに右腕はますます不自由になっておりました。マッサージ師も、関節に肉芽ができたり組織障害があったりして全治は無理だといっておりました。ところが二日前、この右肩が突然痛まなくなり、右向きでも寝られるようになったのです。リューマチの自覚症状はもうなくなり、右腕を左腕並みに後の方へ伸ばしても、若痛どころか不快さえ感じないのです。べつに薬を塗ったわけでもなく、こういう結果がえられたのは、一に、クーエの自己暗示を実践した賜物だったのです」

L・S（デボン州・シドマス）

「一〇年間病身だったある女性の友人が、私のすすめでクーエの『自己暗示による自己支配』を読んだのです。私もおよばずながら力添えをしました。それからひと月のうちに、彼女は変身してしまいました。長旅から帰ってきた彼女の夫は、自分の目が信じられませんでした。お昼まで起きあがれず、炉端以外どこにも行かず、医者たちからも見離されていた彼女が、いまでは、厳寒の日でも朝一〇時には散歩をしに出かけるのです。他の友人たちもあなたのパンフレットをぜひ読みたいものだと申しております」

L・C（パリ）

「私はあなたの方法にたいそう興味をおぼえ、御講話を拝聴してからというもの、毎朝毎晩あの暗示文をくり返し唱えております。毎晩錠剤をのまずにはいられなかったほどの便秘がいまではなおってしまい、錠剤は不要になりました。家内もあらゆる面ではるかによくなっております。夫婦そろって、結び目を二〇つけたひも（暗示文を二〇回唱えるための道具で数珠の代用品みたいなもの）を用意しました」

H（ロンドン在住の医師）

「あなたの方法は、日一日と、さらに多くの恩恵をもたらしてくれます。いま私が体験している幸福も、ひとえに先生のおかげで、なんとお礼申してよいやら言葉に窮します。今後も暗示文をくり返し唱え続けることでしょう」

E・B・ギェヴァン（ベルギー）

「私はあなたの方法を四、五カ月の間実行し、三人の医師を絶望させた恐るべき神経衰弱症から、ついに解放されました」

G（フランス・アングーレーム）

「私の友人C嬢は、肩と膝のリューマチを短期間で完全になおし、今度は、鋭意、視力回復に努めています。

彼女は三〇年間眼鏡をかけており、左眼の方が右眼よりはるかに強度の近視なのです。眼鏡をはずして左眼だけで読む練習にかかったのですが、まず本を顔面すれすれまで近づけないと、活字がよく見えないのです。しかし六週間たつうちに、彼女の視力はのびて、左眼がもとの右眼と同じくらいよく見えるようになりました。その間、右眼も左に負けず視力をましていたのです。彼女は本を読む練習を続けながら毎週眼とページの間の長さを測っていましたが、数日前私のところへやってきて、この三日間で左眼は四センチ、右眼は六センチ、各々視力をましたと話していました。彼女は自力でこれをなしとげたのです」

G（ロンドン）

第二部　自己暗示の特質

第一章　思考は力である

自己暗示は、クリスチャン・サイエンス（一八六六年頃メアリー・ベイカー・エディというアメリカ女性が創始したキリスト教の一派で、医薬を用いず、信仰の力によって病気を治癒させようとする）とか、「新思想《ニュー・ソート》」（人間の神性を強調し、正しい考え方によって病気と過失を抑制しうるとする一種の精神療法）のような擬似宗教ではない。それは、精神に関する現代科学のさまざまな発見をよりどころとした、科学的方法である。従来の心理学は、人間の意識と関連したもろもろの能力をこと細かに分類するだけで、退屈きわまるあらずもがなの代物だ、というのが専門家以外の人々の意見であろう。なるほど、そういわれてみれば、思いあたる節がないでもない。しかし、ここ五〇年のうちに、この科学は、非常な変遷を経てきている。いや、むしろ革命が起こったという方が適切で、それは、われわれの広範な日常生活にも、同様に根本的な革命をひき起こす公算大である。心理学は、意識界に専念することをやめ、無意識界（もしくは意識下）、すなわち、意識のおよびえない広大な精神活動の場に関心を向けているのである。そうすることによって、心理学は生命そのものの根底にせまり、「生命力」とか、「生の躍動《エラン・ヴィタル》」（ベルグソンの用いた言葉で、人間に不断の創造的活動を展開させている原動力を意味し、合理的・概念的な知性ではとうていつかみきれないものとされている）が人間の個性を突き上げている精神の深奥部まで掘り下げようとしている。この結果が将来どのような形であらわれるかについては、漠然としていて、推測を試みるしかない。アメリカ大陸の発見で、旧世界の重心が大西洋沿岸諸国へ西漸していったのと同様、無意識界の発見と研究は、当然、人間生活の重心を変えさせてしまうだろう。

もちろんそのような複雑な問題を、ここで詳しくとりあげるわけにはゆかない。無意識の研究だけで一つの科学をなしており、たがいに相矛盾し、また、たえず変化してゆく理論から、確実なよりどころとするにたるような事実をなんとかとりだそうと、考え方を異にするいくつかの学派が努力している。しかし、すでに実験の結果証明され、権威たちの間でも確認された一群の事実があるわけで、この中から、自己暗示研究者に直接関係のあるものをいくつか引いておくことにしよう。

無意識は、いわば記憶の集積所で、ごく幼い頃から、いますごしたばかりの一時間にいたる印象のいっさいが、想像を絶する精密さで記録されている。しかし、これらの記憶はレコード盤の溝のように惰性的ではなく、いきいきと動いており、その一つ一つが人格を織りなす糸の一本一本となっているのだ。いままでの印象全部が寄り集まって、自分自身というか、自我《エゴ》というか、とにかく個性化された生命体の形成につくしている。われわれの目にうつる人間はマスクにすぎず、真の自己は、無意識のヴェールの背後にひそんでいるといえよう。

無意識は、また力の貯蔵庫でもある。それは、本能的な感情の位置するところで、この感情こそ、われわれの生命を躍動させる力となるのだ。マックドゥーガル教授（一八七一―一九三八。在世中はハーヴァード、デューク両大学の心理学教授で、社会心理学の開拓者）もいっているように、「本能的な衝動が、あらゆる活動の目的を決定し、またあらゆる精神活動に必要な推進力を供給するのである」

そして最後に、無意識は、肉体的機能を監察する役割を果たす。消化・吸収・血液循環・肺・腎臓・その他さまざまな器官の働きが、無意識の作用で調節されている。人間の身体は、時計みたいに、一度ぜんまいを巻いておけば自然に動くというものではない。複雑をきわめる肉体的機能のすべてが、精神によって監視されているのである。しかし、この場合の精神は知性でなくて、無意識をさす。その昔パスカルは、分析を進めてゆく過程で、発見を重ねれば重ねるほど、未知の深淵がなおさら大きく口をあけるのに困惑したという。そのパスカルの姿こそ、知性がいまだに人体の問題で焦慮しているさまの象徴といえよう。

無意識に睡眠はない、ということをつけ加える必要があろう。意識が眠っている間、無意識は、われわれが目覚めているときよりもいっそう警戒心を高めているかのようである。

以上のような無意識の力にくらべれば、意識の力は些細なものに思えてこよう。進化によって無意識の表層に生じてきたのが意識で、いわば、無意識の奔放なエネルギーに調節をほどこし、外部世界にたいする行動を準備するための控えの間といってもよい。これまでわれわれは、意識的知性の重要性を不当に強調してきた。

文明上の功績を、意識的知性のおかげと考えることは、道具と製作者を混同するもので、遠景がみえたことを双眼鏡のおかげと考え、双眼鏡に見入っている目を忘れているのと一般である。といっても、意識の価値を過小評価すべきではない。意識は、もっとも利用価値の高い機械であり、理性・倫理感・自意識・芸術的感覚などが位置しているところである。しかし、意識はしょせん機械であって、技術者はおろか、モーターでさえない。意識は原料もエネルギーも自力では供給できない。それらを用意してくれるのは、やはり無意識なのだ。

精神をかたちづくっているこれら二つの層は、たえず相互に作用しあっている。われわれの意識するいっさいのものが無意識の中で準備されているように、われわれの意識するいっさいの考えは下の層へ降りて行き、そこでわれわれ自身の一構成要素となって、無意識のエネルギーを用いながら、われわれの精神的・肉体的状態を監視したり、決定したりする役割を果たすのである。もしそれが健全なものであれば、それだけ結構なわけだが、病的なものであれば、それだけ困ったことになろう。このように、ある考えをわれわれ自身の一構成要素に変形させてしまうことが、われわれのいう自己暗示にほかならない。これはごく普通の精神活動であるから、われわれの日常生活のなかに難なくその証拠を見つけることができよう。

かりに、あなたが暗い気持で街を歩いているときに、明朗闊達《かったつ》な友人に出会ったとしよう。感じのいい彼の笑顔は、強壮剤のような作用をあなたにおよぼし、さらに数分間も彼とおしゃべりをすれば、さっきの憂うつはどこへやら、あなたの表情は快活で自信のあふれたものとなろう。何がこの変化を起こしたのか。あなた自身の精神に入りこんだ考えが起こしたのだ。彼の顔を眺め、彼の親切な声を聞き、彼が笑顔になるのを認めたとき、あなたの意識は、快活さという考えに占められる。この考えが無意識に移されると、一つの現実となり、論理的根拠などなくても、あなたは快活になるわけである。

怪談を聞いたり、読んだりした後の感じは、とくに幼少年の方々ならば、よく御存知と思う。たとえば、ある晩友人の家で、ぞくぞくしてくるような幽霊の話をきいたとしよう。夜もふけてきたので、炉端の仲間たちと別れて家路につかなければならない。さっきの話であなたの精神に印象づけられた恐怖の状態は、無意識の中で現実になる。あなたは暗いところにくると、足を地面におろすことさえこわくなるし、墓地のところは一目散に走りぬけ、家のあかりが見えたときは、心底からの安堵《あんど》感をおぼえる。何回も何回も平気で歩いたおなじみの道なのに、その楽しい連想はどこかへ追いやられて、いつも見ている普通の物事が、あなた自身の主観的な精神状態に色づけられてしまうのだ。自己暗示をいくらかけても、ポストが幽霊に見えるようにすることは無理だ。しかし非常に敏感な人ならば、知覚した印象がゆがんでしまい、普通の物音に超自然的な意味がこもったり、よく見知っている物体が恐ろしいかたちをとったりすることも起こりうるのである。

以上の二例では、快活さ、それに恐ろしさという精神状態についての考えが、精神に提示され、やがて無意識に下降していって現実になってしまう。すなわち、あなたは実際に快活に、もしくは恐ろしくなってしまうというわけである。

精神面よりも肉体面に結果があらわれる場合は、この同じ現象をもっと容易に認識できる。

自分や友人たちの病状を、こまごまと、むしろ楽しげにのべたてている連中がよくいるものである。社交上の慣習もあって、どんな敏感な人であろうと、重病についての聞くに耐えないような話を、どうしても聞かなければならない。話が微に入り細を穿ってくると、聞いている人は、いつのまにかぞくっとする不快感に襲われているのをおぼえる。顔面蒼白となり、冷汗がにじみだし、みぞおちのあたりもぐあいが悪くなってくる。とくに子供の場合など、聞いているうちに吐き気をもよおしたり、卒倒したりすることもある。これらの結果は、疑いもなく肉体的なもので、器官の作用がいちじるしい妨害をこうむっていたからこそ生じたものであろう。しかし、その原因はまったく病気についての考えにある。すなわち、残酷にも精神に印象づけられたその考えは、無意識の中へ入って現実になるのである。

この結果の正確さは驚くべきもので、自分が話にきいた病気の症状を、実際に再現してしまうこともある。ある特殊な病気を研究していた医学生たちが、しばしばその病気特有の症状にかかってしまうという現象も、その一例といえよう。

「舞台負け」という体験は、どなたも御存知のことと思う。心身ともに健全で、まったく正常な人間がそれにかかってしまうのだ。ひとりでいるときは、美声で話し、よい考えをつぎつぎに思いつき、表現だって流暢《りゅうちょう》にやってのけるであろう。そして、観衆が彼に好意をもち、彼の考え方に共鳴しているということも知っているであろう。しかし講壇へ上がったが最後、彼の膝は震えだし、心臓は動悸《どうき》をやめない。彼の精神は白紙状態となって混乱におちいり、彼の舌と唇は、明瞭な発言を拒否しているので、二言三言どもった後にまったく窮してしまい、やむをえずうち切りという醜態を演ずるのである。この大失敗の原因は、観衆の前に現われるまで彼の精神を占めていた考えにある。彼は醜態を演じはしまいかと心配し、不安定な気持になることを予期し、いうべきことを忘れはしないだろうか、いいたいことを整然と表現できないのではないか、などと懸念していたのである。これらの否定的な考えが、無意識の中へ入りこんで現実となり、まさに恐れていたとおりのことが起こったわけである。

もし、あなたが都会に住んでおられるなら、道路をうっかり横断しようとして、車にあやうくひかれそうになった人々をみておられよう。こういうとっさの場合に、かなりのあいだ突っ立ったままで、いわゆる「釘づけ」現象を呈する人々がいる。これは、せっぱつまった危険を前に、もう逃げられないと思いこんだ結果である。この考えが逃げようという考えに席をゆずるが早いか、かれらは、横っ飛びに身をかわすだろう。しかし最初の考えがそのまま残っているときは、その結果、実際に無力となり、もし車の方で急停車するなり、ハンドルをどっちかに切るなりしないと、かならずひかれてしまうだろう。

　舞踏病という名の神経障害にかかっている人々をたまにみかけることがある。顔面をゆがめ、首をねじり、肩をひきつらせるなど、見ている方がどぎまぎしてしまう奇癖だが、かれらと同じ家に住んだり、同じ会社に勤めたりして、しじゅうつき合っていると、その同じ奇癖を、自分ではそれと気づかずに身につけてしまうおそれがある。この周知の事実も、もとをただせば、同じ原理のなせる業《わざ》である。この奇癖についての考えが、何度もくり返して精神に提示されると、やがて現実になってしまい、われとわが身で同様の動作をはじめるわけである。

　この原理の実例は、いたるところで目につく。なぜ、血を見て失神する人がいるのか、また、なぜわれわれの多くは、高いところから下を眺めるとめまいがするのか、あなたも自問なさったことがおありと思う。

　ノイローゼ患者のことをとりあげてみよう。話す力・見る力を失なってしまった人、クーエの診療所にきていたあの鍛冶屋のように、手足の自由を奪われた人、その他さまざまな器官のどこかに機能障害を起こして悩んでいる人などが思いうかぶ。そのいずれをとってみても、無意識の中で現実と化した考え以外に、原因となりうるものはない。

これらの例は、われわれの考えることが、無意識の中で、紛《まご》う方なく実現してしまうことをよく示している。しかしこれは、どんな人間にも作用する普遍的な法則であろうか。それとも、ときおり偶然にしか起こらないものであろうか。他人に見当違いな快活さなどを示されたりすると、よけいに気が滅入ってくるようなことも一再ならず起こる。ある種の人間は、サーカスで道化が騒ぎまわっているのをみても、気がいらだってくるだけである。医師は、患者から詳しく症状をきかされても、まったく平静でいられる。これらの事実は、一見、先述の法則と矛盾する例外のように思えよう。だが実際は、むしろその法則を確認する手がかりになるのである。肉体面や精神面に現われるいっさいの変化は、精神内部に生じている考えと一致する。しかし、精神内部に生じた考えが、外部から伝えられてきた考えと一致するとは限らないのだ。ある種の判断が介入することもあろうしまた外部から伝えられてきた考えが、それと関連した別の考えを呼び起こし、むしろこの呼び起こされた考えの方がずっと強力で、それを呼び起こしたもとの考えを排除してしまうこともあろう。憂うつな人が、快活な友人に会った場合を想定しよう。彼は、心の中で、自分自身とその友人を対照させてみるだろう。自分の苦悩と友人の幸運をくらべ合わせ、おれはこんなに気が滅入っているのに、奴はどうしてあんなに意気揚々としていられるのだろうなどと思い悩むにちがいない。このように、自分は不幸だという考えが強まって、無意識の中へ沈んでゆき、今までの意気消沈をいっそうひどくしてしまうのである。患者の話に聞き入っている医師の場合は、症状についての悲惨な考えを、彼の意識に留まらせておかないのである。彼の考えは、ただちに治療法の方へうつって、こうこうすれば患者を救えるというふうにひろがってゆく。彼のこの考えは、単に意識的な行動だけでなく、無意識的な態度・物腰によってもはっきりと患者に伝わるのである。また医師が、その症状の医学的意味に熱中している場合などは、なにげなしに、患者を標本同様に扱ってしまうであろう。とび職の人は、教会の尖塔をよじ登るときでさえ、目まいや恐怖をおぼえない。なぜならば、危険だという考えが、自分には冴《さ》えた頭と確かな足があるという意識にたちまち席をゆずってしまうからである。

以上のべたところから、治療法としての自己暗示を実践する際に、ぜひ知っておくべき要点が一つ得られたことになる。すなわち、ある考えが精神に提示されたとしても、精神に受容されないかぎりは、けっして現実にはならないということである。

この分野にたずさわった人々が今日までに犯してきた過ちの大半は、右の基本的な要点を無視していたことに起因している。激しい歯痛で悩んでいる人に向かって、「あなたの歯はもう痛まない」といったところで、何の役にもたたない。この言葉は、ひどく事実に反していて、「受容」されるはずがない。患者は、この暗示を斥けて、激痛という事実を改めて認めることになる。そして、意識がもっぱらその事実だけを念頭におきだしたら、おそらく痛みはいやましてくるであろう。

このへんで、自己暗示の基本法則を記しておくべきだろう。

「意識に入ってくる考えは、無意識によって受けいれられたら、かならず現実に変わり、今後の生活のなかで永続的な要素となる」

これが「無意識的自己暗示」(Spontaneous Autosuggestion)とよばれるもので、開闢《かいびゃく》以来、人間の精神はこの原理のままに作用してきた。

読者は、今までの引例や、また御自分の不断の体験を通じて、われわれの考えていることが、精神状態、つまり感情とか情緒とかだけでなく、肉体の微妙な作用や調整をも決定していることにお気づきのことと思う。ノイローゼにともなう症状はいうにおよばず、震え・動悸・どもり・赤面など、そのすべてが、血のめぐり、筋肉の働き、そして各器官の作用などの変化から生じてくる。これらの変化が、意識によって随意に起こされることはない。無意識によって決定され、しばしば驚きなどのショックとともに、われわれを襲うのである。

健康・歓喜・美徳・能率についての考えを、われわれの意識いっぱいにみたして、無意識が間違いなくそれを受けいれるようにもってゆけるならば、その考えは現実となって、われわれを高度の新しい生活へと導いてくれるにちがいない。この希望を幾度となく打ちこわしてしまったのは、無意識に考えを受けいれさせることのむずかしさだった。これについては次章でのべることにしよう。

要約すると、自己暗示の過程は、(1)考えを受けいれ、(2)その考えを現実に変える、という二つの段階からなっている。そしてこの二つの作用をおこなうのは無意識なのである。その考えが、本人の心から出たものか、それとも、外部から他人の媒介で提示されたものか、などと問題にする必要はない。どちらの場合も、その考えは無意識に提示され、受けいれられるか、もしくは斥けられるか、すなわち、実現されるかもしくは無視されるかという過程を経るのである。だから自己暗示と他者暗示の間に区別を設けてみても、皮相的な独断になってしまう。本質的には、どんな暗示も自己暗示なのである。われわれに必要な区別は、①われわれの意志や選択のおよびえないところで起こる無意識的自己暗示と、②われわれが実現したいと思う考えを意識的に選び、それをなんとかして無意識に伝えようとする誘導自己暗示の二つだけである。

第二章　思考と意志

　無意識（意識下）に、ある考えを受容させることができたら、その考えは自動的に実現される。誘導自己暗示をおこなう際に、どうしても直面してしまう困難は、いかにわれわれの考えを間違いなく受容させることができるか、ということだろう。そして、エミール・クーエ以前のどんな方法も、この困難を満足には克服しえなかったのである。

　われわれの精神に入ってくるどんな考えにも、多かれ少なかれ、感情がこもっている。われわれの関心をあまりひかない考えの場合、その感情は、気づきえないほどわずかなものになるし、逆にわれわれの利害と密接な関係をもつ考えの場合には、それはきわめて強いものになろう。誘導自己暗示に用いられるような考えは、すべて、健康・活動力・成功といったわれわれの切望してやまない目的と関連しているから、当然、強い感情をともなっている。ある考えにともなう感情が強ければ強いほど、その考えから生ずる自己暗示の力もそれだけ強くなる。だからこそ、一瞬の激しい恐怖が、一生永続するような結果を起こすことにもなる。この感情的要素はまた、考えを無意識に受容させる際も大きな役割を果たすのである。

われわれの体験からすると、ある考えが無意識に受容されるか排斥されるかは、その考えにつながって生ずる連想の如何による。したがって、どんな考えでも、それと似かよった考え、すなわち、同質の感情をともなった考えを呼び起こした場合にのみ受容されることになり、逆に、どんな考えも、それと相反する考え、すなわち、異質の感情をともなった考えを呼び起こした場合には、排斥されるのである。排斥されたということは、もとの考えと、それが呼び起こした考えとの間に、ちょうど、酸とアルカリをまぜたときのような中和反応が生じたということである。例をあげれば、もっとよくわかっていただけよう。

波風の強い日に、英仏海峡を航海中ということにしよう。船員のところへ行き、同情するような口調で「顔色がとても悪いですよ、船酔いじゃありませんか」といってごらんなさい。相手の気質にもよるが、おそらくその船員は、あなたの冗談を笑いとばすか、さもなければ、礼を失しない程度に憤然とした表情をうかべるだろう。しかし彼は船酔いにかかったりしない。あなたの暗示とそれが呼び起こした連想とがくいちがっていたからである。船酔いではないか、といわれても、彼の心の中では、自分は船酔いなど平気だという考えしか起こらず、したがって恐怖でなくて自信が呼び起こされるのである。無慈悲な実験をさらに続けよう。今度は、荒波におびえていることが一目で明らかな船客に近づいて、さっきと同じ言葉をくり返し、「下の船室へお連れしましょうか」とつけ加えてみるとよい。彼はみるみる蒼くなるであろう。「船酔い」という言葉が、彼の抱いた恐怖と予感にみごとに結びついたのである。彼はあなたの助けで自分のベッドにたどりつき、それからは有害な自己暗示が実現される番である。船員の場合、船酔いという考えはまったく相反する連想に圧倒され、排斥されたのだが、船客の場合は、船酔いという考えが内部にあった同類の考えと呼応したので、無意識に受容されたのである。

しかし、病気の考えがしみこんだ患者の心に健康の考えを提示する場合は、どうなるだろうか。健康の考えを中和しがちな悪い連想を、どうしたら避けられるだろうか。

われわれは、無意識を潮の満干《みちひ》にたとえることができる。眠っている間、無意識は意識をすっかり浸してしまい、じゅうぶんに目覚めていて注意力と意志が働いている間は、潮がすっかり干いている状態といってよかろう。もちろん、この両極端の間に無数の中間的段階を想定しうるわけである。うつらうつらしたり、夢見心地だったり、音楽や絵や詩に魅せられて、じっと幻想にふけったりするとき、無意識の潮は満ちてゆき、目覚めて警戒心が高まってくれば、それだけ潮は干いてゆく。無意識がこのように意識を浸してしまうことを、シャルル・ボードゥアン（もとジャン・ジャック・ルソー学院（ジュネーヴ）教授で、『暗示と自己暗示』の著者）は「意識下の露頭」とよんでいる。われわれが自分の考えを意識的に誘導できて、しかも無意識がかなり高く「露頭」している時間といえば、眠りにつく直前と、目覚めた直後であろう。「露頭」した部分が大きければ大きいほど、そして、力にあふれた無意識の深層に近づけば近づくほど、実現したいと思っている考えを、それだけ容易に植えつけられるはずである。

無意識の潮が満ちてくると、精神の意識層は水面下に没する。したがって思考も、外部世界との交渉でわれわれの意識にあったいろいろな目的につくすという任務から解放され、ちょうど海底の異様な世界を探り歩く潜水夫のように、無意識に棲息しているさらに基本的な願望の間を動きまわるようになる。だが、水面下で思考を支配している法則は、われわれが目覚めている場合のそれとは異なる。無意識が「露頭」している間、ある考えが、それとは反対の連想をたやすく呼び起こすということなどないものと思われる。したがって、その考えを中和し、無意識の受容を妨害するような悪い連想は、もはやあらわれない。白日夢なり沈思黙想なりの間、すなわち、無意識の上げ潮に際してどういうことが起こるか、すでに御存知のはずである。一連のあざやかなイメージが、精神内部をすべるように通りぬけて行く。当初の考えが、コマのように勢いよく回転しつつ、先へ先へと進んでゆき、どんな障害物をもってしても、それを抑えることはできないように思われる。受容される可能性の問題などまったく起きない。そのとき、われわれは現実の生活から切り離されて、いっさいが可能な世界に生きているのである。このような白日夢は、強力な自己暗示をひき起こすから、暗示内容が健全無害なものであるように注意すべきである。しかし何よりも、意識がそのような状態になったとき、連想は同質のものをつぎつぎに呼び起こすものと考えられ、感情も比較的熱烈になっている。この状態こそ、暗示を受容させるのにはなはだ好都合なのである。

　晩、床についたら、姿勢をらくにし、筋肉をゆるめ、目を閉じる。そうすれば自然に、白日夢の場合に似かよった半意識状態に入る。そのとき、どんなものでも、ある望ましい考えを精神に誘導してやれば、その考えは、日中、目覚めているときのような抑圧的連想など呼び起こすことなく、ただちに同類の考えと結びつき、したがって、それにともなう同質の感情をひきつけることになる。このようにして、無意識はその考えを受容させられることになり、否応なしにその考えは自己暗示となるのである。この過程をくり返すたびごとに、考えの連想を起こす力は増し、考えの中にこもる感情は強まって、そこから生ずる自己暗示もますます効果的になってくる。この手段によって、われわれは、ふだんには抑圧的な連想を起こしてしまうような考えでも、無意識に受容させることができる。自分は病気だと心の底まで信じこんでいる人でも、毎日、自分はなおるという考えを無意識に充満させてゆけば、徐々に、自分は健康であるという考えを植えつけることができよう。われわれの用いる道具は考えであり、成功に必要な条件は、意識している精神をなだめすかし、なかば寝つかせてしまうことである。

これまでにも自己暗示を利用しようと試みた人々はいたが、いずれも信頼に値する結果を確保しえなかった。それは、かれらが考えというものに信をおかず、意志を用いて、どうしても考えを無意識に受容させようと試みたからにほかならない。このような試みが、失敗に終わるのは明白であろう。意志をふるい起こしたりすれば、自動的に自分自身を目覚めさせ、ひたひたとせまりつつあった無意識の潮をせきとめてしまい、結局、成功を収めるための唯一の条件をだめにしてしまうのである。

どうしてそうなるのかをもっと詳しく調べてみるのも、無意味ではあるまい。精神を不健康についての考えに占められてしまった患者が、腰をすえて、自分自身にどうしてもよい暗示を受容させようと試みる。彼は健康についての考えを呼び起こし、意志の力でそれを無意識に印象づけようと努力する。ところが、この努力は彼を完全に目覚めさせ、いつもと同じ不健康なり病気なりの連想をひき起こすのである。したがって彼は、自分の望んでいるところとまったく逆のことを考えていることに気がつき、さらに、意志の力をふるい起こして、健康についての考えを呼び起こすだろうが、前よりもいっそう目覚めてしまった今となっては、連想もさらにスピードと力を増してくる。

病気についての考えが、今では彼の心を完全に独占し、どんなに意志の力を働かせても、その考えは頑として席をゆずらないであろう。努力すればするほど、悪い考えがそれだけ深く根を張ってしまうのである。

　このことからわれわれは、クーエを成功に導いたあの発見、すなわち意志とある考えが相争うときは、かならずその考えの方が勝つという発見を察知できよう。この発見は、誘導自己暗示の場合だけでなく、行《ぎょう》住《じゅう》坐《ざ》臥《が》われわれから離れることのない無意識的自己暗示の場合にも、もちろんあてはまるものである。実例をいくつかあげて、この点を明確にしておこう。

　たいていの人が体験していることだが、何か困難な仕事を果たさなければならないとき、ふと口からもれた「ああもうだめだ」という言葉が、いつまでも脳裡を去りやらず、しだいに自信をむしばんで、われわれの心を失敗の波長に合わせてしまう。どんなに意志の力を用いても、それをふりきることができず、実際、努力すればするほど、その言葉にとらわれてしまう。

「舞台負け」に悩んでいる人の精神状態も、これにたいそう似かよっている。彼は失敗という考えにとりつかれており、どんな意志の力をもってしても、その考えを克服するのは無理である。実のところ、彼をどうしようもない狼狽《ろうばい》ぶりに追いやっているのは、努力をともなった緊張状態なのである。

　スポーツの分野も、この法則の実例を数多く提供してくれよう。

　重要な試合に出場しようとしているテニスの選手がいるとしよう。彼はもちろん勝ちたいと思っているが、負けるかも知れないと、内心恐れている。試合の前日にもはや彼の恐れは実現しはじめる。神経過敏になって、いつもの元気さがみられない。実際、彼の無意識は、失敗という考えを実現するのに最適な状態をつくりつつあるのだ。試合がはじまってみると、常日頃の老練さは彼から離れ去ったとしか思えない。彼は意志の力を最大限にふるい起こして、われとわが身にファイン・プレイを強要し、全神経を緊張させて、いつもの巧妙さをよみがえらせようとする。だが彼のプレイは、その努力に反比例してまずくなるばかり、懸命になればなるほど、エラーの数がいちじるしくふえてくる。彼がかりだしているエネルギーは、彼自身の意志でなく、心の中の考えに、すなわち勝とうという願望ではなく、心を支配している失敗という考えに服従しているのである。

神経質のゴルファーが、われにもあらずボールをバンカー（ゴルフ・コースに設けられた砂地などの障害区域）にうち込んで窮地におちいるという場合、やはり原因は同様である。彼は心の中で、ボールがもっとも不利な場所に落ちるさまを想像しているのだ。どんなクラブを使っても、遠目に打っても近目に打っても、バンカーという考えが彼の心を支配しているかぎり、ボールはどうしたってその方へ飛んでしまうであろう。バンカーを避けようとして意志をふるい起こせば起こすほど、彼の状況はますます不利になるだろう。成功は努力によってではなく、正しい考え方によって収められる。ゴルフやテニスの選手は、けっして筋骨たくましく、限りない意志力をもった人間などではない。彼の生活全体が、「これは自分の得意な競技だから、自分は成功する」という考えに支配されてきたのである。

若い受験生たちのなかにも、このような苦しい目にあう方がおられよう。問題を読んでいるうちに、突然、いっさいの知識が自分を捨て去っていることに気づく。かれらの心は恐るべき空白状態となり、適切な考えが一つも思いうかばない。歯をくいしばって、意志力をかり立てればかり立てるほど、思いうかんでほしい考えはそれだけ遠ざかる。しかし試験場を出て緊張がゆるむと、さっきまで探し求めていた考えが、意地悪くも心の中にうかびあがってくるのだ。この失念現象も、前もって心の中に抱かれていた失敗という考えから生じたもので、意志を用いたことがかえって仇《あだ》になっているのである。

麻薬常用者・アル中患者、その他有害な欲求にかられている人々が、原状復帰の希望を失なっている原因も、これで説明のつくことである。彼の心は、欲求を満足させようという願望にとりつかれている。なんとか抑えようとして意志の力に訴えれば、なおさらその願望に圧倒されてしまう。何度もこのような失敗を重ねてゆけば、とうとう、自分には自分を抑えるだけの力がないと思いこみ、さらに、この考えが自己暗示となって作用するから、よけい無力感にとらわれることになる。そこで絶望のあまり、自分のとりつかれている考えにわれとわが身をまかせ、廃人として一生を終わるのである。

以上のべてきたところから、意志によって努力しても、一定の考えを打ち破ることはできず、たとえ意志が大砲をもちだしてきても、考えがその大砲を分捕り、筒先を逆に意志の方へ向けてしまうということを、われわれは知りえたわけである。

ボードゥアンが、「努力逆転の法則」（The Law of Reversed Effort）と称したこの真実を、クーエはつぎのようにのべている。

「想像力と意志が相争っているとき、勝者は常に想像力の方である」

「意志と想像力が相争っているとき、想像力の強さは、意志の二乗に正比例する」

この数学的用語は、もちろん比喩的な意味をもつにすぎない。

いままでのところ、右にのべられた事実にたいして、異議を唱えた人はいない。これまであげてきた実例や、われわれ自身の体験によっても、この法則の示している過程が真実であることは、じゅうぶん証明されている。しかし、ウィリアム・ブラウン博士、マンチェスター司教、チェスター司祭長らを含む何人かが、その真実を表現している用語に関して異議を申し立てている。この場合、用語の問題はきわめて重要なので、それを避けるわけにはゆかない。

「想像力」という用語が、まったく適切といえるかどうか、やはり問題である。われわれの自己暗示を直接に決定するのは、想像力、すなわち、心の中にイメージをつくりあげる力ではなくて、イメージそのもの、換言すれば、われわれの考えである。筆者が、これまで「想像力」という語のかわりに「考え」という語を使わせていただいたのは、そのためにほかならない。

第二の問題はなかなか難物で、そう簡単にはかたづくまい。「意志」という用語は遺憾ながら、曖昧《あいまい》模《も》糊《こ》としている。意志といえば、「目的をもった自己」、すなわち人間が一つの個体として、自分の望んでいる目的を追求するときの個性、というふうにみなしえよう[1]。意志をそのようなものとして定義すれば、意志と思考の間に衝突が生ずるという問題など起こりえないわけである。このような広い意味にとれば、意志と思考が分離されるはずはない。なぜなら、われわれは思考能力を意志の一部にしてしまっているからである。しかし一般の人々にとって、意志という言葉が、そのように広く、哲学的な意味をもちうるものかどうか、疑いたくなってもいたしかたあるまい。一般的に意志といえば、個性の中にあって、もっぱら行動を起こさせる要素であると思われている。精神が調和を失なって二分してしまった場合、われわれはどちらか一方の要素にくみして、それに反する他方の要素を、なんとか抑えつけようと努力する。そしてその際に呼び起こされるのが意志だということになろう。このようにして、何かを恐れている場合は、その恐れを捨て去ろうと意志による努力をはらうし、また何かよこしまな行動に誘惑されている場合は、その誘惑を払いのけようと意志による努力をそそぐ。どちらの場合も、意志による努力は失敗しやすい。恐れも、そしてよこしまな願望も、それらを克服しようとする努力によってなおさらひどくなってくる。やはり一般の人々が意志というときは、このもっぱら起動的な要素のことをさすわけである。そして、クーエの教えは、専門家でなく、それを必要としているすべての人々のためにのべられているのだから、意志という言葉も、一般的な意味で使われているのである。クーエにとって、正しい思考と意志の統合された状態と考えられているものが、彼の批判者たちにとっては、意志としてうけとられているのである。このことを了解した後では、クーエ説が意志を責めているものでないことに合点《がてん》がゆくであろう。クーエは、正しくない意志、言葉をかえれば、意志の誤用を責めているのである。意志は、心の中の考えと調和して用いられるとき、心を支配している個性の指示にしたがって用いられるときに、はじめて効果的に利用されうる。これがクーエの教えなのだ。意志と思考が調和して、「自分はそうしようと思うし、またそうできる」（I will and I can.）といえるとき、われわれは完全な状態にはいれるのだ。

（1）チェスター司祭長は、『クーエ氏と健康の福音』の二八頁でつぎのようにのべている。「私が自分の意志といえば、それは目的をもって自分を導いている自分自身のことである。私の意志とは、自分自身のことなのだ」

意志と思考が調和を保っているときは、精神内部に何の軋轢《あつれき》も緊張感も生ずることなく、調和感と意気揚々たる進捗《しんちょく》感あるのみである。われわれの心の中でさまざまな要素が相争っているときに、意志でもってそのいずれかを増強しようとすると、軋轢をよけいひどくし、疲れるだけで努力に見合うような結果は何も得られず、かえって、われわれが投げ捨てようとした当の要素を強めてしまうのがおちである。

クーエが警告しているとおり、意志の誤用は、外部世界との交渉に際して、われわれをつまずかせる障害となる。精神状態が不調和なときに意志を誤用すれば、その不調和はますますひどくなって、われわれのエネルギーを浪費させ、われわれの心に、無力感と虚弱感を残す結果にしかなるまい。われわれの心が失敗の恐れにつきまとわれている場合、その考えを克服しようといくら努力しても、かえって手に負えないものとしてしまうだけである。がむしゃらに突進を試みても、ちょうど、角をふりたてて煉瓦の壁に頭をぶつけている山羊のようなものであろう。実際こんなぐあいだと、どんな些細なことにも手の施しようがなくなってくる。もぐらづかを泰山にしてしまうのだ。神経衰弱患者がまさにその好例である。困難だという考えが、心の中にどっかと腰をすえ、それを克服しようといくら努力してみても、かえって困難さは増すばかりで、ついにはまったく圧倒されてしまい、道路を横断するのも苦しくて失神してしまうのだ。われわれが失敗の恐れにとりつかれているかぎりは、どんなに努力をはらっても徒労に終わるということを、よく認識すべきである。恐怖のかわりに自信を、不安と懸念のかわりに成功にたいする冷静な期待を抱くことによって、はじめてわれわれの意志は、効果的に用いられるのである。自己暗示の力でこの精神的変革を実現させる方法については、以下の各章で扱うことになっている。

自己暗示の実践に際して、努力をそそぐことは致命的である。自身に必要な改善をめぐる考えで、われわれの心がみちあふれているときにこそ、自己暗示は成功するのである。しかし精神内部に何か不和があるということだけでも、心がそういう改善についての考えでみたされていないことを意味する。自己暗示の際に努力をそそぐということ自体が、克服されなければならない障害物のあることを立証しているのだ。努力は、抵抗を前提として存在するものである。したがって、努力を用いて無理やり自己暗示を受容させようとすれば、心が起こしうるかぎりの逆連想を自動的に呼び覚まして、われわれの目的をくつがえしてしまうのである。自己暗示を実行するときに何よりも重要な規則は、「努力を避けよ」ということである。

以上にあげたいろいろな実例から、もう一つ興味ある事実をとりだしうる。いずれの場合も、心をみたしていた考えは、最終的状態、すなわち、完了した事実をめぐるものであった。ゴルファーはボールがバンカーに落ちるさまを、テニスの選手は、自分が負けてしまうことを、受験者は、解答不能におちいることを考えていた。いずれも、無意識が独自で動きだし、その考えの実現という目的にもっとも適した手段を、否応なしに選んでいた。ゴルファーの場合などもっとも微妙な肉体的調整が必要だったであろう。ボールをバンカーに打ちこませるためには、足の位置、クラブの握りぐあい、スウィング、といった要素が各々の役割を果たしたのだが、これらの肉体的調整はすべて無意識的に、すなわち意識の気づかないところでおこなわれたのである。このことからも、目的を果たすための方法をいちいち暗示する必要などないことがおわかりであろう。めざす目的についての考えを心の中にみたしてやれば、無意識は、その目的が実現可能なことを確かめたうえで、そこにいたるもっとも容易な直線コースを、われわれのために敷いてくれるのだ。

ここでわれわれは、いわゆる「幸運」の背後にひそむ真実の一端をかいまみることができる。何事も、待つことを知る人のところへやってくる、とよくいわれている。この待っている人が、正しい精神状態にあるかぎり、そのことは文字どおり真実である。事業運に恵まれていると噂される人々がいて、なるほどかれらが手をふれたものは何でも、「黄金に変じてしまう」ように思える。その成功の秘密は、かれらが成功を確信し、期待しているという事実にある。「新思想《ニュー・ソート》」一派のように先走りをして、暗示が、人知のおよばない超自然的な法則をも作動させうるなどと主張する必要はない。ただ、どんなことにせよ、成功を期待している人は、周囲の環境にたいして無意識的に正しい態度をとり、一瞬のうちに消え去ってゆく機会でも、なにげなくつかみ、精神内部の調和によって外部の環境を支配してしまう。このことだけは、疑いようがない。

第三部　自己暗示の実践

第一章　一般的な法則

考えというものが生みだす強力な効果を知ったいま、われわれは、自分の心に入ってくるさまざまな考えにたいして、もっと細心な検閲をほどこす必要を感じるであろう。われわれの生活のなかで、意志が執行権をもつとすれば、さしづめ考えは立法権をもつことになる。刑務所や精神病院の収監者に国家の立法権をあたえることが賢明だと思う人はいまい。しかし、われわれが激情や病気についての考えを抱き続けるならば、囚人や精神病者に、政権をゆだねるのと同じ結果をわれわれ自身におよぼすであろう。

したがって今後は、健康・成功・美徳という考えを求め、日常会話でかわされる気の滅入るような話題、新聞雑誌にひきもきらず現われる犯罪や災害の種々相には、用心深く対する必要がある。また小説・戯曲・映画の中にも、悲哀を美に変えうるような芸術性が不足していて、われわれの感情を苦しめるだけのものが多いから注意を要する。

もちろん、たえず自意識を働かせて自分自身を監視し、有害な考えを若芽のうちにつみとる心構えでいろ、などといっているのではない。また、駝鳥よろしく砂の中に頭を突っ込んで、病気や邪悪のことなど知らぬ顔の半兵衛でいろ、ともいってはいない。自意識過剰だとエゴイズムにおちいるし、われ関せずの態度だと、無感覚に堕してしまう。ときには、義務上、邪悪で意気消沈せざるをえないようなことにも注意をはらう必要が生じよう。また、友情や人道主義の命ずるところは、他の何物にも優先する。それを無視したら、道徳の喪失はまぬがれない。しかし邪悪で意気消沈せざるをえないようなことに接近する場合でも、積極的な方法と消極的な方法がある。

　他人の憂うつ、虚弱、不健全な精神状態にわれわれ自身も感染させられてしまうという受動的な過程が、あまりにもしばしば同情と混同されている。これは倒錯した同情である。友人が天然痘や猩紅《しょうこう》熱にかかっているとき、あなたは彼の病気をうつされることによって御自分の同情を証明しようとなさるだろうか。そんなことをすれば、反社会的犯罪になることくらい先刻御承知と思う。しかし慈善行為でもしているような気になって、不健全な考えをわれとわが身に感染させ、それを隣人にたいする義務の一端と心得ている人が多いのだ。これと同様、食糧難や疫病の痛ましい話に全心全霊をそそぎこみ、やがてがっくりしてしまうと、もうそれだけで、遠方の当事者に何か役だつことをしたような気になる人々がいる。これは疑いなく誤りで、本人に憂うつと不健康をもたらすばかりか、家族の重荷となる結果にしかならない。食糧難や疫病といった災害を報道する必要があることはいうまでもない。しかし、そういう事件にたいしては、前章でのべたような態度で反応すべきである。すなわち、困ったことをそのまま鵜《う》呑みせずに、それを克服する最適の手段を探し求めなければならない。そうすれば、われわれに勇気を起こさせるような目的が生じてき、自分の意志力をその達成に用いることができる。

汝《なんじ》、人の心よ、力の能《あた》うかぎり、
ざわめき止めぬ意識の満干《みちひ》うち超え、
永久《とわ》に輝くしるしうち樹《た》てよ……
闇の苦しみ　あだに終わらず、
望みかけし天界　汝《な》が家とならん。

自己暗示は、無感覚無関心の態度を生みだすどころか、もっとも真実な同情を実行に移す方法を指示し、その手段を準備してくれるのである。どんな場合でも、われわれの目的は、できるだけ早く苦悩を除去することでなければならない。そして、これは悪い考えの受容を拒否し、われわれの精神的・道徳的均衡を保持することによって可能となる。

外部世界からであれ、精神内部からであれ、暗い考えに襲われたら、平静にわれわれの注意を何かもっと明るいものへ移さなければならない。何か実際の病気にかかっている場合でも、できるだけ、考えを病気に向けないようにすべきである。器質性疾患の場合は病気のことをくよくよ悩んでいると、よけい重症になってしまう。なぜなら、くよくよ悩むことによって、器官のもつあらゆる機能を病気にゆだねてしまい、自分の生命力をわが身の破壊にさし向ける結果となるからだ。他方、病気に注意をはらわず、「かならずなおる」という自己暗示でそれに対抗すれば、病気の力を弱めて医師による治療をはかどらせることになろう。もっとも重い器質性疾患の場合でさえも、誤った考えから生ずる精神的要因は、純然たる肉体的要因に劣らず大きいのである。

　どうしようもなく気が滅入ったり、苦悩が重すぎたりして、尋常の手段ではわれわれの想像力を抑えきれないことが間々あるものだ。われ知らず暗示が働きだして、逆連想を排除しようにもそれだけの力をもち合わせているとは思えない。そのような場合は、心にとりついているその考えを、どうしてもふりはらってやろうなどともがかないことだ。もがけば努力逆転の法則が示すとおり、ますます泥の深みにはまりこむだけである。しかし、次章以下でのべられるクーエの方法は、どんな苦しい状況にあっても効果的な自己支配の手段を教えてくれるはずである。

　避ける必要のあるさまざまな破壊的暗示のなかでも、恐怖ほど危険なものはない。何かを恐れると、心が否定的な考えにこだわるだけでなく、その考えとわれわれ自身の間にもっとも密接な関係をつくりあげてしまう。さらに、その考えは、微妙な感情にまとわれるので、いちじるしく効果を強めてしまう。

　じつに恐怖は、自己暗示を極限まで働かせるのに必要な、いっさいの要素を結合させてしまうのである。しかし幸いなことに、恐怖もまた、自己暗示の支配力をこうむるわけである。自己暗示による自己支配を知った人が、まず心から根こそぎにすべきものの一つは、恐怖である。

　われわれは、自分自身のためにも、隣人たちの欠点や弱点にこだわらないようにすべきだ。利己心・貪欲《どんよく》・虚栄心などについての考えがたえず心の中にあれば、無意識的にそれを受けいれ、われわれ自身の性格の中にそれを実現させる危険が大きい。どの小都市でもよく耳にするけちな噂や中傷は、話し手が非難しているその欠点を話し手自身に植えつける結果を招くのである。しかし、われわれの心を隣人の美徳にとどまらせておけば、その同じ美徳をわれわれ自身の中に生みだすことができよう。

　自分自身のために、否定的な考えを避けるべきだとするならば、他人にたいしては、なおさらその心がけでいなければならない。憂うつでしょげきった男女は、精神的感染の病源地となり、かれらに近づくあらゆる人々を害してしまう。このような男女は、われ知らず、かれらよりも性格の明るい人々から快活さを失なわせてしまう。まるでかれらの無意識が、自分以外のあらゆる人々を、自分と同じ不振状態にまで引き下げようと努めているかのようだ。しかし、健康で善意にあふれた人々も、実害を相手におよぼしているとはつゆ知らずに、悪い暗示をばらまいているのだ。知り合いに会って「君、顔色が悪いね」というたびごとに、彼の健康を害しているおそれがある。その影響は目にこそ見えね、たび重なれば大きくなってくる。日に一五回、もしくは二〇回も、病気じゃないかという暗示をうけていれば、誰でも、実際の病気にだいぶ近づいてしまうものだ。それと同様、友人の仕事について、そのむずかしさを憐れんだり、「うんざりだろう」とか「性に合わないだろう」とか無思慮な言葉を口にだせば、たとえわずかでも、仕事の進捗《しんちょく》を渋滞《じゅうたい》させ、成功の機会をそれだけ失なわせるかも知れないのだ。

　大人同士のつき合いでも、そのように言葉をつつしむ必要があるのならば、子供にたいしては、いっそうの深慮をはらわなければならない。子供の無意識は、大人のそれにくらべて、ずっと接近しやすい。意識の選択力がはるかに弱いから、当然、うけとめられた印象は、いちだんと強力に実現される。これらの印象は、育ちざかりの子供を形成する素材となるもので、もしわれわれが誤った素材を供給してやれば、形成された結果は不安定なものとなろう。しかし、もっとも注意深くて子供思いの母親でも、子供の心に虚弱の種子を蒔いていることが往々あるのだ。子供たちはしじゅう、「カゼをひきますよ」とか、「病気になりますよ」とか、「転びますよ」とか、その他さまざまな不幸に出会うだろうことを、母親から告げられる。子供は病弱であればあるほど、それだけ逆暗示にかかりやすくなっている。病弱という考えに染まってしまった結果、病気が普通の生活状態で、健康はむしろ例外的な状態のように思っている子供を、じつに頻々と見かける。同じことが、子供の精神的・道徳的養育の場合にもやはり当てはまるのである。世の愚かな親たちはわが子に向かって、生意気だとか、不孝者だとか、ばかだとか、なまけ者だとか、不良だとか、いいたい放題のことをいったい何度怒鳴りちらしたら気がすむのだろうか。このような暗示が受容されたら、――かならず受容されるとは限らないことがまだしもの幸いだが――子供たちは、ほんとうにそのような性格を発達させてしまうだろう。言葉で話す場合はいわずもがな、顔つきや身ぶりだけでも望ましくない暗示を起こすきっかけになりうるのだ。二人の見知らぬ客に会った子供が、片方の客とはすぐなかよしになるが、なぜもう片方の客には近づかないのだろうか。なかよしのおじさんには、どことなく健康的な雰囲気が感じられるのに、もう一人のおじさんからは、何か怒りっぽくて暗い感じしか伝わってこないからにちがいない。

　エマーソンはこういっている。「人間は、はっきりした行為によってのみ、美徳なり悪徳なりを伝えうるのだと考えている。そして美徳なり悪徳なりが、瞬時たりとも呼吸をとめないことに気づかないのだ」とくに子供の場合は、否定的な考えを口にださないようにするだけでは不じゅうぶんである。まずわれわれ自身が、そのような考えを抱かないようにすべきなのだ。もしわれわれに明朗で積極的な心がなければ、われわれのだす暗示はほとんど無価値なものとなろう。

いわゆる遺伝性疾患の一部は、肉体的にでなく、精神的に親から子へ移されてゆくという説が広くおこなわれている。精神的に、というのは、すなわち、子供の心の中でたえずくり返されている逆暗示によって、という意味である。父か母のどちらかが肺結核にかかりやすい状態にあるとき、子供は、肺結核のことが幾度となく念頭にうかぶような生活をするわけである。子供はいつも、肺に注意しなさいとか、胸を暖めなさいとか、カゼをひかないようにとか、うるさくいわれている。いいかえれば、「お前の肺はあまり強くないんだよ」という考えを、くり返しくり返し、彼の心に提示しているようなものである。このようにして、その考えは実現され、ついには肺結核を発病させてしまうことも可能となるのである。

しかし、これまでのべてきたことは、常識を結晶させたものにすぎない。快活な心が健康をあふれさせ、憂うつな心が病気にかかりやすい状態を生みだすことくらい、誰でも知っている。〈陽気な心は薬のようによく効き、滅入っている心は、骨をひからびさせる〉と「箴言《しんげん》」（旧約聖書中の一書で、ソロモン王の訓言を内容とする）の筆者が書いているとおりである。しかし、この知識は、科学的に裏づけされていなかったこともあって、これまで一つの方法として適用されたことがなかった。われわれは、結果としての感情だけを考えすぎ、原因としての感情をじゅうぶんに考慮していなかった。からだのぐあいがよいから幸福だ、ということはわかっているが、この過程が逆方向にも作用するということ、すなわち、幸福だから、からだのぐあいがよくなるということには気づかないのである。幸福は、われわれの生活状態から生じた結果であるのみならず、生活状態をつくりだすものでもあるのだ。自己暗示は、生活状態をつくりだすというこの考え方に重点をおく。まず幸福であることが先決だ。われわれの心が最大限の能率を発揮できるのは、心に秩序と均衡が保たれ、しあわせで、美しくて、楽しい考えがみちているときだけである。常に幸福であってこそ、われわれは、自分の精力と才能を遺憾なく発揮でき、外部世界での創造に最高の効果を期待できるのだ。

　食堂のポーク・チョップじゃあるまいし、注文さえすればすぐに幸福が得られるのかね、愛と同じく幸福の本質も自由じゃないだろうか、とあなたはおっしゃるかも知れない。たしかにおっしゃるとおりだ。しかし、愛と同じく、幸福もいい寄って求めることができる。幸福は、一定の年令に達すれば誰もが体験する状態である。誘導自己暗示を規則正しく実行していれば、幸福が、つかのまの訪問客から漸次、心の定住者に変貌してゆき、外部の険悪な雲行きをもってしても、その定住者に腰をあげさせることは困難となろう。心の中に宿り、そこでひそかに調整されている幸福という考えは、人類とともに古い。われわれはその幸福を、自己暗示の力で、自分自身の生活のなかに実現させようとしているのである。

第二章　一般暗示

前章でみたように、ボールがバンカーに落ちてしまいそうだと想像している未熟なゴルファーは、その想像の実現に必要な肉体的運動を、無意識的におこなってしまうのである。その想像を実現させる際に彼の無意識が示す精妙さは、彼の願望に反しているとはいえ、みごとなものである。このことや他にあげた例から、心がある完了した事実、すなわち実現された状態にとらわれていれば、無意識は、その状態を生みだそうとする傾向をもつ、という結論にわれわれは達していた。このことは、無意識的自己暗示だけでなく、誘導自己暗示にも同様にあてはまるのである。

だから、われわれも、一貫して幸福のことを考えていればしあわせになり、健康のことを考えていればすこやかになり、善行のことを考えていれば善い人間になるのである。どんな考えにせよ、われわれがたえず抱いていて、しかもそれが道理にかなったものならば、われわれの生活のなかに実現される可能性がある。

古来、われわれは精神の意識層に頼りすぎている。もし頭痛に悩んでいれば、医師の助けをかりて、眼なり、消化器官なり、神経なりにその原因をつきとめ、いちばん効くと思われる薬を買うことになる。記憶力を改善しようと思う場合は、かずある記憶術の中から一つを選んでその練習をすることになる。有害な習癖にとらわれているときは、意志による努力でそれに立ち向かわざるをえず、そのために精力を使い果たし、自尊心を傷つけ、かえって以前よりも状態が悪化することがあまりにもひんぱんである。これにくらべると、誘導自己暗示の方法がなんと容易に思えることか。

全然痛まない頭、素晴しい記憶力、悪癖など消え去ってしまった生活様式——といった目的を考えていさえすればよい。そうすれば、無意識の作用で、われわれの気づかないうちにそのような状態が徐々にひらけてくるのだ。

しかし、頭痛・記憶力不振・悪癖といった障害に、いちいち新たな処理が必要となれば、自己暗示をかけるにしても、目覚めているうちに、かなりの時間をさかなければならない。幸いなことに、クーエ一門の研究は、自己暗示の簡易化が可能なことを示してくれた。精神面・肉体面・道徳面のいずれを問わず、日々にあらゆる面で好転してゆく、という考えがそのまま心に伝わるような一般公式を用いればよいのである。

この一般公式をフランス語で示すと、つぎのようになる。‘Tous《トゥ》 les《レ》 jours《ジュール》, à《ア》 tous《トゥ》 points《プワン》 de《ドゥ》 vue《ヴュ》, je《ジュ》 vais《ヴェ》 de《ドゥ》 mieux《ミウ》 en《ザン》 mieux《ミウ》.’（毎日、あらゆる面で、私はますますよくなってゆく。）クーエがもっとも満足している英語の訳文はこうである。‘Day《デイ》 by《バイ》 day《デイ》, in《イン》 every《エヴリ》 way《ウェイ》, I'm《アイム》 getting《ゲティング》 better《ベター》 and《アンド》 better《ベター》.’ この文章は、非常に発音しやすく、幼い子供でも理解できるうえ、心をしずめて眠りに誘い込むようなリズムをともなっているから、無意識の潮を呼び起こす助けにもなる。もし何か他の公式、たとえばシャルル・ボードゥアンの著書の英訳にのっている公式などを慣用しているのならば、それを用い続けた方がよかろう。この公式を神の配慮と庇護に結びつけたいという信心深い方々は、つぎのような文章を用いられるのも一法だろう。‘Day《デイ》 by《バイ》 day《デイ》, in《イン》 every《エヴリ》 way《ウェイ》, by《バイ》 the《ザ》 help《ヘルプ》 of《オヴ》 God《ゴッド》, I'm《アイム》 getting《ゲティング》 better《ベター》 and《アンド》 better《ベター》.’（日々に、あらゆる面で、神の助けをえて、私はますますよくなってゆきます。）このようにすれば、普通の一般公式の場合よりも、無意識の注意が、さらにいっそう道徳的・宗教的改善に向けられるようになろう。

しかしこの一般公式は、単なる簡潔さや便利さ以外にも、明白な利点をもつのである。無意識は、精神的・肉体的機能の監督者というその性格からしても、もっとも注意を要するわれわれの欠陥・弱点そのものを、意識よりもはるかによく知っている。一般公式は、無意識に治療力を貯蓄させ、その力をもっとも必要な箇所に適用させるわけである。

男性も女性も、人によってその理想とするところがいちじるしく異なることは、誰もが体験するところである。神経過敏な人は、自分のもつ力を過小評価し、自分に欠けた力を誇張する。一方、自己満足している人は、自分以外の他人の美徳を認めることができない。もしわれわれが、自分の意識している願望によって、自己暗示の性質を自由に決定できるとなれば、その自由を利用して、それ自体としては望ましくない性質、もしくは、より高い規準からすれば有害となるような特質を実現させてしまう可能性も大きいといわなければならない。かりに自己暗示の選択が立派だったとしても、いくつかの性質を過度に発達させれば、他の特質に害をおよぼし、人格の均衡を失なわせる恐れなしとしない。

一般暗示を用いることは、その予防となるのだ。われわれは知らず知らずのうちに、一般暗示の手で救われることになる。それは、意識に頼っていてついおちいるかも知れない過ちを、意識よりもさらに大きい権能をもつ無意識に訴えて避けようとするものなのだ。ちょうど、食物の吸収分布を、無意識の選択にいっさいゆだねているように、精神面での食物、すなわち誘導自己暗示も、安心して無意識にまかすことができる。

この公式が遍《あまね》く用いられた場合、規格化の結果を招いて、誰彼問わず、均一の鋳型《いがた》にはめこまれるのではないかなどと恐れる向きもあろうが、それは杞憂《きゆう》であろう。特殊な暗示を厳密にかければ、そのような結果を招くかも知れないが、一般公式は、われわれめいめいの心を、各々にもっとも自然なかたちで展開発達させるだろう。このように自由な衝動が保証されているのだから、たえず変化してやまないわれわれの心は、その多様性を増しこそすれ、減ずることなどありえない。

先述したように、無意識の潮がもっとも高く満ちていて、しかも自分の考えを意識的に誘導できる時間は睡眠の直前と直後であり、そのときにかけられた暗示は、より確実に受容されよう。この瞬間こそ、一般公式をくり返し唱えるのに最適なのである。

適確な方法についてのべる前に、一言警告しておきたいことがある。自分の現在おこなっていることにたいして、かりそめにも、知的分析を加えようなどと試みたら、その行動がいっそう複雑かつ困難に思えてくることは必定である。同様に、無意識の「露頭」や受容の起こる過程を考えだしたら、その過程が途方もなく困難なもののように思えてくるにちがいない。しかし、自己暗示は、他のどんなことにもまして容易なのだ。その最大の敵は努力である。暗示が簡単に、そして自然にかかればかかるほど、それだけその作用も力強く深部にまでおよぶのである。このことは、子供たちや単純なフランスの農民たちの場合に、暗示の効果がもっともいちじるしかったという事実で、じゅうぶん納得できよう。

クーエとボードゥアンの暗示法がいちじるしく異なるのは、この点についてである。クーエがその容易さを主張しているのに反して、ボードゥアンは、それを複雑にしてしまいがちである。ボードゥアンの著書にみえる「弛緩《しかん》」、「沈着」、「主張」、「集中」についての四つの章は、読者に少なからぬ逆暗示をかけてしまうだろう。なぜなら、それを読んでいると、自己暗示というものは、最大の洞察力と統制力をもつ人のみがよくなしうる、厄介千万な仕事だという印象にとらわれるからである。これほど初心者を正道からそらせてしまうものはあるまい。

これまでみてきたとおり、自己暗示は、われわれが日々の生活をつうじて無意識的におこなっている精神作用なのである。誘導自己暗示も、その原型である無意識的自己暗示に近づけば近づくほど、それだけさらに強力な効果がえられるのである。ボードゥアンは、知性に直感の仕事をさせることの危険さを警告しているが、これこそまさに彼自身のしていることといわなければならない。ボードゥアンの規則によって、無意識を「露頭」させ、そこに自己暗示を植えつけようとする場合、患者は、自分のしていることにあまり神経を使いすぎ、無意識を「露頭」させることなど無理となろう。このように、不自然な補助手段は不必要なばかりか、むしろ妨害になるというのがクーエの意見である。自己暗示は、意識と無意識が、ある考えの受容にあたって協力し合うときに成功する。クーエの長年にわたる診療が示しているところによれば、無意識を、より強力なパートナーとみなして、適正な受容状態をもたらす仕事は無意識の一存にまかせなければならない。知性が、分際をわきまえずに、受容の過程をこうるさく指図《さしず》しようなどと試みたら、かならず軋轢《あつれき》が生じて、受容は失敗に終わるだろう。以下にのべる指図をたんねんに適用していれば、それだけで、自己暗示から生ずる利益をじゅうぶんに収めることができよう。

まず、ひもを一本用意して、それに結び目を二〇つけるがよい。これを用いれば、ちょうど敬虔《けいけん》なカトリック信者がロザリオでお祈りの回数をかぞえているのと同様に、最小限の注意でもって一般暗示の公式をくり返し唱えてゆける。二〇という数自体に特別な意味があるわけではない。ただそのくらいくり返すのが適当だろうというので採った数である。

床に就いたら、目を閉じ、筋肉の力をぬき、らくな姿勢をとる。これは寝つく前に誰もがする予備行為にほかならない。つぎに、ひもにつけた結び目を手繰りながら、「日々に、あらゆる面で、私はますますよくなってゆく」('Day《デイ》 by《バイ》 day《デイ》, in《イン》 every《エヴリ》 way《ウェイ》, I'm《アイム》 getting《ゲティング》 better《ベター》 and《アンド》 better《ベター》.') という一般暗示の公式を二〇回唱える。

言葉は声にだして、すなわち自分の耳に聞こえるくらいの音量で唱える。このようにすれば、その考えは、唇と舌、それと聴覚による印象でいっそう強められる。無心に童謡を口ずさんでいる子供のように、単純な気持で、努力をせずに唱える。そうすれば、無意識の「露頭」を減退させる意識の批判的機能を呼び起こさずにすむだろう。以上のべたことに慣れて、まったく「自意識なしに」唱えることができるようになったら、「……あらゆる面で……」という箇所の音量を上げるか、もしくは下げるかするとよい。(どちらを選んでも結構である。)「……あらゆる面で……」という言葉が、おそらく、この公式のもっとも重要な箇所であり、そこを静かに強調するわけである。しかし、はじめはこの強調を試みない方がよい。無用の煩雑さを増すだけであろう。あなたが唱えていることについて考えようとしたりせず、むしろ、精神を自由に放浪させることである。精神が暗示公式にうまくのってくれたらそれでよし、どこか他のところをさ迷っても、呼び戻したりしないことだ。暗示公式をくり返しているかぎりは、精神を放浪させておく方が、考えを呼び戻そうと努力するよりも穏当である。

公式の唱え方についても、ボードゥアンは、クーエと意見を異にしている。ボードゥアンは一語一語強調しながら「敬虔に」唱えることを勧めている。そのように唱えることも、それなりの意味がたしかにあるのだが、「敬虔に」という言葉で表わされる心のあり方は、残念ながら、誰にでも通用するというわけにゆかない。一般の人々は、「敬虔に」なろうとして、むしろ不自然な態度をとってしまうかも知れない。だが子供心というものは、どれほど成熟した大人にも残っているのである。暗示公式を「子供の気持で」くり返すというやり方は、子供心がまだ残存している無意識の深層にわれわれを接触させるであろう。クーエの注目すべき成功のかずかずは、この方法によってえられたもので、ボードゥアンは、それを変えるにたる強力な理論をなんらだしていない。

以上の指示だけでは、ある考えが精神を独占する状態というわれわれの理想にややおよびえないことはたしかである。しかし、初心者にはそれでじゅうぶんといえる。絶対に守るべき規則は、「努力しない」ということである。この規則を守っていれば、直感的に正しい受容態度を身につけることができよう。無意識に順応するこの過程を早めたいと思ったら、公式を唱える前に簡単な暗示をかけるのも一法である。たとえば「最善の効果がえられるような方法で私は公式をくり返し唱えるでしょう」といった言葉を用いるとよい。思考を意識的に働かせるよりは、この方がずっと効果的に、望ましい状態へとわれわれを導いてくれるだろう。

朝、目が覚めたら、起きあがる前に、就寝前と同じ要領で公式をくり返す。

規則正しく公式をくり返すことが、クーエ式暗示の基礎であり、けっしてこれをなおざりにしてはいけない。健康なときでも、この公式は、先発隊として行く手に潜伏しているかも知れない害悪を、進路から払いのけてくれるだろう。しかしわれわれは、この公式を何よりも教育者とみなさなければならない。すなわち、無意識の働きを妨げ、われわれの生活から真の意味を奪っているかずかずの逆暗示に立ち向かい、それを発酵させてしまう手段とみなさなければならない。

　信頼をこめて唱えることが大事だ。唱え終わったら意識の役割は果たされたわけで、後は無条件で無意識に仕事をまかせる。改善のきざしはまだかまだかとたえず気をもむなど無益である。種子が芽をふいているかどうか調べるために、毎朝土を掘り起こす農夫などいないだろう。いったん種を蒔いたら、若草が芽ぐむまでほうっておくよりほかない。暗示の場合もこれと同じで、種子を蒔いたら、無意識がそれを実らせてくれることを確信して待つことだ。あなたの意識が甘んじて無意識を放任するならば、結実の日はそれだけ早く訪れるだろう。

　信頼をこめよ！　誘導自己暗示の力を奪うものはただ一つ――それは、こんなことをしても効き目などあるまいという不信の念である。不信の念を抱くかぎり、まさにその事実によって、暗示の効果は消滅するであろう。信頼が大きければ大きいほど、それだけ結果は根本的となり、かつ迅速に訪れてこよう。もっとも、朝な夕なに、公式を二〇回ずつ唱えるだけの信頼をもてば、その結果は、やがてあなたの身の上に、御自分の望んでおられる証拠となってあらわれるだろう。そうなれば、後は事実と信頼がたがいに補強し合ってゆくであろう。

　信頼は道理にもとづくものだから、それなりの根拠をもたなければならない。誘導自己暗示にたいする信頼を高める根拠として、どういうものを例示しうるだろうか。すでにあげたかずかずの治療例も、そういう体験を経ていない人だと、あるいは一笑に付してしまうかも知れない。しかし、シェヴルールのおこなった振子による実験を試みれば、思考には、それ自体を行動に変形させてしまう力がそなわっていることを、手っとり早く知ることができよう。

白紙を用意し、その上に半径一五センチほどの円を描く。そして中心点Ｏで直角に交差する二本の直線ＡＢとＣＤを引く。線ははっきりと、たとえば黒インクで太く描くとよい。鉛筆か軽い物差しの一端に二五センチほどの木綿糸を結び、その木綿糸の下端に、軍服についているような金属製の重いボタンをくくりつける。すでに描いた図形の直径ＡＢが水平に、そして直径ＣＤが垂直になるように、紙をテーブルの上に置く。すなわち上のようになる。テーブルの前に直立し、ボタンがちょうど円の中心点Ｏの真上に垂れ下がるように、即席の小型釣竿をしっかりと握る。緊張のあまり両肘を横腹にきつく押しつけたりしないよう注意する。

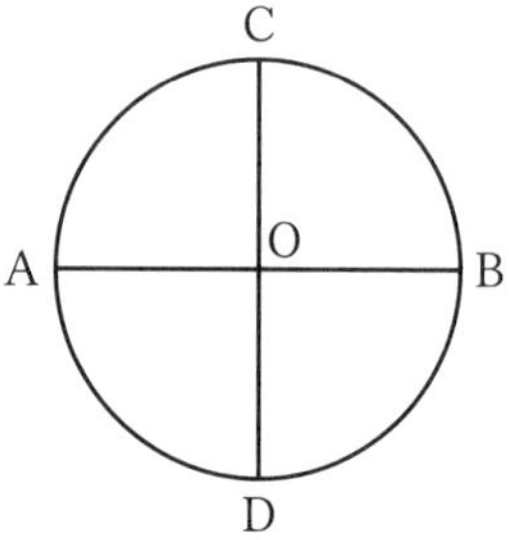

目を直線ＡＢに向け、その直線のことだけを考えながら一端から他端へと視線で追ってゆく。やがてボタンは、あなたの考えている直線に沿って揺れはじめるだろう。あなたが直線のことにたやすく気をとられてしまえばしまうほど、それだけ揺れも大きくなろう。振子を静止させようと努力すれば、努力逆転の法則を作動させて、揺れぐあいをさらにいちじるしくしてしまうだけである。

今度は、直線ＣＤをじっと見つめる。ボタンは徐々に揺れの向きを変えて、ＣＤの方向をとるだろう。この調子でしばらく揺れさせた後、さらに注意を円の方に移し、円周をぐるぐると視線で追う。するとボタンの揺れは、またしても、あなたの考えに応じて、時計の方向かもしくは時計の逆方向をとるだろう。すこし練習すれば、ボタンは少なくとも直径二五センチの円をなして揺れるようになる。もっぱら図形のことだけを考えつつ、しかも同時に鉛筆を静止させようと努力するこつ――これが成功のきめ手となろう。

最後に中心点Oのことを考える。徐々に揺れの半径は縮まって、ついに、ボタンは静止してしまうだろう。

このような動きの原因を、いまさら指摘する必要があろうか。あなたが線のことを考えていると、その考えが無意識の中へ入り込み、やがて実現される。そこであなたは、われ知らず御自分の手でこの微細な運動を起こし、そのためにボタンが揺れだすのである。無意識は自動的に、あなたの腕や手の神経や筋肉を通じて、あなたの考えを実現するのである。これが誘導自己暗示でなくて何であろうか。

最初にこの実験をされるときは、一人きりの方がよい。その方が、他人の主観にまどわされることなく、確実に接近できるだろう。

第三章　特殊暗示

この章で略述する特殊暗示は、「日々に、あらゆる面で、私はますますよくなってゆく」という一般暗示ほど重要なものではない。クーエは、自分の研究を深めてゆくにつれて、他のあらゆる暗示が、一般暗示に対して副次的な意味しかもちえないことをいよいよ確信するにいたった。どうしてそういうことになるのかという推測なら、たいしてむずかしくはない。一般暗示の公式では、注意が改善という考えにじゅうぶん吸収される。精神が、妨害となるいっさいのものから離され、積極的な目標に向けられる。しかし、特殊暗示をかける場合だと、われわれは、ちょうど薄氷の上をスケートで滑るように、自分の欠点や疾患の周辺をたえずまわり続け、そのようなもっともつらい連想のともなういやなことどもを、たえず刺激するわけである。

したがって、われわれの考えは、一般暗示のときと同じような創造的積極性をもちえない。ともかく、これまでの経験からして、一般公式こそ自己暗示法全体の基礎であり、他のいっさいは単なる補助手段、すなわち有用ではあっても、主たる目的に必要不可欠ではないものといえよう。

すでにみたとおり、無意識の「露頭」は、われわれが精神的・肉体的統制を弛緩《しかん》させ、心を自由に放浪させるとき、たとえば俗にいう「沈思黙想」とか「白日夢」におちいるようなときに、かならず生じるものである。特殊暗示をかける際は、まず、この状態を求めなければならない。

しかし、ここで再び、簡単なことを困難だと思わせてしまう傾向に用心する必要がある。ボードゥアンは、事前に、手のこんだ準備工作をおこなわせようとする。心理学者にとってはそういうものも有用だろう。しかし一般の人々にとっては、気がちるし、前後の過程に注意を奪われるから、せっかくのよい暗示も台無しという結果になろう。しかも、ボードゥアンの方法だと、努力しないということが何よりも肝心な状態に、努力でもって到達しようとするわけで、不眠症にかかった人が、ちょうど、眠ろうとして懸命な努力をはらうのと同じ伝《でん》になる。

特殊暗示をかけるには、誰からも妨げられない部屋へ行き、坐り心地のよい椅子に腰をおろして目を閉じ、筋肉の力をぬく。いってみれば、昼寝をしようとするときと同じぐあいだ。そうすれば、無意識の潮が、特殊暗示の効果をあげるのにじゅうぶんな高さまで満ちてこよう。今度は、言葉によって、自分の望んでいる考えを呼び出す番である。これこれの改善が起こるだろうと、自分自身に告げる。告げるときに、その考えを心に押しつけようとか、注意力を無理やりその考えに向けようとかいう努力は、寸毫《すんごう》たりともはらわないことだ。緊張感ではなくて、むしろ安楽感・解放感がなくてはならない。

ここで特殊暗示の形式について、二、三のヒントをあげておこう。

まず、われわれの信頼に過重な負担をかけないことだ。たとえば、つんぼの人が「私は完全に聞こえる」という暗示をかけるなど、無分別のいたりである。無意識が部分的に露頭しているとき、こういう考えをしたりすれば、確実に逆の考えを呼び起こしてしまうだろう。すなわち、自分の望んでいるものとは相反する暗示を、われ知らず始めてしまう結果になる。このようにして失望を招き、自己暗示に不信の念を抱くことによって、その効果を失なわせてしまう。

つぎに、暗示によってとりのぞこうとしている疾患や困難のことは、できるだけ口にしないことだ。実際、誤った状態をとりのぞくことよりもむしろ、とって代わるべき逆の正しい状態を植えつけることに注意を向けるべきなのである。もしあなたに神経衰弱の傾向があるとすれば、あなたの心はしばしば恐怖に襲われるはずだ。どうして恐怖があなたにとりつくかというと、あなたの人格に含まれたなんらかの被圧迫要素が、無意識の中で生き続け、恐怖を通じて倒錯した満足をおぼえるからである。換言すれば、あなたの無意識は、恐怖のもたらす病的な感情を楽しんでいるのである。だから、かりに恐怖を追い出すことに成功したとしても、むしろあなたは不満をおぼえ、人生が空虚に思えてこよう。そしてまた、古い考えがあなたをさし招くだろう。もちろん幸福はだめだが、激情と興奮の楽しみだけは約束してくれる。しかし、あなたの暗示が積極的なかたちをとり、自信、勇気、外部への働きかけ、光明と活力にあふれた人生への興味というような考えでもって、あなたの心を充満させれば、病的な考えは外へ追い出され、再び舞い戻ろうにも、もはやすき間があいていないことになろう。

　どんな障害であれ、なるたけそれについてはふれないようにし、注意力の全部を、逆の健康状態に向けるがよい。もっぱら肯定的な考えを抱いて、われわれの希望は実現するものと信念をもって断言し、われわれに欠けている健康状態がすでにあたえられているさまを想い描くとよい。同様の理由で、疑問を含むような言葉づかいは避けるべきだ。「こうしたいと思う」（'I should like to'）とか、「こうやってみるつもりだ」（'I am going to try'）という言葉は、もし無意識によって実現されたら、われわれの望んでいる実際の肉体的・精神的修正とはほど遠い、憧憬や願望の状態を生じうるだけである。

最後に、自分の望んでいる改善が、まったく未来に属することであるかのような表現はとらないようにする。変化はすでに始まっており、さらに速度を早めながら、目的達成のときまで進行しつづけるだろう、と断言すべきである。

役にたつと思われる特殊暗示の例をいくつかあげよう。

まず難聴の人の場合、目を閉じて、身心ともに力をぬき、つぎのような趣旨の言葉を用いるとよい。「今日この日から、私の聴力はだんだん好転していく。日一日とすこしずつよく聞こえるようになるだろう。その好転ぶりは、徐々に速さを増して、かなり短期間のうちに、まったくよく聞こえるようになり、一生その状態は続くだろう」

いわれのない恐怖や予感に悩んでいる人は、つぎのようにいうがよい。「今後、私は幸福で、確信にみち、快活な状態をますます意識するようになろう。私の心に入ってくる考えは、強く健全なものであるだろう。日々に自信を増して、自分の実力を信じるようになる。そして同時に、その実力はさらに強まったかたちで表われることになろう。私の生活は、ますます平穏で、安楽で、明朗なものになっていく。この変化は日々に深みを増して、遠からぬ将来に私は生活を一新させていることだろう。かつて私を悩ました憂慮はもはや消滅しているであろうし、舞い戻ることなどけっしてないだろう」

記憶の悪い人なら、こういってやればよい。「私の記憶は、今日からあらゆる分野で増進するだろう。受けとめられた印象はさらに明確なものとなり、努力せずとも、自動的に記憶されるだろう。思いだしたいときには、すぐさま正確なかたちで心にうかび出てくるだろう。記憶の増進は迅速におこなわれ、たちまち、以前には思いもよらなかったほどになろう」

短気・癇癪《かんしゃく》の類は、自己暗示にたいへん影響されやすく、以下のような言葉が適当と思う。「今後、私は日を追って上機嫌になるだろう。沈着と快活がふだんの精神状態となり、やがて諸事万端この心持ちで受けとめるようになろう。私は周囲の人々に激励と助力をさしのべる中心的人物となり、私自身の上機嫌さをかれらにも移してしまうだろう。この快活な気持はついには私の習性となり、どんな事態をもってしても、私からそれを奪うことはできなくなろう」

喘息は、月なみな医療の手に負えないものとされてきたが、現在でもやはりそのとおりである。しかし、クーエの経験によれば、喘息は自己暗示療法の効果がてきめんな病気となっている。喘息をとりのぞくための特殊暗示は、だいたい次のようになろう。「今日この日から、私の呼吸は急速に容易となるだろう。まったく自分でも気づかぬうちに、そして自分ではなんら努力せずとも、私の器官は、肺と気管支の健康を回復させるのに必要ないっさいのことをするだろう。大車輪で働いてもまったく不便を感じなくなろう。私の呼吸は、のびのびして、深く、快いものになるだろう。私は、自分の健康増進に必要な、汚れのない空気を吸い込むだろう。その結果、私の全器官は活気をおび強さを増すだろう。さらに私は平静に安眠して最大限の休養をとり、快活な気分で目覚め、日々の仕事に楽しい期待をかけるだろう。この過程はすでに今日はじまっており、遠からず、私は完全かつ永久的な健康を回復するだろう」

これらの暗示が各々三つの段階を含んでいることにお気づきのことと思う。すなわち、①改善の即時開始、②迅速な進展、③完全かつ永久的な治癒、ということになる。この順序が絶対的に必要というわけではないが、いちおう便利だから、適切と思われるときは利用するとよい。以上にあげた例は、この方法を初めて用いる人が、最初の自己暗示をかける場合を想定してつくられている。二回目以降は、「きょうこの日から」などの語句を、すでに回復なり改善なりがはじまっている、という文章に代えるべきである。喘息患者の場合でいえば、私の呼吸はもうらくになりつつある、というふうになろう。

特殊暗示は、一般暗示を補足するだけの価値しかもたないが、たいへん役にたつ場合も間々ある。一般暗示は、われわれの生命を、視覚や聴覚の達しえない深層部で土台から改造する仕事につく。特殊暗示は、深層部ではなく表面でいろいろ有益な作用をする。苦痛なり困難なりが起こってくるたびごとに、われわれは特殊暗示をもってそれに対処すればよい。すなわち、一般暗示と特殊暗示は、両々相補っているわけである。

次章で、苦痛を克服する方法についてのべる予定だが、その方法で得られた効果を補強したり永続させたりする際、特殊暗示が重要な役割を果たすのである。苦痛に反撃をはじめるときは、すわって目を閉じ、冷静に、そして自信をもって、これからこの苦痛をとりのぞいてやると自らに告げる。望みどおりの結果が得られたら、いま回復した安楽な無痛状態は永続的になり、患部はみるみる補強されて正常な健康状態に達し、以後はその望ましい状態がつねに続くだろう、と暗示をかける。

苦痛が軽くなっただけで完全にとりのぞけない場合は、つぎのような暗示を用いるとよい。「もうだいぶらくになってきた。もうすこしで完全にとまるだろう。私は正常な状態に戻り、今後もその状態が続くだろう」このようにすれば、苦痛への反撃が、もっとも好ましい状況のもとにおこなわれ、どんな場合でも効果を収めるであろう。

日々の生活のなかでわれわれが直面する折々の困難を克服し、自分の手がけている仕事を立派に完成するためにも、特殊暗示は有用である。一般暗示を続けていれば、だんだんと自信が強まってきて、道理にかなったことならばなんでも成功を期待できる境地に達するだろう。しかしこの境地に達して、われわれが必要な時にいつでも自信をもちうる時までは、当座の用として、その不足分を特殊暗示で補うというわけである。

すでにみたように、われわれが直面する障害の大きさは、障害自体にともなうむずかしさもさりながら、すくなくともそれと同じ程度、障害に対するわれわれ自身の心がまえできまってくる。ベッドから起きあがれないと想像している神経衰弱患者が実際に起きあがれなくなるのは、心の中で、この簡単至極な動作を、ものすごくむずかしいと思いこんでいるからにほかならない。普通の人間でも、程度の差こそあれ、この種の過ちを犯している人は無数といってよい。かれらの精力は、日々の仕事をおこなうことに費やされているのだが、その一部は、精神内部の抵抗を抑えるために割かれている。しかしその努力も、かれらの心の中にはぐくまれた否定的な考えが無にしてしまうことは、努力逆転の法則によって明らかである。そして、かれら自身の努力が、結局かれらの行動を失敗へとかり立てることになる。

このようなわけで、むずかしそうにみえる仕事にとりかかるときは、それはじつはやさしいのだ、という暗示をかける必要がある。目を閉じ、静かにこういう。「私がしなければならない仕事はやさしい、まったくやさしい。やさしいからだいじょうぶできる。私はそれを手ぎわよく、立派にやってしまうだろう。しかも、仕事を楽しんでやるから愉快になってき、身も心も仕事にみごと調和して、結果は、期待を上まわりさえするだろう」この考えに心を傾け、おだやかに、努力は避けながら、くり返し唱える。すぐにわれわれの心は明るく澄んでき、希望と自信があふれてこよう。それから進行方法を考えだす段階に入り、目的遂行にもっとも適した手段を心に練らせる。恐怖や懸念から生まれる障害は、すでにとりはらわれているのだから、考えは滞りなく流れ、計画は静けさに包まれた心の中でかたちをとりだすだろう。このようにして、われわれは創造力あふれる活気と目的達成の一心をもって仕事にかかるわけである。

これと同様、ある行動をとるべきかとらざるべきかについて、もうこれ以上意識的思考を続けても解決しそうにない問題は、自己暗示の方法を用いるとうまく処理できる場合が多い。ジレンマからぬけだす最善の方法を求めて「思案投げ首」のときや、相矛盾する二つの可能性から一つを選ぶことがどうしても不可能に思えるときなど、無理に意識的努力を続けたりすれば、無用どころか望ましからぬ結果を招いてしまう。努力逆転の法則によって、精神機能が麻痺してしまうわけだ。この際いちおうひきさがって、努力のためにかきたてられた波をしずめ、一定の時間がすぎたら、解決が自らうかんでくるだろうという暗示をかけるべきである。都合の許すかぎり睡眠時間をあいだにはさんで、朝の目覚めとともに解決策が思いうかぶように暗示するのがよい。なぜなら、無意識は、睡眠中なんの妨害もこうむることなく、われわれが意識的に精神内部へと誘導した目的を、独自の精妙さで実現してしまうからである。

この作用が無意識的に生ずることもひんぱんにある。たとえば、昨夜未解決のままにほうっておいた問題がけさ起きたとき、霊感のせいかと紛《まご》うばかりに突然解決をみるなど、それである。「一晩寝て考えろ」という格言は、いまだに、難問題で困惑している人々にとって最上の忠告である。しかし寝る前に、目覚めたら難問題は解決されているだろうという自己暗示を積極的にかけるべきだろう。これと関連して興味深く思われるのは、特定の時刻に目を覚ますための手段として、自己暗示が古来広く利用されていることである。目覚めたいと思う時刻を心の中で考えながら寝入るならば、ちゃんとその時間に目が覚めるだろう。睡眠を特殊暗示の実現に利用する際は、一般暗示を唱える直前なり唱えた直後なりに、特殊暗示をつけ加えるかたちが望ましい。一般暗示の代わりとして特殊暗示を用いてはいけない。

発作のともなう疾患ときたら、ところかまわず突発的に襲ってくるので、患者は、自衛する機会も得られぬままに、うちひしがれてしまうことがしばしばある。何よりもまず、特殊暗示によって、苦痛の襲来が未然に警告されるよう働きかけるべきだ。それには、つぎのような言葉を用いればよい。「今後私は常に、いつ発作が起こってくるかを前もって予知するだろう。その接近に際してはじゅうぶんな警告をうけるだろう。警告をうけても、恐怖や懸念は生じまい。私は、それを避ける力が自分にあることを確信してやまないだろう」警告が出たら——これは間違いなく出る——患者は、ひとりになって、発作が進行しないように特殊暗示をかける。まず平穏と自制の暗示をかけ、さらに正常な健康状態がすでに再起しつつあること、精神がじゅうぶんに統制されていること、どんなことがあってもその均衡は乱れないことなどを、何度も、しかし、もちろん努力は避けながら唱える。不意に襲ってくる激烈な発作は、すべて同じ方法で対処するがよい。クーエの経験によってもその正しさはじゅうぶんに証明されている。

　神経性疾患や恐怖・憤怒といった激情は、肉体的運動となってあらわれることが多い。恐怖は身震い・動悸・歯のがたつきを、また憤怒は手の握りしめを生ずるだろう。ボードゥアンの説によれば、こういう場合の特殊暗示は、心理的原因よりもむしろ筋肉の動き方に向けられるべきで、われわれの目的は、肉体的な無感覚状態をつくりだすことにあるべきだというのである。しかし、積極的な暗示の方が消極的な暗示よりも強力だから、原因と結果の両方を同時に攻めた方がいいように思われる。すなわち、怒りのかわりに、同情・忍耐力・上機嫌を感じるだろう、したがって肉体の状態も安楽かつ自由になるだろう、というふうに暗示すればいいと思う。

　特殊暗示の中に、一つの単語を静かにくり返すという、独自の明確な利点をもつ形式がある。もし精神が錯乱し、困惑していれば、坐って目を閉じ、ゆっくりと反省的に「沈着」の一語をつぶやく。おごそかに長く引くような発音で、くり返すごとに休止をおく。徐々に心はしずまっておだやかとなり、あなたは調和と平安を全身に感ずるだろう。この方法は、道徳的特質を体得するのに最も適しているようだ。どんな邪悪な感情も、正反対の美徳を表わす言葉によってしずめることができる。言葉の力は、主としてそれにともなう美的・道徳的連想から生ずる。歓喜・力・愛・純潔といった言葉は、各々人間精神の理想を表わしていて、大きな効能をもつから、先述したように用いれば、各々の対蹠物が支配している精神状態を消散させることもできよう。患者各自がめいめいの目的に応じてかけるいっさいの自己暗示を含めて、ボードゥアンはなにげなく内省的暗示（Reflective Suggestion）とよんでいるが、これは、いまのべたような形式の特殊暗示にこそ似つかわしい名称であろう。

特殊暗示の適用範囲はほとんど無限である。その性質の如何を問わず、何か改善の必要を感じたときは、特殊暗示があなたの役にたつだろう。しかし、特殊暗示は単なる補助手段であって、余暇のない場合は無視してもかまわないものであることを、最後にもう一度くり返す必要があろう。

第四章　苦痛をどう処理するか

精神的なものであれ肉体的なものであれ、苦痛ということになれば、前章までの知識では、どう対処すべきか見当のつかない新しい要素が生じてこよう。苦痛は注意力を独占してしまうから、意識をじゅうぶん敏感にし、自己暗示をうまく誘導するのに必要な無意識の露頭を妨げる。したがって「無痛」という考えを意識に伝えても、正反対の状態、すなわち苦痛に圧倒されて、患者の苦痛は、どちらかといえば悪化してしまうだろう。

この困難を克服するためには、まったく新しい方法が必要となる。ある考えを口にすれば、その考えは、口がそれを唱えている間に、かならず心を占めるであろう。もしそれを考えていなければ、それを話すことだってできないはずだ。続けさまに「痛くない」とくり返すことによって、患者はたえずその考えを心の中で新たにするわけである。不幸にも、それをくり返した後で、またまた「痛い」という考えが頭をもたげてくるので、心は、「痛くない」という考えと、「すこし痛い」もしくは「すごく痛い」という考えの間を振子のように揺れ動くことになる。しかし、もし「痛くない」という言葉を非常に早くくり返して、反対の連想が介入しようとしてもその余裕をもてないようにしてやれば、心は否が応でも「痛くない」と考えざるをえないはずだ。無意識の露頭を誘導して暗示をかけるというのが前章までの方法だったが、いまのべたような新しい方法でも、同じ目的に到達できるわけである。すなわち、ある考えが、反対の連想を呼び起こさずに、心を占めてしまう状態をつくれるわけである。これこそは、暗示を受容させるための第一条件で、実際この手段によってのみ、「痛くない」という考えの実現を無意識に強制して、苦痛を止めることができるのである。

　しかし英語の“I《アイ》 have《ハヴ》 no《ノウ》 pain《ペイン》.”（私は痛くない）という文章は、口早に反復しようとしても、うまくゆかない。かりに、巧みな舌さばきでうまく発音できたにしても、新しい難点にぶつかってしまうのだ。この文章でもっとも強調されるべき言葉は、もちろん“pain《ペイン》”（苦痛）である。不本意ながらわれわれは、この言葉をとくに強調して発音しなければならず、したがって、われわれが払いのけようとしている考えそのものを、心の中で強めてしまう結果になるのだ。

　われわれは、クーエ自身のやり方を、できるだけそのまま真似ることが望ましい。彼が用いているフランス語の“Ça《サ》 passe《パッス》.”（それは消える）は、苦痛という言葉を含んでいない。きわめて発音しやすいうえ、とぎれることなく、ちょうど、機械の唸りや昆虫のブンブンいう声を大きくしたような音をなして流れ、それがいわば、心を夢中にさせてしまうのである。ボードゥアンのすすめる‘It is《イットイズ》 passing《パースイング》 off《オッフ》.’（それは消え失せつつある）という言葉からはそのような効果が期待できない。実際口早に唱えようとしても無理がともなうであろう。‘Ça《サ》 passe《パッス》.’の英訳でもっとも適切なものは‘It's《イッツ》 going《ゴーイング》.’のように思われる。‘Going《ゴーイング》’（消える）という言葉だけをくり返し、最後に‘gone《ゴーン》!’（消えた）と強くしめくくればよい。‘Going《ゴーイング》’という言葉を口早にいうと、何か堅い物体に否応なくくい込んでゆく機械のドリルが念頭にうかぶ。だから、その言葉で望んでいる考えを心の中へ穿ち込むつもりになればよい。

　歯痛や頭痛など、激しい苦痛に悩んでいるときは、坐って目を閉じ、静かに、その苦痛をこれからとりのぞいてやる、と自らに保証する。そっと手で患部をさすりながら、できるだけ口早に音をたえまなく流すような調子で「消える、消える……消えた！」（‘It's《イッツ》 going《ゴーイング》, going《ゴーイング》……, gone《ゴーン》!’）とくり返す（日本語の場合は「なおる、なおる、なおる……なおった！」でもよかろう）。およそ一分くらい深呼吸が必要になるまでぶっ続けに唱え、「消えた！」（‘gone《ゴーン》!’）という言葉は一番最後のところで用いる。以上のようにすれば、苦痛は完全に止まるか、少なくともかなりひくであろう。痛みが止まった場合は、もうぶり返すことはないという暗示を、痛みがひいただけの場合は、もうじき完全に止まってしまうという暗示を各々かける。今度は、どんなものでもよいから、痛みが起こったときにしていた仕事をまた始める。何か苦痛以外の関心事が注意力を占めてしまうようにするのだ。だいぶ時間がたっても、つまり三〇分くらいたってもまだ苦痛に悩まされているときには、再びひとりになって、苦痛を支配してしまうという暗示をかけなおし、「消える、消える……消えた！」をくり返す。

この方法を用いれば、誇張ぬきにして、だいたいどんな苦痛でも支配できるのである。何度もくり返さなければならないときもあろう。しかし勇気を失なわず、毅然《きぜん》として苦痛に立ち向かえば、きっと成功するだろう。

この方法は、心配・恐怖・意気消沈といった心の苦悩についても同様の効力を生じる。この場合手でさする箇所は額《ひたい》になる。

手の運動に際しても、必要以上に努力をはらってはいけない。ただ苦悩が消えるという暗示を口早にくり返し、これと、いわば注意力を特定の箇所にひきつけるための手の動きだけが、必要な努力のいっさいと心得ることだ。これは練習しだいでだんだんやさしくなってき、あなたは自然と「その状態におちいる」はずである。そうなれば、無意識が暗示の効果を果たすのに必要なすべての調節を引き受けるであろう。ものの二〇秒ないし二五秒でらくな気持になれよう。しかしその効果はさらに広がって、苦悩に対する恐怖からも解放されることになろう。それを支配する力が自分にあると信じていれば、暗示をかけてやろうかと思い立つだけで、その発生を制止できよう。

街路、もしくは公衆の面前で苦痛に襲われ、暗示を唱えたりすれば、周囲の注意をひきつけてしまうという場合もありえよう。そういうときにはしばらく目を閉じて、つぎのような特殊暗示をかけるとよい。「くよくよ案じることでこの苦痛をなおさら悪化させたりするものか。いま私の心はほかのことで忙しいのだ。しかし機会があればただちに苦痛を消えさせよう」そして、その機会がえられたら「消える、消える……消えた！」（または「なおる、なおる……なおった！」）の暗示を利用する。この暗示形式の利用に熟達すれば、声にださずとも、とにかく、唇と舌で言葉を形づくるだけで苦痛をはらいのけることができるようになろう。しかし初心者の場合は、当分の間、もっぱら音声に頼るべきである。それをあまり早くからやめてしまうと、失望の危険をおかすことになろう。

苦痛や苦悩にまったくうちひしがれて、「なおる、なおる……」という言葉をくり返すだけの気力もない場合がある。苦痛という考えがすっかり心にとりついて、無痛状態など思いもよらないわけであろう。こういう状況にあっては、つぎのような戦術を用いるのが得策と思う。ベッドやソファーに横たわるか、肘掛け椅子にもたれるかして身心ともに力をぬく。努力はことを悪化させるだけだから、いっさい避け、苦しいもしくは痛いという考えに、勝手気ままな振舞いを一時許してしまうのだ。しばらくすれば、気力が湧いてき、心も再び支配権を主張しはじめるだろう。そこで、成功するという暗示をしっかりとかけたうえで「なおる、なおる……」をくり返す。クーエが患者に手をかすときの要領で、他人に手をさすってもらったり、一緒に暗示を唱えてもらえばよい。こうすれば成功が確実になろう。この一見矛盾したやり方は、釣り師が魚を「泳がせる」やり方と似かよっている。彼は、魚が存分に泳ぎきるのを待って、やおら腰を上げ、手練のほどを示すのである。

ボードゥアンは不眠症打開の方法として、口早に暗示をくり返すやり方をすすめている。彼の説によれば、“I《アイ》 am《アム》 going《ゴーイング》 to《トゥ》 sleep《スリープ》.”（私は眠るだろう）という言葉を口早にくり返して、その言葉の奔流によって心を夢中にさせるべきだというのである。再び“I《アイ》 am《アム》 going《ゴーイング》 to《トゥ》 sleep《スリープ》.”という言葉は、口早にくり返せないという異議が出てこよう。しかし、かりにそれをたやすく発音できる簡単な言葉にかえるとしても、どれだけの人が成功できるか疑問である。むしろ前章でのべた内省的暗示の方法を利用する方が成功する率を高められるだろう。もっとも眠りやすい姿勢をもって、ゆっくりと内省的に、“sleep”（眠り）という言葉をくり返す。「眠り」にたいする態度が超然としていればいるほど、それだけ早く「眠り」の考えはわれわれ自身の睡眠となって実現されるだろう。

　苦痛は、われわれの肉体的機能がどこか狂っていることを伝える危険信号である。そこで、クーエの苦痛除去法は、われわれから、初期症状のだす貴重な警告を奪い、病気を知らぬ間に進行させてしまうのではないかと反論する向きもある。もしクーエの方法が苦痛の「出現」を抑えるとすれば、その反論は正しいことになろう。しかし抑えてはいないのだ。「出現した後で」、すなわち警告があたえられた後で苦痛をとりのぞくのである。苦痛除去法をこのうえなく完全に体得しても、苦痛の進行持続を止めうるだけで、その出現を意識しないわけにはゆかないのだ。こういう事柄については、分別を働かすべきである。ちょっと頭痛がするたびごとに医師のところへ馳せつけるような人は、憂うつ症になる可能性濃厚とみてよい。しかし、病気が接近しつつある明白な症候を無視するようでは、同様に愚劣な振舞いというべきである。苦痛が襲ってきたら、どんな場合でもそれをとりのぞかなくてはならない。しかし、さまざまな事実から重症の疑いが生じたときは、医師にかかることだ。そして不幸にもその疑いが確認された場合は、医療と自己暗示の両面から病気に反撃を加えることだ。

　しかしながら、苦痛からわれわれが何か教訓をうることなどほとんどないのである。傷や打ち身でいつまでもつらい目にあうことに、実用的な価値などありはしない。むしろ治癒を妨げる危険なものというべきであろう。J・A・ハドフィールド博士はつぎのようにいっている。「苦痛をなくせば、治療は非常にはかどる。だから、もし精神が苦痛をなくしうるならば、器質的疾患の治療にたいへん役だつだろう」[1]と。これはまったくクーエの経験と一致するものである。クーエがすでに発見しているように、これまでのべてきた方法を利用すれば、苦痛だけでなく、その原因にも治療効果をおよぼし、また、苦痛の原因をなしている病的な状態を改善することで、苦痛をとりのぞくことにもなるのだ。

（1）『不老不死』(*Immortality*) 所収の論文「精神と頭脳」から引用。

第五章　自己暗示と子供

子供を取り扱うときは、自己暗示の第一義が、療法でなくて健全な成長を保証する手段であることを思い起こすべきだ。自己暗示は、子供の病気に備えてとっておくものではなく、食事と変わりなく規則的に毎日おこなわれることが必要である。

子供がよわくなるのは、精力がたりないからでなく、それを浪費したり誤用したりするからである。誕生以来ひき続いておこなわれる適応の過程を成長とよぶわけだが、それは必然的に精神内部の矛盾軋轢を生じ、まったく不必要な激情をしばしばともなって、一時的にせよ子供の精力をひどく消耗するばかりか、それを「異常心理《コンプレックス》」のかたちで、無意識の中に閉塞してしまうことさえあるのだ。その結果、子供は、将来の生活で当然えられるべき活力の一部を奪われることになろう。自己暗示を賢明に利用すれば、そのような不幸を排除しやすくなるのである。子供の成長に必要な精神内部の矛盾軋轢は、上首尾の結果に導かれ、不必要なものは避けられるであろう。

　自己暗示は、子供が生まれる以前から始めてしかるべきである。妊娠中の女性は、衝撃・驚愕をともないそうなことにできるだけ近寄るなとよくいわれているが、それは、このような体験が発育中の胎児に悪影響をおよぼし、悪くすると流産を招いたり、生まれてきても、不具もしくは精神薄弱だったりするのをおそれるからだろう。

　このような悪影響の例はかず多くあがっていて、その因果関係は疑いないものと思われる。いまあげた不幸な例は、部分的にせよ、母親の心の中で作用している無意識的自己暗示のためと信じるべきであろう。なぜなら、妊娠中の母親は、彼女のとる食物だけでなく、彼女の抱く考えによって胎児を形づくっているからである。妊娠中の母親は、感情が高まりやすいことを特徴としており、これによっても、無意識がいつもより露頭しやすく、それだけ暗示にかかりやすい状態にあることを知りえよう。したがって、この期間は、無意識的自己暗示がいつもよりもはるかに強い効能を発揮しているのである。しかし幸いなことに、誘導自己暗示も、いまのべたような状態を利用できるわけで、無知な母親が胎児をそこないがちなのに反して、自分の権能と義務に目覚めた母親は、まだ生まれぬわが子をすこやかにはぐくみうるのである。

　これについての学説は、依然として四分五裂の有様なので、異議を招きそうな問題には立ち入らないことにするが、それでも自己暗示によって胎児のすこやかな発育を促す有益な方法は、けっして少なくないのだ。母親は、読書や会話の際に、いかなる形にせよ、悪事に関係のある内容を常にもまして用心深く避けるべきである。そして精神を高め、心を美しく楽しい考えでみたすようなことだけをもっぱら求めるべきである。しかし同時に、自己暗示の技法も活用することができる。

母親は、自分の全器官が胎児に必要なあらゆるものを供給しつつあり、また胎児は知能・肉体・性格の三面で、強くすこやかに成長するだろうと、自らに暗示をかける。

これらの暗示は、美徳であることが明らかな特質を概括的な言葉でのべるというかたちにすべきだ。なぜなら、一つの独立した生命の将来をあまりにも狭く限定することは、当然、好ましくないからである。この暗示は、二、三の文章だけでことたりよう。そして晩と朝、一般暗示の直前か直後にかけることだ。さらに日中でも、我知らず考えが胎児のことにおよんでいるときは、その機会をとらえて、自分の選んだ特殊暗示の全部もしくは一部を反復すればよい。以上の簡単な方法ですでにじゅうぶんである。たとえよい暗示のかたちをとっても、胎児のことに行住坐臥心をとらわれるという過度の傾向はおすすめできない。通常の精神状態そのものが、母子の幸福にとって最善なのである。しかし、母親が自分自身のために無痛分娩の成功を暗示することは望ましい。

生後数カ月の子供に直接適用しうる自己暗示は、愛撫だけである。けれども、母親なり乳母なりの精神状態が、はやくも嬰児《えいじ》の心に刻みつけられているということ、そのときの精神形成が、よかれあしかれ、末長く尾をひくということは、ぜひ覚えておくべきである。

何か特殊な病気が起こったら、コフマン嬢の方法を母親が用いるとよい。子供を膝の上に抱き、患部をやさしくなでながら、健康の完全回復を念ずるのである。たいていの場合は、その祈念を言葉で表わした方がいいように思われる。もちろん、言葉そのものが生後二、三カ月の嬰児に伝わるはずなどないが、言葉を用いれば、母親の考えが筋道正しく表わされ、この考えは、声の調子や、手の触れぐあいなどを通じて、子供に導かれるだろう。この過程の性質を心理学的に詮索する必要などない。とにかく、子供は肉体的にも精神的にもまったく母親に依存しているので、母親の精神状態は、成人の場合だととうてい効果を期待できないような手段によって、ちゃんと子供に伝わるのである。愛そのものが最高の暗示力を発揮するのだ。

　子供は、自分で話しはじめる以前の段階で、自分にいわれたことがわかるという身振りを示すものである。そうなったら、つぎの方法を用いるとよい。晩、子供が寝ついたら、母親は部屋に入り、子供を起こさないように注意しながら、ベッドの頭部から約一メートルのところに立って、必要と思われる暗示をささやきはじめる。子供が病気なら、「おまえの病気はなおってゆく」という形式の暗示を二〇回くり返す。健康ならば、一般暗示の公式だけでじゅうぶんだろう。同時に子供の健康・性格・知能などに関する特殊暗示をかけてもよい。この場合は、もちろん、特殊暗示の章でのべた指示にしたがってほしい。部屋を出るときは、再び子供を起こさないように注意する。目を覚ましそうな気配を示したときは、「眠りなさい」という命令を五、六回ささやけば、また寝ついてしまうだろう。暗示をかける間、母親は手を子供の額の上におくべきだというのがボードゥアンの説だが、クーエの方法は、ベッドの頭部から一メートル離れる方をよしとする。

　毎晩このようにおこなうことが、暗示を子供の心に伝えるもっとも効果的な手段である。これを常日頃の習慣と定め、どんな事情があっても励行するようにしてほしい。どうしても母親が暗示をかけられないときは、父親か乳母かもしくは身内のものが母親に代わってもさしつかえない。しかし、この義務が誰よりも母親のものであることは理の当然で、数週間実践してみてしかるべき効能に恵まれたら、どの母親も自分以外の不適任者にこの大切な行事をまかせようとはしないだろう。

再びくり返すが、この就寝後暗示は、子供が実際に話し方を覚える以前から始めることだ。なぜなら、子供の無意識は、すでに、聞こえてくるいろいろな音の意味を多少とも弁別しうるようになっており、話されている言葉におよその見当はつけているはずだからである。子供を健全に成長させようと思ったら、徐々に独立自足の心がまえをもたせてゆかなければならない。就寝後暗示も、あまり長く続けすぎると、親の援助に頼っている状態を不当に長びかせるおそれがあるようだ。しかし、就寝後暗示をいつまで続けるかについては、子供の方から、やがて信頼すべき徴候を示してくれるだろう。子供が日々のさまざまな問題に自分で当面できるようになったら、そして、ちょっとむずかしいことが起こっても、親の助けや口添えを求めにこなくなったら、それこそ就寝後暗示をやめるべきときがきたことを示しているのである。

子供が話せるようになったら、すぐ、朝晩大人と同様の一般暗示をくり返すように教えてもよい。このように親が子供への暗示を中止するときがやってきたら、子供が自分自身に暗示をかけて、効果をあげるようになろう。もう一つつけ加えるべきことがある。男の子の場合だと、七つか八つのときに、父親が母親の代わりに暗示者の役目を務めた方がよく、女の子の場合は、もちろん母親がそのまま続ければよい。思春期に入ってははなはだしい困難や危険に当面しているような徴候がみえたときは、再び、その特殊な困難にかんする特殊暗示のかたちで、就寝後暗示をかけてやるとよい。しかし、子供の性意識は大人のそれと本質的に異なっており、したがって暗示もできるだけ概括的な言葉を用いる必要があることを覚えておいてほしい。この場合も、他の場合同様、目的だけを暗示してやればよく、目的を達成する手段の選択は、無意識の自由にまかせるべきである。

子供が話し方を覚えたら、すぐ苦痛に立ち向かうすべを教えることだ。最善の方法はクーエが診療中に用いているもので、まず子供に目をつぶらせ、その患部をそっとなでながら、自分と一緒になおる、なおる、なおる……なおった！」とくり返し唱えさせるのである。しかし、できるだけ早く、比較的小さな困難は自分だけの力で克服し、やがては親の助力なしですませることができるように励ましてやらなければならない。これこそ自らをたのみ、困難をものともしない精神の育成に効果的な手段であり、それが子供の将来にもたらす価値は、はかり知れないものがある。

以下の例は、子供が進んで自己暗示になじむことを示している。再び、クーエに宛てられた手紙から引用しよう。

「先生の一番幼い弟子、それはわが子ディヴィッドでありましょう。この子は今日たいへんな目にあったのです。父親とリフトに乗って一メートルばかり昇ったとき、ふと足を滑らせて転げ落ち、頭を堅い石の床にぶつけてしまいました。ひどい打身とショックで、ベッドに運ばれた後は、じっと動かずに‘Ça《サ》 passe《パッス》, Ça《サ》 passe《パッス》.’（なおる、なおる）と何度もくり返していましたが、やがて私の方をみて、〈やっぱり、なおらないや〉といいました。今晩彼はまた‘Ça《サ》 passe《パッス》.’を唱えはじめ、それからこういいました。

〈もうほとんどなおっちゃった〉というわけで、彼はもうよくなっております」　B・K（ロンドン）

まったく小さな子供でも、クーエの苦痛処理法にはなじんでしまうものとみえる。他の一通の手紙から引用しよう。

「わが家のコックさんに生後二十三カ月の小さな姪がおります。以前、気管支炎にかかっていたのをわれわれがなおしてあげたこともありましたが、昨日はなんと、頭をひどく打ちつけてしまったのです。ところが、この子は、泣きもせずに、手を痛いところへもってゆき、可愛らしい声で‘Ça passe.’というではありませんか。うまくしつけたものでしょう」

これらの方法はいずれも簡単で、ほとんど時間もかからず、金など一文もいらない。ナンシーでは、くり返すたびごとに効果をあげた方法だし、普通の知能と集中力をもつ母親なら、同様の好結果を収められるはずである。最初のうち、少々ぎごちない思いをするのは当然で、そのために失望する必要などまったくない。禁物の努力に訴えたりした場合は、少々の害が生ずることも考えられよう。しかしそれはよくよくのことで、恐れるまでもない。正しい自己暗示が、ただちにそれをうち破って、それに代わる望ましいものを実現させるであろう。自分で自己暗示をかけたことのある母親なら誰でも、わが子に正しくその方法を適用できるだろう。

一見したところだと、この方法がいかにも革命的に思えようが、すこし考えてみれば、まったく万古不易《ばんこふえき》であることがわかってこよう。自己暗示というものは、人類の出現この方、世の母親が直観的に実践してきた方法を、科学的根拠にもとづいて体系化したものにすぎないのだ。「さあおねんねするのよ、天使さまが上からみてらっしゃるでしょ」——これが特殊暗示の一形式でなくて何であろうか。子供がころんで手をすりむいたとき、賢明な母親ならどうするだろうか。おそらくこういうだろう。「さあそこにキッスしてあげようね。そしたらきっとよくなるわよ」。母親のキッスと「もう痛みは止まったでしょう」という保証で、子供はまた遊びにかけだしてゆくことだろう。

第六章　結論

誘導自己暗示は、医療にとって代わるものではない。それを用いたからとて、永久に生きのびたり、人生諸般の災難病苦から逃れたりするわけにはゆかないのだ。将来、それのもつ可能性をことごとく実現し、あらゆる機会をとらえて利用しつくしたら、いったいどういう結果になるのか、今のところではなんともいえまい。誘導自己暗示の規則に従って育てられた世代の人間と、現在の人間とでは、明らかに非常な差が生じてこよう。しかし、なんといってもわれわれの関心は、まず現在にそそがれているわけである。

成人の無意識のなかにある記憶は、現在のところ、子供のときから貯えられてきた無数の逆暗示で充満している。誘導自己暗示に課せられた第一の仕事は、密集しているこの精神的障害を払いのけることであろう。この仕事が果たされてこそ、人間は真の姿をあらわすことができ、また自己暗示も、その創造的力量を示しはじめることになろう。

この方法を活用していれば、誰でも、病苦という要素がだんだん減ってゆく生活に希望を結びえよう。しかし自己暗示がどれほど大きな役割を果たすかは、開始当時の状態と、開始後の規則正しく正確な実践にかかっている、病気に襲われたとき、それを払いのけるだけの有力な手段がわれわれの内部にそなわっていることは事実である。しかし、だからといって、外部から病気をとりのぞく補助手段が無用になるわけではない。自己暗示と通常の医療は手を相携えて、おたがいに相補うべきである。もし病気になったら、従前どおり医師にみてもらうがよい。だが、やはり誘導自己暗示の力もかりて、医師の治療をさらに補強拡大すべきである。

これと関連して、自己暗示が、あらゆる病気について、その種類の如何や症状の軽重にかかわらず利用されうることを、もう一度強調しなければならない。どんな病気も、精神の作用によって強められるか弱められるわけで、われわれがどんなに中立的態度をとろうと思ってもだめである。心に病気のことをくよくよと思い悩ませて病気の進行を助け、ついにわが身をそこなうか、もしくは心に健康で力強い考えをたえず流しこんで病気に立ち向かい、ついにそれを追い払うかのどっちかに傾かざるをえないのだ。無意識的に前者の道を選んでしまう人がなんと多いことか。

機能性疾患と神経病だけが暗示療法の対象になりうるという一般の意見は、事実に反している。三〇年もの間、何万という患者を診療しながら、クーエは、器質性疾患も機能性疾患同様になおるということ、そしてむしろ肉体的不調の方が精神病や精神錯乱よりもなおしやすいということを確実に知ったのである。しかし彼は、病気にそのような区別をつけなかった。種類の如何を問わず、病気は病気である。この考え方で病気を攻めた結果、治療した患者の九八パーセントについて、程度の差こそあれ、明確な結果を得ることができた。

永久的な精神異常者、すなわち自己暗示の機構そのものが狂っている心の持主は別として、誘導自己暗示を適用できない患者といえば、まず第一に、過度の低能であたえられた指示も理解できない者、第二に、精神集中の能力にまったく欠け、二、三秒の間もある一つの考えに専心できない者の二種類だけである。しかし、これらの人々は、数の上からいえばごくわずかで、世界全人口の二パーセントをちょっと上回る程度にすぎない。

自己暗示は、外科診療の際にも貴重な補助手段となる。自己暗示に懐疑的な人々が最後のよりどころとしてあげてくる骨折の例――これはもちろん自己暗示だけではどうにもならない。外科医になおしてもらわなければだめだ。しかし接骨が正しくおこなわれ、必要な技術的措置がとられた後は、自己暗示が、回復をもたらすのに最上の状態を生みだしてくれるだろう。自己暗示の力で、脚の骨折ならば、それにともないがちな、ちんば・硬直・奇形・その他の不幸を防止できるし、またふつうに要する回復期間をいちじるしく短縮することもできよう。

自己暗示によって得られる結果は永続的でないとのべる向きもある。この反論は、自己暗示の真の特質を軽んじ、自己暗示すなわち一種の療法とみなすことから生じた曲解である。われわれがある病気をなおそうとして自己暗示を用いるとき、われわれの目的は、無意識のうちにもろもろの健康な考えをしみこませ、特定の病気だけでなく、他のあらゆる病気も一緒に斥けてしまうことなのだ。自己暗示は、一つの特殊な病気をとりのぞくだけでなく、病気にかかりやすい傾向全体を減らしてゆくべきなのである。

病気がとりのぞかれても、また心を不健康な考えに舞い戻らせてしまったら、その不健康な考えは他の場合と変わりなく実現されがちになり、われわれは再び不健康におちいるかも知れない。われわれの病気は、前と同じかたちをとるかも知れないし、とらないかも知れない。それはある程度までわれわれの考え方しだいできまることだ。しかし一般暗示の公式を規則正しく用いていれば、どんな場合でもこのような再発を防ぐことができる。われわれは、不健康な精神状態に舞い戻ったりせず、むしろこれまでわれわれの力になってくれた健康で創造的な考えをますます強めてゆき、抵抗力を日一日と増してゆくだろう。このようにして、われわれは以前の病気に舞い戻るのを避けるばかりでなく、われわれの行く手に待ちうけている病気をも払いのけるわけである。

ナンシーの診療所についてのべた章で、ほとんど即座になおってしまった患者の例をいくつかあげておいた。しかし、二、三日たてば奇蹟的になおってしまうというような印象でもって、誘導自己暗示をはじめることは誤りである。じゅうぶんな信頼がこもっていれば、そのような結果に到達する公算は非常に大きい。いや、現に、そういう患者の記録は枚挙にいとまがないほどで、そのなかには、術者の助けをかりずに全治した例も含まれている。その例を一つあげよう。私の友人でボルドーに住むA・P氏は、一〇年以上も顔面神経痛に悩んでいた。クーエのことを聞いて手紙を書き、一般暗示のかけ方について指示をうけた。そのとおりに実行したら、二日目に神経痛は消えさり、以後再発することはなかった。しかし、そのように信頼がこもることはまれである。即座になおるような場合は例外なのであって、漸進的な改善を期待する方が安全である。そうすれば、失望におちいることもあるまい。クーエも、漸進的な治癒の方がより安定していること、逆境に当面しても、それだけかき乱されることが少ないことを認めて、この方がのぞましいと考えているのである。自己暗示に近づくときは、他のあらゆる科学的発見に近づくときと同様の、理性的な態度をとるべきである。自己暗示には奇術めいたところなどないし、また経験の実証しえないことをもっともらしく主張するようなところもない。われわれがもっとも用心すべきは、アマチュア知識人のとりがちな態度である。かれらは、人生における最重要の事柄を、まるで食卓の隣人と両替する小銭のように扱っているのだ。宗教と同じく、自己暗示も実践すべきものである。キリスト教のあらゆる理念に通じていながら、それだけの功徳を全然つまない人がいる反面、素朴で、神学の知識にはまったく欠けていても、神と同胞を愛しつづけることで、自分の生活の中にキリスト教の崇高な教義を体現している人がいよう。自己暗示も同じことである。

自己暗示は、肉体的な病気と同様、道徳的な非行にも効果をおよぼす。酒びたり・盗癖・麻薬常用癖・性欲の過剰や倒錯、それに性格上の小さな欠点などは、すべて自己暗示による矯正が可能である。自己暗示は、大きなことだけでなく小さなことにも有効である。特殊暗示によって、われわれは自分の趣味を修正できるだろうし、生まれつき嫌いな料理も好きになるだろうし、薬を服用するときの不愉快さを愉快さに変えうるだろう。

反論が出そうなのであらかじめのべておくが、クーエの誘導自己暗示は、どの面からしても、催眠暗示に劣るものではない。クーエ自身も催眠術専門家として出発したのだが、その結果に満足できず、もっと簡単で普遍的な方法を探求するにいたったのである。その便利さはひとまず措くとして、誘導自己暗示には、催眠暗示をしのぐ大きな利点が一つある。催眠暗示の効果は、しばしば診療後数時間のうちに失なわれてしまう。それに反して、一般暗示の公式を用いていれば、誘導自己暗示の結果は、さらに補強されてゆくのである。(1)

（1）催眠によって精神を「人工的」に分離させることが、はたして無害有益であるかどうかについては、学者によって意見がまちまちである。この本にのべてある自己暗示の方法は、睡眠前にかならず起こる「通常の」分離状態を利用するわけで、「人工的」分離にたいするどんな異議も該当しない。

　ここで再びわれわれは、術者すなわち暗示をかけてくれる人の問題にふれるわけである。すでにみたように術者は必要なく、自己暗示は独力で実践する人の場合でも立派に実を結ぶ。しかし、いくら説得しても、この事実を受けいれることのできない人がいるのだ。それではものたりないというのがかれらの感じ方で、悪い暗示がうずたかく積もってしまった結果、もはや自分にはとうていそれをとりのぞくほどの力がないと想像しているのである。このような場合には、術者が暗示をかけてやれば、疑いなく救いとなろう。かれらはじっと横になって、術者が呼び起こす考えを受けいれるだけでいいのだ。しかしこの場合でも、もしかれらが一般暗示の公式をくり返し唱えることに同意しないならば、なんら得るところがないだろう。

　自己暗示を単なる療法とみなしているかぎり、われわれはその真の意義を見失なうことになる。自己暗示は、まず第一に自己修養の手段なのである。それも、われわれがこれまでにもちえたうちでもっとも強力な手段なのである。われわれは、自己暗示の力で自分に欠けている精神的特質、たとえば能率・判断力・創造力・その他事業の成功に欠かせないいっさいの特質を伸ばすことができるのだ。才能があっても自由に展開できず、実力があっても思うままに発揮できず、せっかく闘志が湧いてもたちまち抑圧されるという意識は、たいていの人々にあるものだ。このように閉じこめられた才能や実力や闘志は、ちょうど、まわりの高い木にいつも空気と日光をさえぎられ、ついにいじけてしまった森の木のようなかたちでわれわれの無意識の中に現存している。われわれは、自己暗示という手段で、そういういじけた才能や実力や闘志に成長力を供給し、いつの日か、その成果をわれわれの意識的生活にみのらせることもできるのだ。われわれがいかに老齢であっても、いかに虚弱で、利己的であっても、いかに無気力で品行不良でも、自己暗示はわれわれのためになんらかの手をうってくれるだろう。自己暗示は、頼りない言動や不確かな目的がしっかり補強され、悪い衝動が根本から矯正されるような修養と鍛錬の新しい手段をあたえてくれるのだ。それは、本質的にいって、各個人の習慣であり心構えである。よほど偏狭な見解の持主だけが、それをこと細かに分類し、分類されたあれこれについていちいち適用法を論じたりするのだろう。それはわれわれの心身全体にふれるものなのだ。区々たる住所・氏名・習慣・見解・その他もろもろの奇癖をともなって、せかせかと落着きのない卑小な自我《エゴ》——その直下に力の漲りあふれる大海がある。自意識のプリズムでどんなにゆがめられているにせよ、あなたの属性は、つまるところいっさいそこから生じてくるのだ。自己暗示は、その窮極的存在の力を現実界という表面に導きだす経路なのである。

将来、自己暗示は、われわれにどういう展望を開いてくれるだろうか。

自己暗示は、生活の重荷とよばれるものの少なくとも大半が、われわれ自身でつくりだしたものだという教訓を垂れている。われわれは精神内部の考えを、われわれ自身やわれわれの環境のなかに再現している。自己暗示の仕事はその先にある。すなわち、精神内部の考えが望ましいものでないときにはとりかえ、望ましいときにはさらにはぐくむという手段を提供して、それ相応の改善をわれわれの個人生活に施すのである。しかし、その過程は個人に終わるものではない。社会についての考えは社会的状況の中に、また人類についての考えは世界的状況の中に実現される。幼時に自己暗示を習得し、以後ずっとそれを実践しながら育ってきた世代があるとすれば、その世代の人々は、われわれの社会問題・国際問題にどういう態度をしめすだろうか。もし恐怖と疾病が個人生活からしめだされているとすれば、かれらは国家生活などに固執するだろうか。もし各個人が自分自身の心の中に幸福を見いだしているとすれば、現にわれわれを迷わせている所有欲など残存するだろうか。自己暗示の受容は、当然、生活態度の変化、生活の再評価をともなう。顔を西へ向けていれば、雲と闇しかみえないが、首を反対の方向へむけさえすれば、日の出の広大なパノラマが視界にとびこんでくるのだ。

　クーエの発見がわれわれの教育法に深い影響をおよぼしうることは、当然であろう。これまでわれわれが直接扱ってきたのは意識だけで、そこに知識をおぎなったり、また役にたつさまざまな芸能をつぎたしたりしてきたわけである。性格を発展させるためにおこなわれてきたものといえば、偶発的・第二義的でしかなかった。無意識の存在がまだ発見されていなかった間は、それもいたしかたなかっただろうが、今やわれわれは、精神の深層に達して、子供に読み方や算数だけでなく、健康や人格といったものまで授けうる手段をもっているのだ。

しかし、もっと大きな革新が期待されるのは、おそらく犯罪者の取り扱い方であろう。法の裁きをうける犯罪行為というものは、犯罪者の無意識の中で思考の糸が乱れもつれた結果にすぎないのだ。これは著名な権威者たちの見解でもある。しかし、自己暗示はそこからさらに一歩を踏みだしている。自己暗示は、このような性格の乱れをどう解決したらよいか示してくれる。クーエはかつて、殺人の傾向がある一人の青年を道徳的に立ち直らせようと試み、立派に成功した。とすれば、刑務所をみたしている犯罪者の多くにも、この方法が成功しないはずはあるまい。少なくとも非行少年には影響をおよぼすだろう。この態度の根底にある考え方からすると、当然、刑事訴訟法上の改革が必要になってくる。具体的にいえば、犯罪は病気なのだから、病気として取り扱うべきであり、刑罰という観念は治療という観念に、また、復讐の態度は憐憫《れんびん》の態度に席をゆずるべきだ、ということになろう。この態度は、われわれを新約聖書の理想に近づける。実際、自己暗示は善の理想をめざす力として、当然、宗教と密接な関係にあるのだ。

自己暗示は内的生活の原則を教える。そして、精神内部にこそ落着きと力と勇気の源泉があり、ひとたび精神内部を支配できた人は、どんな不測の事態にも動ずることがないという真実を説く。このことは、さまざまな偉人の生涯によっても明らかである。偉大な業績というものは、外なる群衆の声と相反しても、内なるわが声の指示に従うという不屈の精神から生みだされている。

キリストが、治療の奇蹟をおこなわせようとして使徒たちにあたえた力は、数人の選ばれた個人に授けられた権能でなく、全人類共有の遺産であると考えよう。キリストがさし示したわれわれの内なる天国は、われわれの日常生活をきよめるとともに高め、よりすこやかな肉体とより美しい精神を得るために、誰でも利用できるものと考えよう。このように考えてくれば、クーエの一般公式に含まれた言葉は一種の祈りといえないだろうか。自我《エゴ》の意識を超えたあるもの、われわれの背後に横たわる無限の力――何かこういうものにたいする訴えとはいえないだろうか。

自己暗示は宗教の代用となるものではない。しかし、宗教の兵器庫に一つの新兵器を加えることにはなろう。単なる科学的方法としてみてもこのような結果を収めうるのだから、宗教にみられるあの完全さへの憧れが、そのまま自己暗示に表現されているとしたら、その力は、いやまして、はかり知れないものとなろう。

意識的自己暗示による自己支配

エミール・クーエ

エミール・クーエ

1857 年、フランスのトロワに生まれる。

パリで薬学を学んだ後、30 年間トロワで薬剤師。ナンシーへ移り自己暗示法による診療を開始、かたわらロレーヌ応用心理学会会長。ヨーロッパ、アメリカの各地で啓蒙にあたる。1926 年、ナンシーで死去。

著作は『意識的自己暗示による自己支配』のみ、上記学会会報に「教育はいかにあるべきか」など数篇の論文を執筆。

暗示、というよりむしろ自己暗示という方がよいのだが、それは、まったく新しい問題でありながら、しかも開闢《かいびゃく》以来の古さをもつものである。

新しいといったのは、いままで正しく研究されなかった結果、誤解されているからであり、古いといったのは、人類が地球上に出現したときからすでに始まっているからにほかならない。実際、自己暗示とは、われわれが生まれついたときから身につけている道具みたいなもので、この道具、というよりはむしろ力といった方がよいのだが、そのなかには驚嘆のほかはない底知れぬ権能が宿っていて、状況しだいで最善もしくは最悪の結果を生みだすのである。この力を知ることは、誰にとっても有益なことだが、医師・司法官・弁護士、そして教職にたずさわっている人々にとっては、とくに必要不可欠なものである。

自己暗示を「意識的」におこなう方法を知れば、まず第一に、不運な結果を招くおそれのある悪い自己暗示を他人のなかに起こさせずにすむ。そして第二には、かえってよい自己暗示を「意識的」に起こさせて、病人には肉体的健康を、それから、以前に悪い自己暗示をうっかりわが身にかけてしまった神経症患者や犯罪者には精神的健康をもたらし、さらには、道を誤りがちな人々を正しい道へ導くことさえも可能なのである。

意識している自己と意識していない自己

暗示、いや、さらに正確には自己暗示というべきだが、その現象をしっかりと理解するためには、二つのまったく異なる自己が、われわれの中に存在していることをまず知らなければならない。両方ともすぐれた反応力をもっているのであるが、片方が意識しているのにくらべて、他方は意識していないのである。このため、意識していない方の自己が存在しているということに、たいていの人々が気づいていない。しかし、ある種の現象を調べ、すこしの間それについて考えるだけの労を惜しみさえしなければ、意識していない自己の存在を実証するのは容易なことである。つぎに、いくつかの例をあげてみよう。

誰でも夢遊病のことなら知っている。夢遊病者が深夜目覚めもせずに起きあがり、服を着替えるときも着替えないときもあるのだが、とにかく部屋から出て階下へ降り、廊下をつたっていって、ある種の行為を果たすなり仕事を片づけるなりした後で、また部屋に戻って床に就く、そして翌朝起床したら、前日には終えていなかったはずの仕事が完成しているのでびっくりする――という、あの現象である。

しかし意識もせずに仕事を片づけたのは、その夢遊病者自身なのである。彼の身体が服従した力は、無意識の力以外のものではありえない、そしてこの無意識の力とは、意識していない自己以外の何であろうか。

こんどはアルコール中毒患者が一時的な精神錯乱に襲われるという、遺憾ながらあまりにも頻々と起こっている例をとりあげてみよう。患者はまるで狂気にとりつかれたように、手近にあるナイフなり、ハンマーなり、手斧なりをつかんで、運悪くたまたまそこに居あわせた人々めがけて、猛然と切りかかる。ひとたび発作がすぎてしまうと、患者は正気をとりもどし、虐殺の現場を目のあたりにして恐れおののくのだが、彼自身がその張本人であることには気づいていないのだ。この不幸な人間を、そのような行為にかり立てたのも、やはり、あの意識していない自己のせいではあるまいか。

意識している自己と、意識していない自己をくらべた場合、前者の方はとうてい信頼に値しない記憶しかもっていないのに、後者の方は逆に、驚くほど完璧な記憶を備えていて、われわれの知らぬうちに、生活上のもっとも些細な、とるにたらないことまでもいっさいがっさい記録してしまうのである。さらに意識していない自己というのは、何でも信じ込みやすく、いわれたとおりのことを、別段思案もせずに素直にうけいれてしまう。このように、意識していない自己は、頭脳を介して、われわれのあらゆる器官の機能をつかさどっているので、読者にとってはかなりとっぴとしか思えないような結果も生じてくるのである。すなわち、意識していない自己が、これこれの器官はよく働くと信じれば、その器官は実際によく働き、よく働かないと信じれば、実際によく働かないわけである。また、意識していない自己が、現在自分はこれこれの印象をもっていると信じれば、自分は実際にその印象をもつことになる。

意識していない自己は、われわれのあらゆる器官の機能と同時に、われわれのありとあらゆる行動をもつかさどっている。われわれが想像力とよんでいるものも、まさにこれであり、これあるがために、もし想像力と意志との間に反目があれば、俗論の説くところとは逆に、いつも自分の意志に反して行動するようにさえなる、いや、かならずそうなるのである。

意志と想像力

辞書で「意志」の項をひくと「ある種の行為を自由に決定する能力」という定義がのっている。われわれはこの定義を、真実で非のうちどころがないものとしてうけいれているが、じつをいうと、これほど間違ったことはなかろう。われわれが誇らしげに事実として主張しているこの意志も、想像力（この言葉の意味については本書五一頁を参照のこと）には常に屈服するのである。これは例外を許さない絶対的な法則である。

「冒瀆《ぼうとく》だ、詭弁《きべん》だ」と読者は叫ぶことであろう。「とんでもない。逆にそれこそはもっとも純粋な真実なのです」と私は答えよう。

これを自身で納得するためには、目を見開き、周囲で起こっていることどもを理解しようと努めることだ。そうすれば、私のいっていることが、病気の頭脳から生まれた空理空論ではなく、純然たる事実の表現であるという結論に到達するだろう。

長さ一〇メートル、幅三〇センチの厚板を地上に置くとしよう。その端から端まで、へりを踏みはずすこともなしに進んでゆくのは、いともたやすいことだ。しかし今度は実験の条件を変えて、厚板を大寺院の塔の高さに置くとしよう。この狭い道を、一メートルだって進みうるものがいるだろうか。下からさあどうぞと声をかけても、足がいうことをきくまい。二歩と進まぬうちに、身体中が震えだし、「意志の力をどれだけ働らかせても」地上へ墜落するにきまっている。

厚板が地上に置かれているときは墜落せず、地上の遙か上に置かれたときは墜落してしまう――これはなぜだろうか。前者の場合は、厚板の向こう端へ行くのが容易であると「想像」しているのに反して、後者の場合には、そんなことできるはずがないと「想像」しているからである。

大寺院の塔の上に渡された厚板の上を進むには、「意志」も無力だということを知ってほしい。「だめだ、できない」と「想像」したら、もう絶対に不可能なのである。タイル職人や大工が、この芸当をやってのけられるのは、「自分ならできると思っている」からにほかならない。

目まいがしてくるのは、「もういまにも自分は墜落する」という像を、われとわが心に植えつけた結果なのである。この像は、「意志をどんなに働らかせても」すぐ事実に変形し、意志の働きが激しくなればなるほど、それだけ早く、内心の願望とは逆の結果が生じてくるのである。

さてこんどは、不眠症で悩んでいる人の場合を考えてみょう。眠ろうと努力していない場合ならば、自然に静かな気持で横になるわけだが、逆に意志の力で、どうしても眠ろうとする場合には、努力すればするほど落ち着かなくなってくる。

ある人の名前を忘れてしまった場合、おもいだそうと努めれば努めるほど、その名前はわれわれの記憶から遠ざかっていってしまう。「忘れてしまった」という考えをとりのぞいて、そのかわりに、もうすぐおもいだせるだろうという考えをおくと、全然努力などはらわずとも、自然にその名前が心にうかんでくる――といった体験は読者にもあるだろう。

自転車に乗れる人なら、初めて乗り方を教わった頃のことをおもいだすとよい。ハンドルをしっかり握りしめて、転びはせぬかとおっかなびっくり先へ進んでゆく。ほんのちょっとした障害物でも、突然道路前方に見えてくると、それを避けようと懸命になる。懸命になればなるほど、ますます衝突はまぬがれがたいものとなる。

笑いがこみあげてきて、どうしても止まらないといった場合、それを抑えようとすればするほどよけいにたまらなくなって、ついには吹きだしてしまうものである。

以上のような苦境にたった各々の人の精神状態は、どうなっているのだろうか。「墜落したくはないが、どうしても墜落せざるをえない」、「眠りたいのだが、眠れない」、「某々夫人の名前をおもいだしたいのだが、どうしてもおもいだせない」、「障害物を避けたいのだけれど、とうてい避けられない」、「笑いを抑えたいのだが、自分には無理だ」

すでにおわかりのことと思うが、これらの苦境のいずれをみても、意志を打ち負かしているものは、例外なく常に想像力である。

これと同様の例として、指揮官が部隊の先頭に立って突進し、常に部下を後につづかせるという場合と、「めいめい適宜に行動せよ」という命令がくだった場合とを考えてみよう。後者の場合には、まず敗北はまぬがれえまい。なぜかというと、前者の場合は、部下は前進しなければならないと想像しているのに反して、後者の場合、部下は、もう打ち負かされて、命からがら逃げなければならないものと「想像」しているからである。

パニュルジュ（ラブレーの『パンタグリュエルとガルガンチュワ物語』に登場する臆病だが頓智のある悪党）は、同船したある商人のひどい仕打ちに復讐してやろうと思いたち、その商人から一番大きい羊を買って海中へ投げ込んだ。そうすれば、残りの羊も全部その後を追うだろうという確信があったからで、もちろん結果は彼の思惑どおりになった。パニュルジュは例示の感化力、すなわち想像力の機能を立派に心得えていたわけである。

われわれ人間も、どこか羊に似たところがあって、心ならずも、他人の例に従わざるをえなくなる場合がある。これはわれわれが、それ以外どうしようもないと想像しているからなのだ。

まだ他にいくらでも例はあげられるが、同様のことばかり枚挙して、読者を退屈させてはなるまい。しかし、想像力のおそるべき力、換言すれば、「意志」に反抗しているときの無意識のおそるべき力を示す二つの事実だけは、黙過するわけにゆかない。

酒を断とうと思いながら、どうしても果たせずにいる飲んだくれがいる。かれらはいずれも、口を開けば大真面目に、禁酒するつもりだとか、酒なんかもううんざりだ、とかいうのだが、かれらの「意志」に反して、酒のわが身におよぼす害毒を知りつつも、やはり飲まざるをえなくなる。

同様に、ある種の犯罪者たちは、「われにもあらず」罪を犯してしまう。「なぜそんなことをしたのか」と聞けば、「どうしようもなかった、何かあるものが自分に迫ってきて、それが自分よりも強かったのだ」と答える。

飲んだくれも犯罪者も、真実を語っている。かれらは、自分が酒を飲んだり、罪を犯したりするのをどうしても禁じえないと想像しており、ただそれだけの理由で、各自のふるまいをしいられるのだ。

われわれは、自分の意志を誇りに思い、望むがままの行動を自由にとれるものと信じているが、以上のべてきたところからも察しうるように、実際は、みじめな操《あやつ》り人形みたいなものにすぎず、背後でその糸を操っているのは、われわれの想像力なのである。自分の想像力を導けるようになったそのときにこそ、われわれはやっと操り人形のみじめさから脱却できるのである。

暗示と自己暗示

今までのべてきたところにもとづいて、想像力というものを、急流にたとえることができよう。急流にはまり込んでなんとか土手まで泳ぎつこうと懸命になっているかわいそうな人が、どこまでも押し流されて最期《さいご》を遂げるとしよう。その場合の急流は、まったく手に負えないものに思えよう。しかし方法の如何によっては、その力でものを動かしたり、熱や電気を得ることもできる。

もしこの比喩で不じゅうぶんならば、「内なる狂人」とよばれてきたこの想像力を、くつわも手綱もつけていない暴れ馬にたとえることができよう。乗り手は、どこへなりと馬の意のままに連れ去られるよりほかない。そして馬が狂ったように疾走しだしたら、よくあることだが、どぶの中に落ちこんでやっと停止になるのだ。しかし乗り手の方で、馬にくつわを嚙ませることに成功したら立場は逆になる。行きたいところへ行くのは、もはや馬ではなくて、乗り手の方であり、彼はどこへでも思うがままに、馬の足を向けさすことができる。

さて無意識、すなわち想像力のおそるべき力はこれで認識できたとして、つぎに、これまでは手に負えないものとされてきたこの意識していない自己を、どうしたら、あの急流や暴れ馬のように、たやすく制御《せいぎょ》できるようになるか、その方法を示そうと思う。しかし先へ進む前に、世間で正しく理解もせずに頻用している二つの言葉を注意深く定義することが必要であろう。その二つの言葉とは、「暗示」および「自己暗示」である。

まず暗示とは何か。それは、「ある考えを他人の脳に押しつける行為」であると定義してもよかろう。しかし、このような行為は実際に存在するのだろうか。正確にいえば、存在しない。暗示というものは、単独では存在しないからだ。暗示は、それをうける者のなかで自己暗示に変わるという必須条件をみたすことなしには存在しないし、また存在できないのである。この自己暗示という言葉は、「自分で自分の中に、ある考えを植えつけること」と定義してよかろう。

他人に暗示をかけることはできる。しかし、その他人の無意識が、その暗示をうけいれなかったら、いわば、その暗示を消化して「自己暗示」に変えなかったら、その暗示は何の結果も生みださないだろう。私自身も時折、ふだんは非常に従順な被術者に、いくぶん平凡陳腐な暗示をかけて、まったくの不首尾に終わったことがあった。その理由は、被術者の無意識が、その暗示をうけいれようとせず、それを「自己暗示」に変えなかったからである。

自己暗示の用法

急流や暴れ馬を制御できるように、われわれの想像力も制御誘導できる、とのべた箇所へもう一度もどってみよう。想像力を制御誘導するためには、まずこれが可能であるということを知り（ところが、ほとんどの人がこの事実を知らずにいるのだ）、つぎに、どんな手段でこれが可能になるかを知ればじゅうぶんである。

さて、その手段は非常に単純なもの、われわれがこの世に生をうけて以来、べつにそれを望みもせず、また気づきもしないで、まったく無意識のうちに用いてきたものなのである。しかし不幸にも、われわれはこれをしばしば誤用して、わが身に弊害をおよぼしている。その手段とは、すなわち自己暗示である。

われわれはたえず、わが身にたいして無意識的な自己暗示をかけているのだから、要するに、意識的に自己暗示をかけるようにしさえすればよいわけだ。その方法を順々に説明しよう。まず心の中で、自己暗示の内容とすべきものをじっくりと考える。そしてその内容となるものが、肯定すべきものか、あるいは否定すべきものかによって、たとえば「これこれのものがやってくる」とか、「これこれのことが去って行く」、もしくは「これこれのことが起こるだろう」とか、「これこれのことは起こらないだろう」というふうな言葉を、他のことなど考えず、一心に何回もくり返す。もし無意識がこの暗示をうけいれて、それを自己暗示に変えた場合、「これこれのこと」は正確に実現されるわけである。(もちろん「これこれのこと」は、われわれの手に負える、道理にかなったものでなければならない。)

このように考えてくると、「自己暗示」は、いわゆる催眠術にすぎないものとなってしまう。そこで私は「自己暗示」の定義として、「想像力が人間の精神と肉体におよぼす影響」という簡単な言葉をあげておきたい。さて、この影響はまぎれもないもので、前にあげた例に再びふれないようにしながら、ここでさらに別の例をいくつか示そう。

自分はこれこれのことができる、とわが身に納得させた場合、もしそのことが可能ならば、たとえそれがどんなに困難でも、なし遂げることができるだろう。逆にどんなたやすいことでも、いったん自分にはできないと「想像」したら、ほんとうにそれをなし遂げられなくなり、もぐら塚みたいなものでも、泰山の重みをもってのしかかってくることになろう。

神経衰弱症患者の場合がそれで、かれらはどんな些細な骨折りも、自分にはとうてい不可能と信じ込んでおり、ほんの二、三歩進んだだけで、すでに疲労を訴えずにはいられないという場合がしばしばある。かれらは、ちょうど流砂にはまり込んだあわれな男が、もがけばもがくほど深みへ沈んでいくように、自分の憂うつをふりきろうと努力すればするほど、ますます気がふさいでくるのである。

同様に、苦痛がすこしずつ消えてゆくのを実感しようと思ったら、苦痛はいまになくなると考えるだけでじゅうぶんであり、また逆に、苦痛をただちに招くためには、いま自分は苦しんでいると考えるだけでじゅうぶんである。

何月何日どこそこで頭痛にかかるから、などと予告してくるような人々を私は知っているが、その日その場所で、かれらが頭痛にかかることは絶対確実である。かれらは、ちょうど他人が「意識的な自己暗示」で病気をなおしているのと同じ伝《でん》で、われとわが身に病気を招いたわけである。

耳なれない考えなどをあまり主張すると、世間から気狂《きちが》い呼ばわりされることは私も知っているが、それを承知のうえであえて書く。もしある人が、精神的・肉体的に病気だという場合、それは、かれが自分のことを精神的・肉体的に病気だと想像していることにほかならない。もし、他のある人が、これといった障害もなしに麻痺を起こしている場合、それは、かれが自分のことを麻痺症だと「想像」していることにほかならない。驚異に値するような並はずれた治療が生まれるのは、こういう人々の間からなのだ。もう一度くり返すが、幸福といい不幸というも、それは当人が自分のことを幸福であるとか不幸であるとか想像していることにほかならない。まったく同一の環境にある二人の人間が、片方はまったく幸福で、他方はまったく不幸、ということもありうることだからである。

神経衰弱・吃音・病的な嫌悪・病的な盗癖・ある種の麻痺症状は、無意識的な自己暗示が働いた結果にほかならず、換言すれば、無意識が肉体と精神に働きかけた結果なのである。

しかし、われわれの無意識が、自分の病気をひき起こした根源であるならば、同時に自分の肉体的・精神的疾患を治療することもできるはずだ。われわれの無意識は、それ自身がひき起こした病気を回復させるだけでなく、他のさまざまなほんとうの病気を治癒させることもできる。人体にたいする無意識の働きかけはそれほど強力なのだ。

ひとりで部屋にこもって、肘掛椅子に坐り、気がちらないように目を閉じ、しばらくの間、精神を集中させて、「これこれのことはもう消え去ろうとしている」とか、「これこれのことが起ころうとしている」、というふうに考え続けることだ。

自己暗示がほんとうにかかると、すなわち、あたえられた考えが無意識によって消化されると、その考えが実際に事実となって表われるので、当人は驚くわけである。(自己暗示にかけられた考えは、われわれの中に自覚されないまま存在するのを特性としており、したがって、その存在を知る手がかりは、それが生みだした結果だけしかないということを心得てほしい。)だが何よりも大事なのは、自己暗示をかける際に意志を働らかせてはいけない、ということである。というのは、意志が想像力と同調しない場合、すなわち、「これこれのことを起こさせてやろう」と考えても、想像力の方で「そうはゆかない」と答えるような場合には、望んでいる結果が得られないばかりか、まさにそれとは正反対の結果を招くことにさえなるからである。

　これは、もっとも重要なことで、精神的な病気を治療する際、いくら「意志の再教育」を図っても、まったく不満足な結果しか得られない理由はそこにあるのだ。必要なのは、「想像力の訓練」である。ほかの方法が失敗ばかりして、考慮にも値しない状態なのに、私の方法がたびたび成功しているのは、この微妙な相違のなせるわざである。二〇年間寧日《ねいじつ》なく続けてきたかず多くの実験をたんねんに調べた結果、つぎのような結論を法則としてまとめることができた。

①　意志と想像力が反目する場合、勝つのは常に想像力の方で、例外はありえない。

②　意志と想像力が相争う場合、想像力の力は、意志の力の二乗に正比例する。

③　意志と想像力が同調している場合、そこから生ずる力量は、両者の和によってでなく、積によってはかられる。

④　想像力は、誘導可能である。

（「意志の力の二乗に正比例」とか「両者の和によってでなく積によって」という表現は、もちろん厳正なものではなく、ただ私のいわんとするところを明確に説明しようとしたものにすぎない。）

　これまでのべてきたことがわかったら、誰も病気なんかにかかるはずがないとさえ思うであろう。これはまったく真実である。私のいっていることが、無茶で荒唐《こうとう》無稽《むけい》に思えるかも知れない。しかしどんな病気であれ、自己暗示の感化をうけうるのである。「つねにうける」とはいわない。「うけうる」といっているのである。そこの相違に注意していただきたい。

人々が意識的な自己暗示をおこなえるように導くためには、ちょうど、読み書きやピアノの弾き方を教えるように、その方法を教え込まなければならない。

前にのべたように、「自己暗示」は、われわれが生まれながらにしてもっている道具で、あたかも玩具のがらがらをもった赤ん坊のように、一生それをもてあそぶわけである。しかし、それは危険な道具であって、無分別・無自覚に取り扱うと、わが身を傷つけ、さては殺すことにもなりかねない。また逆に、それを意識的に用いるすべを知れば、生命を救うことだってできるのだ。イソップは、舌のことを「世界中で最善のものであると同時に最悪のもの」といったが、自己暗示についても、それと同じことがいえよう。

さてこれから、意識的に用いられた「自己暗示」の恵み深い働きで、どういう利益をあらゆる人が得られるかについて、のべることにしよう。あらゆる人、といったが、それはすこしばかり誇張で、実際には意識的な自己暗示を起こすことの困難な人々がいる。第一に、他人のいうことを理解できない知能の遅れた人々、第二に、理解しようという気にならない人々がそれである。

患者に自己暗示をおこなわせる方法

この方法の原則は、「一時に二つのことを考えるのは不可能である」という言葉で要約することができよう。すなわち二つの考えがわれわれの心の中に入ると、並列状態では存在しうるが、おたがいに重なり合うことはできないのである。

「われわれの心を完全にみたした考えならどんなものでも、われわれにとって真実となり、さらに、それは行動となってあらわれる傾向をもつ」

だから、もし病人に、病状が快方へむかっていると思わせることができたら、その病状は消えるであろう。もし窃盗狂に、自分はもうこれ以上盗みなど働かないだろう、と思わせることができたら、彼は盗みをやめるであろう……。

そのような訓練は、とうてい不可能と思えようが、じつのところ簡単至極《しごく》なのである。一連の実験をほどほどに段階を追って進め、患者に、意識的思考のいわば「いろは」を教えるだけでじゅうぶんなのだ。

以下に、その一連の実験を示すが、それを忠実に再現すれば、よい結果を得ること疑いなしである。もちろん先にあげた知能のいちじるしく遅れた者、相手のいうことを理解しようとする気のない者等は、どうしようもない。

第一の実験（準備段階）――まず被術者（患者）に気をつけの姿勢をとらせるが、その際、からだを鉄棒のように硬直させ、両足は足指から踵《かかと》までぴったりと平行に密着させるようにし、踝《くるぶし》は、蝶番《ちょうつがい》のような屈曲自在の状態にしておく。つぎは被術者に、基底部が蝶番で床に固定され、前後にゆれ動くしかけになっている厚板のようになれ、と説明する。そして、もしその厚板を前後どちらかに軽く押すと、何の抵抗もなく全体が押された方向へ倒れる、ということをわからせる。今度は「肩に手をやって後の方へ引くから、さからったりせず踝を蝶番のように用いて両足は床につけたまま、わたしの腕に倒れていらっしゃい」と命じる。いよいよ肩に手をやって、後の方へ引いてみる。もしうまくゆかないようなら成功するまで、もしくはほとんど成功するまでくり返してみる。

　第二の実験――まず被術者につぎのような説明をあたえる。「これから、想像力がわれわれにおよぼす作用を知ってもらうための実験をしますが、最初に〈私は後へ倒れる、私は後へ倒れる〉と考えていただきたいのです。それ以外のどんなことも考えてはいけません。はたして倒れるかどうかなどと心配したり怪しんだりしてもいけません。また、倒れたら傷つきはしないだろうかと考えたり、わたしを満足させるためにわざと倒れたりもだめです。もしほんとうに、何かが後へ倒れるようあなたに迫っているのを感じたら、さからわずその衝動に従ってください」

　以上の説明が終わったら被術者の頭をやや上向きにし、目を閉じさせ、自分の右手のこぶしを被術者の首筋のところに、さらに左手は被術者の額のところに置いて、つぎのようにいう。「さあ、〈私は後へ倒れる、私は後へ倒れる〉と考えてください……さああなたは後へ倒れます、後へ……倒れ……ます……」同時に被術者の額に置いてあった左手を左耳の上のこめかみのところまでそっと滑らせ、右手のこぶしは、ゆっくりと動かしながら首筋からはずす。

　被術者は、その瞬間後の方へちょっと動き、倒れないように身体をもち直すか、または完全に倒れてしまう。身体をもち直した場合には、被術者に抵抗があったと教える。倒れるということだけを考えずに、倒れたら傷つくかも知れないなどと考えていたのだ。これは事実で、もしいわれた通りに考えていたら、丸太のように倒れていただろう。被術者に服従をしいるかのような命令調で、実験をくり返し、成功もしくはほとんど成功するまで続ける。術者は左足を前へだし、右足をぐっと後へひいて、被術者のすこし後方に立つ必要がある。さもないと被術者が倒れるときにぶつかるから、この注意を怠ると、被術者の体重が重い場合は、二重転倒という結果を招くかも知れない。

　第三の実験――第一の実験のときと同じ要領で、身体を硬直させ、踝は屈曲自在の状態、そして両足は平行に密着させたまま、今度は被術者を術者と対面するように立たせる。術者は、両手を被術者の左右両方のこめかみの上に軽くあて、まぶたを動かさずに、被術者の鼻のつけ根を凝視しながら、「私は前の方へ倒れる、私は前の方へ倒れる……」と考えるように命じる。なおも凝視を続けながら、一語一語に力をこめて「あなたは……前の……方へ……倒れる、あなたは……前の……方へ……倒れる」とくり返す。

　第四の実験――被術者に両手をできるだけしっかりと、かすかな震えをともなうくらいにまで組み合わせるように命じ、術者は第三の実験と同じ要領で凝視しながら、被術者の両手の組み合わせをさらにもっとしっかりしめつけるように、その上へ自分の両手を重ねる。そして次のようにいう。「組み合わせた両手の指は開かないものと考えなさい。これから一、二、三とかぞえますが、三でもって〈私はそれができない、私はそれができない……〉とたえず考えながら、組み合わせた手をほどこうとしてごらんなさい。ほどこうとしてもほどけないことがわかります」それから今度は非常にゆっくり「一、二、三」とかぞえ、すぐさま、一語一語に切れ目をつけながら「あなたは……それが……でき……ません……」とつけ加える。もし被術者が教えられたとおりに「私はそれができない」と考えていれば、指をほどくことができないばかりか、ほどこうと躍起になればなるほど指はもっと固くくっついてしまうのである。実際彼は、自分の望みとは逆の結果を招いているのだ。すこし間をおいて「さあ〈私はそれができる〉と考えなさい。そうすれば、指はほどけるでしょう」といってやる。

いつも被術者の鼻のつけ根を凝視するように注意し、一瞬たりとも被術者の視線が、術者の目からそれないようにすべきである。被術者の手が自由に開いてしまう場合、それは術者の間違いではなく、被術者の間違いであると考えることだ。彼は教えられたとおりに「私はできない」と考えていなかったわけだから、このことを確認させて、再び実験にかかればよい。

相手に有無をいわせぬ命令調を常用するとよい。声量を上げることが必要だといっているのではなく、かえって普通の高さの音を用いる方が望ましい。肝心《かんじん》なのは、一語一語を、そっけない命令調でしっかり発音することだ。

これらの実験が成功したら、他の実験も同様に成功するはずで、先述の指示をそのまま実行することによって、容易に望みどおりの結果が得られよう。

被術者の一部には、非常に敏感な人々がいるが、かれらは指や手足の収縮をすぐに起こすので、簡単に見分けがつく。二、三回重ねて実験に成功したら、後はもう、「こう考えなさい」とか、「ああ考えなさい」などという必要はない。暗示に巧みな術者なら誰でも用いている簡単な命令調で、たとえば、「手をにぎって。さあ君はもう手が開かないぞ」とか、「目を閉じて。さあ君はもう目が開かないぞ」などというだけでよい。被術者は、いくら努力をしても絶対に手や目を開くことができなくなるだろう。すこしの間をおいて、「さあ君はもう開くことができるよ」といってやれば、収縮は即座に止まってしまう。

　これらの実験は、無限に変化を添えていける。さらにいくつか例をあげよう。両手を握り合わさせて、もうくっつけてしまったと暗示する。手をテーブルの上に置かせて、もう離せないと暗示する。椅子に坐らせて、もう立てないと暗示する。立たせて、もう歩けないと暗示する。ペン軸をテーブルの上に置いて、重さが百貫もあるから、とても持ち上げられないと暗示する、等々。

　さらに、くどいようだが、こういう現象を生みだすのは、厳密な意味での「暗示」ではなく、術者の暗示にひきつづいて起こる「自己暗示」なのである。

治療暗示の進め方

　被術者が、先述したいくつかの実験を経験し、理解したら、治療暗示の機が熟したことになる。以前には種子を蒔いてもすぐ死に絶えてしまう荒地だったものが、いまでは発芽生育をうながす農地となったわけである。

　被術者の悩んでいる病気が、肉体的なものであれ精神的なものであれ、つねに同じ方法を続け、状況しだいで変化を添えることはあっても、同じ言葉を用いることが肝心である。

　被術者には、つぎのように話すとよい。

「坐って目を閉じなさい。あなたを眠らせようなどと思ってはいません。そんなことは不必要ですからね。目を閉じていただくのは、ただ周囲のことに気をとられて、あなたの注意力が乱れないようにするためです。これから私のお話しする一語一語が、あなたの心の中に定着され、刻印され、保存されて、その状態は変わることなく続くということ、あなたの意志や意識を働らかせずとも、実際、まったくの無意識のうちに、あなたの全器官はその一語一語に従うだろうということを、自分自身に告げてください。まずはじめに、毎日、朝昼晩の三回、つまり普通の食事時《どき》に、あなたは空腹をおぼえるでしょう。〈食事をするということは、なんてすばらしいことだろう〉と思わせるような快適な感じをもつはずです。それから食事を始め、もちろん食べ過ぎなどせずに、食べ物を賞味するでしょう。あなたは、食べ物をのみこむ前に、糊状になるまでよく嚙むように心がけるでしょう。そうすれば消化は確実におこなわれ、何の不快不便も覚えず、また胃や腸の苦痛を感じることもないでしょう。あなたは、食べたものを吸収し、あなたの全器官はそれを用いて、血・筋肉・気力・精力、一言でいえば生命をつくりだすでしょう。

「あなたは食べたものをちゃんと消化しているはずなので、排泄の機能は正常となり、毎朝、起床すれば排便の必要をおぼえ、薬や人工的手段の使用を迫られることなしに、正常で満足すべき結果が得られるでしょう。

「さらにあなたは、毎晩、眠りたいと思うときから、翌朝目覚めたいと思うときまで、深く、落ち着いて、静かに眠り、悪夢などにとりつかれることなく、目覚めたときには、しごく健康で、快活で、積極的な気分になるでしょう。

「同様に、気が滅入ってしまったり、くよくよして物事の暗い面だけをみがちな場合が時折、あなたにあるとすれば、以後そんなことは起こらないでしょう。心配や意気消沈はもう忘れて、おそらくこれといった理由もなしに、まったく快活な気分になるはずです。いままでこれといった理由もなしに、気が滅入っていたのとは逆になるわけですね。さらに進んで、ほんとうに心配や意気消沈の理由がある場合でも、あなたはもうそういう気分におちいらないはずです。

「またあなたが、短気やふきげんのあまり、よく癇癪を起こすようでしたら、その癇癪は止まってしまうでしょう。今度は逆に、いつも我慢強く、克己心のそなわった人間となり、かつてあなたを悩ませ、焦立《いらだ》たせ、怒らせたことどもに出あっても、あなたは泰然《たいぜん》自若《じじゃく》としているでしょう。

「もしあなたが、悪質で不健全な考えや、懸念・恐怖・嫌悪・誘惑、もしくは他人にたいする怨恨といったものに襲われ、つきまとわれているなら、そんなものはいっさい、あなたの想像力の力で徐々に姿をかくし、ちょうど雲がはるかかなたへ薄れていって、さいごには完全にかき消えてしまうように、跡形もなく散ってしまうでしょう。目覚めた後の夢と同様に、これらの虚像も、すべて消滅してしまうでしょう。

「さらに、あなたの器官全部が、その機能を正しく営むはずです。心臓の鼓動も、血液の循環も正常で、肺も、そして、胃・腸・肝臓・胆汁の導管・腎臓・膀胱も、各々の機能をまっとうするでしょう。もし現在それらの器官のいずれかに異常があれば、日一日とその異常さは薄れてゆき、まもなく完全に消えて、正常な機能を回復することでしょう。また、器官のいずれかに組織の障害が生じた場合には、日を追って快方に向かい、すぐに全治するでしょう。（これと関連して一言つけ加えると、どの器官がおかされているかを知る必要はない。「日々に、あらゆる面で、私はますますよくなってゆく」という自己暗示の影響で、無意識は治療を要する当の器官を自ら探りだして、働きかけるのである。）

「また、——これはきわめて重要なことですが——いままで自分自身に自信をもてなかったという場合には、この自己不信がすこしずつ消えてゆき、自己信頼に席を譲るはずです。誰でも、われわれめいめいのなかに宿っている権能の力を自覚すれば、自信がついてくるからです。この自信をもつことは、どんな人間にとっても絶対必要なのです。それがなければ、どんなことも成就できませんし、逆に、それをもてば（道理にかなったことなら）何でも成就できます。だからあなたも、自分自身に自信をもつのです。そして、この自信のおかげで、（道理にかなってさえいれば）どんな願望、どんな義務でも立派に成就できるという確信があなたのものになるのです。

「だから、何か道理にかなったことをしようとするときや、もしくは義務を果たそうとするときには、いつも〈これはやさしい〉と考えなさい。そして〈むずかしい〉とか〈だめだ〉とか〈できない〉とか〈手に負えない〉とか〈どうしようもない〉といった言葉は、あれどもなきがごとくに扱うことです。〈これはやさしい、自分ならできる〉という言葉だけをつかうことです。他人がむずかしがるようなことでも、自分でやさしいと考えれば、実際にやさしくなってきます。あなたは、それを素早く、上手になしとげ、しかも疲労を感じることすらないでしょう。なぜなら、あなたは努力せずにそれをなしとげるからです。立場を変えて、あなたが、それを困難で不可能と考えていた場合を仮定しましょう。〈困難で不可能〉と考えたばっかりに、それは実際にそうなってしまうにちがいありません」

以上の一般的暗示を読んで、長ったらしいうえに子供じみていると思われる方もおられようが、やはりどうしても必要なのである。そして一般的な暗示が終わったら、患者めいめいの特殊な症状にあてはまる暗示をつけ加えなければならない。

これらいっさいの暗示は、(重要な言葉をつねに強調する以外は) 一本調子のなだめるような声をもっておこなう。そういう声だと、実際に被術者を眠らせることはないが、少なくともねむ気をさそって、どんなことにせよ、とくに一つのことだけを考えられなくさせる。

これら一連の暗示を終えたら、被術者にこう呼びかける。「要するにあなたは、肉体的にも精神的にも、あらゆる見地から上々の状態、いままでのよりさらにまさる健康状態をわがものにされることでしょう。さあ、これから一、二、三とかぞえますから、三で目をあけて、いまの受動的な状態から脱してください。あなたは、まったく自然に、ねむ気も疲れも全然感じることなしに、いまの状態から脱することができます。いやかえって、強く、元気で、鋭敏で、積極的で、生命にみちみちた気持になるでしょう。「一、二、三」これで目を開いた被術者は、かならず顔面に微笑をうかべ、幸福と満足の表情をたたえるであろう。

まれにではあるが、その場でなおってしまう患者もいる。しかし患者の大部分についていえば、いちおう救われたような感じをもち、苦痛なり意気消沈なりが部分的もしくは全体的に消えはするものの、残念ながら、それは一時的な現象にすぎない。

患者によって程度の差はあるが、どんな場合でも、たびたび暗示をかけなおす必要がある。治療が進むにつれて、その間隔をだんだん長くし、全治してこれ以上必要なしと認められるまで、このかけなおしを続けるべきである。

患者を送り帰す前に、つぎのような注意をあたえることだ。「あなたは、自己治療用の道具を自身のなかにそなえています。私はいわば、その道具の使い方をあなたに教える教師みたいなもので、あなたが協力してくれないことにはどうにもなりません。そこで毎朝起きる前と、毎晩床についたとき、目を閉じ、私と対面しているつもりになって、続けざまに二〇回、一本調子の発音で〈日々に、あらゆる面で、私はますますよくなってゆく〉と唱えなさい。（ひもに二〇の結び目をつくり、それを手繰りながらかぞえてゆけばよい。）とくに、「あらゆる面で」という言葉を強調するようにしてください。それは精神的なものであれ肉体的なものであれ、いっさいの必要に通用します。この一般的な暗示の方が、個別的な暗示よりもさらに大きな効果をあげるのです」

このように話せば、暗示をあたえる術者の役割も認識しやすくなる。術者は、命令をくだす主人でなくて、案内をつとめてくれる友人であり、健康への途上にある患者を、一歩一歩導くのが仕事なのだ。いっさいの暗示は患者の利益のためにおこなわれるのであり、患者の無意識も、そういう暗示が吸収され、自己暗示に変えられることをもっとも望んでいるのである。これが実行された場合、症状によって期間こそ異なれ、患者は全快するものである。

この方法の優越性

この方法は、まったく驚くべき結果をもたらす。そのわけは、容易に理解できよう。私の忠告に従いさえすれば失敗はありえない。例外は先述した二通りの人々だが、幸い、かれらは全人口のわずか三パーセントを占めているにすぎない。ここで一言注意しておきたいのは、暗示をうけいれ、さらにそれを自己暗示に変えるのに必要な説明や予備実験もせず、すぐさま被術者を眠らせようとすれば、とくに敏感な被術者の場合は別として、まず成功は期待できないということである。そしてこの種の敏感な被術者はごくまれにしかない。誰でも訓練しだいでそのような敏感さを身につけられるが、私のすすめる予備的な教習なしで、じゅうぶんな敏感さを示せる人はほとんどいないといってよい。予備的な教習といっても、わずか数分間しか要しないものなのだ。

以前は眠らせてはじめて暗示がかかると思っていたので、私はいつも自分の患者を眠らせようとした。しかし、それがかならずしも必要でないことを知るとすぐにやめてしまった。ほとんどの患者が、これから眠ってもらうというふうにいわれると、恐怖や不安を感じ、われにもあらず、不本意な抵抗に出てしまう。逆に、眠ってもらう必要などないと患者に話せば、恐怖や不安を感じるどころか、かえって信頼をうけることになろう。患者は安心して、ふたごころなく術者の話に耳を傾け、その一本調子の声になだめすかされて――第一回目は無理としても、いずれ遠からず――深い眠りにつき、目覚めた後で、眠ってしまったことに驚く場合が多い。

読者のなかに疑いをはさむ人がいれば――いや私はかならずいると思うのだが――そういう方には、「拙宅を訪問して、そこでおこなわれていることを見てください。事実があなたを納得《なっとく》させてくれるでしょう」というほかはない。しかし読者のなかに、以上のべてきたような方法でなければ、自己暗示はかからないときめこんで、敬遠する人がいるとすれば、それは早計である。相手についてなんら知識をもたず、またとくに準備などしなくても、その人に暗示をかけることは可能である。

医師というものは、その肩書だけで患者に暗示的影響をおよぼしうるものだが、たとえば患者に向かって、手の施しようがないとか、この病気は治療できない、という場合、その医師は、もっとも不運な結果の原因となるかも知れない自己暗示を患者の心の中にひき起こすこととなる。逆に、この病気はなるほど重いが、用心と時間と忍耐をもってすれば治療できる、といってやれば、医師自身も驚くような結果が時折、いや症状によってはひんぱんに得られるのである。

もう一つ例をあげよう。医師が患者を診察したあとで処方箋を書き、何も説明を加えないで患者に渡す場合、処方された薬がそのききめをあらわす可能性はあまりないといってよい。逆に、これこれの薬を、これこれの条件で服用すれば、かならず一定の効果があらわれると説明してやれば、その結果はほとんど確実に得られるだろう。

読者のなかには、医師や私と同業の薬剤師の方がおられようが、私のことを敵と考えないでいただきたい。敵どころか、私はかれらの最上の味方である。第一に私は、暗示の理論と実習が、患者のみならず医師の利益のためにも、医科大学の教授科目の中に含まれるべきだと思う。第二に私は、患者が医師を訪れたら、そのつど、たとえ必要がなくても、一種、場合によっては数種の薬を服用するよう患者に命じるべきだと思う。患者が医師を訪問するのは、じつのところ、どんな薬がきくかをたずねるためなのである。実際にきくのは、衛生と摂生《せっせい》だということなど知っていないし、またそんなものには目もくれない。患者がほしがっているのは薬なのだ。

もし医師が薬をあたえず摂生だけを命じたら、患者は不満に思うのではあるまいか。そういう場合患者は、わざわざ相談にきた甲斐《かい》がなかったとかいって、別の医師のところへ足を運ぶことが多い。だから医師は、いつも患者に薬を処方すべきである。それも、広く知れわたった、実質よりは宣伝によって名が売れている市販の薬でなく、できるだけ医師自身の調合になる薬の方がのぞましい。処方箋なしでどこの薬局でもたやすく入手できるナントカ錠よりも、医師自身の処方薬の方が、比較にならないほど厚く信頼されるであろう。

暗示はどのように作用するか

暗示、というよりはむしろ自己暗示、の果たす役割を正しく理解するためには、意識していない自己というものが、われわれのあらゆる機能をつかさどる最高管理者であることを知ればじゅうぶんである。正常に機能していない器官があれば、先述したとおり、その器官は自らの機能を遂行すべきであるということを信じこませる。そうすれば、ただちにその命令が伝達されて、その器官は素直にいうことをきき、即座に、もしくはすこしずつ、正常な機能を営むようになろう。以上の説明から、暗示の力で出血をとめ、便秘を止まらせ、繊維性腫瘍を消し、麻痺・結核性障害・静脈瘤性潰瘍をなおしうるわけが簡単明瞭になったと思う。

一例として、トロワの歯科医師ゴーテ氏の診察室で、たまたま観察する機会をえた抜歯後の出血という症状をあげてみよう。私は、八年来の喘息に悩んでいたある若い女性を治療したことがあったが、彼女がある日やってきて、歯を一本抜きたいという。私は、彼女が非常に敏感なのを知っているので、手術をなんとも思わぬようにしてあげようと申し出た。彼女はもちろん喜んでこの申し出をうけいれ、われわれはゴーテ氏と手術日を打ち合わせた。当日ゴーテ氏の診察室で、私は彼女と向かい合って立ち、彼女を凝視しながら「あなたは何も感じない、あなたは何も感じない……」と暗示をはじめ、なおも続けながらゴーテ氏に合図をした。一瞬のうちに、彼女が髪一本動かす間もなく歯は抜かれた。だがその後で、よくあることだが、出血がはじまった。そこで私は、ゴーテ氏に、止血剤を用いず、暗示をかけてみてはどうかと提案した。もちろん、あらかじめどういう結果になるか知っていたわけではない。私をじっとみつめるよう彼女に命じ、「二分間のうちに出血は自然に止まるだろう」と暗示をかけて、われわれは待った。彼女はさらに一、二回血を吐き出したが、もうそれっきりだった。私は彼女に口を開かせ、ゴーテ氏とともにのぞいてみたら、血が歯腔の中でかたまっているのがわかった。

この現象をどう説明すべきだろうか。簡単なことである。「出血は止まるはずだ」という考えの影響をうけて、彼女の無意識は、動脈や静脈の毛細血管に血の流れを止めよという命令をくだす、すると毛細血管は素直にいうことを聞いて、止血剤、たとえばアドレナリンの作用が人工的に起こしたであろうような収縮を「自然に」起こしたのであった。

繊維性腫瘍の消滅についても、同様の推論が可能である。無意識が「それは消えるべきである」という考えをうけいれると、脳が、腫瘍を養っている動脈に収縮を命じる。動脈は命令により腫瘍へのサービスを拒む。その結果、腫瘍は滋養物の補給がつかなくなって死に絶え、すっかりひあがると、再同化がおこなわれて消滅するわけである。

先天的もしくは後天的な精神的疾患と道徳的堕落の矯正に暗示を用いる方法

最近ふえる一方の神経衰弱は、先述した方法でたえず暗示をかけ続ければなおってしまう。他のどんな方法もきかなかったかず多くの神経衰弱症患者が、喜ばしいことに私の助力でなおっているのである。そのなかの一人は、ルクセンブルグのある特殊病院で一カ月をすごしていたがなんら改善をみなかった。その彼が六週間のうちに全快してしまったのである。自分のことを、世界で一番みじめな人間と考えていた彼が、いまではこちらがあやかりたいほどの幸福な人間になっている。再び同じ症状に舞い戻る心配はない。意識的自己暗示の用い方を教えておいたし、また彼はそれを驚くほどうまくやっているからである。

だが、もし暗示が精神的・肉体的な病気の治療に有効ならば、少年院に入っていて、いずれは犯罪者の群のなかへ身投げしてしまうみじめな子供たちを、誠実な人間に仕立てるというはるかに大きな社会奉仕にも役だつのではあるまいか。そんなことは不可能だ、といわないでほしい。矯正法は存在するし、その実証もできる。

代表的な実例を二つあげる前に、少々私の所見をのべておきたい。まず道徳的堕落を矯正する場合、暗示がどのように作用するかを理解していただくわけだが、そのために一つの比喩を用いようと思う。われわれの脳を材木にたとえれば、その材木に打ち込まれる釘は、さしずめ、われわれの行動を決定する観念・習慣・本能ということになろう。矯正を受けるべき者のなかに、ある悪い観念なり習慣なり本能なりが、いわば悪い釘が入り込んでいることに気づいたら、別のよい観念なり習慣なり本能なりを選んで悪いものの上にあてがい、ハンマーで打ちつける——すなわち、暗示をかけるわけである。新しい釘が何ミリかでもくい込んでゆけば、それだけ古い釘が突き出てくる。ハンマーで打ちつけるたびごとに、つまり暗示をかけるたびごとに新しい方が古い方をすこしずつ押しだしてゆき、なおも続けて打撃を加えれば、ついには古い釘が完全に抜け出て新しい釘がその後に収まる。このように、観念・習慣・本能の交替がおこなわれたら、個人はそれに従うのである。

さて、ここで実例にもどろう。トロワに住む一一才のM少年は、幼年時代初期につきものの、ある悪習から昼も夜もぬけきれなかった。また彼には盗癖があり、おまけに、当然のことながら嘘をついた。彼の母親から頼まれて、私は彼に暗示療法をほどこした。最初の訪問で、その悪習が昼間だけは出なくなったが、夜間には依然として続いた。しかし、すこしずつ度数が減っていって、ついに数カ月後、少年は全治した。その同じ期間に、ものを盗もうとする傾向もだんだんなくなってゆき、半年のうちには完全に消えてしまった。

この少年の一八才になる兄は、兄弟のべつの一人にたいして激しい憎悪を抱いていた。ブドウ酒を飲みすごすたびに、彼はナイフを抜いて、その兄弟を刺したい衝動にかられていた。彼は、遅かれ早かれ、そういうことになってしまうだろうと感じ、また同時に、そうなったら悲嘆に明け暮れるだろうということも知っていた。M少年の場合と同様、彼に暗示をかけたところ、その結果はすばらしかった。初めての治療で彼はなおり、兄弟にたいする憎悪も消えていた。その後、二人の兄弟はなかよしになり、万事うまくいっている。私はその後もずっと彼を見守っていたが、彼の治癒は永久的であった。

暗示によって、このような結果が得られるのだから、この方法を少年院に導入したら有益ではあるまいか。いや不可欠といっても過言ではあるまい。もし非行少年たちに毎日暗示をかけたら、かれらの半分以上が矯正されうるだろう。道徳的堕落によって心をむしばまれた人々を、健全な成員として、社会に復帰させることができたら、それこそ、社会にたいするこのうえもない奉仕ではあるまいか。

暗示は危険なもので、邪悪な目的にふり向けられるおそれがあるという人も、おそらくいるだろう。しかし、これも根拠の強い反対論ではない。第一、暗示の実施は、信頼にあたいする誠実な人々、たとえば少年院に勤める医師たちだけにまかされるだろうし、それに、暗示を悪用しようとする連中がかりにいても、わざわざその許可をとろうとはしないだろう。

一歩を譲って、暗示がいくらかの危険をともなうものと認めてもよいが、それでは、われわれが用いているもので、まったく危険をともなわないものは何か、と反対論者にうかがいたい。蒸気・火薬・鉄道・汽船・電気・自動車・飛行機などは危険をともなわないだろうか。医師や薬剤師が、毎日のように用いている劇薬は危険をともなわないだろうか。一瞬の不注意から極微量をはかりまちがっただけで、患者の生命をうばうことになるではないか。

この小論も、成功した治療の例をいくつかあげないと、不完全なものになろう。私の治療例全部をのべたりすれば、あまりにも長すぎて、あきあきしてしまうだろうから、もっとも顕著なものを若干紹介するだけで甘んじよう。

トロワのM・D嬢は、八年来の喘息に悩まされ、ほとんど毎晩、呼吸に苦しみながら、床の上にすわっていなければならなかった。予備実験で、彼女が非常に敏感なことを知る。すぐ眠りに入ったので暗示をかける。初回の治療からめざましい回復ぶりで、晩の気分もよくなる。ただ一回だけ喘息の発作に襲われたが、一五分たらずでおさまる。その後、非常な短期間で喘息は完全に消え、ぶり返しもなかった。

トロワ近郊、サント＝サヴィーヌ在住のメリヤス職工M氏は、脊柱と骨盤が接合している部分に傷をうけた結果、二年間麻痺症にかかっていた。麻痺しているのは下肢だけだったが、血液の循環がほとんど止まっていたので、膨張・充血・変色が生じていた。梅毒療法も含めた数種の治療をうけたが、不成功におわった。予備実験に成功。私による暗示、患者自身による自己暗示を八日間続けた結果、左脚に極微ではあるが、それでも感知可能の動きがみられた。さらに暗示を続ける。八日間のうちにいちじるしい改善。一週間ごと、もしくは半月ごとに、ますます快方に向かい、それにつれて膨張などの症状が減退してゆく。一一カ月後、すなわち一九〇六年一一月一日に患者はひとりで階段を降り、八百メートル歩く。一九〇七年七月には工場へ復帰、以後、麻痺の跡形もみせずに働き続けている。

トロワ在住のA・G氏は、長いあいだ腸炎で苦しみ、さまざまな治療を試みたが、いずれもむだであった。彼はまた精神的にもたいへんひどい状態にあり、ふさぎこんで、陰惨《いんさん》で、不愛想で、自殺しようという考えにとりつかれていた。予備実験はすらすらと進んで、暗示をかけたところ、その日のうちから顕著な効果を生じた。三カ月間、初めは毎月、ついでだんだんと長い間隔をおくようにして暗示をつづけた結果、治療は完全となって、腸炎は消え、気力もさかんになった。以後、一二年間を経ても病状のぶり返しはなく、治癒は永久的といえよう。A・G氏の場合は、暗示、いや、むしろ自己暗示によって生みだされる結果のめざましい例である。私は肉体的な見地からだけではなく、精神的な見地からも暗示をかけ、彼は両方の暗示を同様に、申し分なくうけいれてくれた。日一日と、彼は自分自身にたいする自信をましてき、優秀な職工でもあったから、稼ぎをもっとよくするために、家にいても働けるような機械を探した。やがて工場主は、彼がいかに立派な職工であるかをわが目でたしかめたので、彼が望んでいた機械をまかせることにした。熟練工の彼は普通の職工よりはるかに多量の生産をしたので、雇い主はこの結果に満足し、もう一台さらにもう一台と新しい機械をあたえた。今では六台の機械をまかされて、なかなかの収入を得ているA・G氏も、暗示をうけていなかったら、一介《いっかい》の平職工のままであっただろう。

トロワ在住で三〇才前後のD夫人は、肺結核の最終段階にあり、特別食をとっているにもかかわらず、日一日とやせ細って、咳と痰《たん》のため呼吸困難になっている。どうみても、あと数カ月の生命だとしか思えない。予備実験で、敏感なことがわかる。暗示をかけたらすぐに効果があらわれ、つぎの日から病的な徴候が減退しはじめる。日を追って回復が目にみえ、もう特別食の摂取はやめているのに、早くも肉がついてくる。数カ月後、治療は明らかに完全となる。彼女は、私がトロワを去って八カ月後の一九一一年一月一日、私宛ての謝状のなかで、目下妊娠中だがまったく健康であると書いている。

以上、だいぶ古い治療例だけをわざとあげたのは、治癒が永久的であることを示すためである。今度は、最近の例を二、三あげようと思う。

リュネヴィルの郵便局員X氏は、一九一〇年一月に子供を一人なくし、その苦しみが脳をみだして、神経性の震えを生じ、どうしても止まらなくなった。彼のおじが六月に彼をともなってきた。予備実験ののち暗示。四日後に患者がもどってきて、震えはもう止まったと報告。さらに暗示を続け、八日たったら戻るようにいいつける。ところが半月たっても、三週間たっても、一カ月たっても、音沙汰がない。やがて彼のおじがやってきて、たったいま、甥から元気でいる旨の手紙をうけとったと告げる。手紙には、一度は放棄せざるをえなかった電信技手の職務に復帰し、一七〇語の電報を、何の苦もなく打電したと書いてあった。もっと長いものでも平気だったろうと、彼はつけ加えている。それ以来、彼の病気は一度もぶり返していない。

ナンシーのY氏は、五、六年前から神経衰弱となり、さまざまな病的嫌悪・神経過敏による恐怖・消化器官の不調に悩んでいる。よく眠れず、ふさぎ込んでいて、自殺の観念にとりつかれている。歩くときはよっぱらいみたいにふらつき、自分の苦悩しか念頭にない。どんな治療も失敗し、病状は悪化するばかり。この種の患者を収容する施設に入院したが、何の効果もなし。一九一〇年の一〇月初めに私を訪問。予備実験は比較的順調。自己暗示の原理や、人間の中に存在する二つの自己のことを説明して、必要と思われた暗示をかける。二、三日間は、説明を理解するのに少々骨折ったが、やがて一気にいっさいを把握。毎日私の暗示をうけるとともに、独力で自己暗示をかける。はじめは、緩慢だった回復ぶりがだんだん早くなり、一カ月半で治療は完全となった。最近まで自分をもっとも悲惨な人間と思っていた彼が、いまでは誰よりも幸福な状態にある。

トロワの画家Ｅ氏は、痛風《つうふう》で右の踝が炎症を起こし、痛くて歩けない。予備実験で、非常に敏感なことがわかる。最初の治療で、もはや杖にたよらずに、待たせてあった馬車までたどりつく。痛みはもうとれていた。つぎの日も来るようにいいつけたのに、姿を見せない。やがて彼の妻がひとりでやってきて、彼は、その日の朝、起床するとすぐに靴をはき、自転車に乗って仕事場へ行ったという。これには唖然《あぜん》とした。患者が訪ねてくれないのでその後の状態を確かめられなかったが、だいぶ後で、ぶり返しはしなかったという話を耳にした。

ナンシーのＴ夫人は、神経衰弱・消化不良・胃痛・腸炎、そして身体のさまざまな部分の痛みに悩んでいる。何年間も自分で手当てをしてきたが効果なし。毎日、私の暗示治療をうけ、また自分でも自己暗示をおこなう。初日からいちじるしい好転ぶりで、ひきつづき順調に回復してゆく。すでにだいぶ前から精神的にも肉体的にも治癒していて、摂生の必要はなくなっている。彼女は、まだ腸炎の気配が少々あるかも知れないと思っているが、確かではない。

Ｘ夫人はＴ夫人の妹で、急性の神経衰弱。ひと月の半分は床についたきり。動いたり立ち働いたりがまったく不可能だからである。食欲欠如・意気消沈・消化器官の不調に悩む。たった一回の訪問で全快。以後ぶり返していないので、治癒は永久的と思われる。

マクセヴィルのH夫人は、全身的な湿疹《しっしん》にかかっており、とりわけ左脚がひどい。両脚とも、とくに踝のところで炎症を起こしており、歩行は困難で苦痛をともなう。暗示治療をおこなう。その日の晩、彼女は数百メートルも疲労せずに歩けた。翌日、両方の足と踝からむくみがとれ、以後、現在まで再びむくんだことはない。湿疹は急速に消えた。

ラヌーヴヴィルのP夫人は、腎臓と膝に痛みをおぼえている。一〇年来の病気で日々に悪化。暗示と自己暗示。即座に好転し、日を追って回復。治癒は永久的。

ナンシーのZ夫人は一九一〇年一月に、肺のうっ血で病臥。二カ月たっても回復せず。全身的衰弱・食欲喪失・消化不良・類《たぐい》まれな扱いにくい腸の運動・不眠症・おびただしい寝汗に悩む。初回の暗示で、患者の気分がすぐれてき、二日後に戻ってきたときにはまったく元気。病気らしいところはことごとく消え失せて、全器官が正常に機能。三、四回汗をかきそうになったが、意識的自己暗示をもちいて未然に防いだ。以後も彼女は完全な健康状態にある。

ベルフォールのX氏は、一〇分ないし一五分も話すと、かならず完全な失音症状を呈する。さまざまな医師にみてもらったが、発音器官に障害はなんらないことがわかった。しかし、ある医師が喉頭部の老衰ではないかと診断したところから、彼はもう自分の失音症はなおらないものと決めてしまった。休暇を過ごしにナンシーへやってき、私の知り合いの婦人に紹介されて、私を訪問。最初は暗示の効果など信じられなかったので、訪問するのを拒んだが、ついに同意。だが、その彼にも私は暗示をかけ、二日後に戻ってくるようにいいつける。約束どおり彼は私を訪れ、前日の午後はしゃべりどおしだったが、全然不自由を感じなかったと告げる。再び二日後に現われたときの報告は、昨日も長々と会話を楽しみ、おまけに歌まで歌ったのに、失音症状はまったく出なかったというものだった。治療の効果は今もなお続いており、永久的なものとなるだろう。

この小論を結ぶ前に、親が子供をしつけたり、たしなめようとするとき、私の方法をどう適用したらよいかについて、一言しておきたい。

親は、子供が眠りにつくまで待ち、父か母のどちらかが、音を立てぬように注意して子供の部屋に入る。子供のベッドから約一メートルのところで立ち止り、健康・学習・安眠・精神集中・善行等々、子供にかくあってほしいと望んでいることを、一五回ないし二〇回くり返してつぶやく。これが終わったら、入ってきたときと同様、子供を覚まさないようによく注意しながら静かに引きさがる。この簡単至極な過程が、上々の結果を生みだすのだ。そのわけは容易に理解できる。子供が眠っているとき、そのからだと意識している自己は休息していて、いわば、無活動の状態にあるのだが、意識していない自己の方は目覚めているのである。だから睡眠中に話しかければ、その話は、意識していない自己だけに届くわけである。意識していない自己は、なんでも素直に信じてしまう特性をもつから、話されたことといっさいを、さからいもせずにうけいれる。このようにして、子供はすこしずつ自分自身を、親が望んでいるような人物に近づけてゆくのである。

結論

これまでのべてきたことから、どういう結論をひきだすべきだろうか。

結論はたいへん簡単で、数行もあれば表現できるものである。つまり、われわれは、自身の中にはかり知れないほどの力をもっており、それを無自覚に扱えば、われわれの身にしばしば害を招くのである。逆に、意識的な分別ある方法でもってその力を導けば、われわれは自分自身を支配するようになって、肉体的・精神的疾患を自らが避けるのはもちろん、他人もそれを避けられるように助力でき、ひいては、われわれめいめいが、各自の生活条件によくかなった幸福を実現できるようになる。

最後に、再び強調しておきたい。正しい道から迷いでた人々の精神的復活に、意識的自己暗示を適用すべきである、と。

教育はいかにあるべきか

エミール・クーエ

とっぴに思われるかも知れないが、子供の教育は、その誕生前にはじめるべきである。まじめな話、ある女性が妊娠してから数週間後に、いずれは世の中へ生みだすはずの子供について、その性別や、肉体的・精神的にあらまほしいと思う特質をおもい描き、それを自分の心に刻み込むとしよう。そして懐妊期間中も、その同じイメージを銘記し続けるとしよう。やがて生まれ出た子供は、母親が望んだとおりの性別、そして肉体的・精神的特質をそなえていることであろう。

　このようにして生まれた子供は、自分にたいしてよい暗示がおこなわれたら、それをたやすくうけいれ、さらに、それを後々の人生行路をも左右するような自己暗示に変えてしまう素質をもっている。なぜならば、われわれの言動は、その大部分が、実例や言葉の暗示によって起こされる自己暗示の結果にすぎないからである。

　それでは、どのようにしたら、親や教育にたずさわっている人々が、悪い自己暗示でなくて、よい自己暗示を起こさせることができるのだろうか。

　子供の相手をするときには、いつも心を平静にたもち、やさしくはあるが同時にきっぱりとした口調で話すことだ。このようにすれば、子供は、権威に反抗しようという気持をいささかも抱くことなく、素直になるだろう。

　とくに——とくに粗暴・残忍な言動だけは慎しまなければならない。というのは、そういう言動が暗示となって、にくい相手には残忍であってもかまわないという自己暗示を、子供のなかにひき起こしてしまう危険があるからである。

　さらに、子供のいる前で、どんな人の悪口もいわないように注意すべきである。よく見かけることだが、べつにこれといった意図もなしに、席をはずしているお手伝いさんのことを酷評したりする場合がそれである。子供がこの実例に従うことは絶対さけられず、後におそろしい破滅を招くことになるかも知れない。

いろいろ物事の原理を知ろうとする欲求や、自然に対する敬愛の念を子供のなかに目覚めさせ、また、子供がそういうものに関心をもてるよう、なしうるかぎりの説明を、わかりやすく、ほがらかに、上きげんの口調で試みるよう努力してほしい。質問には感じよく答え、「うるさい奴だ、静かにしておれ、後で教えてやるから」などとつっぱねてはいけない。

どんなことがあっても、「お前みたいな怠け者は、なんの役にもたたん」などといってはいけない。この叱り言葉こそは、現に子供がそのために叱られている過《あやま》ちを、ほんとうに子供のなかにつくりだしてしまうからだ。

もし子供が怠けていて成績がかんばしくないときは、日を選んで、たとえ内心ではそう思っていなくても、「おや、今度はいつもよりだいぶいいんじゃないか。よくやった」といってやるがよい。子供は、意外のおほめの言葉に気をよくして、次回にはもっと勉強するようになり、すこしずつ、分別のある激励のおかげで、ほんとうの勉強家になれるだろう。

いかなる場合でも、子供の前で病気の話をしてはいけない。それが子供のなかに悪い自己暗示をひき起こすことは必定だからである。逆に、人間は健康なのが普通だということ、病気になるのは一種の例外的な堕落で、つつしみのある規則正しい生活をしていればたいてい避けられる、ということを教えてほしい。

寒さや暑さ、雨や風その他もろもろのことをこわがらせて、さまざまな欠陥をつくりだしてはいけない。人間は、傷つくことなく、このような変化を耐えしのべるようにつくられており、耐えしのぶからには、ぶつぶつ不平などいうべきでないと教えてほしい。

おばけや怪獣などの話をつめこんで、子供を神経過敏にしてはいけない。子供のころ臆病になると、いつまでもなおらないおそれがある。

自分で子供を育てられない人々は、子供のあずけ先をよく注意して選ばなければならない。あずけ先の人は、子供をかわいがるだけでなく、子供にあらまほしいような特性をそなえているべきである。

子供のなかに、勉強あるいは研究にたいする愛好の念を目覚めさせよう。さまざまなことを、細心に、感じよく説明し、また説明の合間になにか逸話をはさんで、子供がつぎの授業にも熱意を示すようにしてやれば、それだけ勉強しやすくなろう。

とくに、労働が人間にとって欠くべからざるものであることを、子供の心に刻みつけてもらいたい。なんらかの形で働いていない人間は無価値無用であること、労働は、それに従っている人のなかに健全な心からの満足を生みだすこと、それに反して、一部の人々があれほど切望している怠惰は、さびしさ・神経衰弱・人生嫌悪をもたらし、怠惰から生じた情欲は、それをみたすべき手段がない場合、闇雲《やみくも》に走って、放蕩《ほうとう》や犯罪を招くことなどを、しっかりと銘心させてほしい。

あらゆる人にたいして、とくに、自分よりたまたま低い社会層に属している人々にたいして、常に親切丁寧であるように教え、また老人を尊敬し、老齢につきものの肉体的・精神的障害をけっして嘲笑したりしないよう戒《いまし》めるべきである。

あらゆる人間を、階級の差別などぬきにして愛することを教えよう。そして援助を必要としている人々には、いつもよろこんで救いの手をさしのべ、困窮している人々のためには、ためらわず時間と金を費やさなければならないこと、要するに、自分よりも他人を先に立てることを教えよう。

これを守れば、利己主義者がいくら求めても得られないような内心の満足を、体験できるのだといってやろう。

子供に自信を育てさせよう。何か仕事をはじめるには、そのときのはずみにまかせることなく、前もってじっくりと筋道をふみながら考えるよう、そしていったん決定をくだしたら、何か新しい事実を知って、自分の考えが間違いとわかるまでは、その決定を貫くように教えよう。

人間誰でも、自分はかならず成功するという確信をもって生きぬくべきであり、その確信があれば、その影響でかならず成功するだろう。むろん、成功の訪れを坐して待つわけではなく、自らの確信にかられて、成功の実現に必要な努力を惜しみなくはらうからである。このことはとくに強調していただきたい。

成功の確信をもてば、どんな機会でも、はげ頭に薄く生えた一本の髪の毛をつかむような機会でもとらえることができるだろう。ところが、自己不信にとりつかれた人はおよそ手がけるものすべてに成功しない。それは、いっさいの彼の努力が、失敗という結果に方向づけられているからだ。

こういう人は、ふさふさした髪のような無数の機会に恵まれても、そのなかの一本だってつかみとれないわけで、いわば、失敗するさまざまな原因を自らつくりだしている場合が多い。これに反して、成功の確信をもっている人は、自らおもい描いている成功への道を、知らず知らずのうちに切り開いてゆくのである。

だが何よりも、両親と教師は、実例によって説かなければならない。子供はきわめて暗示にかかりやすいから、何か子供がしたいと思っていることを、実地にやってみせれば、かならず同じことをするだろう。

子供がものを話せるようになったら、毎朝毎晩二〇回ずつ連続して、「日々に、あらゆる面で、私はますます立派に成長してゆきます」といわせるがよい。この言葉は、子供のなかに、すぐれた肉体的・精神的健康状態を生みだすだろう。

つぎにのべる要領で暗示をかければ、子供が自分の欠点をとりのぞき、それに代わる望ましい特質を目覚めさせるのに非常な助けとなろう。

すなわち、子供が眠りについたら、目覚めなどしないように、そっと、床からほぼ一メートルくらいのところまで近づき、立ったまま、かくあらまほしいと思っていることを、子供に向かって、低い一本調子の声でつぶやくのである。

最後に、すべての教師は、毎朝学童にたいして、だいたいつぎのような暗示をおこなうことが望ましい。

目を閉じるように命じて、話しはじめる。

「みんな、いいかい。どんな人にあってもいつも親切丁寧にし、ご両親や先生方が、みんなに何かをいいつけたり何かお話をしてくれるときは、面倒くさいな、などと考えずに、いいつけや、教えられたことをよくきくんだよ。もとは、何か注意されると、うるさいな、なんて考えたこともあっただろうけど、もういまでは、注意してくれるのは自分のためだということを、みんなよく知っているね。だから、何でも注意してくれる人には、顔をしかめたりするどころか、かえって有難いと思うはずだね。

「これからは、どんな学科でも好きになるよ。授業中に、覚えなければならないことがいろいろ出てきても、やはり楽しいね。とくに、いままであまり好きになれなかった学科は楽しくなるよ。

「さらに、先生が授業をしているときは、先生のいっていることだけに一生懸命注意して、友だちがばかなことをいったりしたりしても、平気でいられるね。もちろん、自分でばかなことをいったりしたりすることはないはずだ。

「この調子でいけば、みんなりこうなんだから、教わったことは、全部たやすくわかるし、また覚えられるようになる。みんなが覚えたことは、記憶のなかにそのまま留まって、みんなのお召しを待っている。だから必要なときは、すぐに利用できるんだよ。

「同じように、自習をしたり、家で仕事や勉強をするときは、みんなそのことだけに注意を集めるはずだ。そうしてみんなが、いつもいい成績をとれるようになるのだよ」

以上の助言を、忠実に履行すれば、最高の肉体的・精神的資質をそなえた人間がつくりだされることになろう。

訳者あとがき

「五尺の小を以て宇宙の大を測らんとす」――明治の哲学青年たちが愛誦したというこの言葉は、人知の壮大さをさしているのか、卑小さをさしているのか。おそらく両方であろう。宇宙の大をこれほどまで測りえた人間だが、同時にこれだけしか測りえていない人間でもある。明治興隆期のことだから、関心はもっぱら「宇宙の大」に向けられて、果てしない大宇宙の神秘にいどむ人間は「五尺の小」ながら壮大であり、いどんで挫《くじ》ければやはり「五尺の小」なみに卑小ということになったのだろう。しかし昨今になると、関心は「宇宙の大」だけでなく、「五尺の小」そのもの、つまり、内部に包みこまれた小宇宙の神秘にも向けられて、これほどまで知りえた、いやこれだけしか知りえていないという裏腹《うらはら》の認識が高まりつつある。

外部の大宇宙にたいしては、まだ五感をはたらかせて、ぐんぐん認識範囲を広め、経験内容を深めてゆけるが、内部の小宇宙――この意識の立ち入り禁止区域にはまったく手の施しようがない。五、六尺の小を以て、ロケットを超遠距離の天体まで飛ばした人間――その裏側には五、六尺の大を以てしても、豆腐《とうふ》ほどしかない自分の脳髄に思案投げ首の人間がいる。その脳髄が起こすさまざまな苦痛懊悩《おうのう》に、人間はいつまで焦慮しなければならないのか。

オールダス・ハクスレーが二十一世紀に想定した「すばらしい新世界」では、どんな苦痛懊悩をも雲散霧消させてしまう万能薬「ソーマ錠」が発明されており、どんな器質性・機能性疾患も過去のものになっている。しかし、現代に生きるわれわれの場合、五体の随所に百病こもごもいたる有様だし、たとえ五体健全であっても、神経衰弱その他のノイローゼにとりつかれたら、社会生活の万事がいまわしい重圧となってのしかかってくる。しょせん、現代人は苦痛懊悩から免れえない条件にあるのだが、それというのも「すばらしい新世界」のように完全な肉体的・心理的条件づけができないためである。

近年、精神分析と脳科学が意識と無意識の相互関係を徐々に解明してくれたおかげで、われわれしろうとでも精神作用のからくりを大まかながら認識できるようになった。しかも催眠手段や麻酔薬、それに脳葉の局部刺激・局部切除などで、ある程度無意識を左右できるようになり、とうとう人知は、無意識というえたいの知れない魔性の存在に渡りをつけることができた。しかしこれは、意識が独力で無意識の自律作用に参与できたという意味ではない。たとえば、眠ろうと思うところまでは意識の領分でも、眠らしてくれるかどうかは無意識の一存にかかっている。食物の摂取と消化・吸収・分布にも同じことがあてはまる。要するに、生命維持機能の大部分が無意識のなかで営まれているわけである。無意識と意識の関係は、一言でいえば肉眼と双眼鏡の関係といえよう。無意識なしの意識は死物である。抑圧された無意識の本能が、意識の抑圧ゆえに知的活動へと昇華させられるのは事実でも、本能なくして抑圧に何の意味があろう。抵抗をうけた電流が、その抵抗ゆえに灼熱現象を呈することは事実でも、電流なくして抵抗に何の意味もないのと一般である。

人間は、ホモ・サピエンス（知性的人間）である前にホモ・ビオロギカ（生物的人間）であるといわれている。クーエは意識を騎手、無意識をウマにたとえており、アメリカの脳生理学者マックリンもやはり、大脳皮質と大脳辺縁系の関係を同じ比喩で示しているらしい。ウマは例外なしに荒れウマで、幼時にうまく馴らしておかないと騎手は落馬を免れない。いったん馴らしてあっても、不完全な馴らし方だと、やがてときならぬ時に、手綱《たずな》さばきのちょっとしたヘマで、たちまち調教前と同じ手のつけられない状態に立ち戻ってしまう。このウマと騎手の比喩は、精神の二重構造をいいえて妙である。騎手とウマとどちらが重要か――こんな考え方は、男女のどちらが重要かという愚問と選ぶところがない。騎手がウマの習性を無視して思いやりのない調教を施せば、ウマは断乎《だんこ》として騎手に反抗しつづけるにちがいない。しかし騎手がウマの習性を尊重して思いやりのある調教を施せば、ウマは欣然《きんぜん》として騎手に協調し、一心同体の実をあげてくれるだろう。

　ところがわれわれの脳髄にまたがっている騎手は、そう完全にウマを馴らしきっていないのだ。いったん手なづければ従順そのもの、とクーエはいう。しかし、いうはやすく、であろう。生後十数年もしくは数十年たつうちに、かなり素直な育ち方をした人間でも、かずかずの望ましからぬ観念・習性・本能が無意識に居坐ってしまい、意識からそれらを刺激するような暗示でもとどこうものなら、たちまち表面へ躍《おど》り出て、正常の肉体的・精神的機能を狂わせてしまう。程度の差こそあれ、これは誰もが体験しているところであろう。クーエは、それらの望ましからぬ観念・習性・本能を、無意識から漸次発酵させてゆき、やがては永久的に消散させる方法、すなわち「誘導自己暗示法」を教えてくれる。クーエも、また彼の祖述者であるブルックスも、できるだけ科学的たろうと心がけてはいるのだが、やはり厳密にいえば、「木はその実によって知られる」底《てい》の経験的な域を出ないものであろう。しかし常識をこえた治癒効果について、いちおうの原理は説明されており、その説明も、精神分析や脳科学の基本原理と矛盾していないように思う。

「すばらしい新世界」の孵《ふ》化人間みたいに完全な肉体的・心理的条件づけを施されていれば、苦痛懊悩からは解放されよう。しかしそのときには向上発展の余地もなくなっており、精神の二重構造など無意味となっているだろう。政治的な意味でも芸術的な意味でも、「自由」は消滅しているだろうし、そうなれば「苦しみをつうじて歓びへ」などという価値観念には三文の値うちもなくなるわけだ。「すばらしい新世界」の標準からいえば、どんなにドライな現代人でも、規格外の神経衰弱患者にすぎない。ハクスレーの『すばらしい新世界』が面白いのは、孵化人間の間に規格外孵化人間やわれわれと同じ胎生人間を混入させ、三者間の相互反応から人間の宿命である精神の二重構造を浮かびあがらせているからである。精神の二重構造、すなわち知性が本能の奔放なエネルギーを抑圧し、昇華させるしくみが残存するかぎり、「苦しみをつうじて歓びへ」という価値観念も生命をたもつだろう。問題はその苦しみのうけとり方だ。神経衰弱患者にとっての道路横断、難発性吃音症患者にとっての演説は、各々正常者の想像を絶する拷問である。かれらは横断したり、演説したりする前からはやくも恐怖にとりつかれて、

「もうだめだ」と考えているのだ。無意識のなかで幼少のころからくすぶり続けているなんらかの不健全な欲求が、恐怖を介して倒錯した満足をおぼえるものだから、「もうだめだ」という自己暗示はてきめんに実現してしまう。こういう場合にかぎらず、無力感なり虚弱感なりで意気消沈してしまったときは、強引なようでも、それと対蹠的な自己暗示、すなわち自信、勇気、外部への働きかけ、光明と活力にあふれた人生への興味といった考えで、無意識を充満させるよりほかない。こういう肯定的な自己暗示が実現したときの「苦しみ」は、たとえ苦しくても、ちょうど、騎手とウマが一心同体となって疾駆するときと同じく、時間の経過を超越した陶酔感をともなうはずである。才能と実力と闘志がだしつくされて、後に残るのはクーエのいう「成功への静かな期待」（'calm expectancy of success'）だけであろう。この言葉は、精神内部に何の軋轢も緊張感も生ずることなく、調和感と意気揚々たる進捗感が座を占めるときの気持を、うまく表現しえていると思う。

　この本は、意識と無意識を、対抗者でなく協力者にさせる手立てを授けてくれる。だから読みすすむうちに自分の精神内部で大変革が起こったような興奮さえおぼえる。しかしこれは、もちろん一時的な興奮状態であって、そう一朝一夕に何もかもが変わってしまう場合など、ごくまれであろう。「誘導自己暗示」も一つの精神的技術だから習熟するには年季を入れなければならない。一生つづく自己修練ともいえよう。自己暗示も宗教と同様、共通の教義から千差万別の実践様式が生じうるはずだ。教義にいくらくわしくても、信仰そのものに欠ければ、効果はあまり期待できない。また教義に少しくらいうとくても、信仰の実で高邁《こうまい》な生活態度を体現している人物がいる。要は信頼と実行である。知的探求心を満足させるだけの原理と例証はいちおうそろっている。しかし、寒冷地にパイナップルを植えるような無分別きわまる暗示は避けるべきだし、いったん蒔いた種子が気になって毎日掘り起こしてみるといった愚劣な似而非知的懐疑を捨て切れないようでは、成功の公算皆無であろう。自己暗示がもっとも奏効した対象は、子供と農民だったらしい。そして、おそらくもっとも奏効しにくい対象はインテリかも知れない。子供が童謡をつぶやくときのような無心さで、意識を意識せずに、それこそばかみたいに、自己暗示の一般公式を毎晩毎朝二〇回ずつ唱えるという芸当は、まったくインテリ向きではない。しかし、栄養物の消化・吸収・分布をいっさい無意識にまかせている以上、精神的栄養物である自己暗示も、安心して無意識にゆだねうるはずだというブルックスの主張は、「身を捨ててこそ浮かぶ瀬もあれ」という言葉の意味を示唆するものといえよう。

この本に訳載された三つの論文は、いずれもアンウィン・ブックス中の一冊 *Better and Better Every Day* に収録されている。一九二二年以来いまだに版を重ねており、訳者が用いたのは一九六〇年版である。アメリカでもアンウィン＝バーンズ・ブックス中の一冊として刊行されているようだ。

訳者はまず、同じ法政大学で生理学を講じておられる千葉康則教授に、原書と訳稿の一部をお目にかけ、現代医学からみた自己暗示の意義をお伺いした。御多忙と知りながらあえて相談にのっていただいたのは、教授の御著書『脳科学入門』（学研ブックス）を読み、精神の二重構造にたいする関心をいっそうかりたてられていたためと思う。教授の肯定的な御返事にはげまされて、残りの部分も訳していったわけだが、その後、教授には出版の斡旋から解説の執筆と最後まで面倒をおかけしてしまった。教授の解説には、自己暗示の重要な問題点である言語と精神的・肉体的機能の関係がとりあげられており、自己暗示の効果にたいする読者の信頼をいっそう深めてくれよう。

教授とお会いしていなかったら、この本は日の目をみることもなかったであろう。記して心からの感謝をささげたい。また、この本の企画から刊行にいたるまで一方ならぬお骨折りをいただいた法政大学出版局の稲義人・藤田信行の両氏、訳稿の閲読と清書を快く引き受けてくれた家人にも、厚くお礼申し上げたい。

一九六六年三月　　　　訳　者

◉訳 者

河野　徹（こうの てつ）

1931 年生．東京大学教養学科イギリス科卒業．同大学院英文科修了．法政大学名誉教授．著書：『英米文学のなかのユダヤ人』（みすず書房）．訳書：E. フィッシャー『芸術はなぜ必要か』，K. クラーク『芸術と文明』，L. モロー『悪の謎に挑む』（以上，法政大学出版局），『コリン・ウィルソン音楽を語る』（冨山房），L. タイガー／R. フォックス『帝王的動物』（思索社）ほか．2018 年逝去．

自己暗示〈新版〉

1966 年 6 月 10 日　初版第 1 刷発行
2010 年 1 月 20 日　新装版第 1 刷発行
2023 年 7 月 10 日　新版第 1 刷発行

著者　C. H. ブルックス
　　　エミール・クーエ
訳者　河野　徹
発行所　一般財団法人　法政大学出版局
〒 102-0071 東京都千代田区富士見 2-17-1
電話 03（5214）5540　振替 00160-6-95814

製版，印刷：三和印刷／HUP　製本：積信堂

ISBN978-4-588-18217-4

本書は一九六六年に小局より刊行した『自己暗示』を、新たに版を組み直して再刊するものです。形式的な修正を除き、訳文に変更はありません。現在の常識からすると不適切な表現やいわゆる差別語も一部にみられますが、初版刊行当時の状況に鑑み、またクーエやブルックスが活動した一〇〇年前の時代状況を考慮して、訳文はそのままにしていることを特記いたします。

（編集部）

現代の子どもをめぐる

発達心理学と臨床

編著
次良丸睦子
五十嵐一枝
相良順子
芳野道子
髙橋淳一郎

福村出版

まえがき

本書の執筆者と各章の内容について編者である筆者から概要をお伝えすることでまえがきに代えたい。

序 章 序章をご担当いただきました五十嵐一枝教授（医学博士）は日本における発達障害学研究の第一人者である。白百合女子大学人間総合学部教授ならびに白百合女子大学発達臨床センター長を歴任し、発達障害学研究の黎明期から現在に到るまでの臨床研究の理論化に尽力し発達障害理論を構築した。50年に亘る発達臨床研究の成果を発達障害児に捧げ、医学的学術的視点より発達臨床の奥義を世に贈った立派な学者である。五十嵐教授と私は50年来、心理学者として親友関係にあり今回ご執筆をお願いした次第である。本書の執筆者は全員、聖徳大学教員関係者であり優秀な心理学者である。彼らは皆、子どもの発達研究に造詣が深い学者たちで、今回発達心理学の基礎論と臨床の立場から大学のテキストを書き下ろした。

第1章 乳児期における誕生したばかりの新生児はすでに周囲の大人たちから養育行動を引き出すベビーシェマを備えており、他者との相互作用においては新生児模倣という行動を取りながら、親と子は互いに愛着（attachment）関係を広げていく。新生児期・乳児期の発達心理学の根幹の発達についてその核心に触れ、ピアジェの認知発達理論を通して高次のシェマの獲得、幼児期への移行を学ぶ。

第2章 幼児期ではピアジェの認知発達理論をもとに思考の発達に言及した。幼児期は言葉の発達、語彙発達の時期であり、幼児は短い単位の言葉から長い単位への言葉へと一定の順序で構成していく。4歳頃までには大人と同じような会話ができるほどの文法や語彙を獲得する。幼児期後半には読み書きについては日常生活のなかで覚えていく。4、5歳になると社会的認知が発達し、他者の意図を推測して自分の行動を調整することができる。

第3章 児童期（6歳～12歳）の子どもは、エリクソンの心理・社会的発達理論によると、知識の獲得と技能の修得が中心的課題となる。児童期は人として勤勉性を育てる非常に重要な時期であり、子どもは自分の能力や他者からの評価や他者との比較を通して、優越感や劣等感を感じながら勤勉性と自己信頼感を育て、「自分は自分である」という自己概念の基礎を青年期に向かって育み形成していく。

この時期の子どもは、自己の頭脳のなかで仮説をたて、論理的に操作された情報処理・論理的思考が可能となる。ピアジェ理論によれば子どもは7、8歳以降、論理的に可逆的な操作が可能になる。また系列化やクラス化が発達し概念の理解も進むことが解説されている。

児童期の社会性の発達については、仲間集団の発達に言及し、向社会的行動の発達とその特徴について社会心理学の立場より「アイゼンバーグの向社会的推論の発達水準」を紹介。『児童版―向社会的行動尺度』も子どもが自己を内省するにはよい心理検査である。

第4章　青年期の位置づけに始まり、青年期のアイデンティティ獲得について重要なテーマを論述。青年期の揺れ動く激動の精神構造や青年期の対人関係（友人関係・恋愛）ついて、青年にとって重要なテーマを青年心理学者が語る。

第5章　子どもにとっての家族とは、まず初めに乳児期から青年期までの親子関係の特徴について論じ、乳児期の親との愛着関係が親子関係や対人関係の基礎となり、幼児期では親は理想化されたモデルであり権威であることを述べている。現代青年の親子関係は穏やかであるものの、青年の自立の在り方は当然問われるべきであり、青年自身の自我の発達を促していく必要性があることを論じている。またきょうだい関係についても論述している。

第6章　明解な発達障害学を論じている。何よりも各論の発達障害の臨床的定義や固有の医学的専門用語・特殊な用語等は日本語と英語で読み書きを含め、同時に記憶するとよい。障害の特徴や対処方法に関してもこのテキストに従ってすべて記憶に留め、これによって発達障害を深く理解することが可能となる。

第7章　幼児期から児童期にかけて起こりやすい心の病である、愛着障害・分離不安・選択性緘黙・チック症・夜尿・吃音・抜毛症について治療方法を紹介する。また思春期・青年期に起こりやすい心の病として、うつ病・摂食障害・社交不安障害・適応障害・パニック障害・強迫性障害・過剰適応・自傷行為についても論述している。

第 8 章　子ども虐待は心身に後遺症的障害を残す。医師団と弁護士による提言として学術的視点より永年存続している心の病理を紹介。子ども虐待の定義と特徴、身体的虐待、心理的虐待、身体的ネグレクト、性的虐待、虐待する大人や親の行動特性を紹介。子どもを虐待する男性の性的行動への警鐘を鳴らす。

第 9 章　学校適応に関する課題として、いじめの様相・不登校・少年非行の 3 点からの分析。①いじめの定義、現状、特徴、いじめへの対応（初期対応・いじめ被害者への対応、観衆・傍観者等への対応）について論述。②不登校(その背景、不登校のタイプ、不登校への対応)。③少年非行の定義、現代少年非行の特徴とその背景について説明。

第 10 章　幼児の知的能力の発達における脳科学からの考察：この研究は生物物理学者エプステイン（Epstein, H. T., 1974ab）による仮説をもとに発達心理学的視点より検証した。彼の仮説は「幼児期の脳の急激的、かつ驚異的な発達」即ち、急激な脳重量の増加がみられる年齢は 2 歳～ 4 歳、6 歳～ 8 歳までの子どもの知的能力の学習効果は IQ が 20 以上 上昇した。幼児期における知的能力の訓練によって優秀な子どもの育成に尽力できる結果を得た。

第 11 章　遺伝子病ウィリアムズ症候群の発達臨床的研究報告：ウィリアムズ症候群に関する神経生物学的研究は、遺伝子メカニズムと神経発達、認知と行動との関連について理解を深めるためのまたとない機会を提供している。現在、ウィリアムズ症候群の研究領域では、世界の多くの医師団や隣接領域の研究者が関わっている。ウィリアムズ症候群児と出会った大学生・大学院生はこの学術研究や臨床症例研究にご尽力願いたい。

第 12 章　支援のための心理教育的アセスメント：心理教育的アセスメントの目的と方法（観察によるアセスメント、検査によるアセスメント）、およびその応用としての教育相談室での指導事例を紹介している。特に観察によるアセスメントにおいて、行動観察法によるデータの収集法は子どもへの支援の効果のエビデンス検討として重要である。担当教員と相談の上、研究目的と方法論を実際に立案し実験研究を行い、結果の分析と考察を実施する。参加者はこの方法論を使って心理学的科学研究の未知の扉を拓く。

第 13 章　スクールカウンセリングの現状と課題：カウンセラーの活動内容として、発達障害、不登校、児童虐待の事例の紹介があった。青年心理学者によれば、カウンセラーの導入だけでは限界があり、保護者や教員および外部の専門機関の協力が不可欠。専門家は何より本人や保護者の意向を第一に尊重し解決策を講じることが先決である。予防的心理教育について筆者は永年にわたる実験研究と分析のもと独自の理論と方法論について新しい知見を展開している。

学生の皆様へ

最後に大学学部の教科書の講義はこの一冊で、すべて修了するように設定されている。学生が大学で学習した教科書と講義ノートは、学生にとって自己の知的財産であり、生涯、大切に保存していなければならない。この教科書は、ご自分が大人になり、わが子の誕生から青年期に到るまでの子どもの教育指針について書かれている。大学卒業後もあなたの手もとからこの教科書を決して手放してはならない。これを機会に大学で学習した教科書と講義ノートのすべては、ご自分の知的財産として永久に保存し活用すべきである。特に大学で学んだ教科書・教授の講義内容のすべてはあなたの生涯の学術書であり、教育指針となる。あなたの永きに亘る人生のなかで、この著書は宝石として光り輝くことになると確信している。

この教科書は五十嵐一枝先生、相良順子先生、芳野道子先生、髙橋淳一郎先生の編集の先生方には特にお世話になりました。そして著者としてご執筆いただきました東原文子先生、菊地一晴先生、藤原あやの先生、渕澤紫苑先生である。編集と執筆者の先生方には数々の英知と才能の御尽力をいただき、聡明なる品格に対しまして深く謝意を表する次第である。

2021 年 3 月 3 日

編者　次良丸睦子

目　次

まえがき……iii

序　章……1

第１部　子どもの発達の概観

第１章　乳児期……6

１節　乳児期の発達――ヒトの発達メカニズム……6
２節　諸機能の発達……12

第２章　幼児期……23

１節　幼児期の知的な発達……23
２節　言語の発達……26
３節　自己意識の発達……28
４節　社会性の発達……30

第３章　児童期……36

１節　児童期の心身の発達……36
２節　認知と学習……48
３節　児童期の社会性の発達……57

第４章　青年期……71

１節　青年期の位置づけ……71
２節　アイデンティティの獲得……73
３節　青年期の対人関係……78

第５章　子どもにとっての家族……89

１節　親子関係……89

2節　きょうだい関係……97

第２部　子どもをめぐる臨床的課題

第６章　発達障害……104

1節　知的遅れのない発達障害……104
2節　注意欠如・多動性障害（注意欠如・多動症）……107
3節　自閉症スペクトラム障害（自閉スペクトラム症）……108
4節　限局性学習障害（限局性学習症）……111
5節　発達性協調運動障害（発達性協調運動症）……113

第７章　子どもの心の病……116

1節　幼児期から児童期に起こりやすい心の病……116
2節　思春期・青年期に起こりやすい心の病……121

第８章　子ども虐待における心の病理
――子ども虐待は心身に後遺症的障害を残す……130

1節　子ども虐待の歴史的背景……130
2節　子ども虐待の定義と特徴……131
3節　子ども虐待が被虐待児に与える影響
――被虐待児は心身ともに後遺症的な障害を残す……133
4節　子ども虐待の種類……134
5節　被虐待児の悲惨な行動特徴および虐待する親の行動特性と
心的メカニズム……138

第９章　学校適応に関する課題……141

1節　いじめの様相……141
2節　不登校……148

3節　少年非行……154

第３部　子どもの理解と支援

第10章　幼児の知的能力の発達
——脳科学からの考察……162

1節　幼児期における知能の発達……162
2節　幼児期の知能の発達と神経心理学……164
3節　ワッセルマンの神経心理学に関する知見……166
4節　ハントの知能理論と子どもの知能の教育心理学的考察……167

第11章　遺伝子病　ウィリアムズ症候群の発達臨床的研究報告……171

1節　遺伝子病 ウィリアムズ症候群の概要……171
2節　ウィリアムズ症候群の行動特性……173
3節　ウィリアムズ症候群の研究報告例の紹介……175
4節　ウィリアムズ症候群と遺伝学的神経学的背景……177
5節　遺伝子病 ウィリアムズ症候群の発達臨床的課題……179

第12章　支援のための心理教育的アセスメント……184

1節　心理教育的アセスメントの目的……184
2節　観察によるアセスメント……188
3節　検査によるアセスメント……191
4節　教育相談室での指導事例……195

第13章　スクールカウンセリングの現状と課題……200

1節　学校の意味……200
2節　スクールカウンセラーの導入と活動……202

3節 予防的心理教育……209

■コラム1 赤ちゃんは高さに恐怖を感じるか？……18
■コラム2 子どもの嘘……31
■コラム3 じゃんけんはいつ頃できる？……34
■コラム4 子どもの心を考える――校長先生のお話より……46
■コラム5 小さなことも見逃しません！ いじめに対する学校の対応……147
■コラム6 SNSから特殊詐欺加害者への道……156
■コラム7 発達臨床症例 サヴァン症候群児の驚異的才能……180

索 引……217

序　章

2001年に筆者は20数年在籍した大学付属病院小児科を辞し、他大学の大学院における発達臨床心理学の教育と臨床研究活動に移った。この頃、臨床心理学あるいは臨床心理士ブームとでも言われるような現象が生じており、勤務先は臨床心理士資格審査の受験資格が得られる第1種指定大学院であったが、募集定員5名の大学院入試の倍率は二桁の難関であった。大学院生の間では、臨床心理学や臨床心理士についての学習のモチベーションが高く、とりわけ当時少しずつ注目を集め始めていた発達臨床心理学への関心の高まりが見られ、この領域の過去の関心の薄さと心理学領域における主流と異なる経緯を知る私たちとしては、驚きと同時に喜ばしいことではあった。ただ、大学院生の学習意欲の高さは認めるものの、発達臨床に関しての適切な理解と正確な知識はまだ不十分で心もとなかった。大学付属病院小児科で20数年間続けた小児を中心とした発達臨床活動は、大学院での筆者の講義や臨床の根幹となっていたが、まだ世の中に、発達臨床に関する専門書が極めて少なく、私たちの経験した事例や臨床データから客観的に発達臨床を考え、臨床活動の方向を提示していくことの必要性を痛感した。このようなことから、大学に移って間もなく、それまでの心理臨床活動と発達臨床研究にもとづいて、大学院生と専門家を対象にした発達障害の概説書の刊行を企画した。そして2002年に、本書の編者のひとりであり、大学院での筆者の同期生でもある次良丸睦子氏との共著、『発達障害の臨床心理学』（2002, 北大路書房）を世に出した。今から18年前である。ふたりで著したこの本のなかで、私たちは、まだごく一部の専門家しか関心を示していなかった知的に遅れのない発達障害に正面から取り組んだ。この著書では、第1章で精神発達遅滞（以降、診断名や表記は当時の用語を記載）について記載した。それは、ほとんどの読者がイメージすることが困難であると思われる知的遅れのない発達障害とはどのような状況かについて定義するために、知的発達の遅れについて正確に知ることが重要だったからである。

同じように、発達に問題をもつ状態を正しく理解するためには、発達に問題のない人、(誤解を恐れずに用語を使用するならば) 健常児者の発達について理解することが必須である。現在、人は誕生からその命をまっとうするまで、生涯に亘って発達すると考えられている。乳児期から老年期までの健常な発達過程を知らなければ、発達障害を正しく深く理解して発達臨床を行うことはできない。

現在、発達障害という用語は、行動や注意や社会性や学習などに独特な偏りや歪みなどの特徴を示す発達上の障害として広く理解されるようになり、発達障害の理解と対応は20年前に比べて大きく変化した。用語の浸透、発達障害の診断機関や障害に対する公的支援の窓口の広がり、法が定めた具体的支援の提供などについては、以前に比べて選択肢が増え内容も充実してきている。発達障害児・者と保護者は各々の障害に適した支援を希望し選択することが可能になった。以前に比べて充実していると思われる現在の支援体制のなかで、発達障害児・者および保護者はどのような感想をもっているのだろうか。

一方、このように変化する状況下にあって、心理臨床の専門家として社会に出ていく学生たちは、発達と臨床の学びを確かなものにしているだろうか。学生たちは、参考書で調べたり実際の臨床例を観察するよりもはるかに容易に、インターネットを利用して、発達障害の知識を得ることが可能である。さらに、2020年に入っての新型コロナウイルスの感染拡大の影響によって、学生の大学での学び方もかつてない変更を余儀なくされている。授業中にスマホを使用しない、というルールは成立しなくなり、スマホとインターネットは学生の学びにとって必携となった。しかし、そこから得られる情報は、発達と臨床の実際を伝えているとは考えられない。知らないことはピンポイントで調べて知識となるが、それぞれの情報が、たとえば「発達心理学」や「発達障害」という概念のなかでの関連性で理解されない。調べて知ってはいるが、乳幼児や児童を観察したことがなく、発達障害の子どもと関わったことがなく、両者の違いはインターネットに記載された情報の域を出ない。発達臨床では、個々の事例はそれぞれ異なる。その異なる情報からある特徴に収束される問題を見立てることが要求される。人の発達を縦横に知ることで問題の見立てが可能になる。

表 序-1 発達障害の臨床心理学

1	心理的問題解決の支援：個人的、社会的に貢献する実践の領域
2	適切なアセスメントを行い、個々の理論や技法を支援に適用
3	他職種との協働
4	支援の有効性の実証：エヴィデンス・ベイスト・アプローチ

発達障害の臨床と研究を専門としていると、障害児者のことだけを勉強してきていると思われがちである。しかし、発達上の問題を扱うためには、健常な子どもの心身の発達を熟知することは大前提である。特に、発達障害の早期兆候が認められる乳幼児期から幼児期前期の運動、言語、情動、さらに行動や学習の問題が目立ってくる児童期初期の認知や行動に関して、健常児の発達の過程をしっかり理解しておく必要がある。また、発達障害児であっても、重要な環境的な問題があればいわゆる心因性の反応を合併することはありうるので、一次要因と二次要因について慎重な判断を要する。自閉症やAD/HDや学習障害に関して、一次的原因は神経系の障害であることが示唆されてきているが、発達障害をもつことによる、あるいは発達障害を理解されないことによる、二次的な心理臨床的な問題行動との鑑別診断は常に必要である。

本書で述べられる発達障害は、幼少期から認められる脳の先天的な機能障害のみでなく、主として環境要因の大きい情動や行動の問題を含んでいる。これらの臨床においては、発達心理学はもちろんのこと、心理学のみならず、関連する多領域間の知見の交換によって、他領域の情報も理解しようとする積極性、他領域から学ぼうとする謙虚さをもつことが重要となる。発達障害の臨床に関する要点を**表 序 -1** に示す。

以上の観点を踏まえて本書は、第1部「子どもの発達の概観」、第2部「子どもをめぐる臨床的課題」、第3部「子どもの理解と支援」、から構成されている。読者にとって発達心理学と臨床に関して幅広い学びを可能にすることを期待したい。

≪文献≫

次良丸睦子・五十嵐一枝 (2002). 発達障害の臨床心理学　北大路書房
髙橋三郎・大野裕監訳 (2014). DSM-5 精神疾患の分類と診断の手引き　医学書院

第1部

子どもの発達の概観

第１章
乳児期

●１節　乳児期の発達――ヒトの発達メカニズム

一般的に乳児と聞くと、誕生から１歳頃までというイメージをもつ人が多いだろう。児童福祉法では、満１歳に満たない者を乳児と定め、満１歳から小学校に就学するまでの時期を幼児と定義している。本章では、①誕生から１歳頃までの時期および、②「第２章 幼児期」へ続く２歳頃までの二つを対象に述べていく。

人間の発達は、成人することで完成を迎えるものではない。人は胎生期から亡くなるまでの長い年月をかけて、生涯発達を続けていく。人生 100 年時代と言われる昨今、乳児期は最初の数年間という極めて短い期間である。しかし、わずか数年間の養育と環境が、その後の個人の発達に及ぼす影響は大きい。まずは、人間の始期にあたる乳児期の発達について見ていこう。

■ １ 発達初期の特徴

人間は、長い系統発生を経て進化してきた生物である。ヒトは進化の過程において、さまざまな文化や知識を獲得してきた種であるが、この世に誕生したばかりの新生児は、あまりにも未熟な存在に見える。ヒトは、他の哺乳類よりも大きな脳をもつことになり、胎児を安全に出産するため、生理的に１年早く産まれてくるようになったと考えられている。スイスの生物学者であるポルトマン（Portmann, A.）は、この様態を**生理的早産**と述べている。生理的早産に

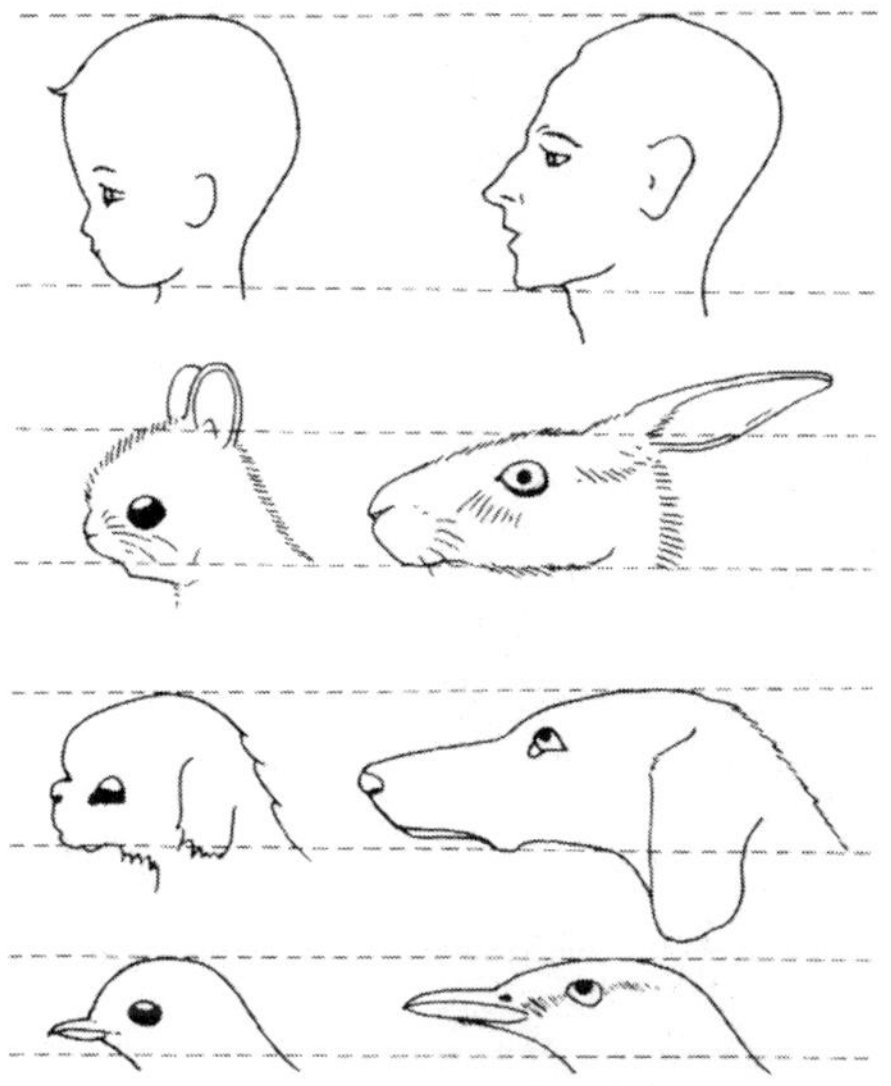

図 1-1　ベビーシェマ（幼児図式）（佐伯ら, 2013）

よって、未熟な存在に見える新生児の特徴が、実は人間として生きていくために都合の良い仕組みとなっているのである。

ヒトは、この世に未熟な状態で誕生するため、１人では生きていくことはおろか、生命を維持することも難しい。家族や身近な大人たちの存在が不可欠であり、そうした周囲の人びととの関係のなかで、社会的存在である人間として発達していくのである。新生児は周囲の大人たちから養育行動を引き出すために**ベビーシェマ**と呼ばれる形態的・行動的特徴を備えている（**図 1-1**）。動物行動学者のローレンツ（Lorenz, K.）は、「広い額と丸い顔そして、目が顔の低位置にあるという形態的特徴と、体がふっくらとしていて動作がぎこちないという行動の特徴が大人に愛着行動を引き起こさせる」と主張している。この生得的な特徴によって、周囲の養育者に支えられながら人間として歩み始めていくのである。

発達初期の乳児は、養育者と長い時間をともに過ごす。特定の他者から養育行動を引き出すことに成功した乳児は、相手の顔や目を見るようになる。互いに見つめ合った状態で養育者が乳児へ自然に話しかけると、乳児は養育者の言葉の切れ目に合わせて発声したり手足を動かしたりして反応を示す。こうし

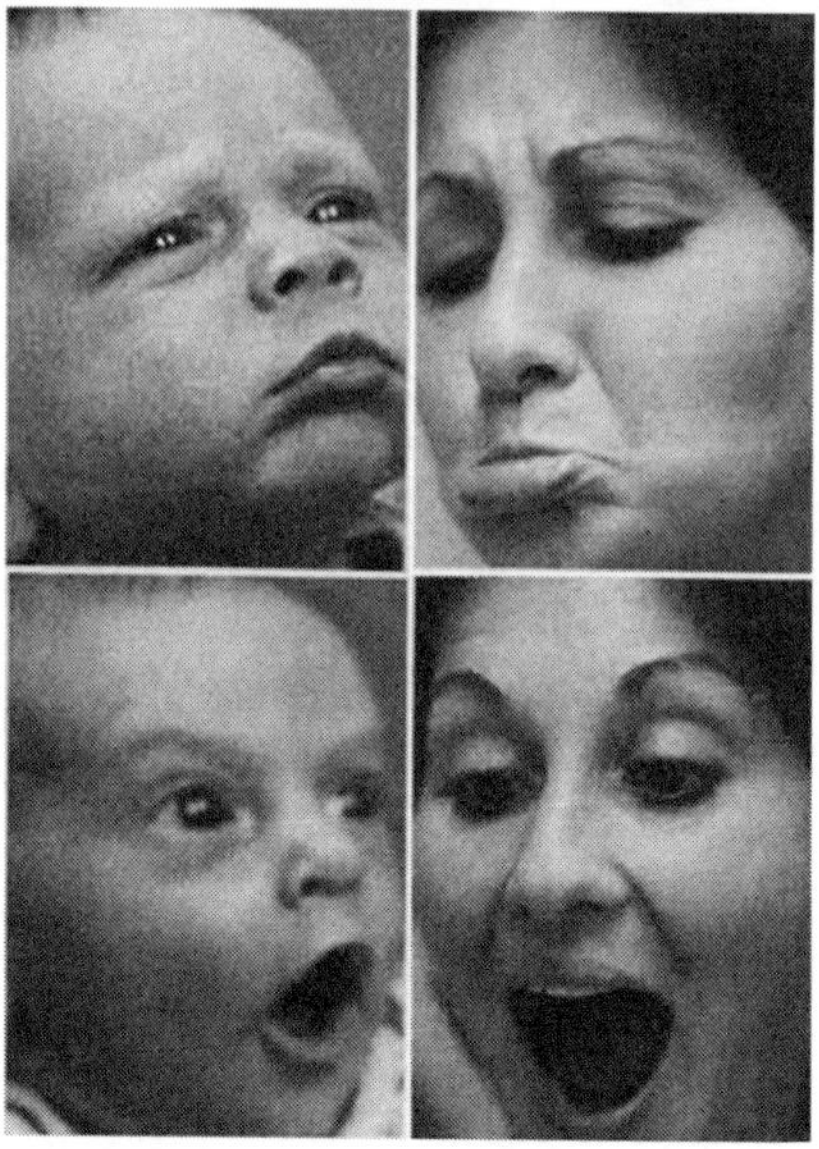

図 1-2　新生児模倣（内田, 2008 を一部改変）

た相互作用を、**エントレインメント**や同期行動と言う。たとえば、授乳中に乳児が吸うのを止めると、母親は揺すったり声を掛けたりするであろう。これもエントレインメントの一つであり、この発話や行為のやり取りがコミュニケーションの基礎となっていくのである。同じような他者との相互作用に、**新生児模倣**と呼ばれる行動がある。**図1-2**は、心理学者のフィールドら（Field, et al., 1982）が、誕生後間もない新生児（平均36時間）に対し、実際に大人が表情を変化させる様子を見せた場面である。乳児は、目の前で変化する大人の表情に合わせて、同じように口を尖らせたり驚いたような顔を示したり、相手の表情を再現する様子が観察されたのである。こうした反射的な模倣は、**共鳴動作**とも呼ばれる。

ヒトは未熟な状態で誕生するが、決して無能な存在ではない。乳児は、自身の存在を十分に発揮しながら、他者からの養育行動を引き出している。そして、他者との相互作用のなかから養育者との心理的な絆（愛着）を形成していくのである。愛着形成は、その後の成長に大きく影響を与えると言われている。そのため、乳児期は人間としての素地を作る時期であり、この素地を整えておくことが、その後の発達を支えることに繋がっていくのである。

2 愛着の重要性

共鳴動作などの相互作用が繰り返されていくうちに、親子の間には物理的な結びつきのほかに、特別な心の繋がりが形成されていく。この心理的な絆を**愛着**（attachment）と呼ぶ。児童精神科医のボウルビィ（Bowlby, J.）による

表 1-1　アタッチメントの発達段階

発達段階	発生時期と特徴
第1段階	無差別的な社会的応答性の段階（誕生から2か月頃まで）
	泣いたり、人を見つめたり、微笑んだりして他者の関心を引きつける。養育者以外の人に対しても同じような反応を示す時期であり、他者との明確な愛着はまだ形成されていない段階。
第2段階	弁別的な定位段階（7か月頃まで）
	養育者の顔や声に敏感に反応し、その人に対して明らかに好意的な態度を示すようになる。しかし、この段階では愛着対象者が不在になっても、泣いたり不安を示したりはしない段階。
第3段階	明確で持続性をもった愛着の段階（24か月頃まで）
	複数の特定他者に対する愛着行動が、はっきりと現れてくる時期。警戒心が強く、その人（愛着対象者）が見えなくなると不安や抵抗を示すようになる（分離不安）。いわゆる「**人見知り**」と言われる段階。 この段階では、お座りや這行（ハイハイ）、歩行の獲得など、身体の発育が目覚ましい時期に重なる。そのため、愛着対象者を後追いしたり、家族を安全基地として行動範囲を拡大（探索行動）したり、活発に動きまわる時期である。さらに、関わる頻度が高い他者についても、愛着対象者として認識していく。
第4段階	目標修正的なパートナーシップの段階（2～3歳）
	子どもは自分自身の存在を理解できるようになり、愛着対象者の行動も、ある程度予測することができるようになる。そのため多少の時間、愛着対象者が不在であっても、子どもは自分の行動を調節しながら適応し、愛着を満たそうとするようになる（**役割取得の萌芽**）。表象能力（イメージする力）の発達により、愛着対象者との物理的な近接は、必ずしも必要ではなくなっていく。

とアタッチメントは、「何らかの危機的状況において、特定の対象との近接を求め、これを維持しようとする個体の傾性である」と定義されている。つまり、乳児が危険を察知した際に、自分にとって安全を感じる対象である養育者に近づいていったり接触を求めたりする行為と、それに呼応する養育者の一連の対応が愛着行動である。

ボウルビィは、「乳児の無意図的な行動パターンが他者の養育を誘引し、相互交渉を通じて愛着関係が形成される」としている。さらに、「他者との関係性を基に、愛着の対象を広げていく」と述べており、愛着が発達していく段階を分類している（**表 1-1**）。発達の初期段階では、養育者や家族といった比較的身近な対象と愛着関係を形成する。そして、家族などの小規模な社会で育んだ愛着関係を土台として、仲間や集団へと愛着対象を広げていく。

ボウルビィの同僚であった心理学者の**エインズワース**（Ainsworth, M.）は、愛着理論の研究を発展させた。エインズワースは、愛着の個人差に注目し、**ストレンジ・シチュエーション法**（strange situation procedure：以下、SSP）と呼ばれる愛着の測定方法を考案した。**図1-3**は、SSPの実験の流れを示したものである。SSPは、子どもが初めて訪れる部屋で、養育者との分離と再会、そして見知らぬ相手（ストレンジャー）との対峙というストレス条件を体験し、その際の養育者に対する子どもの行動パターンによって、愛着の個人差を測定しようとするものである。

SSPによって導かれた愛着の質は、回避型・安定型・アンビバレント型の三つのタイプに分類された。

回避型タイプの子どもの特徴は、母子分離（**図1-3-**④）の際に、泣いたり混乱したりする様子を示さないことが多い。養育者不在の状況では、ストレンジャーと多少の相互作用をみせる。そして、再会時（**図1-3-**⑤）には、親を避けようとしたり無視したりして、身体的接触を求めず、そのまま遊び続ける。このタイプの養育者の特徴は、子どもの働きかけに対して拒否的にふるまうことが多く、子どもの行動を統制（コントロール）しようとする傾向があるとされている。相対的に、子どもの愛着行動に対して、微笑んだり抱き上げたりすることが少ないタイプである。

安定型タイプの子どもの特徴は、母子分離の際、親の退室を阻止しようと試み、泣きながら接近していく。養育者不在の状況においては、ストレンジャーの慰めを多少は受け入れる。再会時は、親への積極的な身体接触を求める姿をみせる。このタイプの養育者の特徴は、子どもの要求に敏感で応答性が高い。そのため、子どもは親に対し強い信頼感を抱きやすいと言われている。

アンビバレント型タイプの子どもの特徴は、母子分離の際に、激しく泣いて親への接触を強く求める。そして、ストレンジャーの慰めにも応じずに泣き続ける。再会時には、親への身体的接触を強く求めるが、同時に怒りの感情を示して激しく叩いたり情緒的な混乱が継続したり、不安定さを露呈する。用心深い態度を示し、執拗に親に接触している状態が続く。回避型タイプの子どものように、親を無視する傾向は少ない。このタイプの養育者の特徴は、子どもの欲求の変化を察知する感受性が低く、要求に対して応答するときと応答しないときがあるとされている。そのため、子どもは絶えず親の関心に注意を払い、

図1-3　ストレンジ・シチュエーション法の実験手続き（遠藤ら, 2011を一部改変）

愛着行動の合図を出し続けている。しかし、親が示す応答のタイミングがずれたり、一貫性が見られなかったりすると、子どもは親の行動予測が困難となる。その結果、親に対する信頼感が弱くなってしまうと考えられている。

後年、メインとソロモン（Main & Solomon, 1990）は、エインズワースらが示した三つのタイプに加え、無秩序・無方向型という新たな愛着のタイプを提案している。無秩序・無方向型タイプの子どもは、親との再会時に、背を向けながら近づいたり床に崩れ落ちたりという反応を示す。不適切な養育（マルトリートメント）や被虐待児の多くがこの型に該当するという指摘（Lyons-Ruth & Jacobvitz, 1999）があり、第4のタイプとして注目を集めた。一方、アンビバレント型との違いが不明確であり、妥当性を疑問視する報告もされている（山本, 2018）。

安定的な愛着環境のなかにいる子どもは、その後の社会的・情緒的発達に良い影響をもたらすとされている。親子や家族との間に信頼関係が構築されていると、家族以外の他者に対しても信頼感をもつことができるようになり、幼児期から児童期にかけて、自分以外の他者に向けた共感的態度や向社会的行動を示すようになっていく。

乳児期に構築された愛着のパターンは、幼児期や児童期の対人行動に影響を与えていく。それを説明する概念の一つに、**内的作業モデル（Internal Working Model：IWM）**というものがある。内的作業モデルとは、他者との愛着関係が定着（内在化）したものであり、自身が困っているときには誰かが助けてくれる、翻って、自分は価値ある存在なのだと主観的に確信することである。この期待や確信を人間関係のひな型として使用し、さまざまな他者に働きかけていくことから、乳児期に成立した愛着パターンが幼児期以降の人間関係に影響すると考えられている（近藤, 2008）。IWMは表象モデルとも呼ばれ、生後6か月から5歳頃にかけて形成されていく。

2節　諸機能の発達

生理的早産としてこの世に誕生した人間の赤ん坊は、これまでは、他人の手を借りなくては生存さえも難しい未熟で無能な存在と考えられていた。しかし、近年の脳科学を中心とした、さまざまな乳児に関する研究によって、ヒトが産まれながらにしてもっている多くの機能が明らかにされている。ここでは、乳児が生得的に備えた諸機能について見ていこう。

1　身体的成長と運動機能の発達——原始反射と随意運動

乳児期は、人生のなかでもっとも身体成長が著しい時期である。出生時は、平均体重 3,000g、平均身長 50cm で誕生し、1年後には体重がおよそ3倍、身長は約 1.5 倍まで成長する。成人の1年間とは比較にならないほど、乳児は劇的な成長をみせる。脳や脊髄など、神経系の成長も著しい。新生児の脳の容量はおよそ 400g であるが、わずか1年半の間に約 800g になることがわかっている。そして4～5歳頃になると、成人の脳容量の 80 ～ 90％程度にまで増加していく。**図 1-4** は、**スキャモンの発育曲線**と呼ばれ、20 歳時点での発育量を 100％とした諸機能の成長グラフである。神経型は脳髄各部を表し、リンパ系型はリンパ節や扁桃腺など分泌腺に関連する組織形成を示している。一般型は呼吸器や消化器、筋肉や骨格の発育を表し、生殖型は卵巣や睾丸などの発達を示している。この曲線が示すように、乳児期から神経型の発達が著しく、次

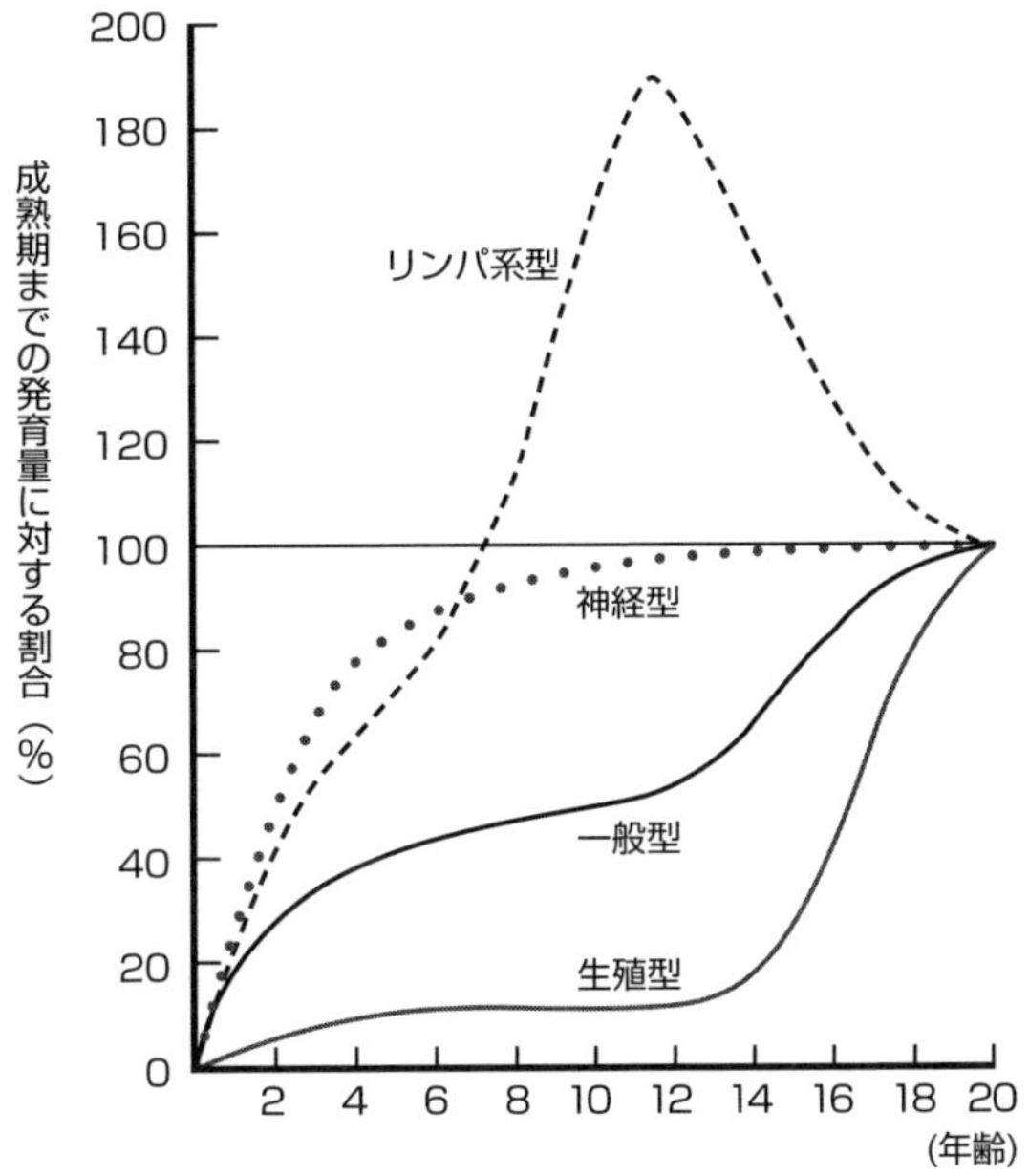

図 1-4　スキャモンの発育曲線（佐伯ら, 2013 を一部改変）

いで免疫機能に関連するリンパ系が急速に発達していく。免疫に関しては、母乳（特に初乳）に多くの免疫抗体が含まれていることがわかっている。母乳は感染症から乳児を保護する役割を果たしているが、産後6か月頃になると母乳に含まれている免疫物質濃度が次第に低下していくと言われている。そのため、乳児は自分の体内で免疫物質をつくり、自身の免疫システムを確立していく必要がある。発育曲線でのリンパ系型の急速な立ち上がりは、この一連の発達メカニズムを表している。

乳児期は運動機能の発達も著しい。人の思考や行動は、大脳皮質という司令塔から送出される信号に制御されている。新生児は大脳皮質が未成熟な状態であり、自分の意思によって手や足を動かすことは少ない。この時期の運動の多くは、外からの特定の刺激に対する無意図的な反応であり、こうした反応は原始反射や姿勢反射などに代表され、**反射運動**と呼ばれる（**図1-5**）。

新生児は、さまざまな反射を生得的に備えている。口唇探索反射は、乳児の頬や口元周辺をつつくと、刺激の方向へ顔を向ける反射運動である。**吸啜《きゅうてつ》反射**は、乳児の口に指を入れると吸いつく反射運動である。この二つの反射は、人が栄養を摂取し生存性を高めるためにもって生まれた反射運動だと考えられている。このほかには、手のひらにペンや指を乗せるとしっかりと握る把握反射や、大人に抱えられた状態から頭部を少し後方に落としたり、音や光の刺激に対して抱きついたりするような反応を示すモロー反射、乳児の両脇を抱え立ったような状態から足の裏に刺激を与えると歩くような動きをする自動歩行（脚踏み反射）などがある。反射運動は生後2か月頃から種類ごとに減退し、多くは生後6か月頃に消失していく。

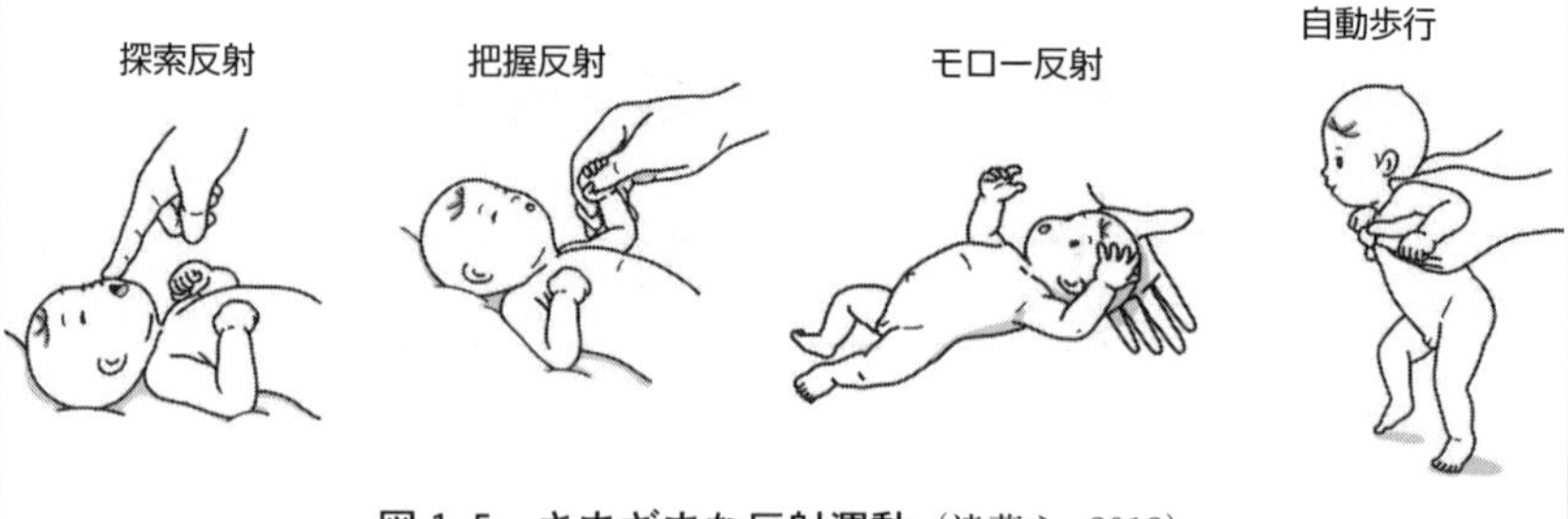

図1-5　さまざまな反射運動（遠藤ら，2013）

反射運動は前に述べたとおり、自分の意思による運動とは異なるため不随意運動とも呼ばれる。反射運動のなかには、把握反射や自動歩行のように一旦消失してから、意図的な運動として行動パターンが再現するものがある（例：意識して物を握る、自分の意思で歩くなど）。

反射の消失や抑制時期に合わせ、大脳は著しい発達を迎える。生後6か月以降は、大脳皮質における活動部位の限局性は低くなり、連合野として神経ネットワークが機能し始める。つまり、自分の意思や欲求に応じて意図的に身体を動かすこと（**随意運動**）が可能になる。

随意運動を獲得すると、乳児はさまざまな運動機能を発揮して、外界への接触を試すようになる。運動機能の出現には、一定の順序と方向性が見られる。それは、**頭部から尾部への順序性**と**中心から末梢への方向性**である。前者については、第一に首の安定（生後3～4か月頃）を起点として、頭部や肩、胸部のコントロールができるようになる。そして、上体を起こしたり、上体を支えて座ったりすることが可能（生後8か月頃）になるという発達の順序のことである。さらに、ハイハイ、つかまり立ち、自立歩行（生後12か月頃以降）の順で発達するのが原則であり、首の安定と歩行の獲得の順序が逆になることはない。頭部から尾部への順序性は、おもに姿勢制御や移動に関する全身運動に該当する（**粗大運動**）。後者については、体の中心（体幹）から、肩・腕や脚、手や足、そして指先という末端へ発達していくことである。中心部から周辺にかけて発達し、触る、握る（生後6～8か月頃）、指先でつかむ、つまむ（生後12か月頃）といった、より複雑な動きができるようになる。中心から末梢への方向性は、おもに四肢に関する**微細運動**に該当する。

ほとんどの乳児は、生後12か月頃までに多くの反射運動が消失し、随意運動である粗大運動と微細運動を獲得していく。この時点で、周囲の環境に主体的に関わる準備ができたことになる。乳児期は、座る、歩く、手を伸ばすなど運動機能の基礎を獲得し、幼児期にかけて、跳ぶ、走る、投げるなどの操作性の向上や基本的な運動技能の発達段階へと移行していく。

▓ 2 感覚・知覚・認知機能の発達——他者とのつながりを基盤にした発達

近代の研究によって、新生児はかつて考えられていたほど無能な存在ではなく、有能な存在であることが明らかにされてきた。人間の赤ん坊は、周囲からの影響を受け止めるだけの存在ではなく、外界の情報を獲得するために積極的に環境へ働きかけていることがわかっている。

ここでは、乳児期の知覚と認知機能の発達について紹介していく。

（1）新生児の感覚器官

人間は、生後間もない新生児であっても既に多くの感覚器官が機能している。耳や皮膚、目などは感覚器官と呼ばれ、そのなかにある視細胞などの感覚受容器が外界からの音や光などの刺激を感じとり、それに応じた意識を引き起こしている。この意味づけを行う過程が知覚である。人は、皮膚感覚（触覚）や視覚、聴覚、嗅覚、味覚などの器官を通じた経験から、「熱い」や「硬い」という感覚を知覚（自覚）していく。このような、対象を自身で解釈しながら認識していく過程を認知と呼ぶ。

近年の乳幼児を対象にした多くの発達研究によって、視覚や聴覚などの知覚器官は出生時から機能していることが明らかになってきた。健康な満期出産児であれば胎児期から機能しているという報告もある。まず、聴覚については、新生児は言語音に合わせて腕や脚を動かしたり、養育者の声と他者の声を聞き分けたりすることが判明している。味覚に関しては、通常の水の代わりに砂糖水を与えると、吸い込む時間が長くなり心拍数が上がるという様子が確認されたことから、甘味を好み、味の違いを知覚していると考えられている。触覚は、探索反射や把握反射の運動にみられるように、特に敏感である。体温変化や痛覚についても、生後急速に発達していく。

昨今の乳幼児を対象にした研究で、特に興隆している分野が視覚に関する報告である（例：大藪, 2020；山口, 2010）。ヒトは、出生時には既に基本的な視覚系の機能を備えている。しかし、幼児期や児童期の子どもと同等の視力はなく、ぼんやりと見えている状態であり、いわゆる「視力」という数値で表すと、新生児は 0.02 前後と言われている。視力発達のピークを迎える生後６か月児であっても、ようやく 0.2 程度であり、その後、幼児期にかけて緩やかに発達していく。

新生児が見つめる対象には、好みがあることがわかっている。ファンツ（Fantz, 1963）は、新生児と生後２～６か月児に対して、模様が異なる６種類

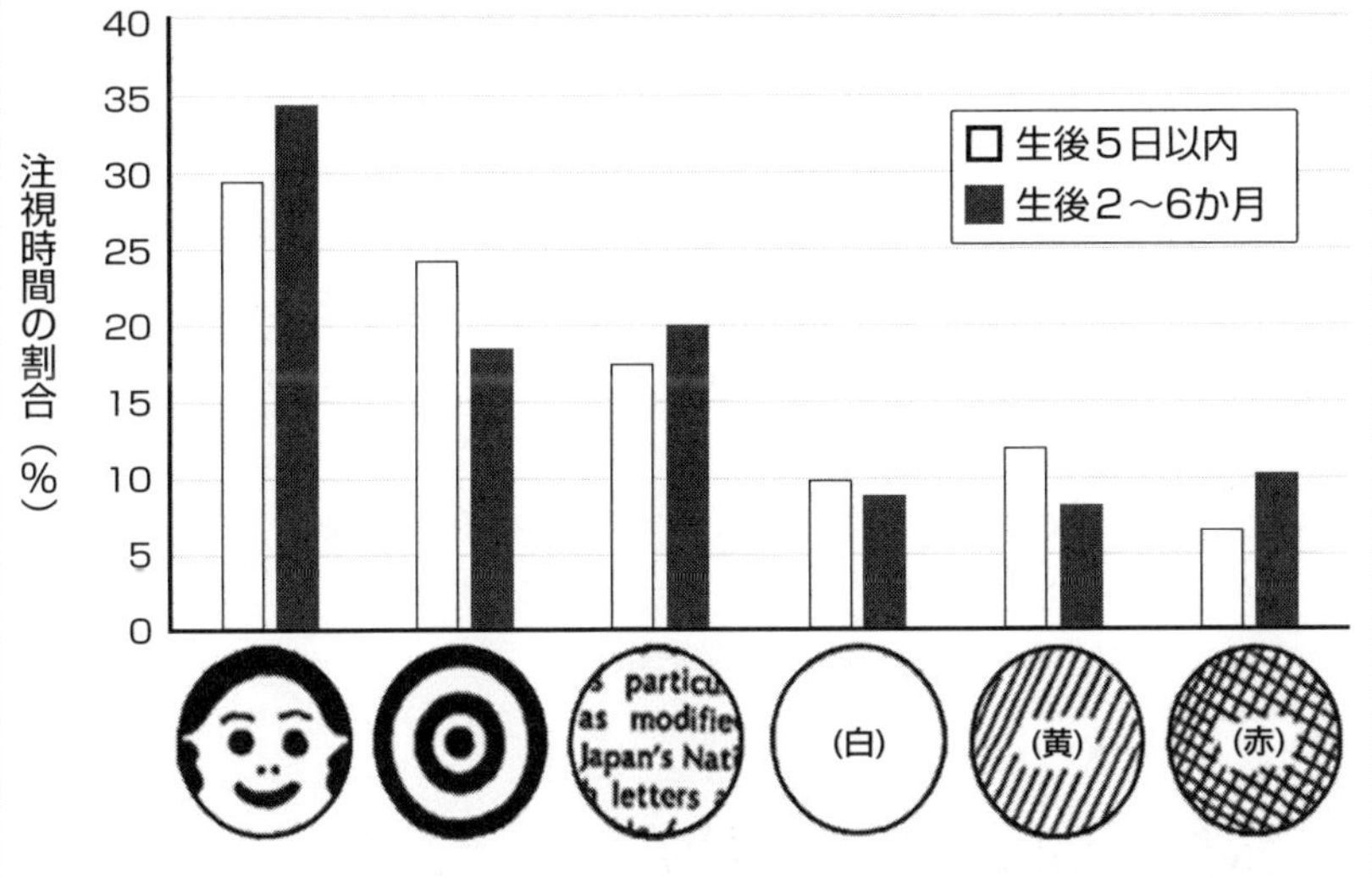

図 1-6　図形パターンに対する乳児の注視時間（森田ら, 2001 を一部改変）

の円板を提示し、それぞれの注視時間を測定した。その結果、**図 1-6** のように、単純な円板ではなく人の顔や複雑な模様の円板をより長く注視することが示された。この実験は**選好注視法**（preferential looking method：PL 法）と呼ばれる。

子どもの視力が成人並みまで発達するのは、幼児期後期以降である。出生時の視力は、ぼんやりと見えている程度であるが、養育者との相互作用によって新生児の顔に対する関心は、より強化されていく。

（2）社会的認知発達

新生児が他者からの養育行動を引き起こす形態的特徴をもって生まれることは、発達初期の特徴で述べたとおりである。乳児は形態的特徴に加え、**生理的微笑**という運動によって、さらに他者の養育行動を引き出している。この生理的な運動は新生児微笑とも呼ばれ、楽しさや嬉しさで笑っているわけではなく、新生児特有の生理的な不随意運動の一つである。ブリッジェス（Bridges, K. M. B.）が提唱した情緒の分化モデルによると、生後３か月未満の乳児の感情は興奮と快・不快の３種類のみであると伝えている（Bridges, 1932）。生理的微笑は、授乳後や気持ちよく寝ている場合などに起こりやすいことから、生理的な満足感を得た快の状態によって表出される運動と考えられている。

生後2か月頃になると、外的刺激に対する反応としての微笑みである**社会的微笑**が現れはじめる。社会的微笑は、養育者があやすと微笑み返すという相互作用反応である。生後4か月頃には、乳児の視知覚機能と認知がさらに進み、特定の養育者との関わりに対して、声をたてて笑う様子をみせる。この時期は、怒り・嫌悪・恐れの情緒分化がはじまり、養育者とそれ以外の大人に向ける表情に変化が現れてくる。

情緒の分化と他者の認知に関して、キャンポス（Campos, J. J.）らが興味深

コラム1

赤ちゃんは高さに恐怖を感じるか？

乳児はいつ頃から高いところに危険を感じるようになるのだろうか。

この疑問について、視覚的断崖と呼ばれる装置を使った実験が行われている。実験台の枠組みに透明なガラス板がはめ込まれていて、半分はガラス板のすぐ下に格子模様が敷かれ（浅い側）、残り半分は4フィート（約120cm）下に格子模様が見えるようになっている（深い側）。さまざまな研究者たちが、この装置を使って乳児の奥行き知覚に関する実験を行っている。

〈ギブソンとウォーク（Gibson & Walk, 1960）の実験〉

①ハイハイができる乳児（生後6～14か月）を装置の浅い側に降ろす。

②深い側に立っている養育者のところまで移動できるかどうか見守る。

③養育者のところまでたどり着いた乳児は、27名中わずか3名。

生後半年以降の乳児は奥行きを知覚していることがわかった。

〈キャンポスら（Campos, et al., 1970）の実験〉

①ハイハイを獲得する前と後の乳児を、それぞれ深い側に降ろす。

②-1 ハイハイができない生後2か月児を降ろすと、心拍数が低下した。

い実験を行っている（Boccia & Campos, 1989)。乳児にとって知らない人物が入室してきた際、その人物に向けて母親がよそよそしく「こんにちは」と言った場合には、生後８か月半の子どもは微笑むことをやめて苛立ち、心拍数が増加した。一方、見知らぬ人物に対して母親が微笑みながら挨拶をした場合には、乳児は笑顔を見せ、心拍数も平常値を示していた。この実験結果から、乳児は比較的早い段階から、他者の感情を認識し始めていることがわかる。子どもは、初対面の他者や初めて訪れた場所、初めて経験する出来事と対峙した際、対応や判断に迷いが生じることがある。その際、どのように対応したり解

②-2 ハイハイができる乳児を降ろすと、心拍数が上昇した。

ハイハイによる移動経験によって、高さへの恐怖心が出現すると考えられた。

〈ソースら（Sorce, et al., 1985）の実験〉

①社会的参照がもたらす影響を追究するため、装置を改良（低く）した。

②深い側に待つ養育者が乳児（生後12か月）に見せる表情を統制した。

③-1 養育者が乳児に対して恐怖の表情を見せた場合には、わずか30cmの高さの断崖であっても乳児は１人も横断しなかった。

③-2 養育者が乳児に対して笑顔を見せた場合は、対象児19名のうち、14名が横断に成功した（③-1、③-2を社会的参照と言う）。

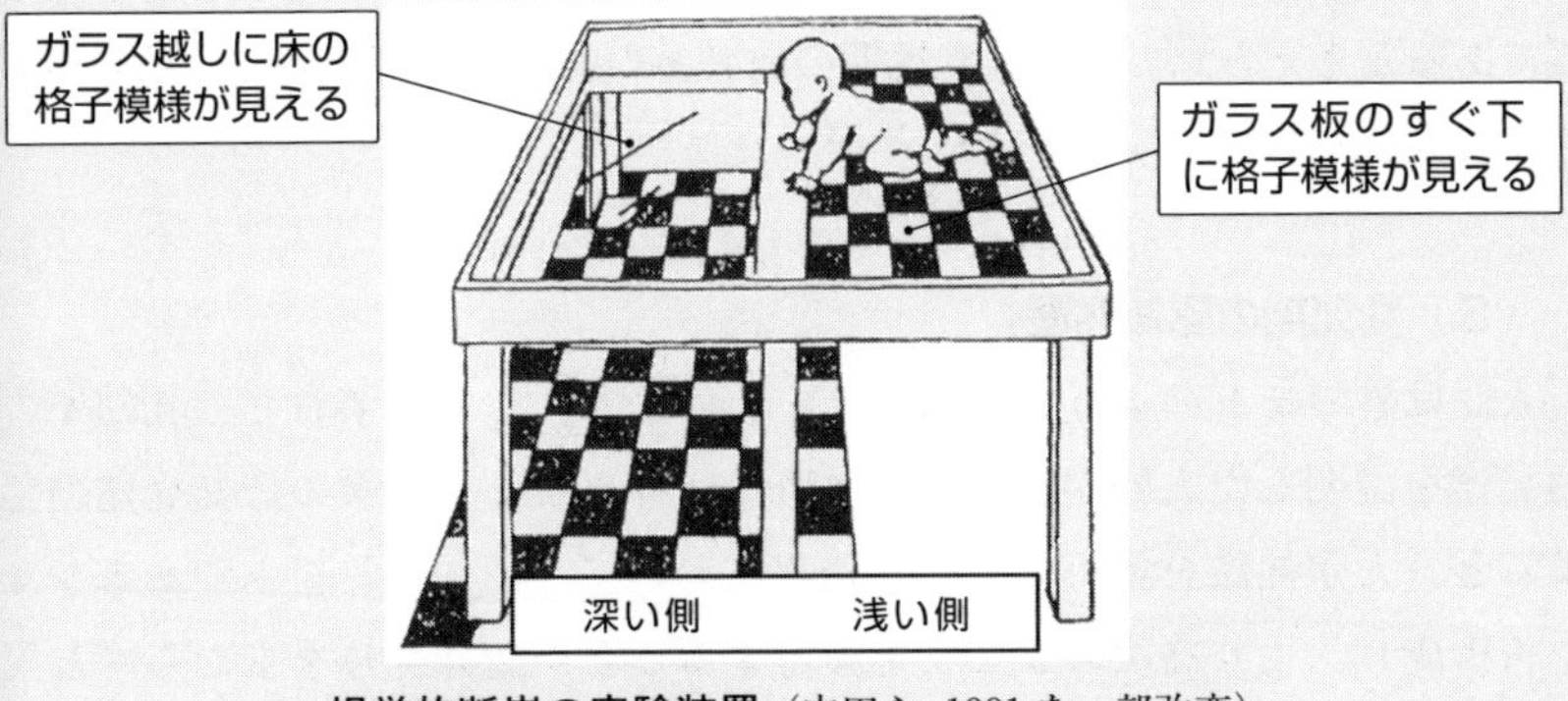

視覚的断崖の実験装置（内田ら, 1991を一部改変）

釈したりすれば良いのか、養育者を見て、その反応を手がかりに自身の行動を選択していくのである。キャンポスらは、この一連の流れを**社会的参照**（social referencing）と呼んでいる。

社会的参照が観察されるようになった頃、社会的な認知発達において重要な局面をむかえる。その一つが言葉の出現である。言葉の発達に関しては、個人差はあるが生後12か月頃になると、初語《しょご》という初めての意味のある言葉を発するようになる。初語の表出以前の時期は前言語期と呼ばれ、この時期の乳児は、自身の身体を使って要求を相手に伝えようとする。そのコミュニケーション方法の一つが**指さし**行動であり、この出現がもう一つの重要な社会的認知発達である。指さし行動は生後9か月以降顕著になり、身ぶりで自分の考えや欲求を他者に伝えようとする。指さし行動の出現は、他人−モノ−自分という三つの関係性を認識しはじめたことを意味しており、この概念を**三項関係**と言う。指さし行動や三項関係は、かならず自分以外の誰かが存在する文脈のなかで生じるものである。また、生後10か月頃には、養育者の視線の方向や指示した先を注視する**共同注意**（joint attention）も出現する。共同注意とは、対象に向ける意識を他者と共有する現象のことで、一般に親子の心が対象について協働しようとしている心的プロセスのことである。最近の研究（Brooks & Meltzoff, 2008）では、乳児期の指さし行動と三項関係の体験が、2歳時点での言語発達に影響することが明らかにされており、他者との関わりの重要性を示唆している。

一連の社会的認知機能は、乳児と他者との関係性のなかで成立し、発達していくものである。乳児と他者との相互作用は、言葉を獲得するまでの重要な過程であると考えられており、乳児期の他者との関係形成がその後の幼児期の発達にも大きく影響を与えていく。

（3）乳児期の認知発達

人間は外界をどのように認知していくのかという点に着目し、乳幼児の知的発達を説明した人物が**ピアジェ**（Piaget, J.）である。彼の認知発達理論によると、人が知識を獲得していく過程において、認知的枠組みであるシェマを再構成し、より高次のシェマを獲得することが認知発達をもたらすと説明している。認知発達理論は四つの段階で構成されており、第1段階にあたる

表 1-2　感覚運動的段階の細分化（Ⅰ～Ⅵ）

発達段階	出現時期と特徴
Ⅰ	反射的な活動、反射的なシェマの行使（誕生から1か月まで）
	吸啜反射や把握反射をシェマとして用いながら、栄養摂取やモノに触れて外界と関わる時期。
Ⅱ	第一次循環反応の成立（1か月～4か月）
	反射運動を繰り返すなかで、行動と感覚に偶発的な結びつきが生じる。その知覚が起こると、乳児は意図的に自分の身体を使った行動を繰り返すようになる（初期の随意運動）。繰り返す行為を循環反応という。
Ⅲ	第二次循環反応の成立（4か月～8か月）
	目と手の協応機能が発達し、自分の身体だけでなく、目で見た玩具などの対象物に手をのばすことができるようになる時期。
Ⅳ	二次的シェマの協応、対象の永続性の理解（8か月～12か月）
	手段と目的が分化し、複数の手段から目的に適した手段を選択できるようになる時期。 また、対象物が自分に見えていたり触れていたりしなくても、どこかに存在し続けるということが理解できるようになる。
Ⅴ	第三次循環反応の成立、能動的探索（12か月～18か月）
	目的達成のためにさまざまな手段を試みて、もっとも効果的な手段や新しい方法を見出すようになる。
Ⅵ	心的表象の獲得、シェマの内在化（18か月～24か月）
	イメージする力が発達し、実際に試行錯誤的に方法を試すことなく予想できるようになってくる。洞察的課題解決の始まり。

出生からおよそ2歳までの時期を感覚運動期と呼び、おもに乳児期の認知発達の特徴を説明している（幼児期の説明については、第2章参照）。感覚運動的知能の段階は、乳児が自身の身体を感覚器官として活用し、周囲の変化を知覚しながら認識を深めていく時期と考えられている。ピアジェは、感覚運動的段階を**表 1-2** のように六つに分けて、詳しく説明している。

感覚運動的段階の終期になると表象機能が発現し、実際には目の前に存在しない対象を思い浮かべることが可能になる。心的表象を獲得し、イメージする力の発達にともない、葉っぱを皿に見立てるといった遊びができるようになる。

≪文献≫

Boccia, M., & Campos, J. J. (1989). Maternal emotional signals, social referencing, and infants' reactions to strangers. *New Directions for Child Development*, **44**, 25-49.

Bridges, K. M. B. (1932). Emotional development in early infancy. *Child Development*, **3**, 324-341.

Brooks, R., & Meltzoff, A. N. (2008). Infant gaze following and pointing predict accelerated vocabulary growth through two years of age : A longitudinal, growth curve modeling study. *Journal of Child Language*, **35**, 207-220.

Campos, J. J., Langer, A., & Krowitz, A. (1970). Cardiac responses on the visual cliff in prelocomotor human infants. *Science*, **170**, 196-197.

遠藤郁夫・曽根眞理枝・三宅捷太（編）(2013). 子どもの保健Ｉ―子どもの健康と安全を守るために―　学建書院

遠藤利彦・佐久間路子・徳田治子・野田淳子（2011). 乳幼児のこころ―子育ち・子育ての発達心理学―　有斐閣

Fantz, R. L. (1963). Pattern vision in newborn infants. *Science*, **140**, 296-297.

Field, T. M., Woodson, R., Greenberg, R., & Cohen, D. (1982). Discrimination and imitation of facial expression by neonates. *Science*, **218**, 179-181.

Gibson, E. J., & Walk, R. D. (1960). The "visual cliff." *Scientific American*, **202**, 64-71.

近藤清美（2008). ０歳児保育における保育士と母親に対するアタッチメントの連続性　北海道医療大学心理科学部研究紀要, **4**, 1-10.

Lyons-Ruth, K., & Jacobvitz, D. (1999). Attachment disorganization : Unresolved loss, relational violence, and lapses in behavioral and attentional strategies. *Handbook of attachment : Theory, research, and clinical applications*. The Guilford Press.

Main, M., & Solomon, J. (1990). Procedures for identifying infants as disorganized/disoriented during the Ainsworth Strange Situation. *Attachment in the preschool years : Theory, research, and intervention*. University of Chicago Press.

森田義宏・石井 巌・三根 浩（共編）(2001). 図解心理学［改訂版］　学術図書出版社

大藪 泰（2020). 共同注意の発達―情動・認知・関係―　新曜社

佐伯素子・齊藤千鶴・目良秋子・眞榮城和美（2013). きほんの発達心理学　おうふう

相良順子・村田カズ・大熊光穂・小泉左江子（2013). 保育の心理学［第２版］―子どもたちの輝く未来のために―　ナカニシヤ出版

Sorce, J. F., Emde, R. N., Campos, J. J., & Klinnert, M. D. (1985). Maternal emotional signaling : Its effect on the visual cliff behavior of 1-year-olds. *Developmental Psychology*, **21**, 195-200.

内田伸子（編）(2008). よくわかる乳幼児心理学〈やわらかアカデミズム・〈わかる〉シリーズ〉　ミネルヴァ書房

内田伸子・臼井 博・藤崎春代（1991). 乳幼児の心理学〈ベーシック現代心理学２〉　有斐閣

内山伊知郎・Campos, J. J.（2015). 乳児期における感情発達の機能的アプローチ　感情心理学研究, **22**(2), 70-74.

山口真美（2010). 赤ちゃんは顔をよむ　日本視能訓練士協会誌, **39**, 1-8.

山本政人（2018). 愛着パターンの謎　学習院大学文学部研究年報, **64**, 125-139.

第２章 幼児期

一般に、幼児期とは、２歳前後から小学校就学前までの時期を指すが、本章では、主に３歳以降の発達をみてみよう。歩行が始まり、言語を獲得し始めた乳児は、幼児期にはいると、さらに運動機能を発達させ、走ったり投げたり、あるいは道具をうまく使ったり、他者とのコミュニケーションが流暢にできるようになる。また、社会的な認知も発達し、徐々に人の考えが理解できるようになり、仲間とうまく遊ぶことができることが重要な課題となる。一方で、幼児期独特の思考の仕方があることも学びたい。

●１節　幼児期の知的な発達

ここでは、ピアジェの認知発達理論をもとに幼児期の思考の発達を見ていく。

■ 1 幼児前期の思考

ピアジェ（Piaget, J.）によれば、子どもの思考の発達は質的に異なる段階があり、それを表 2-1 のように分けている。子どもは外界を認知的枠組みであるシェマで取り入れる。既にもっているシェマで取り入れ（同化）、外界をうまく取り入れることができないときはシェマを変え（調節し）ながら、バランスを取りつつ次の段階へと進む（均衡化）。乳児期は、感覚と運動で外界を捉える段階であるがこれは感覚運動期にあたり、幼児期は前操作期にあたる。操作的とは、頭のなかで行われる論理的な操作を意味しており、幼児期はその前段階という意味である。前操作期には４歳くらいまでの前概念的思考と幼児期後半の

表 2-1　ピアジェの認知発達段階（鈴木, 2020 を一部改変）

時期	下位段階	特徴
感覚運動期	反射（～1か月）	反射によって刺激に応答する。
	第1次循環反応（～3か月）	指しゃぶりなど、偶然生じた興味のある現象の繰り返しや、その習慣化。
	第2次循環反応（～8か月）	物に偶然手があたり物が動くとそれを繰り返すなど、興味のある対象操作の繰り返し。
	2次的シェマの協応による目的と手段の分化（～1歳）	欲しいものを手に入れるために妨害物を取り除くなど、目的に応じて手段を用いる。
	第3次循環反応（～1歳半）	物を落とすなどの同じ行為でも、少しずつやり方を変えてその結果をみる能動的実験を行う。
	行為シェマの内化と表象の成立（～2歳）	目的と手段の関係が内在化されることにより、試行錯誤をしなくても洞察によって解決できる。
前操作期	前概念的思考の段階（～4歳）	表象を用いて事物を捉えるようになり、象徴機能が現れるが、概念的思考はまだない。
	直観的思考の段階（～7歳）	見かけに左右されるという限界をもちつつも、概念的思考が可能になる。
具体的操作期（～11歳頃）		さまざまな論理操作が可能になるが、思考材料の具体性にしばられ、同じ形式の問題でも内容によってできたりできなかったりする。
形式的操作期（11歳以降）		論理の形式と内容を分け、仮説検証的な推理を行う。

直観的思考の段階がある。

感覚運動期の最後の段階になると、表象が成立する。表象とは、目に見えないことを心のなかでイメージすることをいう。表象が可能になると、子どもは細くて黄色いものをバナナに置き換えて（象徴機能）まるで本当のバナナを食べているように遊ぶことができる。この変化は、目の前のものとは離れたところで想像ができるということで、認知発達の上で大きな変化といえる。言葉は象徴機能の一つである。

前操作期では、表象が可能になり、活動や思考に利用されるが、論理的に考えることは難しい。ピアジェは、前操作期（2歳頃から7歳頃）の子どもの思考の特徴を**自己中心性**（egocentrism）とした。自己中心性は、自己以外の視点をもつことが難しいことをいう。これについては、ピアジェの「三つ山問題」が良く知られている。**図 2-1** のように、実験者は、人形の位置から見える

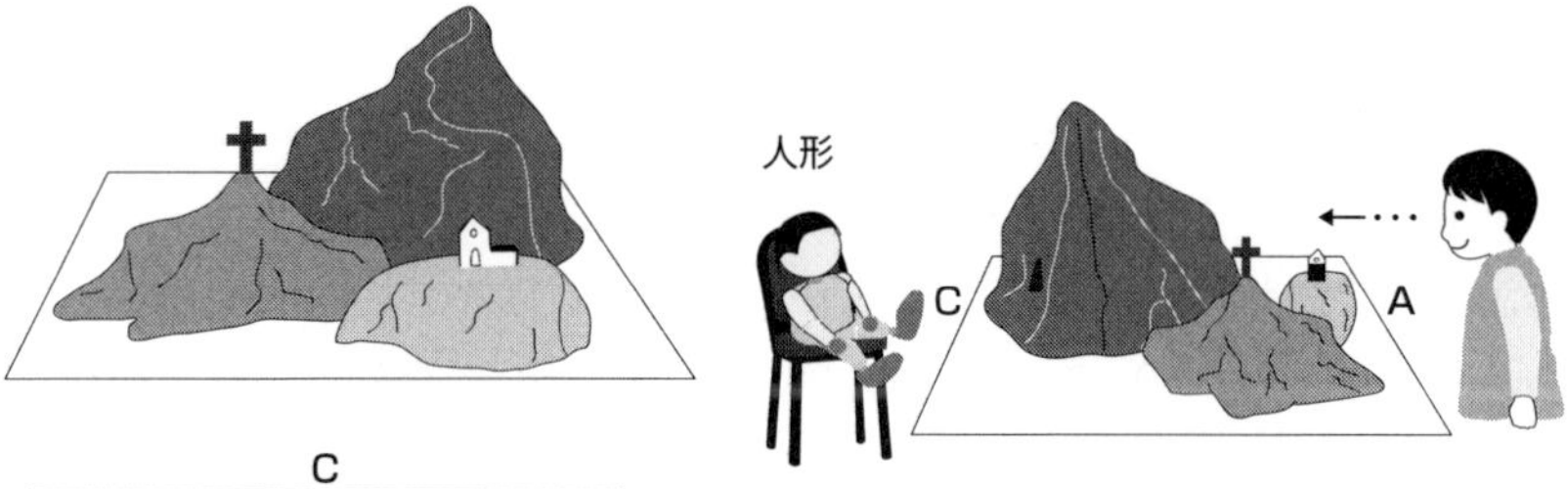

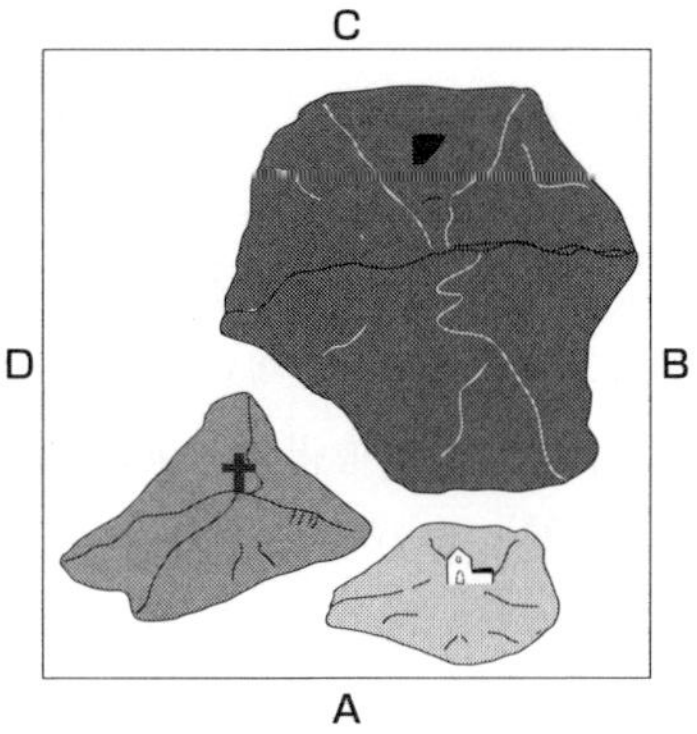

図のような立体模型の周囲４方向からの見え方を実際に歩いて確認させた後で、子どもをＡの位置に座らせ、Ｃの位置に人形を座らせる。この模型をさまざまな角度から見た絵を何枚か子どもに見せ、人形から見える景色はどれかを選ばせる。自己中心的な思考段階にある子どもは、Ａ点で自分が見ている光景と人形が居るＣ点からの光景が異なることが理解できない。

図 2-1　三つ山問題

風景を子どもに尋ねる。前操作期の子どもは、他者の視点がとれず、自分の視点で答えてしまう。

この三つ山問題は、ピアジェ以後の研究では、自己中心性だけでなくさまざまな認知的な課題を含んでいることがわかっており、子どもにとってはかなり難しい課題であるが、日常生活であれば下記のようなやり取りがあるかもしれない。

チカの４歳の誕生日のプレゼントとして、遠方の祖母から、かわいい洋服が色違いで２枚送られてきた。ちょうどよいタイミングで祖母からチカに電話がかかってきた。

祖母「チカちゃん、おばあちゃんが送ってあげたお洋服、どっちが好きだった？」

チカ「こっちだよ」

祖母「？」

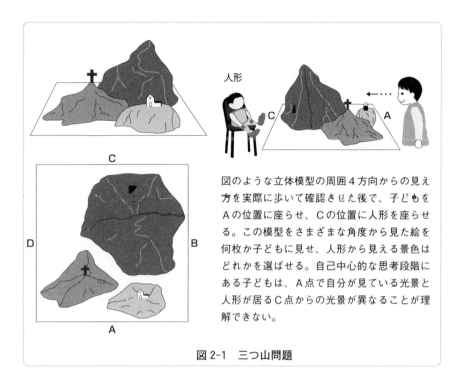

この時期の思考は、**アニミズム**にも現れる。子どもは、「風が笑っている」などのように、無生物にも命や心があるように話す。アニミズムとは、もともと万物には命が宿っているという考え方であり、大人でも自然に対する畏敬の念や信仰としてアニミズムを示す文化は多い。ピアジェはアニミズムを、幼児期の思考の特徴として捉えている。幼児期初期は、すべての物に生命や意志などの心があると考えているが、次第に動くもの、そして自分から動くものに生命があると考えるようになる。

ピアジェ以降の多くの研究者によると、子どもはピアジェが考えていたより有能であることが指摘されている。たとえば、アニミズムについても、子どもは何にでも生命があると考えるのではなく、人とどれだけ近いかを推論して生命をもっているかどうかを子どもなりに判断することもわかっている（Carey, 1985）。この生命という生物に関する理論は、科学的知識が獲得する前の段階で、子どもが日常生活のなかから作り出している素朴理論の一つで、素朴生物学と呼ぶ。子どもはより早い段階から素朴物理学や素朴心理学をもつと考えられている。

しかしながら、ピアジェの理論は教育に大きな影響を与えた。ピアジェの理論では、子どもはその思考の発達とともに、外界を自分で発見する能動的な存在だととらえる。ピアジェ理論にもとづくと、幼児期の教育は、教え込むよりも子ども自ら外界のルールを見出すように導く方法がとられることになる。

●2節　言語の発達

言葉の発達は、幼児期において特に重要な課題である。大人にとって意味がわかる言葉を発するようになるのは生後1年前後であり、これを初語《しょご》という。初語が出てから徐々に単語が増えていくが、この時期は、一語文期と呼ばれ、たとえば、「ママ」という言葉に「ママがいる」「ママ、これが欲しい」など、さまざまな意味を含む。

18か月後になり、「パパ　くる」といった2語文を発する時期になる。この頃、語彙が50～100になると、語彙獲得のスピードは一気に上がり、月に30

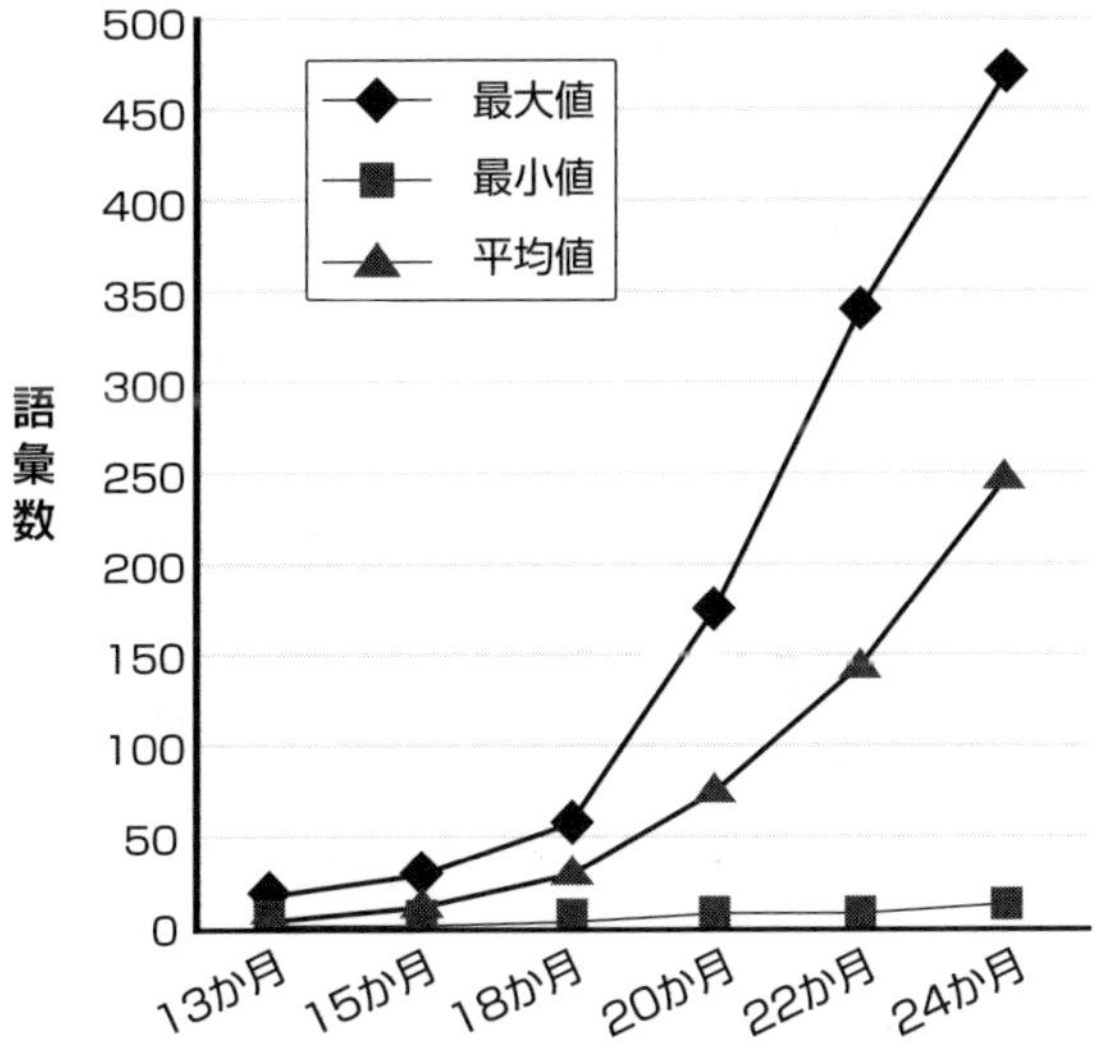

図 2-2　語彙数の変化（戸田, 2005）

～60 語を獲得するようになる（語彙爆発）。**図 2-2** は、27 名の乳児の語彙数の変化を検討したものである（戸田, 2005）。2 歳までにもっとも多く語彙を獲得した子どもは 470 語であったが、もっとも少ない語彙数は 12 であった。言語発達には、個人差も大きいことが**図 2-2** から読み取れる。語彙の爆発期には、「これ、何？」と頻繁に質問するようになる。

3 歳を過ぎれば、「が」「に」などの助詞が使えるようになる。また、大人に対しては「なぜ？」「どうして？」というような外界の現象の理由や原因を頻繁に問うようになる。この時期は文法的にはまだ完全とはいいきれないが、園での言葉を使った仲間とのやりとりを楽しんでいる様子が見受けられる。このように、幼児は、短い単位の言葉から長い単位の言葉へと一定の順序で構成していく。4 歳頃までには大人と同じような会話ができるくらいの文法や語彙を獲得する。

幼児期の後半になると、子どもは日常生活のなかで、また幼稚園や保育園のような集団保育の遊びのなかで読み書きを覚えていく。子どもの文字への興味や関心も個人差が大きい。文字習得に関して、内田（1989）は、文字習得が一気に進む子どもと、幼児期を通してあまり文字に関連する活動をしな

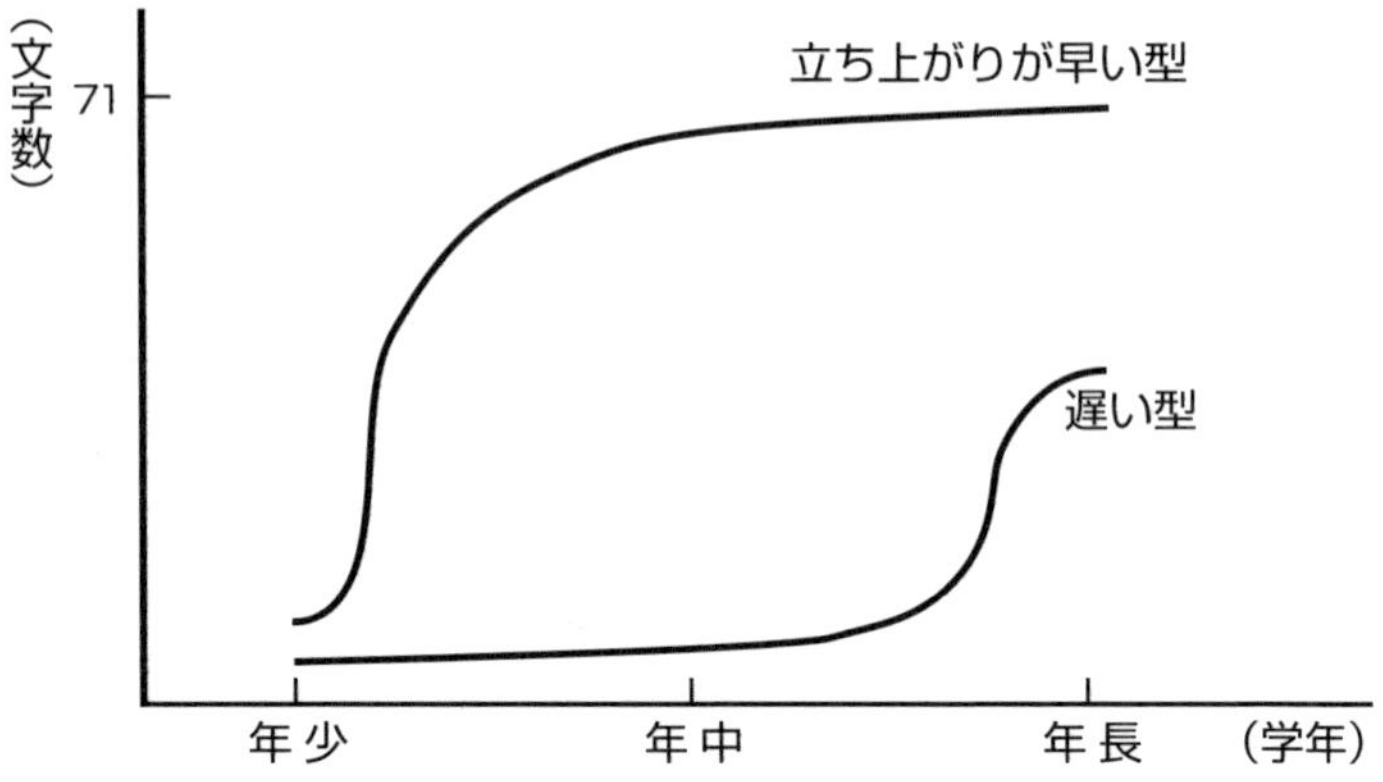

図 2-3　書き言葉獲得の二つのパターン（内田, 1989）

い文字習得に時間のかかる子どもがいるとしている（図 2-3）。しかし、立ち上がりが遅くて幼稚園の終わりになっても書くことがほとんどできない子どもでも、小学1年生の9月では文字習得の遅かった子どもも早かった子どもに追いついてしまうことを報告している。幼児期に本人の関心のないところで強制的に文字習得を進める必要はないといえるだろう。

●3節　自己意識の発達

あなたは、自分自身をどう評価しているだろうか。20代の読者であれば、良い点よりは、人より劣っているとする部分を多く思い浮かべてしまうかもしれない。一般に、幼児は、自分を高く評価する傾向がある。この時期の子どもは、自分に対して高い評価をしており、これを幼児期の楽天主義という。佐久間ら(2000）は、5歳、小学2年生、小学4年生に対して自己の好きなところ、嫌いなところ、良いところ、悪いところを聞いたところ、5歳児は他の年齢と比べて「～ができる」「良い子だ」のような肯定的な面のみを答えることが多かった。幼児期のこのような肯定的な自己のとらえ方は、何か失敗しても自己効力感が高く維持されることにつながる。さらに、認知的にも記憶容量が成人ほど多くないことなど、認知的な制約がプラスに働いているのだろう。昨日、友だちとひどい喧

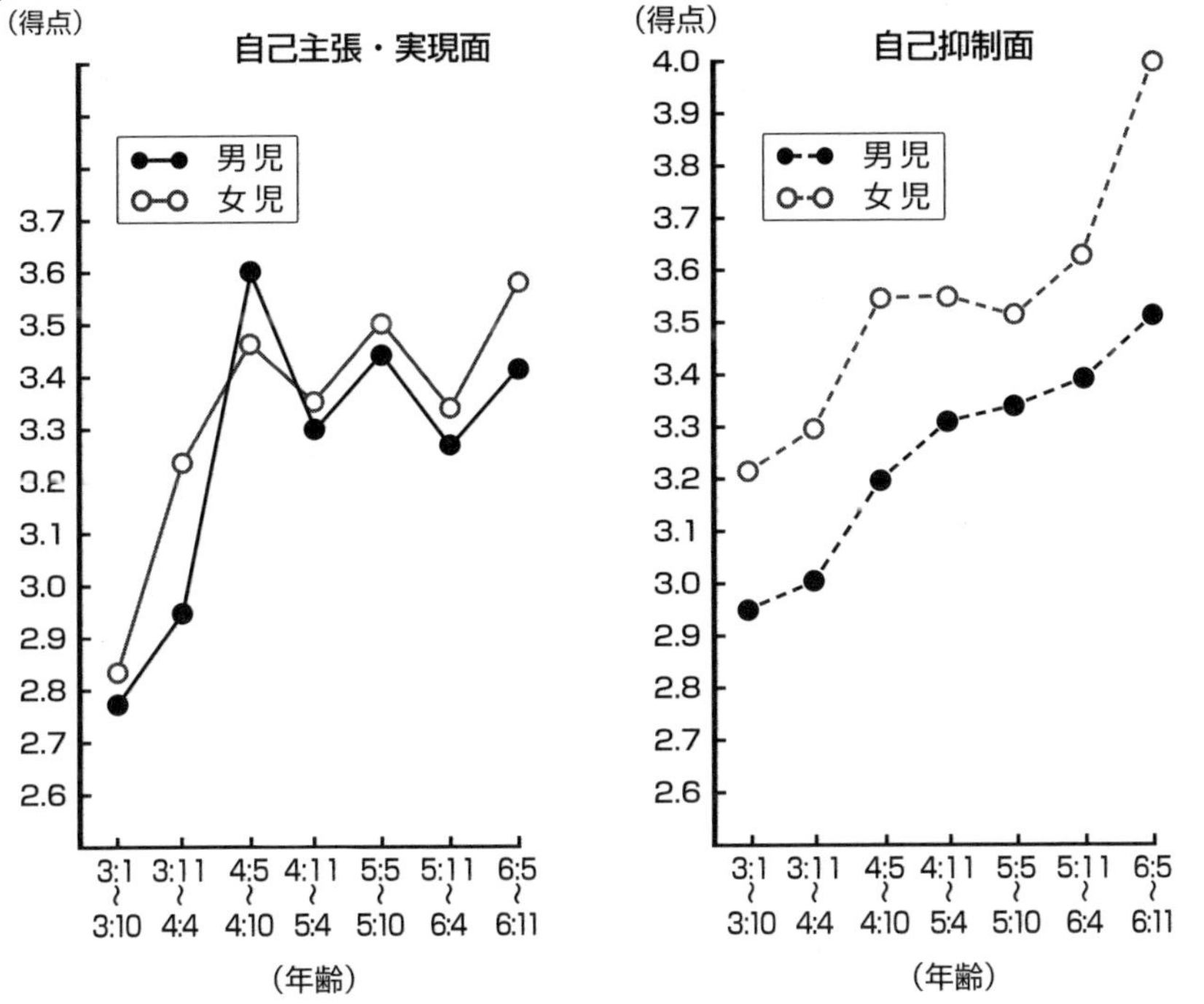

図 2-4　自己主張と自己抑制の発達（柏木, 1988）

嘩をしても、今日はけろっとして同じ友だちと遊んでいる。これは、日々新たな経験を積む幼児期の子どもにとっては適応的な意味をもっていると考えられる。

次に、自分の欲求を統制することができるという意味での、自己に関する発達をみてみる。幼児期になると子どもは同年齢の仲間と生活する時間が増え、遊びを通して自分の欲求を抑え、欲求を統制した行動をする自己統制が発達してくる。柏木（1988）によると、自己統制は、自己主張と自己抑制から成る。自己主張とは、たとえば、「嫌なときは嫌といえる」というように、自分の欲求や意志を表すことを指す。自己抑制は、「順番をまもることができる」というように自分の欲求を抑えた行動することである。柏木（1988）は、幼稚園で、担任にクラスの子どもの自己主張と自己抑制について評価してもらった。**図 2-4** から、子どもの自己主張は、4 歳くらいまでは急速に発達するが、それ以降は横ばいになっている。一方で、自己抑制の方は、年齢とともに高くなっていくことがわかる。日本では、自己主張よりも自己抑制に価値をおくため、文化のなかの「望ましいふるまい」として子どもに対する期待が既に幼児期の行動に現れていると考えられる。

●4節　社会性の発達

第1章で学んだように、人は誕生直後から他者をひきつける能力をもっている。言葉が出始める前でも声や表情や身振りなどで養育者をひきつけ、相互作用をするように生まれついている。そして養育者や他者との関わりのなかで言語を獲得し、社会でのさまざまなルールを身につけていく。そういう意味で、人は社会的な動物なのである。幼児期に急速に発達する社会的な認知について見てみよう。

■ 1 社会的認知の発達

幼児期の多くの子どもは、保育所や幼稚園、認定子ども園などへの通園をしている。そこでは、保護者から離れ、仲間との関係も始まる。このような関係において、他者の意図を推測して、自分の行動を調整するということが重要になってくる。その起源は、共同注意（第1章20頁参照）の成立にあるとされる。

子どもは、生後9か月を過ぎる頃になると、たとえば、母親が抱いている子どもに「あっ、ワンワンがいるね」と言って犬の方を見ると、子どもも母親の視線の方向を見るようになる。このように、モノに対する注意を共有することを**共同注意**という。共同注意が成立すると、子どもと大人とモノの間でやりとりが起こり、三項関係が成り立つ。**図2-5**は、二項関係から三項関係を説明した図である。子どもがモノに注意を向けているときには、大人には気づかない(A)。また、大人に注意を向けているときにはモノに気づかない (B)。しかし、三項関係が成立すると、同じモノを見ていると同時に子どもは大人がモノに注意を向けていることに気がついている (C)。このように、共同注意には、ある事柄について相手とやりとりをするという意味で会話の基本があり、言語発達において重要な意味をもっている。また、他者がどこに注意を向けているかということは、他者の注意や意図の理解が含まれているので、心の理論が発

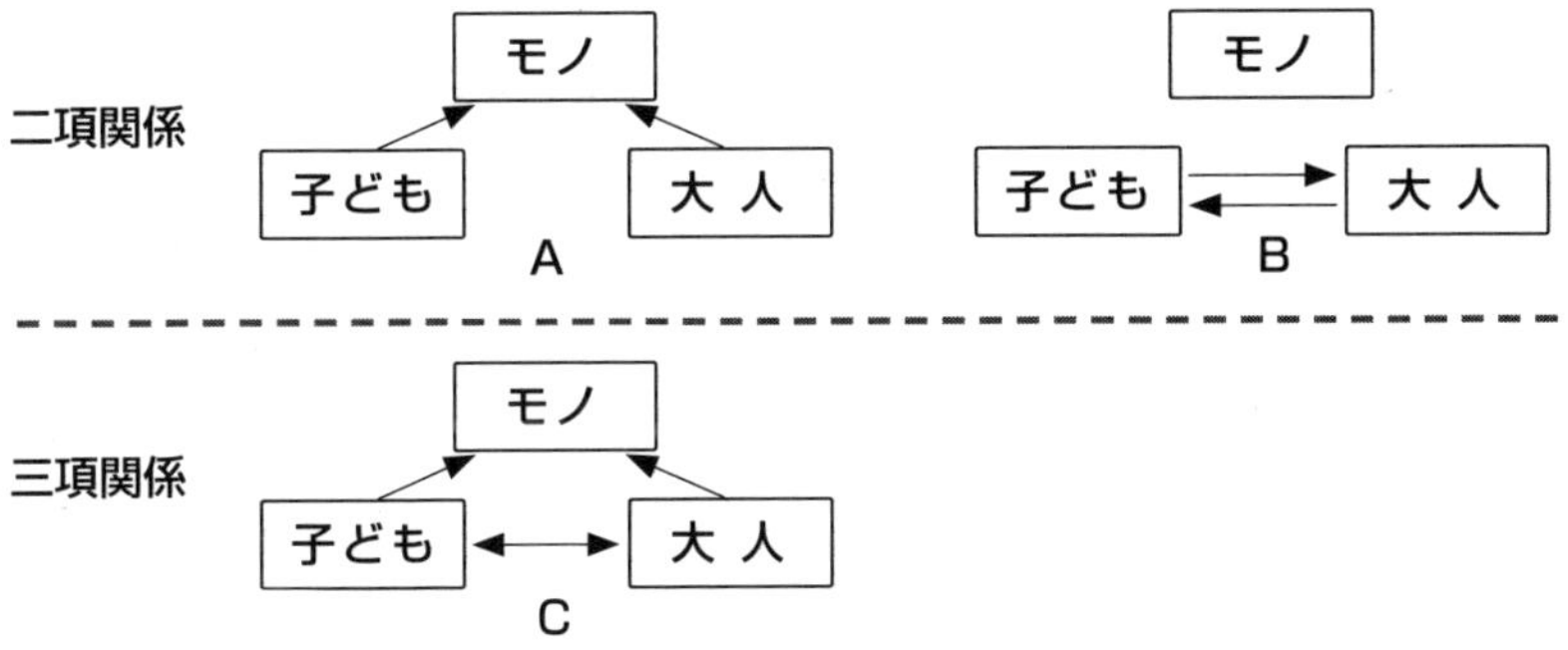

図 2-5　二項関係から三項関係へ

コラム2

子どもの嘘

乳幼児期の初期の子どもは、嘘をついているように見えるときがある。たとえば、給食のときのイチゴをA君はとなりのB君の分まで食べて、B君を泣かせてしまった。先生がなぜB君の分まで食べたのかと聞くと、A君は「Bくんがイチゴあげるって言ったんだよ」と言う。B君は言っていないと主張する。この場合、A君は嘘をついているつもりはなく、「B君がくれたらいいな」という願望を現実のように感じたのかもしれない。このように、幼児は、願望と現実の区別がつかないことがある。また、記憶容量も少ないために、友だちとやりとりしていていざこざになったとき、何がきっかけでいざこざになったのか覚えていないことも多い。教師が、「どうして殴ってしまったの？」と聞いても覚えていないことが多いので、相手が先に殴ったから、と言ってしまい、「嘘をついている」ようにみえるのだ。

では、相手をだますための嘘をつくのはいつ頃だろうか。嘘を意図的につくという行為は、相手がどう考えているかを知り、真実でないことを本当のように思いこませるということである。これは、4歳以降に可能になってくるもので、心の理論が関係していると考えられている。

達する土台として考えられている。

心の理論とは、他者の考え、意図、欲求や感情などを推論する能力のことである。心の理論の獲得は社会性の発達に重要な認知能力である。この理論を獲得しているかどうかを知る方法として、誤信念課題が良く知られている。たとえば、「A君はチョコレートを緑の棚に入れて遊びに出ていきました。その間に、お母さんがチョコレートを青の棚に移してしまいました。」という話を子どもに聞かせ、「遊びから帰ってきたA君は、チョコレートを食べようと思ってどの棚を探しますか」と尋ねるものである。子どもが、「緑の棚」と正解するためには、「A君はチョコレートが青の箱に移動したことを知らないから、緑の棚を探すだろう」と推測しなければならない。この課題は、4歳から5歳にかけて正解ができるようになる。言葉があまり話せない2歳前後の子どもでも相手の意図理解しているような様子は見られるが、相手の考えを意識して推測し、その行動を予測するということは4歳前の幼児には難しい。

2 遊びの発達

子どもの遊びは、ほぼ生活の中心を占めている。幼児期の子どもは、遊びを通じてさまざまな学習をすると同時に、仲間と交渉したり、時には譲り合ったりしながら、自己主張や自己抑制（29頁参照）を発達させていく。同時に、他者と交渉する力や問題を解決する力も育つ。パーティン（Parten, 1932）は、保育園での子どもの遊びを観察して、**表2-2**のように分類した。①から⑥の順に社会性の発達とともに遊びが変化していくと考えた。平行遊びは2、3歳頃、連合遊びは3歳から4歳頃、協同遊びは5歳以降に見られる。

3 ルールの理解

幼児期の後半になる頃には、子どもは仲間との日常生活を通して社会にはルールがあることを理解するようになる。遊びのなかにも、おもちゃを借りるときは「貸して」とお願いするということから始まり、順番を守る、遊びのルールを守る、あるいは生活のなかでは、食事の前に手を洗う、服やかばんは決まったところに置く、をはじめ、他者を傷つけてはいけないなど、さまざま

表2-2　パーティンによる遊びの分類

①ぼんやりしている	その時々に興味のあるものを見ている。注意を引くものがなければぼんやりしている。
②傍観的行動	他の子どもたちが遊んでいるのを見ている。話しかけたりするが、遊びに加わらない。ある特定の子どもたちの遊びに注意を向けている点で①と区別される。
③ひとり遊び	他の子どもたちの遊びとは関わりなく、自分ひとりだけで遊んでいる。
④平行遊び	他の子どものそばで、同じようなおもちゃを使い、同じようなことをしているが、互いにやりとりすることはない。
⑤連合遊び	他の子どもと一緒に遊び、そこで行われている活動について会話のやりとりがある。誰と一緒に遊ぶか選ぶことはあるが、一緒に遊んでいる子どもに分業はみられない。
⑥協同遊び	何らかの目的のために一緒に遊ぶ。全体の動きが少数の子どもの支持や命令で決められ、役割分担がある。

表2-3　ケイガンによる幼児の道徳性の発達段階（二宮, 2011, p.291）

発達段階	発生時期と特徴
段階1	罰せられる行為を抑制できる
段階2	禁止された行動を表象できる
段階3	疑惑、共感、恥、罪悪感という情動をもつ
段階4	良い・悪いという意味的概念を獲得する
段階5	社会的カテゴリー（性別、宗教、民族意識などの道徳義務）を受け入れる
段階6	公正と理想の概念を理解する

なルールがある。

ルールを守ることの意識について、ケイガン（Kagan, 2005）は、幼児の気質と関連づけて**表2-3**のような6段階をあげている。

2歳の終わりくらいまでには段階3の、恥や罪悪感をもつようになる。これは、自己意識が芽生えることと関係している。3歳になる頃には、良い、悪いという概念を理解し、4歳から6歳にかけては、性別、民族などの社会的カテゴリーを理解し、その道徳義務を受け入れる。段階6の、公正と理想の概念を理解することは、児童期に見られる。また、これらに関する情動の激しさや頻度は、その子どもの生まれつきの特徴である**気質**によるとしている。

コラム3
じゃんけんはいつ頃できる？

日本では、じゃんけんは公平に物事を決める際に子どもから大人まで一般的に使われる。子どもはいつ頃からじゃんけんを理解して正しく使えるようになるのだろうか。

大谷ら（2019）は、1歳から7歳までの子ども569名を対象に、①じゃんけんの手の形を理解しているか。②どういう組みあわせで勝ちになるか。③どういう組みあわせで負けとなるかをわかっているかを調べた。①については、実験者がたとえば、「グーを出して」と指示した手の形を子どもが出せるかをみた。②③については、子どもに、「私はグーを出すから、あなたは、私に勝つようにじゃんけんをしてね」と言って「じゃん、けん、ぽん」と子どもと一緒にじゃんけんをする。③は、「私に負けるようにじゃんけんしてね」と指示した。その結果、各課題の50％の通過率は、①じゃんけんの手の形の理解が、2歳7か月、②勝ち判断課題は4歳9か月、③負け判断は5歳4か月であることがわかった。これより、じゃんけんは4歳から5歳にかけてできるようになっていくことがわかる。負け判断が遅れることは興味深い。幼児にとって、相手に「勝つ」という魅力的な行為を抑制することは難しいと考えられる。

≪文献≫

Carey, S. (1985). *Conceptual change in childhood.* Cambridge, MA : MIT Press.［小島康次・小林好和（訳）(1994). 子どもは小さな科学者か—J. ピアジェ理論の再考—　ミネルヴァ書房］

Kagan, J. (2005). Human Morality and Temperament. In G. Carlo & C. P. Edwards (Eds.). *Moral motivation through the life span, Vol. 51 of the Nebraska Symposium on Motivation.* University of Nebraska Press.

柏木惠子（1988）. 幼児期における「自己」の発達—行動の自己制御機能を中心に—　東京大学出版会

村田孝次（1990）. 児童心理学入門　培風館

二宮克美（2011）. 道徳性と向社会性　無藤 隆・子安増生（編）発達心理学Ⅰ（p.291）東京大学出版会

大谷多加志・清水里美・郷間英世・大久保純一郎・清水寛之（2019）. 幼児におけるじゃんけんの勝敗判断に関する発達段階の評価　発達心理学研究, **30**, 142-152.

Parten, M. B. (1932) Social participation among pre-school children. *Journal of Abnormal and Social Psychology*, **27**(3), 243-269.

Piaget, J., & Inhelder, B. (1956). *The child's conception of space.* Humanities Press International.

佐久間路子・遠藤利彦・無藤 隆（2000）. 幼児期・児童期における自己理解の発達—内容的側面と評価的側面に着目して—　発達心理学研究, **11**, 176-187.

鈴木亜由美（2020）. 赤ちゃんから子どもへ　渡辺弥生・西野泰代（編著）ひと目でわかる発達（p.76）　福村出版

戸田須恵子（2005）. 乳児の言語獲得と発達に関する研究　北海道教育大学釧路校研究紀要, **37**, 101-108.

内田伸子（1989）. 物語ることから文字作文へ—読み書き能力の発達と文字作文の成立過程—　読書科学, **33**, 10-24.

第3章
児童期

1節　児童期の心身の発達

1 児童期の区分と特徴

児童期とは、小学生の段階にあたる6、7歳から11、12歳頃までの子どもの時期と見なされる。幼児期から児童期へ移行する子どもの生活においては、小学校へ入学することで子どもの生活環境が格段に変化する。身体や生理的発達に加えて、学校を中心とした友だちとの関わりや、教師との授業を通して得られるさまざまな経験や知識の獲得、それに呼応した心身の発達はめざましく、年齢とともに著しく質的な成長を遂げていく。

岡本（1991）は「子どもは小学校の中頃になると、自分、他者、物、言葉について明確な分化を示し、他者との相対的な関係や物の世界に働く諸法則の理解等、子どもの心のなかにそれぞれに対応する領域、**概念的知識体系**が形成される」と指摘している。さらに岡本は「言葉の発達は外界の他者との伝達の道具となり、他者理解となり得る。内界では自己の思考の道具となり、自分の〈外なる世界〉と〈内なる世界〉との関係づけが成立する時期」と児童期の特徴を位置づけている。

他方、次良丸（2000）は、児童期の子どもの認知発達をピアジェの認知発達理論にもとづき、その変化の特徴を三つの段階に分けてまとめている。

(1) 小学校低学年期：幼児期の自己中心的人格から自律性の獲得／生活空間

は友人関係を軸として拡大かつ分化／論理的思考よりも直観的思考

(2) 小学校中学年期：前概念的段階を経て概念抽象へと抽象的思考の始まり／現実的情報から論理的枠組みの構築による秩序立てた**客観的思考**の始まり／友人関係を通して社会的態度を学習／愛他行動の出現／同性集団の形成と男女の性的対抗現象の出現

(3) 小学校高学年期：認知は感覚からの解放／保存の確立と脱自己中心化／視点は主観的認識とともに客観的認識に移行／思考は論理的に安定／上位概念と下位概念による対象の体系づけ／社会的役割取得の能力の発達／集団意識の発達と集団との同一化／ギャング集団の形成と自己の発展等が述べられている。

なかでも【小学校中学年期】において、**子どもの精神活動に内的思考が参加し始めた**ことを特徴的に指摘している。これら児童期に獲得された発達課題「人が社会的に健全で幸福な人生をおくるために、各発達段階で習得しなければならない課題のこと」（都筑, 1995）は、児童期の生活の中心である学校教育において、さらなる学習知識の深まりや豊かな人格の形成を目指した教育活動を通して、次の青年期につながる萌芽として育まれていくことになる。

■ 2 児童期の発達の考え方

ここでは、児童期の子どもの発達過程について、主要な理論の**ピアジェ**、**ハヴィガースト**、**エリクソン**の考え方の特徴を紹介する。

（1）ピアジェの発達理論

スイスの児童心理学者、ジャン・ピアジェ（Jean Piaget, 1896–1980）の発達観について内田（1989）は、「子どもが環境と相互作用することを通じて、未分化で組織化されない構造から、より分化し、より体制化された認知構造へと作り上げていくのである。固体と環境の関係は、はじめは両者が不可分な一体をなしており、次第に自己と外界を分化していく」と述べている。このようなピアジェの発達観を捉え、子どもの思考の発達については、古くから数多くの研究が行われてきた。それらが示しているのは、児童期の思考力は幼児期の思考力と比較すると、飛躍的に発達をするという。幼児期から児童期にかけての思考の発達的様相については、「直観的な思考から論理的な思考へ」そして「自己中心性から脱中心化へ」というピアジェの言葉が象徴的に述べられている（黒田, 2013a）。

児童期はピアジェの認知発達段階では**具体的操作期**から**形式的操作期**（**表2-1**〈24頁〉参照）にあたる。具体的操作期では、幼児期の他者の視点でものごとをとらえるのが困難な自己中心性から離れ、さまざまな視点で互いに関係づけてものごとを判断できる**脱中心化**、具体的場面や実際的課題の対象について、自分の頭のなかで見かけに左右されない論理的操作された情報処理・論理的思考が可能となる。さらに、モノを大小に並べるなど分類行動の**系列化操作**

ピアジェの課題		直観的思考段階	具体的操作段階
液量の保存	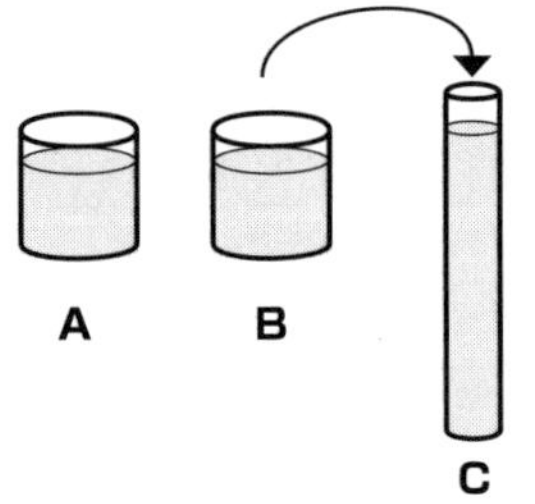	子どもはA、Bの容器に等量の液体が入っていることを認める。それからBをCに移しかえると液面の高さに惑わされ、Cのほうを「たくさん」と答えたり、容器の太さに惑わされ、Cのほうが「少しになった」と答えたりする。	子どもはA、Bの容器に等量の液体が入っていることを認める。それからBをCに移しかえると液面の高さは変わるが、CにはAと等しい液体が入っていることを理解する。
物理量と重さの保存	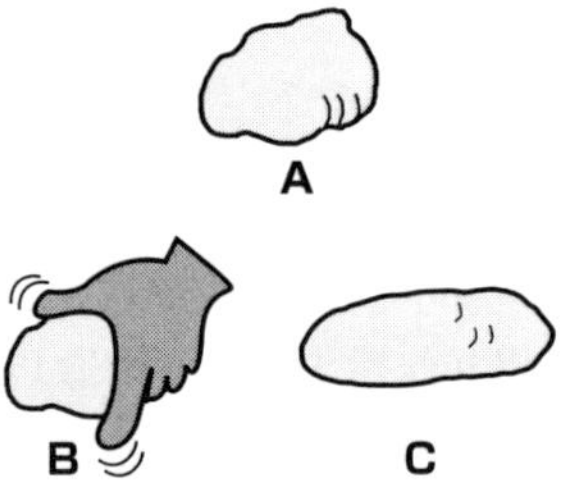	子どもはA、Bの粘土のボールが等しい量で、同じ重さであることをまず認める。それからBをつぶしてCのソーセージ型にすると、大きさの違いや長さの違いに着目して、量は変化し、重さも変わると答える。	子どもは、A、Bの粘土のボールが等しい量で、同じ重さであることをまず認める。それからBをつぶしてCのようにして、それはBのときと等しい量でしかも同じ重さであることを理解する。

図3-1　直観的思考段階と具体的操作段階での子どもの思考の特徴

（内田ら, 1991を一部改変）

ができるようになる。この時期の大きな特徴として**保存**の成立がある。保存とは、その形状や状態が変化しても、内的実質は変化しないことの理解である。**図3-1**下段のA・Bは、同一量の粘土のボールであることを子どもに確認させる。続いて目前でBの粘土のボールをソーセージ型に伸ばしCはBと同一量であるかを問う。この等量判断は「元に戻せば同じになる」という**可逆性の理解**により論理的な思考が可能になり**保存**が成立する。

児童期の思考の発達の特徴は、これまで拡散していた児童の心内活動が、一つのまとまった構造によって体制化されることである。しかしこの段階での論理的操作は、具体的に経験と理解がなされ、確かめられることに限られる。

小学校高学年の頃の**形式的操作期**では、仮説から論理的な推論をして結論を導き出し、そして、どのような仮説が可能かを探索することもできるようになる。さらに、現実の世界だけでなく可能性の世界についても、論理的な思考からの判断が可能となる。児童期においての思考の発達はピアジェの提示した具体的操作期・形式的操作期を経て、青年期の自己形成「内なる世界」への思考基盤を構築するものである。

（2）ハヴィガーストの発達課題

アメリカの教育学者、ロバート・J・ハヴィガースト（Robert J. Havighurst, 1900-1991）は、オハイオ州立大学等において、理科教育をはじめとした教育問題を研究し、子どもや青少年のパーソナリティー発達の研究や著作で活躍した。1941年より人間発達過程の学際的研究で、教育および人間発達学の研究を発展させた。ハヴィガーストは人間の一生にわたる成長発達を、幼児期、児童期、青年期、壮年期、老年期の段階に分け、各段階において課せられた課題を充分に果たすことの重要性を主張した。ハヴィガースト（1953）はこの課題を次のようなしくみで行った。

【発達課題の分析と名称】

①課題の性質：簡単な定義

②生物学的基礎：この課題について生物学がわれわれに何を教えるか、個人の身体的成熟、身体上の相違 が課題の達成にどう関係し影響するか。

③心理学的基礎：この課題について心理学がわれわれに何を教えるか、個人

表 3-1　発達課題のリスト（山下, 1976）

発達段階	乳・幼児期	児童期	青年期
発達課題	・歩行の学習 ・固形食をとる学習 ・話すことの学習 ・排泄の学習 ・性差と性的つつしみの学習 ・生理的安定の達成 ・社会的・物理的現実についての単純な概念の作成 ・両親、きょうだいとの人間関係の学習 ・善悪の区別、良心の学習	・日常の遊びに必要な身体的技能の学習 ・生活体としての自己に対する健康な態度の形成 ・遊び仲間とうまく付き合うことの学習 ・男子あるいは女子としての適切な社会的役割の学習 ・読み・書き・計算の基礎的能力の発達 ・日常生活に必要な概念の発達 ・良心・道徳性・価値観の発達 ・個人的独立の達成 ・社会集団や制度に対する態度の発達	・両性の友人との新しい、成熟した人間関係をもつこと ・男性または女性としての社会的役割の達成 ・自分の身体的変化を受け入れ、身体を有効に使うこと ・両親や他のおとなからの情緒的独立の達成 ・経済的独立のめやすを立てる ・職業の選択とそれへの準備 ・結婚と家庭生活への準備 ・市民として必要な知的技能と概念の発達 ・社会人としての責任ある行動をとること ・行動を導く価値観や倫理体系の形成

の精神的発達、価値意識や抱負、気質や人格上の相違、さらに課題の成功や失敗が、課題の達成にどう関係し影響するか。

④文化的基礎：社会学、社会人類学はわれわれに何を教えるか、文化の相違によってどう異なっているか、アメリカの上流・中流・下層階級ではどのように考えられているか。

⑤教育との関連：青少年がこの課題を達成することを助けるために、一般教育や学校教育はどれぐらいの責任や貢献をすることができるか。

これらを基礎としたうえで、各段階の**【発達課題】**を次のように定義した（**表3-1**）。

「人が学ばなければならない課題、すなわち人生の発達課題は、私たちの社会において健康で満足のいく成長をもたらすものである。発達課題は、人生の一定の時期あるいはその前後に生じる課題であり、それをうまく達成することが幸福とそれ以後の課題の達成を可能にし、他方、失敗は社会からの非難と不幸をまねき、それ以後の課題の達成を困難にする（Havighurst, 1972a）」。

ただし山内・青木（1989）によると、発達課題は生物的成熟によるものは文化的差異は少ないが、社会的要求のようなものは文化的差異が大きいことに注意が必要であることを指摘している。さらに、ハヴィガースト（1972b）は、発達課題の概念について、次のように述べている。「この発達課題という概念は、教育に関する二つの対立する理論の中間領域に位置している。すなわち、子どもは可能な限り自由にされるともっとよく発達するという**自由の理論**と、子どもは社会から課せられる拘束によって、責任をもつ立派な大人になることを学ばなければならないと言う**拘束の理論**である。**発達課題は個人の欲求と社会からの要請の中程にある**。それは能動的な社会環境と相互交渉する能動的な学習者を想定する」と、人間の発達と行動が、教育の問題と過程に関連づけられた有用な概念であるとハヴィガーストは主張している。加えてハヴィガースト（1972c）は中期児童期の発達課題の特徴として三つの大きな前進を挙げている。「子どもが家庭から出て仲間集団に加わるという前進、身体面での神経筋の技能を必要とする作業世界への前進、精神面での大人の考え方や理論、象徴、コミュニケーション世界への前進である。子どもは可能性そのものであり、この可能性は身体と心の能力によって、また社会が子どもに与える教育によって実現されるのを待っている」と子どもの成長と教育との結びつきを語っている。

（3）エリクソンの心理・社会的発達理論

アメリカの発達心理学者、エリク・ホーンブルガー・エリクソン（Erik Homburger Erikson, 1902-1994）は、人間の生涯にわたる発達について、**アイデンティティ**（identity）と言う概念を用いて社会と経験の効果を考え、八つの段階で構成された発達段階・人生周期（life cycle）を作り上げた（Erikson, 1959）。アイデンティティとは、自分のなかにある「同一性」「主体性」であ

表 3-2　エリクソンによる心理・社会的発達段階表　（浜名，1978）

発達段階	A 心理・社会的危機	B 重要な対人関係の範囲	C 心理・社会的様式	D 基本的活力
乳児期	信頼 対 不信	母親またはそれに代わる人	得る　お返しに与える	希望
幼児前期	自律性 対 恥、疑惑	両親またはそれに代わる人	保持する　手放す	意志力
幼児後期	積極性 対 罪悪感	基本的家族	思い通りにする（追いかける） まねをする（遊ぶ）	目的性
児童期	生産性 対 劣等感	近隣 学校	ものを作る（完成する） ものを一緒に作る	自信
青年期	同一性 対 同一性拡散	仲間集団と外集団 指導性のモデル	自分自身である（または自分自身でないこと） 自分自身であることの共有	誠実
成人前期	親密と連帯 対 孤立	友情・性・競争 協力の相手	他者のなかで自分を失い、発見する	愛
成人期	生殖性 対 自己吸収	分業と協同の相手	世話をする	配慮
成熟期	完全性 対 絶望	人類 わが種族	過去からそうであったように存在する 存在しなくなることに直面する	英知

解説

「A」心理・社会的危機：各発達段階で人が乗り越えるべき課題を示している。
「B」重要な対人関係の範囲：課題達成をＢ欄で示した範囲の人との間で果たす。
「C」心理・社会的様式：課題達成をＣ欄で示した様式を通して果たす。
「D」基本的活力：基本的活力・徳力が獲得できる。

るが、その内容は「自分の正体」「自分の存在証明」を意味する。言い換えれば、自分自身を認め、自分らしさを形成していく過程ともいえる。さらに、すべての発達段階には固有の「**発達的な危機**（psycho-social crisis）」があり、それを乗り越えることにより次の高次な段階へ進むことができる。石田

(1995a) は、エリクソンの「発達的な危機」とは、「子どもの内面的な欲求と社会から期待されているさまざまな基準とのジレンマである。したがってこれを克服することによって、基本的な自己機能や自己認識が獲得できる」と述べている（**表 3-2**）。

エリクソンは、児童期の心理・社会的危機状況は「**生産性 対 劣等感**」として考察している。この時期、子どもは非常に大きな「好奇心」である「知りたい」「学びたい」と言う願望をもっている。そしてこの「好奇心」をもって学校、社会、家庭などで、自分が生活活動する場で有用とされる文化や技術を獲得してゆく。さらに外界に目を向け、新しい物事を知り、好奇心を満足させ、勤勉に学習への努力を続け、「やればできる」という知的作業を完了する喜びや達成感を獲得する。主にこの過程は、学校生活という集団活動の場で行われる。また反面、知的作業に全力で取り組むことや、物事を上手くこなせない場合、周囲の仲間との比較によって劣等感を抱くこともある。

児童期は幼児期の家庭内生活から本格的な学校教育がはじまり、知識の獲得と技能の修得が中心的課題となる、これまでに体験したことのない新しい世界、学校と言う集団の場でさまざまな外的刺激を受けることになる。子どもたちの関心は外界に向けられ、行動範囲や仲間関係、社会的役割も広がりを見せ活発化していく。そのため児童期は、人として**勤勉性**を育てる非常に重要な人生の時期であると青木（1998）は主張している。子どもは自分の能力や他者からの評価や他者との比較を通して、優越感や劣等感を感じながら勤勉性と自己信頼感を育て、「自分は自分である」と言う**自己概念の基礎**を青年期に向かって育み形成していく。

3　児童期の身体と心の発達

（1）身体発育

児童期の身体発達は幼児期と比べて神経系や筋肉などの発達が著しく、就学前の幼児期のあどけない顔立ち、頭部が身体全体の大きな割合を占める体型から整った体型へと発育する。なかでも、児童期で達成される身体部位の協応動作を必要とする運動技能（走る・跳ぶ・平衡をとる・ボールを投げる）の進歩は、生涯においてもっとも重要な基本的運動技能の学習である。

表 3-3 児童期における身長と体重
(文部科学省, 平成30〈2018〉年度)

	年齢(歳)	身長(cm)		体重(kg)	
		男子	女子	男子	女子
	6	116.5	115.6	21.4	20.9
	7	122.5	121.5	24.1	23.5
	8	128.1	127.3	27.2	26.4
児童期	9	133.7	133.4	30.7	30.0
	10	138.8	140.1	34.1	34.1
	11	145.2	146.8	38..4	39.1
	12	152.7	151.9	44.0	43.7
	13	159.8	154.9	48.8	47.2

表 3-4 児童期における年間発育量
(表 3-3 より算定)

歳時	身長(cm)		体重(kg)	
	男子	女子	男子	女子
6－7	6.0	5.9	2.7	2.6
7－8	5.6	5.8	3.1	2.9
8－9	5.6	6.1	3.5	3.6
9－10	5.1	6.7	3.4	4.1
10－11	6.4	6.7	4.3	5.0
11－12	7.5	5.1	5.6	4.6
12－13	7.1	3.0	4.8	3.5

上記の**表 3-3**、**表 3-4** は、文部科学省・平成 30(2018) 年度の学校保健統計(学校保健統計調査報告書)に基づいた身長・体重の伸びを示したものである。

学校保健統計調査報告書・統計(**表 3-3**)により、児童期の身長・体重の伸びについては、男女ともに安定した成長が示されている。年間の発育量について注目すると男子では身長・体重ともに、幼児期から児童期に発達段階が進む 6-7 歳、思春期への前段階である 10-11 歳に発育量の大きな伸びが確認される。女子では身長・体重ともに、児童期から思春期にかけての 9-11 歳に発育量の大きい伸びが確認できた。いずれも次の発達段階思春期への準備が始まっていることが見て取れる(**図 3-2**、**図 3-3**)。

児童期を通した年間発育量の大きさは男子が女子を上回るが、身長・体重では 10 歳頃より 11 歳頃までの一時期、女子が男子を上回る逆転の傾向が生じていることが注目される。このことは女子の身体発達において、男子より早い時期に思春期への始動が始まっていることに関係していると推察できる(**図 3-4**、**図 3-5**)。

加えて運動機能の発達は単に身体面だけでなく、精神発達の種々の側面の発達にとっても不可欠であり、特に子どもの自己概念や社会性や情緒の発達にとって、基本的に重要な要素になりうると村田(1981)は主張している。

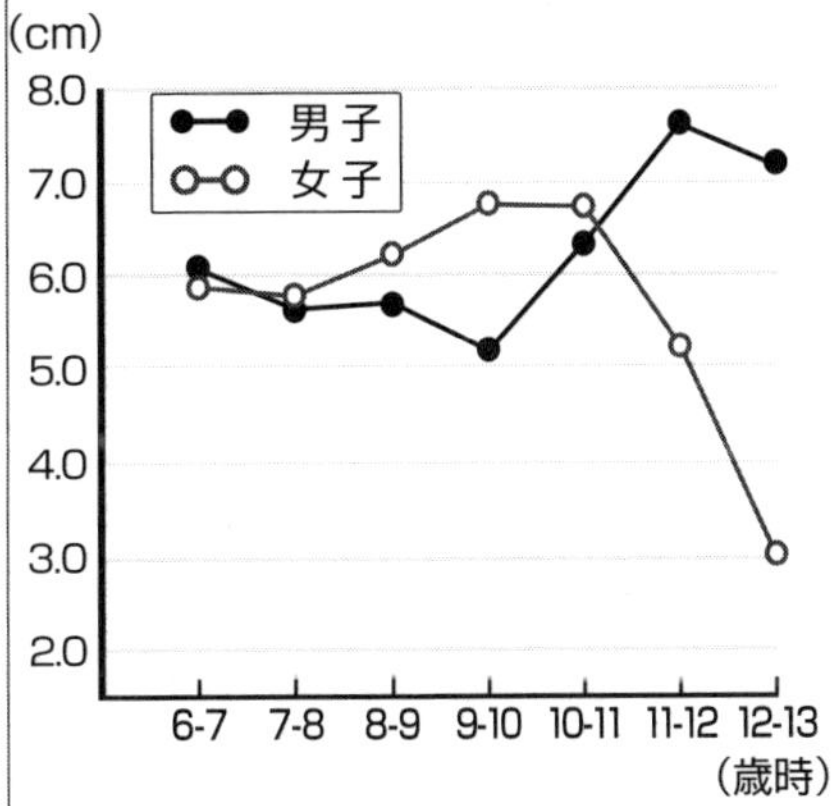

図 3-2　児童期における
身長の年間発育量

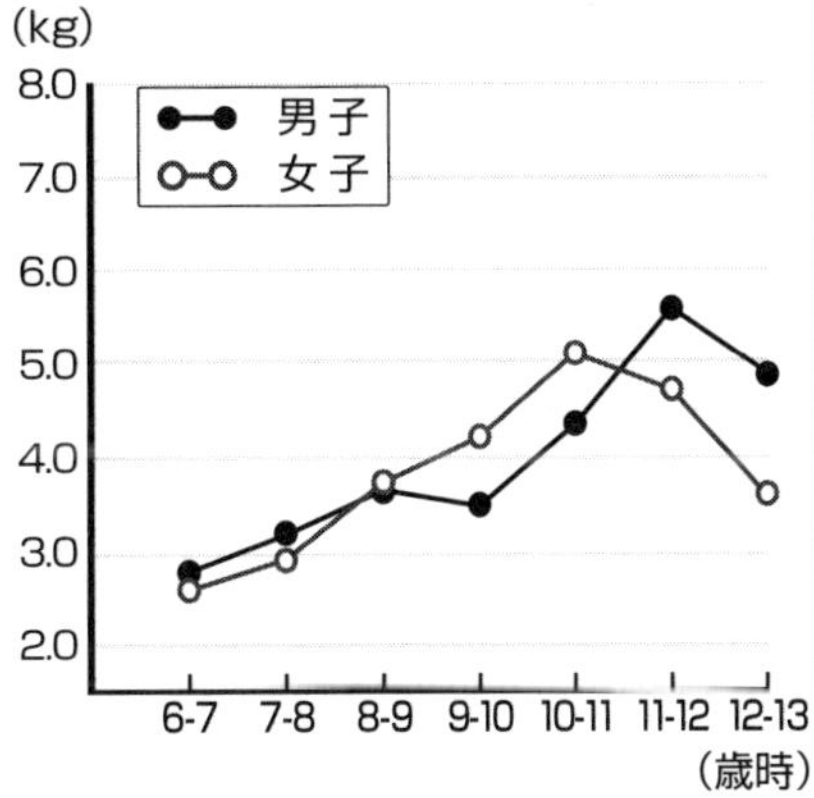

図 3-3　児童期における
体重の年間発育量

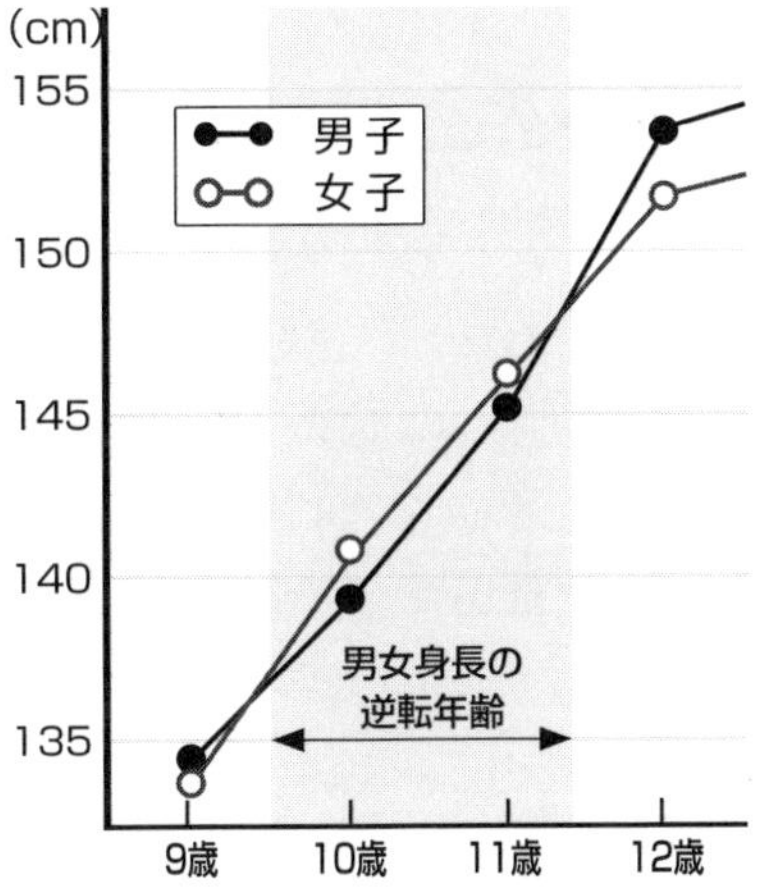

図 3-4　10−11 歳頃の身長の変化

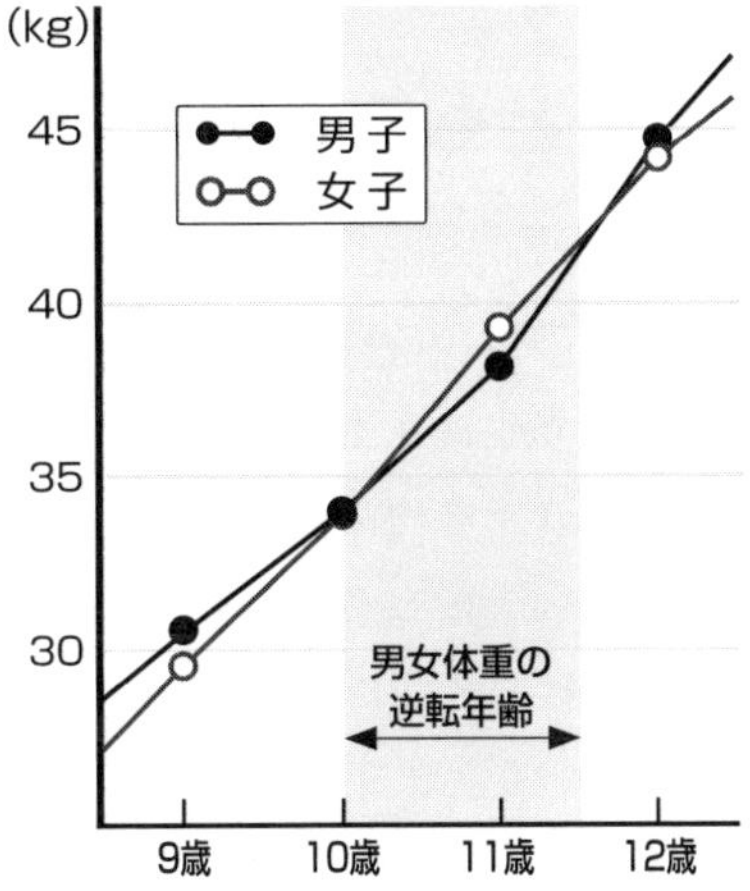

図 3-5　10−11 歳頃の体重の変化

（2）児童期の心・感情と表現の発達

渡辺（2011）は児童期の子どもたちの考えや行動を知る上で重要とされている心的状態の「**感情と表現の発達**」について、まだわからないことがたくさんあると前提して、児童期（6、7 歳～ 11、12 歳）の「感情」の発達特性を「**表現すること**」と「**理解すること**」に分けて論じている。

「表現すること」では、感情の表出のしかたが精錬され、「正しい」「優れる」など、自分の内在化した基準に照らして感情を意識できるようになる。ただ、「悲しい」「嬉しい」と言う単純な表現から、「とても嬉しい」とか「嫌な気持ちになる」など、自分の感じ方の程度や状況を、細やかな表現で説明することが可能になり、表現の多様化が発達の特徴となる。

「理解すること」では、人によっての感じ方の違いがわかることや、自分自身が相反する混ざり合った複数の感情をもつことを意識するなど、自分の感情の原因を理解することが可能になる。さらに、よりポジティブ、ネガティブ、双方の気持ちを同時に感じ取れたり、二つ以上の気持ちが入り混じった複雑な気持ちをもつことに、自分自身で気が付くようになることを重要視している。

コラム4

子どもの心を考える——校長先生のお話より

私の学校の校長先生は、校長先生のなかでも珍しい作曲家の先生です。先生は吹奏楽や合唱の曲をたくさん作曲しています。私が校長先生を好きな理由は、「全校朝会のお話」が楽しいからです。先週の「全校朝会」のときでした。体育館のステージには大きなピアノがあります。校長先生はこう言いました。「今日は、みんなの心を一つにする魔法をつかいます」と言って、ステージのピアノのふたを開け椅子に座りました。何がはじまるの？……私も、みんなも、注目の一瞬……。なんと《パプリカ》の曲がピアノから体育館に流れはじめました。校長先生がピアノを弾いています。もう、みんなの身体は自然に動き始めています。あのリズムにのり、大合唱が体育館にひびいていました。その時、思いました。「たのしい、みんなで歌うと」と、クラスにもどる廊下でもクラスのみんなと歌っていました。担任の先生も何だか嬉しそう……それ以来「全校朝会」が待ち遠しくなりました。学校の廊下で校長先生に会ったとき、私は友だちといっしょに勇気を出して聞いてみました。「校長先生、次の全校朝会のお話は何ですか？」校長先生は「少しみん

この「**入り混じった感情**」について経験すること自体は、乳児期からあることを久保（1999）は指摘している。愛着パターンの研究：ストレンジ・シチュエーション法におけるＣ型・アンビバレント群の子どもは、両価的（親との分離時に強い不安と混乱を示す。再会時には親への身体接触を求めるが、その一方で強い怒りを示す）な感情を抱いていると推測される（Ainsworth, et al., 1978）。

つまり、このような入り混じった感情を経験することは、発達の早期からあると考えられるが、その感情状態を対象化して想像、認識できるのは、児童期中期から後期にかけて可能になることが、久保の研究では示唆されている。

河合隼雄（1990）は、心理療法の経験により、「小学校4年生」について、子どもから大人になるための大切な第一関門が9歳から10歳頃にあり、人間

なには難しいかもしれませんが、日本の季節・四季についてお話をしましょう」と答えました。私は次の「全校朝会」をわくわくしながら待っていました。「校長先生のお話」は『美しい季節になりました。今日はみなさんに季節についてお話をしたいと思います。みなさんは季節のなかで、どの季節が好きですか？』と聞きました。私は「春」と大きな声で答えました。少しむずかしかったけど「二十四節気」という言葉は「立春」や「春分」のことだとわかりました。

そして春は青・夏は朱、赤・秋は白・冬は黒と昔の人からの季節の色も覚えました。校長先生のお話は、今まであまり聞いたことがなかったお話でした。でも少し大人になった気分になりました。数日後の昼休み、校長先生が私のクラスに入ってきたときのことでした。校長先生は「みなさん、全校朝会の話をおぼえていますか？」と聞きました。クラスのだれかが「春と言えば」と言うと「青」「白」「赤」など次つぎにみんなが季節の色を言いました。「校長先生、わたし秋が好きなの」「せんせい、あのね春が好き」「わたしは……」「おれは……」となかには「ぼくシューマンが好き、ラフマニノフも好き」と昼休みの教室は大さわぎになりました。

＊ 本コラムにご協力賜りました田嶋勉校長先生と児童のみなさまに、心より感謝と御礼を申し上げます。

の発達の重要な節目であることを指摘している。さらに、心理療法において、大人とまったく同じ神経症の症状に悩まされる子が出てくると、この頃の発達の特徴を次のように述べている。「小学校4年の頃は、第二次反抗期の前哨戦のような時期である。この年齢のときに、子どもは子どもなりの自我を確立しようとする。そのようにして出来上がってきた自我は、次に性の衝動をどう受けとめるかという大変な仕事に取り組まねばならず、それが青年期の課題となるのだが、小学4年生はいまだそのような課題とは直接関わりをもたない。しかし、両親の庇護を離れ、何か自分なりの世界をもたねばならない、言い難い自負と不安とを共に体験する時期である」と臨床家のまなざしをもって子どもの心の深淵を意味深く語っている。

すべての子どもに個人差はあるが、児童期の子どもには、大人の身体に近づくための生理的変化の兆しや、論理的な考え方や抽象的な思考能力の高まりが急速に発達する。児童期のこれらの変化にともなう感情の複雑さに、周囲の大人が寄り添い理解し、その発達を促すためにも、きめ細かい思いの対応や支援の方法に慎重さが求められている。

●2節 認知と学習

児童期の子どもは、遊びが中心であった幼児期と比べ、学校での学習が生活の中心になってくる。児童期の子どもの認知発達もまた著しい。この時期の子どもにどのような認知発達があり、どのような学習が可能になってくるのか、また、特に小学校中学年以降の学力や学習意欲はどう変化するのかを見てみよう。

1 認知の発達

(1) 低学年

①前操作期から操作期へ

ピアジェによれば、7、8歳以降、具体的操作期に入る（**表2-1**〈24頁〉参照）。直観的思考段階では、論理的な思考は難しかったが、具体的操作期になると、目に見えるもの、経験したものであれば、論理的な操作ができるように

段階	系列化の水準	代表的な行動結果
0	系列化をまったく理解していない	
1	棒の長短を区別する	
2	試行錯誤によって部分的な系列をつくる	
3	試行錯誤によって完全な系列をつくる	
4	はじめから完全な系列を予想する	

長さの異なる10本の棒を短いものから長いものへ順番に並べることは、4歳児ではほとんど半数の者ができない（段階0）。6～7歳児では試行錯誤によって系列化することがあるが、一定のプランをもたない（段階3）。7～8歳になって過半数の者が一定のプランをもって体系的に系列化することができるようになる（段階4）。

図3-6　系列化の発達（村田, 1990, p.129）

なる。この時期の子どもにピアジェの用いた課題としては、保存概念の課題が良く知られている（**図3-1**〈38頁〉参照）。たとえば、直観的思考段階の子どもは見た目にとらわれて保存課題に失敗するが、具体的操作期では、保存概念が獲得され、量の保存課題においても、「増やしたり、減らしたりしていないから水の量は変わらないよ」と答えることができる。このように、具体的操作期の子どもは、幼児期の自己中心性から脱して（脱中心化）、思考上元にもどしたりするといった論理的に可逆的な操作ができるようになる。

この他にも、具体的操作期には、系列化やクラス化が発達してくる。系列化については、たとえば、**図3-6**のような長さの異なる棒を並べるという課題が

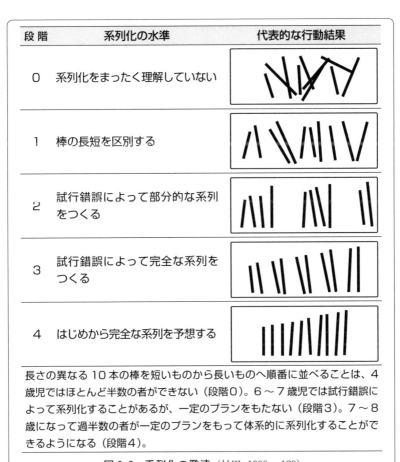

ある。前操作期の子どもでは、試行錯誤でなんとか並べることができるが、具体的操作期になると、たとえば、まず、一番小さいものを見つけ、次は残りの棒のなかで最小のものを見つけようというようなプランをもって並べることができるようになる。また、概念の理解が進み、「バラと花はどちらが多いか」という質問に「花」と正確に答えられるようになる。

②知的リアリズム

この時期には、描画に変化がみられる。幼児や小学校低学年の子どもの描いた絵をみると、たとえば、家のなかで人がテレビを見ている場面など、自分が知っていることを描く傾向がある。これを知的リアリズムと呼ぶ。児童期では、この知的リアリズムから、見たままを描くという視覚的リアリズムに変わっていく。

図 3-7 は、取っ手がついている花模様のあるコップを見せて、取っ手は見えず花模様だけ見えるようにして子どもに絵を描かせた結果の図である。子どもは 7 歳くらいまでは見えない取っ手も描いてしまうことがわかる。

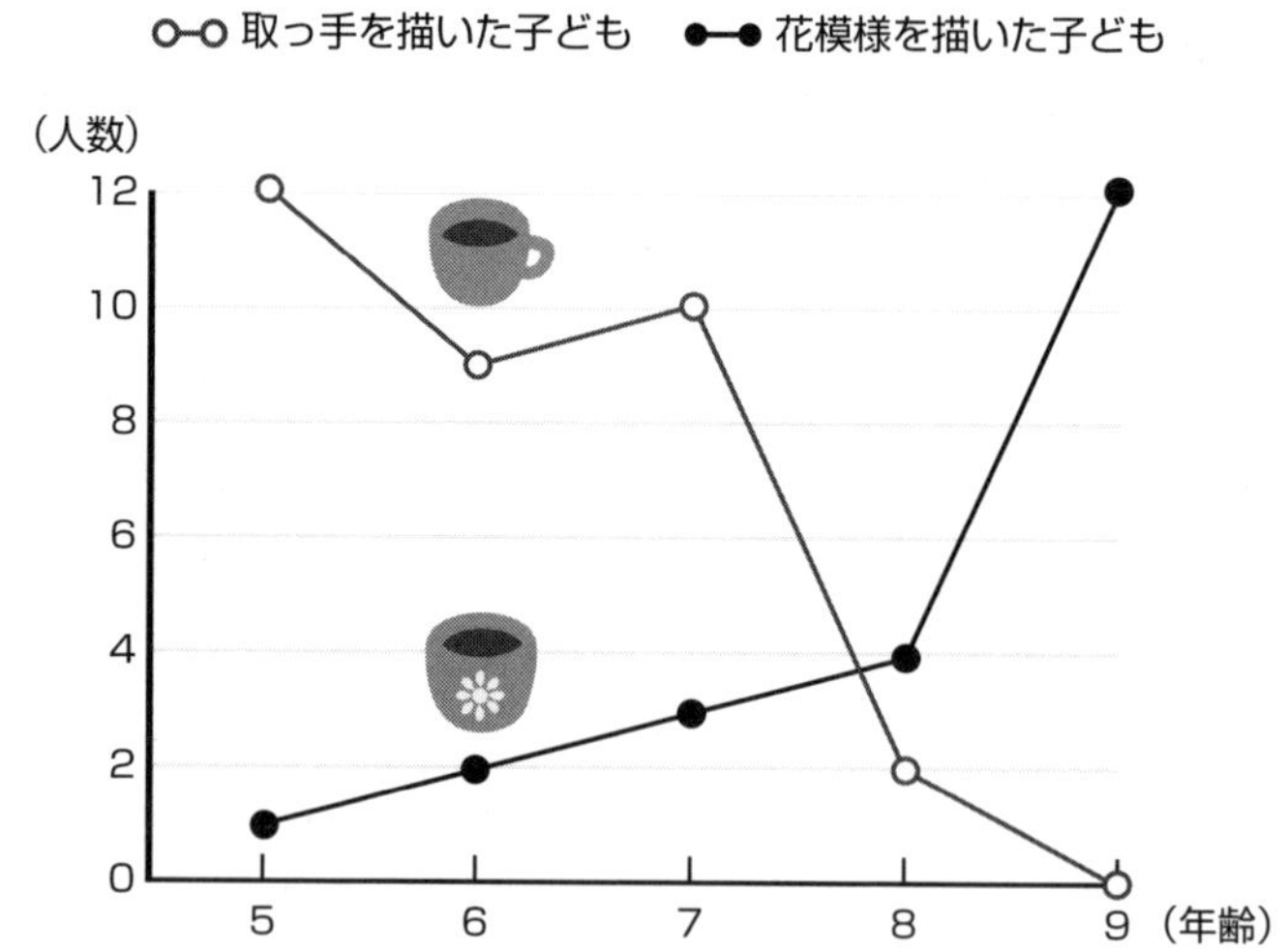

図 3-7　知的リアリズムから視覚的リアリズムへ（川島, 2001, p.74 を改変）

（2）高学年

①具体的操作期から形式的操作期へ

ピアジェの理論では、11、12歳頃になると、形式的操作期に入る（**表2-1**〈24頁〉参照）。具体的操作期では、論理的操作は具体物に対してのみ可能だったのが、抽象的な事物や仮定に対しても論理的推論ができるようになる。

たとえば、クラスの実在する子どもの名前を3人あげて誰が背が高いかという質問は簡単だが、実在しない子どもについて「リカはサキより背が高い。ユミはサキより背が低い。では、一番背が高い人はだれ？」という質問は、言語を使って仮定にもとづく推論をすることになるため、具体的操作期の子どもにはむずかしい。AはBより高い、CはBより低いという抽象的な記号を使うとさらに難しくなる。ピアジェの振り子課題は、この時期の子どもの認知発達を良く表している。振り子の振れる速さは紐の長さや重りの重さなど何の要因が関連しているか、という質問をする。すると、子どもは、紐の長さが関係していると推測すると、紐の長さを変える一方で、他の要因は一定に保つことができるようになる。具体的操作期の子どもは、紐の長さを変えると同時に他の要因も変えてしまい、一つの要因の影響を見出すことができない。

②メタ認知

小学校高学年の頃には、メタ認知が発達してくる。メタ認知のメタとは「高次の」という意味があり、メタ認知とは、自分の認知を客観的視点で見るということを意味する。たとえば、学習中に、「自分はここがわかっていないな」と気づいたり、「わかるためにどうしたらよいか」と考えてやり方を変えるというように、自分を第三者の視点で見て、自分の行動を適切な方向へもっていくことができるようになることを指す。前者がメタ認知のモニタリング（監視）機能であり、後者がコントロール（制御）機能である。メタ認知が発達して、自分の記憶や学習方法について理解がすすむと、「私はここがわかっていないので、明日、先生に質問しよう」というような自主的な学習につながることになる。高学年になるにつれメタ認知を引き出す教育が重要になってくる。

2 学力と知能

(1)学力における9、10歳の壁

学力とは、学校での教科の学習を通して獲得される能力と定義される(黒田, 2013b)。教育の世界では、学力における「9、10歳の壁」という用語を良く耳にする。学力における9、10歳の壁とは、もともと、聴覚障害児教育で、「9歳の峠」という言葉が使われていたことから生まれた言葉である。聴覚障害児の多くが、9歳頃、学力につまずくことが多いことは知られていたが、これが普通の子どもの小学校3、4年生の学習のつまずきと重なり合い、心理学や教育学の世界で「10歳の壁」という呼び名になったと考えられている(渡辺, 2011)。

実際、一般の児童期の学力について調べた研究(天野・黒須, 1992)によれば、小学4年生から国語と算数について学習遅滞児が増加することがわかっている(図3-8)。

小学校中学年あたりから、教科書の内容は少しずつ抽象的になる。それとともに、認知の質的な変化が学習の質的な変化とうまく合う場合の子どももいれ

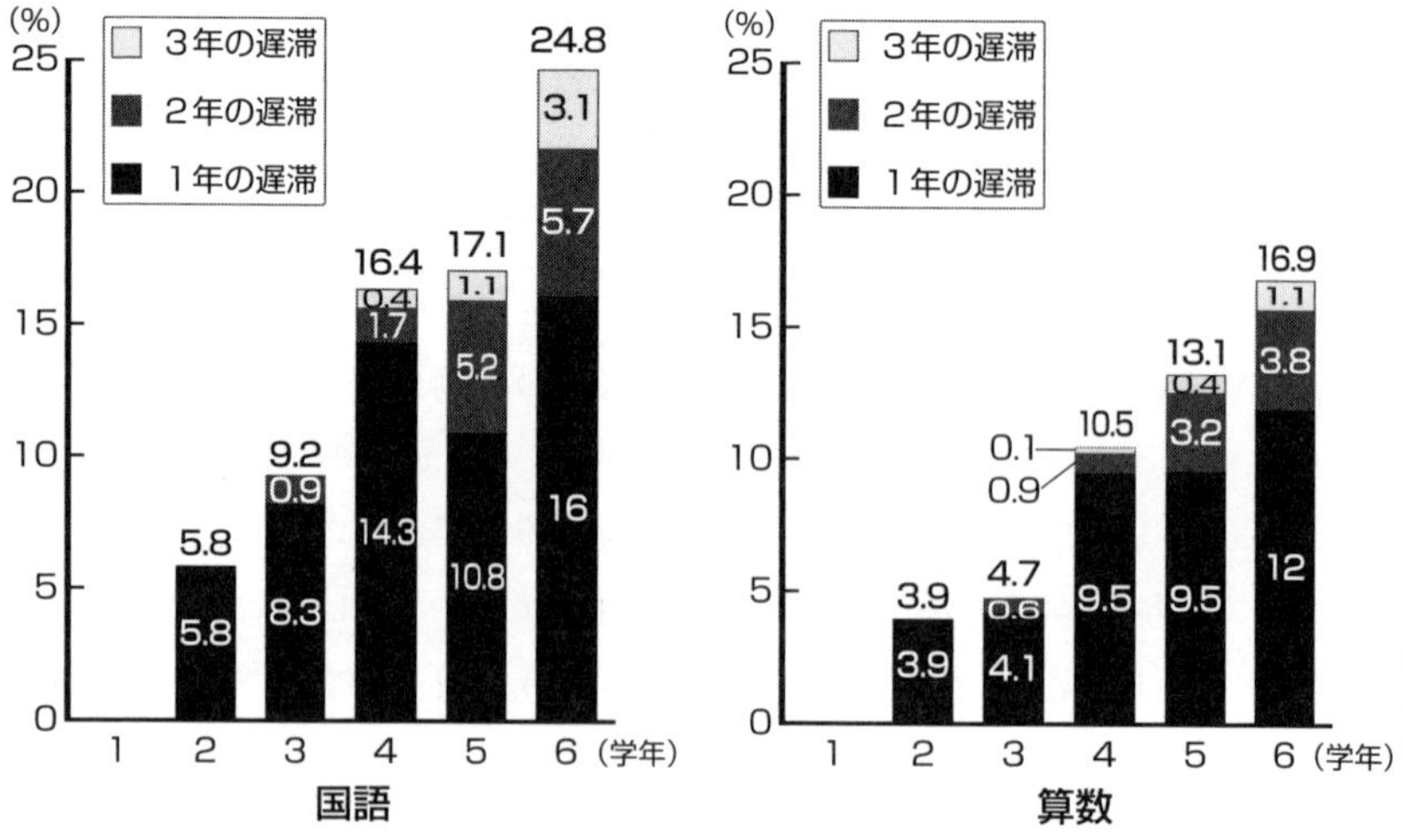

図3-8 小学校各学年における国語と算数の学習遅滞児の割合(天野・黒須, 1992)

ば、スムーズに移行できず停滞してしまう子どもも出てきて、学習の理解には個人差が広がるのである。9、10歳の壁は、停滞というよりはむしろ、子どもの飛躍のときと受け止め、大人はその認知的な変化を見守ることが重要だともいえるだろう（渡辺, 2011）。

（2）学力と知能

学力と知能の間には、密接な関係がある。たとえば、宮本（2019）の調査では、国語と算数の知能偏差値と学力テストの結果（偏差値）との相関は、小学校低学年の間は、0.4～0.5の間であるが、小学校3年生から知能と学力の相関は0.7程度を示し、非常に関連が強くなり、以後、その関連はほとんど変化しないことが示されている。つまり、知能が高い子どもほど学力も高いという関係は、小学校中学年から強く安定したものになる。

しかしながら、子どものなかには、知能水準にくらべ、学力が非常に低い、あるいは逆に高いといった学力と知能のバランスが悪い子どもがいる。知能水準と比べて学力の低い子どもを**アンダー・アチーバー**といい、これと反対に、知能水準と比べて学力が高い子どもを**オーバー・アチーバー**という。アンダー・アチーバーは、学習する習慣が欠如していたり、勉強の仕方がわからないなどの学習スキルが欠如していたりする可能性がある。

（3）学習への動機づけ

児童期の子どもは学校での学習が生活の中心であるので、学習への意欲は子どもにとって重要な課題である。「勉強したい」という意欲は、心理学では、学習への動機づけという。動機づけとは、人を行動にかりたてる原動力であり、その過程と定義される。

学習に対しておもしろさや楽しさを感じるので勉強するというときの動機づけは、内発的動機づけと呼ばれる。これと反対に、外から褒美をもらいたいから勉強するようなときは、外発的動機づけと呼ばれる。かつては、外発か内発かという対立的な動機として位置づけられ、外発的動機づけより内発的動機づけによる学習が望ましいと考えられていた。しかし、自律性の観点を取り入れた**自己決定理論**（Deci & Ryan, 2002）によれば、外発的動機づけはいくつかの段階があるとされ、「外的調整」「取り入れ的調整」「同一化的調整」と分類されている。「外的調整」とは、外的な報酬や他者からの働きかけで学習に取り組むもので、「取り入れ」とは、不安や恥ずかしさを減らすため、「同一化的調整」は、学習内容に個人的な価値や重要性を見出し、積極的に取り組む動機づけである。この順に自己の関与が深く、自律的になっていく。**表 3-5** は、実際に、子どもがどのような動機づけから学習を行っているかを尋ねる場合の具体的な項目例である。

宮本（2019）は、**表 3-5** の尺度を使い、小学４年生から６年生までの３年間の各動機づけの変化を見ている。**図 3-9** はその結果を示したもので、内発調整は学年とともに下がっていることがわかる。

このように、学習内容が難しくなるにつれ、「おもしろいから」という動機づ

表 3-5　自己決定理論による学習の動機づけ尺度項目の例（竹村・小林, 2008）

動機づけ	質問項目の例
外的調整	親に怒られたくないから
	先生にうるさく言われたくないから
取入調整	成績が悪いと恥ずかしいから
	わからない事が多いと恥ずかしいから
同一化調整	将来の役にたつから
	自分のためになるから
内発調整	勉強をすると楽しい気持ちになるから
	勉強がおもしろいから

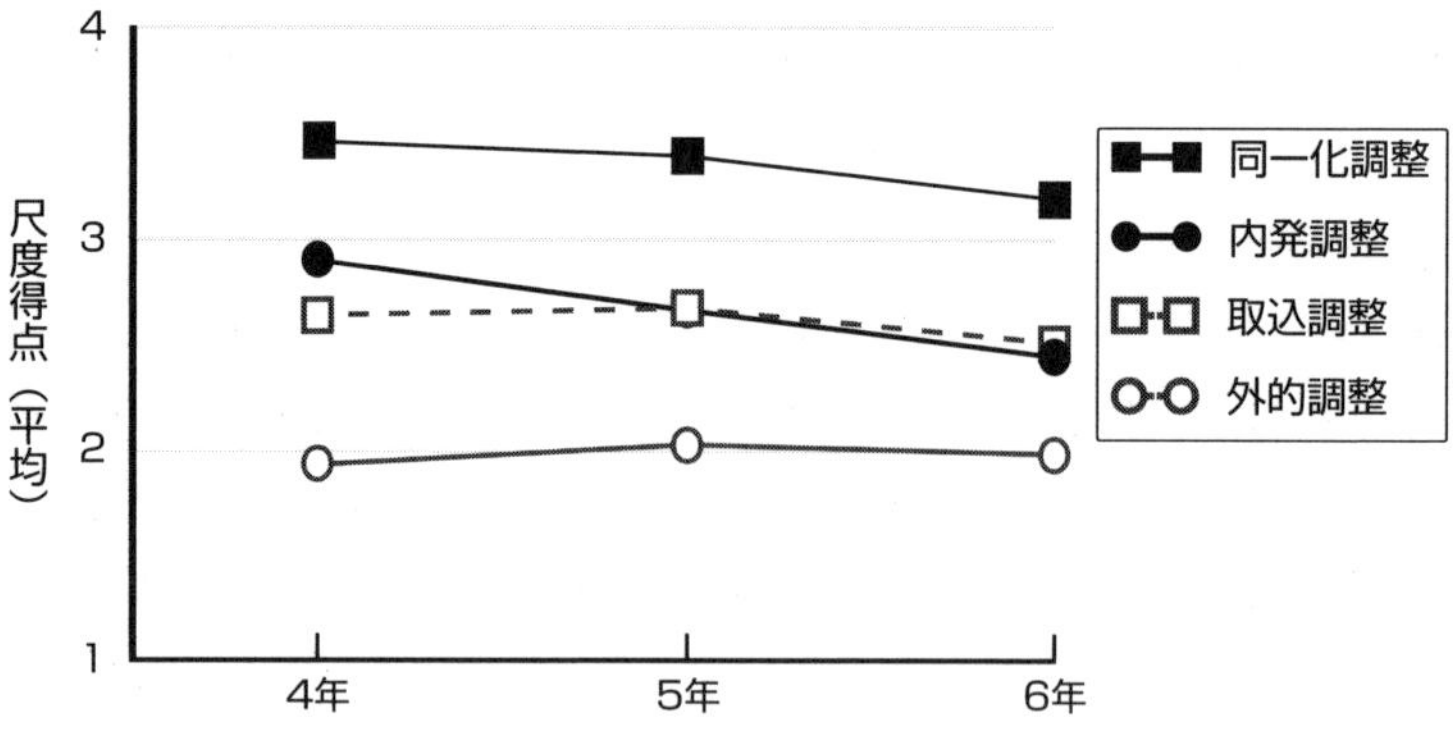

図 3-9　動機づけの発達的変化（宮本, 2019）

けで学習を維持することが難しいことがわかる。動機づけは、学業成績とも関連がある。小学生の段階では、学業成績は、内発的動機づけと同一化調整が高い子どもほど成績が良い（宮本, 2019）ので、高学年ほど同一化調整的な、すなわち自分にとって役に立つような目標を立てることが大切になってくると考えられる。これは、前述したメタ認知の発達とも関連がある。自分を客観的にみて、自分なりの目標をたてることが重要になっていく。

（4）道徳性の発達

児童期は、何が良いことなのか、どうふるまうべきなのかという社会規範の学習が進む時期でもある。この領域は、認知発達と密接な関係があり、善悪の判断を道徳性の判断として認知的な観点でみた主な理論を紹介する。たとえば、ピアジェは、子どもに個別に図 3-10 のような物語を聞かせ、そのなかの子どもの行動について善悪を判断させた。その結果、8、9歳を境に損害の多い方が悪い（マリーが悪い）と考える結果論的な判断から、損害よりも動機を

結果論と動機論――どちらが悪いでしょう（ピアジェの類似問題）

マリーは、お母さんのお手伝いをしていて、誤って、お皿を割ってしまいました。お皿がたくさん割れました。

ジュリーは「台所で遊んではいけません」と言われているのに、ふざけて、お皿を１枚割ってしまいました。

図 3-10　道徳性判断の問題（川島, 2001, p.160）

表3-6　コールバーグによる道徳性の発達段階（荒木, 1988）

Ⅰ　前慣習的水準
段階0：自己欲求希求志向
段階1：罰と従順志向（他律的な道徳）
段階2：道具的相対主義（素朴な自己本位）志向
Ⅱ　慣習的水準
段階3：他者への同調、あるいは「よい子」志向
段階4：法と秩序志向
移行期
Ⅲ　慣習以降の自立的、原則的水準
段階5：社会的契約、法律尊重、および個人の権利志向
段階6：普遍的な倫理的原則（良心または原理への）志向

重視する動機論的な判断（ジュリーが悪い）をするようになることを見出した。また、ピアジェは、規則に対する考え方も、幼児期の自己中心的な考え方から脱するように、7歳から8歳以降に道徳性判断の転換期があると考えた。幼児期の自己中心性が強いときは、ルールは権威のある他者が決めた絶対的なもので破ることができない（他律的判断）と考えるが、7、8歳を過ぎるとルールはメンバーがお互いに同意すれば、ルールを変えることができるもの（自律的判断）と次第に柔軟に考えることができるようになる。アメリカの心理学者であるコールバーグ（Kohlberg, L.）は、ピアジェと同じように道徳判断に認知的発達を重視したが、道徳的な判断は、20歳すぎくらいまで段階的に発達すると考えた点はピアジェと異なっている。コールバーグは、子どもに判断に迷うような話を聞かせてその反応から子どもの判断の段階を知る手続きを用い、**表3-6**の段階1～6から成る3水準6段階に分類した。児童期では、第2段階と第3段階の子どもがもっとも多い。

一方、チュリエル（Turiel, 1983）は、ピアジェやコールバーグが道徳的規則をひとまとめにしていることに反対し、社会的規範が道徳、社会的慣習、個人という三つの独立した領域から構成されるとする領域特殊理論を提唱した。道徳は、盗みや殺人、いじめという正義や権利に関する領域で、社会的慣習領域は、制服の着用など集団によって変化し得るもの、個人領域は、趣味、友だちの選択など、自分で自由にできるものである。子どもは幼少期から直観的・

感覚的に道徳と慣習を区別していることが示されている（日本道徳性心理学研究会, 1992)。

この社会的慣習については、児童期中期から内面化されていく。社会的慣習の内面化については、箕浦（1990）の研究が参考になる。箕浦は、米国で暮らした日本人の子どもをインタビューして、文化に埋め込まれた意味空間のずれを、認知、行動、情動の三つの側面から検討している。その結果、9歳未満に外国で暮らし始めた子どもは、米国の文化の意味空間を違和感なく受け入れるが、11歳から13歳以降になると米国の文化を情動面まで含んで完全には受け入れることは難しくなることがわかった。これより、箕浦は、8歳から9歳頃に直接目では見ることのできない意味空間を感じ取ることができるようになり、それが内面化し始めることを示唆している。この時期は、たとえば、日本人なら、自分の意見はあまりはっきり言わないようにする、といった目に見えない社会的規範を内面化していく時期ということができ、その文化で生きる子どもにとって重要な時期といえるだろう。

●3節　児童期の社会性の発達

1 社会性の発達

人がモノとの関係ではなく、人との関係をもつことができることを、発達研究の分野では社会性とよぶ。「乳児の社会性の発達」などという用いられ方をされ、個人の対人関係能力とほぼ同義の意味と考えられる（鯨岡, 1995)。

社会性の発達は、個人が社会生活をする上で必要な、社会の習慣、規範、態度、知識、価値、信念等を身につけ、社会の一員として適切に行動できるようになる**社会化**のための過程を指している。社会性の発達すなわち、社会化のためには、他者との関係を築き、相手の要求を理解し、適切な行動がとれること、さらに自分の考えを相手に伝えられることが必要となってくる。これらの社会的能力を身に付け、自分が社会のなかでどのように位置づけられ、どのように行動すれば良いのかを認識し行動できる、自己認識の発達がなされることが、社会性の発達に結びついていく（石田, 1995b)。

2 仲間関係の発達

(1) 仲間関係の起源――母子関係と対人関係

ボウルビィ（Bowlby, 1969）は、養育者（主に母親）との間に形成された情愛的な絆を**愛着**（attachment：アタッチメント）と名づけた。愛着は世話をしてくれる養育者との関係の相互作用の質に応じて、自分の他者に関する認知的モデル・**内的作業モデル**（IWM：Internal Working Model）「愛着対象者との持続的な相互作用経験を通して、人の内部に形成される愛着対象者、および自己に関する心的表象」を形成する（Bowlby, 1973）。ボウルビィ（Bowlby, 1980）によると、内的作業モデルは、たとえば愛着対象者が支持的で適切な応答をするとき、子どもは愛着対象者に対して「自分を愛し、支援を与えてくれる存在」として安定した内的作業モデルを形成する。さらにそれに応じて、「自分が価値ある存在、愛され助けられるに値する存在」として、心的表象が可能になる。反面、愛着対象者が拒否的で非応答的である場合、子どもは愛着対象者を「拒否する存在」として内在化し、それに応じて「自分が愛され助けられるに値しない存在」であるという固定的な心的表象を作り上げてしまう。内的作業モデルは、乳児期、児童期の未熟な時期に徐々に構成され、加齢とともに可塑性が減じ、やがて安定性を増していく。すなわち、ボウルビィの内的作業モデルは、個人特有の**心的ルール**として、大概は意識外で、さまざまな対人関係において、時間的に安定した対人様式の働きをもつことが指摘されている（遠藤, 1992）。このような仕組みをもって人生早期に形成される内的作業モデルは、愛着の質と関わり、他の人間関係や仲間関係とも関連をもつ。そして、児童期の子どもの社会的行動・対人関係の質に関わるとする、**母子関係先行仮説**が示されている（井森, 1997）。

(2) 仲間関係の成り立ち

児童期は、小学校への入学により子どもの生活が大きく変化する時期である。学習を中心とした一日のスケジュールに、慣れていくことが求められる。

また、子どもの成長にともない、少しずつ親離れが進んでいく。そのような児童期の子どもたちを田中（1965）は、モレノ（Moreno, J. L.）によって考案された**ソシオメトリック・テスト**を用いて、友だちとなったきっかけ・動機を調査した。その結果を、次のように分類している。低学年の子どもでは、① **相互的接近**：学級内の席が近い、家が近い、いつも遊ぶ、通学路が同じ、この要因は年齢の上昇とともに下降する。すべての学年では、② **好感・愛着**：感じが良い、物を貸してくれる、親切である、など、表面的、環境的な理由、感情結合で選びやすい。高学年の子どもでは、③ **尊敬・共鳴**：成績が良い、性格が良い、気が合う、趣味が一致、など年齢とともに上昇する要因である。集団では、④ **集団的協同**：わからないところを教えてくれる、活動のリーダーであるなど、内面的な理由になってくる。友だちの選択理由は、学年により変化が見られ、小学校低学年ではクラスや席替えがあると仲間関係も変化が生じやすいが、高学年になると友だちの選択理由も深まり、内面的、心理的要因が考えられるため、状況が変化しても仲間関係は安定して維持されている。このような仲間関係は児童期の子どもにとって、どのような意味をもっているのだろうか。

（3）仲間関係の意味

児童期は、友だちとの付き合い方や、関係性の比重が次第に高くなる時期である。友人の存在は親とは違う対等の関係を可能にし、安定した友だち関係が成立するなど、子どもの生活のなかで大きな位置を占めるようになる。仲間関係の重要な特質は、相互の類似性を基盤とした同等な関係にある。また、仲間関係の果たす役割は、人間の発達においてきわめて重要で、社会的機能の獲得や社会性の発達に寄与するとともに、情緒的な安定や認知発達にも関わっている（横川, 1995）。次に、仲間集団を通しての成長がもつ意味はどのようなものなのか、石田（1995c）は三つの観点を示しその意味を述べている。

a. 社会的学習の場

幼児期の子どもの社会的な学習の場は、親や大人とのタテの関係性をもった、受動的で服従的な色合いの強いものであった。しかし児童期においては、仲間との関わりのなかから生み出される、新しい対等の立場の**ヨコの関係**で、競争や協同をしなければならない関係性が必要とされる。また、児童期の仲間関係は、相互性や互酬性をともない、両者の関わりのなかで互いに満足を得たり、報酬を得る関係でもある。時には、自分の感情や主張、行動や欲求を押さえなければ、拒否されたり仲間に入れてもらえない場合もある反面、自分を主張することが必要なときもある。このようなさまざまな経験を通して、仲間との関わり方や社会のルールや規範を学習する。

b. 自己意識の発達

子どもは、互いに仲間と接触することで、自分を客観視することが可能になる。さまざまな仲間との関わりを通して、自分の性格や能力を比較し、他者からの評価を知る機会を得る。そして、自分は仲間からどのように評価されているのかを知り、自己評価ができるようになる。このような仲間との関わりの経験を積み重ね、自分自身への認識を深め、仲間の一人ひとりが**個性をもった唯一の存在**であることを理解していく。

注意すべき事柄として、仲間との比較は劣等感や意欲の喪失につながり、不適応感より不登校や、非社会的行動、反社会的行動の要因になる場合もあることを、踏まえておく必要がある。

c. 指導者としての仲間

子どもたちは、仲間と関わり合うなかで、仲間より多くのことを教えられる。たとえば、小学校におけるグループの話し合い学習では、互いの知識を交換し、理解や思考過程を共有するだけでなく、学習に対する態度や社会的態度を学ぶことができる。子どもたちは話し合いや学習活動をするなかで、仲間と情報交換を行い知識や思考過程を共有する。このような相互の言葉で教え合い学び合うことにより、理解が深まり、自分の考えや意見を相手に伝えることや、相手の意見を聞く態度が培われていく。**仲間をモデル**とした社会的学習と学習に対する動機づけも高まる効果を生みだしている。

■ 3 仲間集団の発達

児童期における「仲間」とは、年齢や立場がほぼ等しく、興味、関心をともにする者のことを指している。小学校に入学し高学年になるに従い、仲間との関係性の重要度が増してくる。やがてその存在が親よりも大きくなり、親離れが少しずつ進んでいくことになる。このようにして子どもは、成長とともに仲間との関係性を深め、さまざまな様相の仲間集団を作っていく。

保坂・岡村（1992）によると、児童期から青年期の仲間グループは、その特質により、**ギャング・グループ**、**チャム・グループ**、**ピア・グループ**に分けられている。

（1）ギャング・グループ（gang-group）

児童期中期から後期の年齢の児童は、さまざまな遊びを通して友人関係を形成する。なかでもギャング・グループは、同性（男児）、同年齢の集団で構成され、きわめて排他的で閉鎖性が強い。グループ内では同じ遊びをするといった同一行動が前提となり、同一性と一体感が重視される。メンバーだけに通用するルールや約束をもち、力関係による役割分化が存在する。メンバーとの強い結びつきは家庭（親）の関わりより重要になってくる。このことは、小学校高学年頃からの思春期・青年期に移行する発達課題である「自己の発展」や「両親や他の大人からの情緒的独立」への兆しとも考えられる。「ギャング」と言う名称の由来は、大人から禁じられていることを仲間と一緒にやることから名づけられている。

（2）チャム・グループ（chum-group）

チャム・グループは、サリヴァン（Sullivan, 1953）のいうチャム（親友：chum）を語源とする思春期前期の中学生にみられる仲間集団である。基本的には同性の集団で、主に女子の成員で構成されている。同じ趣味、関心、自分たちだけの言語を作り出し、その言語がわかるのが仲間であるという、同一言語による一体感の確認を特徴とする。また、サリヴァンはこの時期、児童期の友人関係を特に重視し、「児童期に入るとともに、人は**生き方を分かち合うような仲間**を強くもとめるようになる」と、この欲求のめざめを重視している。

（3）ピア・グループ（peer-group）

高校生ぐらいからの仲間集団で、男女混合や年齢に幅がある場合もある。児童期から思春期後期頃の、ギャング・グループ、チャム・グループとの関わりを経て、互いの価値観や理想、将来の希望や夢などを語り合う関係性をもつ。さらに、互いの共通点や類似性を確認し、異質性を認め合い、自己と他者との違いを明らかにするプロセスを経て、その違いを乗り越えたところで、自立した個人としての自己の確立と他者理解が生まれる。

これらのグループの特徴について保坂（1996）は、次のように述べている。「ギャング・グループでは主として**無条件の積極的関心**、チャム・グループでは主として**共感的理解**、ピア・グループでは主として**純粋性**が伝わって来る仲間の態度、ないし仲間集団全体の風土（雰囲気）をもち、その特徴は集団にとって重要な意味をもっている」と指摘している。

近年の子どもに関わる仲間関係について、さまざまな生活や学習環境の変化により、ギャング・グループの消失、チャム・グループの肥大化、ピア・グループの未形成の問題が指摘されている（萩原, 2013）。黒沢ら（2003）の仲間関係の発達尺度の研究では、仲間関係が必ずしも、ギャング・グループからチャム・グループへ移行するわけではないことが見出されている。

さらに、國枝・古橋（2006）は、福岡県の小学校2年生、4年生、6年生の児童を対象として友人関係の発達に関する半構造化面接の調査を行った。その結果、児童期に特徴的に見られる典型的なギャング・グループはほとんど見られず、チャム・グループについては、全く見られなかったことが報告されている。

この結果は、現在の子どもの仲間関係が、必ずしも上記の仲間関係の発達の順に進んでいるわけではないことが示された。このことは今後の子どもの仲間関係の発達を考えるうえで、留意する必要があると思われる。

児童期の子どもの仲間関係は、心理的、身体的にも同レベルの発達の仲間同士の対等な関係である。このような立場のなかでは、互いの欲求や心理的葛藤が生じ、子どもは互いのぶつかり合いを通して、他者理解と自立への歩みを進めるとともに、次の発達段階、青年期にふさわしい社会性を身に付けていく。

4　向社会的行動の発達

（1）向社会的行動の特徴

人が社会のなかで人らしく、より適応的に生きるために、他者とのより良い人間関係を抜きにしては考えられない。このことは対人関係をうまく結ぶことであり、相互の「思いやり」や「気配り」が基本的な要素である。この「思いやり」行動は何らかの報酬を求めて行うのではなく、他者のために行うものである。このような行動は、**向社会的行動**（prosocial behavior）とよばれ「他者に利益をもたらす自発的行動の全般」と定義されている行動である（相川, 1999)。たとえば、悩んでいる友人の話を聞いたり、忘れ物をした仲間に自分の物を貸したり、気分の悪くなったクラスメイトを保健室まで一緒に付き添ったりと、子どもの学校生活において「他者のためになる行動」として行なわれている。また社会のなかでは、ケガをした人を助ける、お年寄りをいたわる等、このような向社会的行動は、より良き人間関係、円滑な仲間関係を維持するためにも、社会の重要な要素となっている。

向社会的行動は**援助行動**、**分配行動**、**愛他的行動**、**寄付行動**などが含まれ、菊池（1983）は向社会的行動の特徴の条件を、次のように提示している。

① **他者あるいは他のグループについての援助行動であること。**相手の利益になり、相手を助けることになる行動。
② **相手から外的な報酬を得ることを目的としていないこと。**金銭や物質的な報酬は**外的報酬**であり、結果としての自己の満足感や自尊心は**内的報酬**である。外的報酬は向社会的行動には含まない。
③ **何らかのコスト（損失）犠牲がともなう。**時間の損失、金銭的ロス、さらには、生命の危険をともなうこともある。
④ **自発的に行なわれること・自発性。**他者からの強制や心理的圧迫の結果、嫌々ながら取られる行動は、向社会的行動ではない。

菊池（1983）は向社会的行動について、つねに四つの条件をすべて満たしているとは限らないと指摘している。なかでも②の外的報酬の条件は**互恵性**（相互援助）を期待している場合があり、結果的には外的報酬が得られる場合もある。④の自発性は、向社会的行動のモデルがいる場合など、外的な価値規範が心理的圧迫となることが考えられる。したがってこの二つの条件は、それぞれの場合に応じて、柔軟に適用した方がよいと、向社会的行動への適用方法について述べている。

（2）向社会的行動のモデル

向社会的行動を理解するための菊池（1983）によるモデル図である。この種の行動がとられるかどうかの判断に関わる要因が図示されている（図 3-11）。

【向社会的行動が左右される要因】

① **社会化変数**：どんな家庭で育ち、どのようなしつけを受けて育ったか。向社会的行動モデルが周囲にいた場合といない場合。

② **状況的変数**：緊急に向社会的行動が求められている場合（助けを求めている溺れた子）と、そうでない場合（赤い羽根共同募金）。近くに自分以外にも、助けの手をさしのべる可能性の有る人がいる場合と、いない場合。自分が快適な気分なのか、沈み込んでいるのか。

③ **援助を求めている個人の特徴**：助けを求めている人が知人なのか、はじめて出会った人なのか。子どもや老人などの弱者なのか、若者なのか。

④ **文化的変数**：向社会的に行動することが規範となっている社会とそうでない社会、階層差や地域差がある。

向社会的行動の生起のプロセスでは、「状況の認知・気づき」から始まり、「意思決定」そして「実際の行動」へと動きを仮定することができる。「気づき」と「意思決定」とを媒介する要因としての向社会的判断（ある状況のなかで自分がどう行動すればよいかを決定する）は、基本的な枠組みと

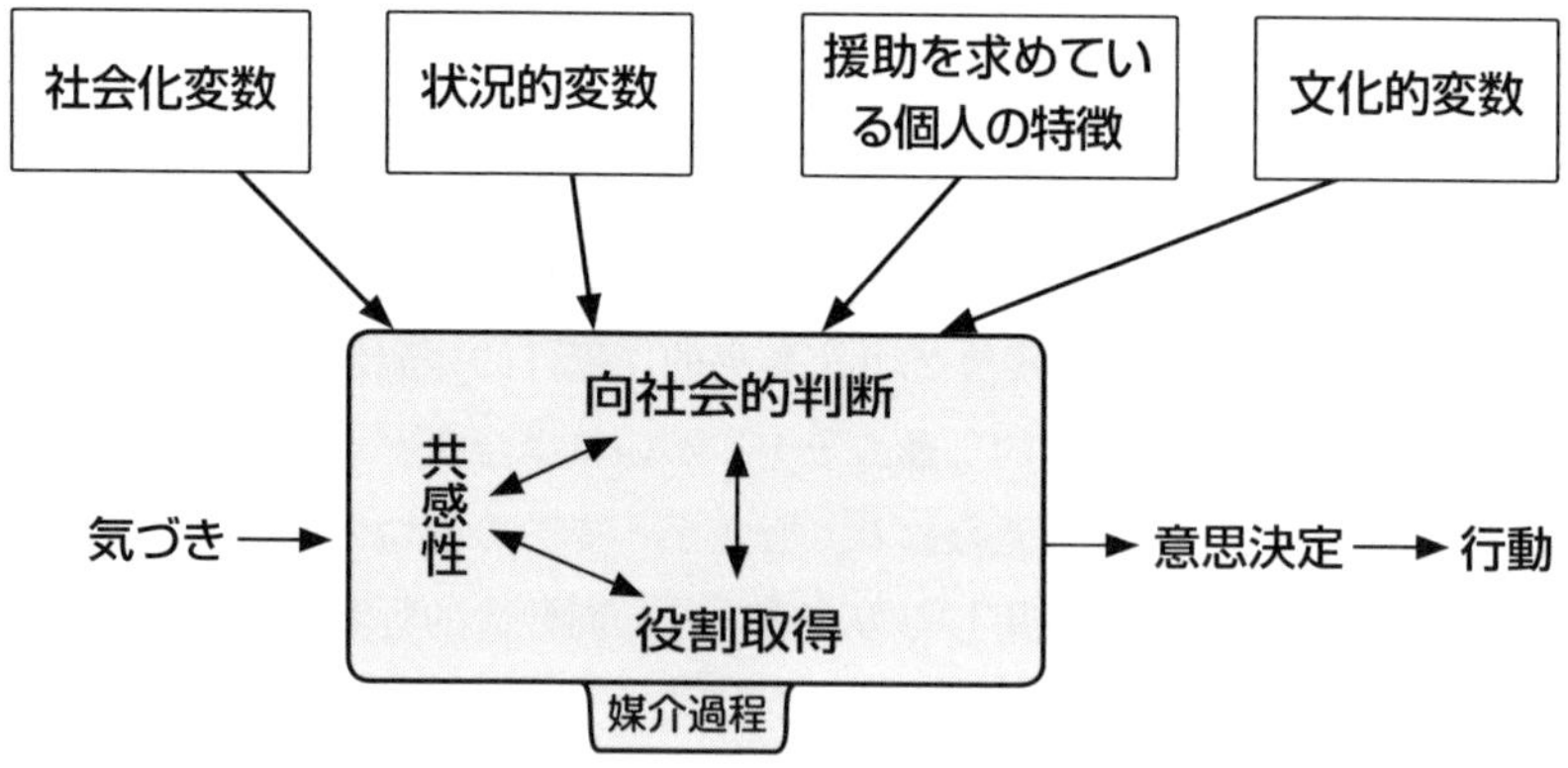

図 3-11　向社会的行動モデル（菊池, 1983）

なるものである。共感性や役割取得（他者の思考、感情、視点を理解する能力のこと）は、向社会的判断にもとづいて具体的な行動がとられる場合に、動機づけの働きをするものである。また**向社会的判断、共感性、役割取得**はいずれも一般的認知能力の発達とともに変化していくものである。

（3）向社会的判断の発達

①アイゼンバーグの向社会的推論の発達水準

ここでは、アイゼンバーグ（Eisenberg, N., 1986）の【向社会的推論の発達水準】の段階を紹介する。向社会的な道徳問題についての思考発達段階は、一定の順序性をもち、その判断に関わる発達の様相は、年齢および全般的な子どもの認知能力と結びついた六つの段階がある（Eisenberg & Mussen, 1989）。

【レベル1】快楽主義的・自己焦点的指向　就学期前後の子どもに優勢な様相。道徳的な配慮よりも自分に向けられた結果が自分に役に立つかどうか、具体的な見返りがあるかどうかによって判断をする。

【レベル2】要求に目を向けた指向　小学校入学前と多くの小学生で優勢な様相。他者の身体的、物質的、心理的要求に関心を示すが、他者の観点からの内面化された感情への言及はなく、他者への関心のみで判断をする。

【レベル3】承認および対人的指向・紋切型指向　小学生の一部と中・高校生で優勢な様相。良い人、悪い人や善悪の行動への紋切型イメージ、および他者からの承認や受容を考慮することが、向社会的行動を行う判断理由となる。

【レベル4a】自己反省的な共感的指向　小学校高学年の少数と多くの中・高校生で優勢な様相。自己反省的な同情的応答や役割取得、他者の人間性への配慮。人の行為の結果についての罪責感やポジティブな感情などを含んでいる。

【レベル4b】移行段階　向社会的行動を行う理由は、内面化された価値や規範、義務および責任を含み、より大きな社会の条件、あるいは他者の権利や尊厳を守る必要性の言及を含んでいる。しかし、これらの考えは明確に強く述べられるわけではない。

【レベル5】強く内面化された段階　中学生、高校生の少数のみ。向社会的行動を行う理由は、内面化された価値や規範、責任性、個人的および社会的に契約した義務を守り社会の条件を良くする願望、すべての個人の尊厳、権利、平等についての信念にもとづいている。自分自身の価値や受容した規範に従い生きるより、自尊心を保つことに関わるプラスあるいはマイナスの感情をもつことも、この段階の特徴である。

共感性と**役割取得能力**は、**向社会的判断**を実際の行動に結びつける動機とはなっているが、自己中心的な思考段階の子どもは、他者の立場を理解することや、その感情を共有することは難しい。向社会的行動を生じさせるには、自他の関係性を十分に理解していることが必要である。この段階に達するのはピアジェの知的発達段階の具体的操作の時期に入ってからだと考えられる（石田, 1995d）。

（4）思いやり・向社会的行動を育てる

児童期の子どもたちはどのような行動をしたとき、その行動が「思いやりのある行動・向社会的行動」と認識しているのだろうか。菊池（1988）は、佐藤（1985）が作成した【児童版–向社会的行動尺度】を提示し解説している（【児童版–向社会的行動尺度】とは佐藤（1985）が小学校6年生について「自分のやったことのある思いやりのある行動」の回答より項目を整理し作成した尺度）（**表 3-7**）。

上記の尺度の内容により、子どもの《思いやりのある行動》は、まず周囲の友人に向けられ、「図工や体育の時間に自分より遅い友だちを手伝う」「仲間はずれにされている友だちを遊びにさそう」、次に相手が困った立場にいるとき「転んだ子どもを起こす」「けがをした人にハンカチを貸す」、社会的に弱い立場の人「おばあさんやおじいさんの荷物をもつ」さらに「バスや電車のなかで立っている人に席をゆずる」など、子どもが考える《思いやり行動》の多くは、毎日生活している周囲の人に向けられたものであった（菊池, 1988）。

このような「思いやり・向社会的行動」は児童期の子どもの生きる社会、学校、家庭、仲間関係の相互的経験のなかで育まれ、社会の一員としての向社会的行動の発達を促していくものと考えられる。

表3-7　児童版－向社会的行動尺度（佐藤, 1985）

回答方法は、「いつもやった」（4点）、「ときどきやった」（3点）、「1回だけやった」（2点）、「やったことがない」（1点）の4件法

(1) 図工や体育の時間に自分よりおそい友だちを手伝う。
(2) 忘れて帰ってしまった友だちのかわりに係や日直の仕事をする。
(3) 休んだ友だちのためにノートをとったり、見せてあげたりする。
(4) 進んで係や日直の仕事を手伝う。
(5) 悲しそうな友だちや困っている友だちの力になってあげる。
(6) 友だちに頼まれて友だちのかわりに仕事をする。
(7) 仲間はずれにされている友だちを遊びにさそう。
(8) 進んで先生の仕事（プリントくばり）を手伝う。
(9) 良い物をもらったときは、友だちやきょうだいにも分ける。
(10) ころんだ子ども（下級生、幼児）を起こしてあげる。
(11) 列に並んでいて、急ぐ人のために順番をゆずる。
(12) 悪口を言われている人や、いじめられている人をかばう。
(13) ケガをしたり気分が悪くなったりした人を保健室につれていく。
(14) 気分の悪い友だちを家まで送っていく。
(15) ケガをした人にハンカチを貸す。
(16) バスや電車のなかで、立っている人に席をゆずる。
(17) おばあさんやおじいさんの荷物をもってあげる。
(18) 道路に飛び出そうとする子どもを止める。
(19) 病気になった家族の看病をする。
(20) おじいさんやおばあさんの話し相手になる。

≪文献≫

Ainsworth, M. D. S., Blehar, M. C., Waters, E., & Wall, S. (1978). Patterns of attachment : A psychological study of the strange situation. Hillsdale, NJ :Erlbaum.

相川 充 (1999). 愛他的行動　中島義明・安藤清志・子安増生・坂野雄二・繁桝算男・立花政夫・箱田裕司 (編) 心理学辞典 (p.3)　有斐閣

天野 清・黒須俊夫 (1992). 小学生の国語・算数の学力　秋山書店

青木多寿子 (1998). エリクソンの理論　無藤 隆 (編著)　児童心理学 (pp.14-16)　放送大学

荒木紀行 (1988). 道徳教育はこうすればおもしろい―コールバーグ理論とその実践― 北大路書房

Bowlby, J. (1969). Attachment and Loss : vol.1, Attachment. London : Hogarth. ［ボウルビィ、J.　黒田実郎・大羽 蓁・岡田洋子・黒田聖一 (訳) (1976). 母子関係の理論　新版愛着行動　岩崎学術出版社］

Bowlby, J. (1973). Attachment and Loss : vol.2, Separation. London : Hogarth. ［ボウルビィ、J.　黒田実郎・岡田洋子・吉田恒子 (訳) (1977). 母子関係の理論Ⅱ 分離不安　岩崎学術出版社］

Bowlby, J. (1980). Attachment and Loss : vol.3, Loss. Sadness and Depression. London : Hogarth. ［ボウルビィ、J.　黒田実郎・吉田恒子・横浜恵三子 (訳) (1981). 母子関係の理論Ⅲ 対象喪失　岩崎学術出版社］

Deci, E. L., & Ryan, R. M. (Eds.) (2002). Handbook of self-determination research. University of Rochester Press.

Eisenberg, N. (1986). Altruistic emotion, cognition and behavior. Hillsdale, NJ: Lawrence Erlbaum Associates.

Eisenberg, N. & Mussen, P. H. (1989). The roots of prosocial behavior in children. Cambridge: Cambridge University Press. ［アイゼンバーグ、N. / マッセン、P. H.　菊池章夫・二宮克美 (訳) (1991). 向社会的推論の発達水準　思いやり行動の発達心理 (pp.165-170)　金子書房］

遠藤利彦 (1992). 愛着と表象　心理学評論, 35(2), 202-203.

Erikson, E. H. (1959). Psychological issues identity and the life cycle. New York :International Universities Press. ［エリクソン、E. H. 小此木啓吾 (訳編) (1973). 自我同一性　アイデンティティとライフ・サイクル　誠信書房］

萩原俊彦 (2013). 仲間関係　櫻井茂男・佐藤有耕（編）ライブラリ スタンダード心理学 7 発達心理学 (pp.123-125)　サイエンス社

浜名外喜夫 (1978). 自分とは何か“自我同一性”(1)(2)　西山 啓・山内光哉 (監修) 目で見る教育心理学 (pp.43-44)　ナカニシヤ出版

Havighurst, R. J. (1953). Human development and education. New York : Longmans Green & Co., INC. ［ハヴィガースト、R.J.　荘司 雅子 (監訳) (1995).　発達課題の分析と名称　人間の発達課題と教育 (pp.36)　玉川大学出版部)］

Havighurst, R. J. (1972a). Developmental tasks and education. Addison Wesley Longman Ltd. ［ハヴィガースト、R. J.　児玉憲典・飯塚裕子 (訳) (1997).　人生、学習、発達　ハヴィガーストの発達課題と教育 (p.3)　川島書店］

Havighurst, R. J. (1972b). Developmental tasks and education. Addison Wesley Longman Ltd ［ハヴィガースト、R. J.　児玉憲典・飯塚裕子 (訳) (1997). はじめに　ハヴィガーストの発達課題と教育 (p.vi)　川島書店］

Havighurst, R. J. (1972c). Developmental tasks and education. Addison Wesley Longman Ltd ［ハヴィガースト、R. J.　児玉憲典・飯塚裕子 (訳) (1997).　中期児童期の発達課題　ハヴィガーストの発達課題と教育 (p.29)　川島書店］

保坂 亨・岡村達也 (1992). キャンパス・エンカウンター・グループの意義とその実施上の試案　千葉大学教育学部研究紀要, **40**(1), 114.

保坂 亨 (1996). 児童期から思春期にかけての仲間関係の発達段階仮説　こどもの仲間関係が育む親密さ (pp. 44-46)　現代のエスプリ 353

井森澄江 (1997). 母子関係先行仮説　井上健治・久保ゆかり (編)　子どもの社会的発達 (pp.55-56)　東京大学出版会

石田勢津子 (1995a). エリクソンの自己意識の発達理論　児童の心理学 (pp.142-143) 有斐閣

石田勢津子 (1995b). 社会性の育ちと形成　3 ベーシック現代心理学　児童の心理学 (p.170)　有斐閣

石田勢津子 (1995c). 仲間関係の発達　3 ベーシック現代心理学　児童の心理学 (pp.179-182)　有斐閣

石田勢津子 (1995d). 向社会的行動の発達　3 ベーシック現代心理学　児童の心理学 (pp.184-187)　有斐閣

次良丸睦子 (2000). 児童期　次郎丸睦子・五十嵐一枝・加藤千佐子・高橋君江 (2000) 子どもの発達と保育カウンセリング (pp. 56-59)　金子書房

河合隼雄 (1990). 小学四年生 〈うさぎ穴〉からの発信 (pp.158-159)　マガジンハウス

川島一夫 (編) (2001). 図でよむ心理学 発達　福村出版

菊池章夫 (1983). 向社会的行動の発達　教育心理学年報, **23**, 118-127.

菊池章夫 (1988). 思いやりある行動　思いやりを科学する (pp.73-75)　川島書店

久保ゆかり (1999). 児童における入り混じった感情の理解とその発達　東洋大学児童相談研究 : 東洋大学児童相談室紀要 / 東洋大学児童相談室編, **18**, 33-43.

鯨岡 峻 (1995). 社会性　岡本夏木・清水御代明・村井潤一 (監修) 岩田純一・落合正行・浜田寿美男・松沢哲郎・矢野喜夫・山口俊郎 (編) 発達心理学辞典 (p.293)　ミネルヴァ書房

國枝幹子・古橋啓介 (2006). 児童期における友人関係の発達　福岡県立大学人間社会学部紀要, **15**(1), 105-118.

黒田祐二 (2013a). 思考の発達　櫻井茂男・佐藤有耕 (編) ライブラリ スタンダード心理学 7 発達心理学 (p.112)　サイエンス社

黒田祐二 (2013b). 児童期の知性の発達　櫻井茂男・佐藤有耕 (編) ライブラリ スタンダート発達心理学 7 (p.113)　サイエンス社

黒沢幸子・有本和晃・森 俊夫 (2003).「ギャング」「チャム」「ピア」グループ概念を基にした「仲間関係発達尺度」の開発　目白大学人間社会学部紀要, **3**, 27-41.

箕浦康子 (1990). シリーズ人間の発達 6　文化のなかの子ども　東京大学出版会

宮本友弘 (2019). 児童期の学力の発達に関する縦断的研究　風間書房

文部科学省 (2018). 平成 30 年度学校保健統計（学校保健統計調査報告書）　双葉レイアウト

村田孝次 (1981). 運動機能の発達　児童心理学入門 (pp. 124-126)　培風館

村田孝次 (1990). 児童心理学入門 三訂版　培風館

日本道徳性心理学研究会 (1992). 道徳性心理学　北大路書房

岡本夏木 (1991). 発達過程　児童心理 (p.14)　岩波書店

奥野暢通・後藤幸弘・辻野 昭 (1989). 投運動学習の適齢期に関する研究　兵庫教育大学スポーツ教育学研究, **9**(1), 23-35.

Piaget, J. (1936). La naissance de l'intelligence chez l'enfant. Neuchâtel: Delachaux et Niestlié.［ピアジェ、J. 谷村 覚・浜田寿美男 (訳) (1978). 知能の誕生　ミネルヴァ書房］

Piaget, J., & Inhelder, B. (1966). La Psychologie de L'enfant. Que sais-Je?, No369.［波多野完治・須賀哲夫・周郷 博 (訳) (1972). 新しい児童心理学　白水社］

櫻井茂男・佐藤有耕 (2013). ライブラリ スタンダード心理学 7　発達心理学 (pp.112-117, pp.123-125)　サイエンス社

佐藤ゆかり (1985). 福島大学教育学部卒業論文（未発表）（この内容は、菊池 1988 の記述による）

Sullivan, H. S. (1953). Conceptions of modern psychiatry. New York : W. W. Norton.［サリヴァン、H. S. 中井久夫・山口 隆 (訳) (1976). 生物体としての人間とその必須環境　現代精神医学の概念 (pp.51-57)　みすず書房］

竹村明子・小林 稔 (2008). 小学生における親子関係と動機づけの相関分析　琉球大学教育学部紀要, **73**, 215-224.

田中熊次郎 (1965). 交友関係とその発達　児童集団心理学 (pp. 310)　明治図書

都筑 学 (1995). 発達課題　真仁田 昭・原野広太郎・沢崎達夫 (編) 学校カウンセリング辞典 (p.241)　金子書房

内田伸子 (1989). ピアジェの発達観　幼児心理学への招待〔改訂版〕(pp.131)　サイエンス社

内田伸子 (1991). 幼児期の認知発達の特徴　乳幼児の心理学 (p.135)　有斐閣

渡辺弥生 (2011). 感情の「表現」と「理解」の発達　子どもの「10 歳の壁」とは何か？(pp.128-136)　光文社

渡辺弥生・西野泰代 (編) (2020). ひと目でわかる発達　誕生から高齢期までの生涯発達心理学　福村出版

山下富美代 (1976). 学童期の発達課題　安部北夫・島田一男 (監修) 教育心理学 (pp.27-28)　ブレーン出版

山内光哉・青木多寿子 (1989). 発達課題　山内 光哉 (編)　発達心理学 上 (pp.22-23)　ナカニシヤ出版

横川和章 (1995). 仲間関係　岡本夏木・清水御代明・村井潤一 (監修) 岩田純一・落合正行・浜田寿美男・松沢哲郎・矢野喜夫・山口俊郎 (編) 発達心理学辞典 (pp.507-508)　ミネルヴァ書房

第４章
青年期

●1節　青年期の位置づけ

思春期・青年期は**第二次性徴**を一つの入り口として体が大人のそれへと変化・成熟していく。その過程で大人を意識するようになり、羞恥心や嫌悪感、優越感、攻撃性などさまざまな感情が喚起されるようになる。また、体の変化をきっかけに自分を見つめる目が育成され、他者から自分がどのように見られているのか気にして自分と他者とを比較するようになる。その比較において多くの場合は悩み、劣等感を抱えるようになる。これは、自らの理想像と現実とのギャップに苛まれるからであると考えられる。しかし、同年代の友人関係であったり、さまざまな社会経験を通して成長し、自分に対する自信が生まれてくる。「自分とはこういうものだ」という意識が芽生えることによって理想像とのギャップも解消され、多くの若者が思春期・青年期から卒業していく。このように、思春期・青年期は身体的にも精神的にもちょうど子どもが大人へと大きく成長を遂げる時期である。

ところで、一般的には「思春期」も「青年期」もよく耳にする言葉である。この二つの単語はほぼ同一の意味で使われることが多いが、どのような違いがあるのだろうか。これらに該当する英単語には「adolescence」と「puberty」がある。近年では adolescence が青年期、puberty が思春期と訳されることが多いように感じるが、必ずしも統一されているわけではなく、専門家の記述のなかでもさまざまである。

では語源から考えていこう。清水（2013）によれば「adolescence」の由来はadolescentiaであるという。さらにその語源を辿ると、接頭語のad（〜へ）とalescere（成長する）との合成動詞のadolescereもしくはadulescereである。さらにこの動詞の完了形がadultusであるという。このつながりから、adolescenceは全体的なイメージとして大人へと向かう、社会心理的な変化・発達期と理解することができるとされている。WHO（2018）でもadolescenceを子ども時代と成人期の間にあり、生物学的成長の要素と主要な社会的役割の移行を含むとしている。エリクソンは自身の発達理論のなかで児童期に続く12・13歳から自立を果たすまでの時期を「青年期」としたが、まさに大人へと成長するという幅広い意味でこの時期を捉えるならば、「adolescence＝青年期」が相応しい。

一方で「思春期」という言葉は医学などの分野でよく耳にする。たとえば日本産科婦人科学会（1981）では思春期を（もちろん女子のみの定義となるが）「性機能の発現開始、すなわち、乳房発育ならびに陰毛発生などの第2次性徴の出現にはじまり、初経を経て、第2次性徴が完成し、月経周期がほぼ順調になるまでの期間」と定義しており、その期間は8〜9歳頃から17〜18歳頃までとされている。男子をこれに準じて理解するならば、「乳房発達」が「陰茎増大」に、「初経」が「精通」に置き換わり、「月経周期」以下の記述は不要となる。該当する期間は女子より少し遅れて10〜11歳頃からであろう。なお、pubertyの語源はpubesであり、陰毛や陰部、年頃といった意味がある。これらのことからもpubertyは身体的変化に着目した生物学的、医学的な要素を含んでいると解釈でき、「思春期」とすることが適当だろう。

この「青年期」と「思春期」を別物として区別する考え方もあるが、体の変化が内面的な変化を導き出し、結果として自分探しにつながっていくと解釈することができる。すなわち、前述のように第二次性徴をこの時期の一つの入り口と考え、体の成熟に焦点を当てた思春期を、体のみならず心の成長も含めた概念として青年期が包含していると捉えることが、現代におけるこの時期の理解につながるのではないだろうか。

●2節　アイデンティティの獲得

■ 1 アイデンティティとは

青年期はエリクソン（Erikson, 1950）が発表した発達理論において、八つの発達段階のうち児童期に続く5番目の段階として位置づけられている。この青年期の主題は「**同一性　対　同一性の拡散**」と表現され、「自己を独自な人間として統合されたイメージをもつこと」が好ましい結果とされている。

同一性（アイデンティティ）とはどのようなものだろうか。エリクソンによればその感覚は「内的な不変性と連続性を維持する各個人の能力、すなわち自我が他者に対する自己の意味の不変性と連続性に合致する経験から生まれた自信（Erikson, 1959）」である。これを解説した大野（2010）によると、**不変性**とは「私は他の誰とも違う自分自身であり、私はひとりしかいない」という意味であり、**連続性**とは「今までの私もずっと私、今の私もこれからの私もずっと私であり続ける」という意味である。また他者に対する自己の意味とは「社会的自己の意味であり、職業や地位、役割などと理解できる。」とされている。つまり、同一性が獲得された状態とは現実自己と他者自己が一致し、その自己の存在に自信がもてる状態と解釈することができる。

■ 2 アイデンティティ獲得に向かう三つの変化

前節でも述べたように、青年期と思春期はだいたい重なっていると考えていいだろう。筆者はスクールカウンセラーとして小学生から高校生まで、そして教員として大学生にも関わってきた。その経験を踏まえて、思春期に差し掛かったところから始まり青年期の間をかけてアイデンティティを獲得していくステップにおいて起こる、三つの大きな変化について述べたい。

一つは**身体の変化**である。第二次性徴によってそれまでの身長の伸びとそれにともなう体重増加とは違った変化が起こる。そして、それらの変化はある日突然やってくるだけでなく、発現時期や程度にも大きな個人差が見られるのも特徴である。身体の変化は本人も客観的に観察可能なものであり、自分が大人になっていく実感がもてる現象であろう。多くの子どもたちは身体の変化に対してちょっとした恥ずかしさとともに、自らの成長に対する嬉しさを感じ、それを受け入れることができる。一方で客観的に見えてしまうからこそ、そこにとまどいや悩みを抱えることにもつながり、場合によっては自らの変化を受け入れられずに不適応状態に陥ることもある。

二つ目は**心理的変化**と言われるものである。上記のような身体の変化にともなって、青年期の子どもたちは自分自身に関心を向けるようになる。そして「自分はどのように見えるのか」「周りの人と比べて自分はどうなのか」と、自己意識と他者意識が高まっていく。この自己意識と他者意識の高まりは、結果的に「自分がどう見られたいのか」「自分はどんな大人になりたいのか」という**理想像**につながっていく。ただし、ここでの理想像は非常に現実離れした理想であることが多い。そのため、その理想と現実の自分を比較して劣等感を抱いたり、他者の姿がとても良く見えてしまい自己嫌悪に陥ったりすることも多い。しかし、青年期の間にさまざまな社会経験（友人関係や部活動をはじめとした上下関係、アルバイトやボランティア活動など）を通して自己の成長が促され、同時に理想像についても現実的で手が届きそうな理想を抱くことができるようになる。そうしてこの時期特有の低い自己評価から脱却していくのである。

三つ目は家族関係、特に**親子関係の変化**である。児童期までは家族で一緒に行動することに特別な感情を抱くことはないだろう。家族で買い物に出かけるなんてことは普通のことだ。しかし、青年期になると家族、特に親との距離は広がっていき、一緒に行動することを嫌がるようになることが多い。これは自立に向けた大きな一歩であり、「もう自分は大人だ」という気持ちの表れでもある。大人だという意識によって、親と一緒に行動することを恥ずかしいと思うようになったり、いつまでも自分の行動に介入してこようとする親に対して反発を見せるようになる。つまり、**反抗期**が出現するのである。この反抗期の背景には、前述した青年期特有の理想像も影響している。特に青年期前半の理想像は非現実的なほどの高い理想であることが多い。現実の自分はもちろん、身近な大人モデルである親も、その理想像にはまったく届かない姿に映ってしまう。一方で親は現実社会の役割として、まだ自立できていない青年期の子どもに対して意見したり介入する。青年期の子どもは理想には遠くおよばない現実の親の姿を見て、「理想通りの大人の姿ではないのに、なぜ自分に意見するのだ」と反抗するのである。ただし、青年期はまだ自立できていない不安定な時期でもある。そのため、子どもは親からの自立と親への甘え（まだ自分のそばにいて支えてほしい）の気持ちとの間で激しく揺れ動くのも大きな特徴である。この親子関係の変化も、子どもがさまざまな社会経験を重ね自立に近づくことによって、大きく離れた距離が次第に近づき、青年期を卒業する頃には大人同士として新たな関係に生まれ変わっていくのである。

3 アイデンティティ・ステイタス

（1）アイデンティティ・ステイタスとは

アイデンティティ・ステイタスとはマーシャ（Marcia, 1966）によって提唱されたもので、アイデンティティの形成されている程度をいくつかの地位（status）によって示したものである。それぞれの地位に分類するためには、半構造化面接によって二つの側面、**危機**（crisis）と**積極的関与**（commitment）を明らかにする。「危機」とは役割の試みと意思決定期間、すなわちいくつかある自分の可能性のなかから一つを選ぼうと悩み、決定しようとすることである。「積極的関与」とは選んだものに対して積極的に関わろうとする姿勢のことである。これらの観点によって同一性達成、早期完了（フォークロージャー）、モラトリアム、同一性拡散の四つのステイタスに分類される（**表 4-1**）。以下、それぞれのステイタスの特徴を説明する。

（2）各ステイタスの特徴

①同一性達成

同一性達成地位とは、危機を経験し積極的関与もできている者のことである。つまり、人生についてのいくつかの選択肢に自分で向き合い、その可能性のなかから自分で一つを選び取ることができ、しかもその自分の選択したことに対して積極的に関わることができている。進路や職業はもちろん、生き方そのものを自分の意志によって選択し、その責任も自らが負うことができ

表 4-1 マーシャの自我同一性地位（川瀬・松本, 1997）

自我同一性		危　機	傾　倒	概　要
同一性達成（Identity Achiever）		経験した	している	既にいくつかの選択肢なかから自分自身で真剣に考えた末、意思決定を行いそれにもとづいて行動している。適応的であり自己決定力、自己志向性がある。 環境の変化に対しても柔軟に対応でき、対人関係も安定している。
早期完了（Foreclosure）		経験していない	している	選択肢のなかで、悩んだり疑問を感じたりすることがそれほどなく、職業や生き方が既に決定されている。親の考え方と強い不協和はない。 「硬さ」が特徴であり、一見同一性達成と同じように見えるが、この型は環境の急激な変化などのストレス下で柔軟な対応が困難となる。
モラトリアム（Moratorium）		その最中	しようとしている	現在、いくつかの選択肢のなかで悩んでいるが、その解決に向けて模索している。 決定的な意思決定を行うことがまだできないために、行動にあいまいさが見られる。
同一性拡散（Identity Diffusion）	危機前拡散	経験していない	していない	過去に自分が何者であったかあいまいであるために、現在や将来の自分を想像することが困難である。 自己選択における積極的な関与が見られない。
	危機後拡散	経験した	していない	「積極的に関与しないことに積極的に関与している」タイプである。 すべてのことが可能だし、可能なままにしておかねばならないという特徴をもつ。そのため、確固とした自己を決定することができず「あれも、これも」というまとまりのない状態になる場合もある。

るので、精神的にも健康的で対人関係も良好である。もちろん、青年期の子どもにはこの地位に達している者は少なく、むしろ目標となる姿と考えることができるだろう。

②早期完了（フォークロージャー）

この地位は危機を経験していないにもかかわらず、自らが直面している価値観や生き方に積極的に関与できている者である。多くの場合、幼少期から生き方や職業が決定されており、その価値観を自らのものとして受け入れている姿と捉えることができるだろう。積極的関与ができていることから同一性達成と同じように見られることがあり、本人もフォークロージャーであることに無自覚なことが多い。しかし、危機を経験していないことから自分の価値観を揺るがすような事態に直面した場合には非常に防衛的な態度を示したり、混乱に陥ることもある。

③モラトリアム

この地位は、まさに現在進行形で危機に直面しており、積極的関与のあり方を模索している最中の者のことである。多くの青年期の子どもはこの地位に当てはまるのではないだろうか。今現在、いくつかの選択肢から一つの生き方を選ぼうとしているところであり、そのなかには迷いや不安が見え隠れする。そのような状況であるため、積極的関与の対象もあいまいであるが、選択することに対して積極的に関与しようという姿勢が見られる。

④同一性拡散

同一性拡散地位は、危機の経験の有無によって２通りに分けることができる。危機を経験する前の段階であり、そのために積極的関与もない状態が危機前拡散である。これから自分がどのように生きていくのか悩みをもっておらず、そのために選択に対する積極的関与も見られない。モラトリアムに入る前段階もこの状態にあると理解できるだろう。これに対して危機を経験したにもかかわらず選択できない、選択できないので積極的関与もできない状態が危機後拡散である。人生の可能性は無数にあるとして、その可能性を捨てきれずに選択を先延ばしにしている者がこの地位に当てはまる。このような者たちは多くが自信や時間的展望の無さ、自意識過剰、自己嫌悪や無気力などを共通して抱えている。

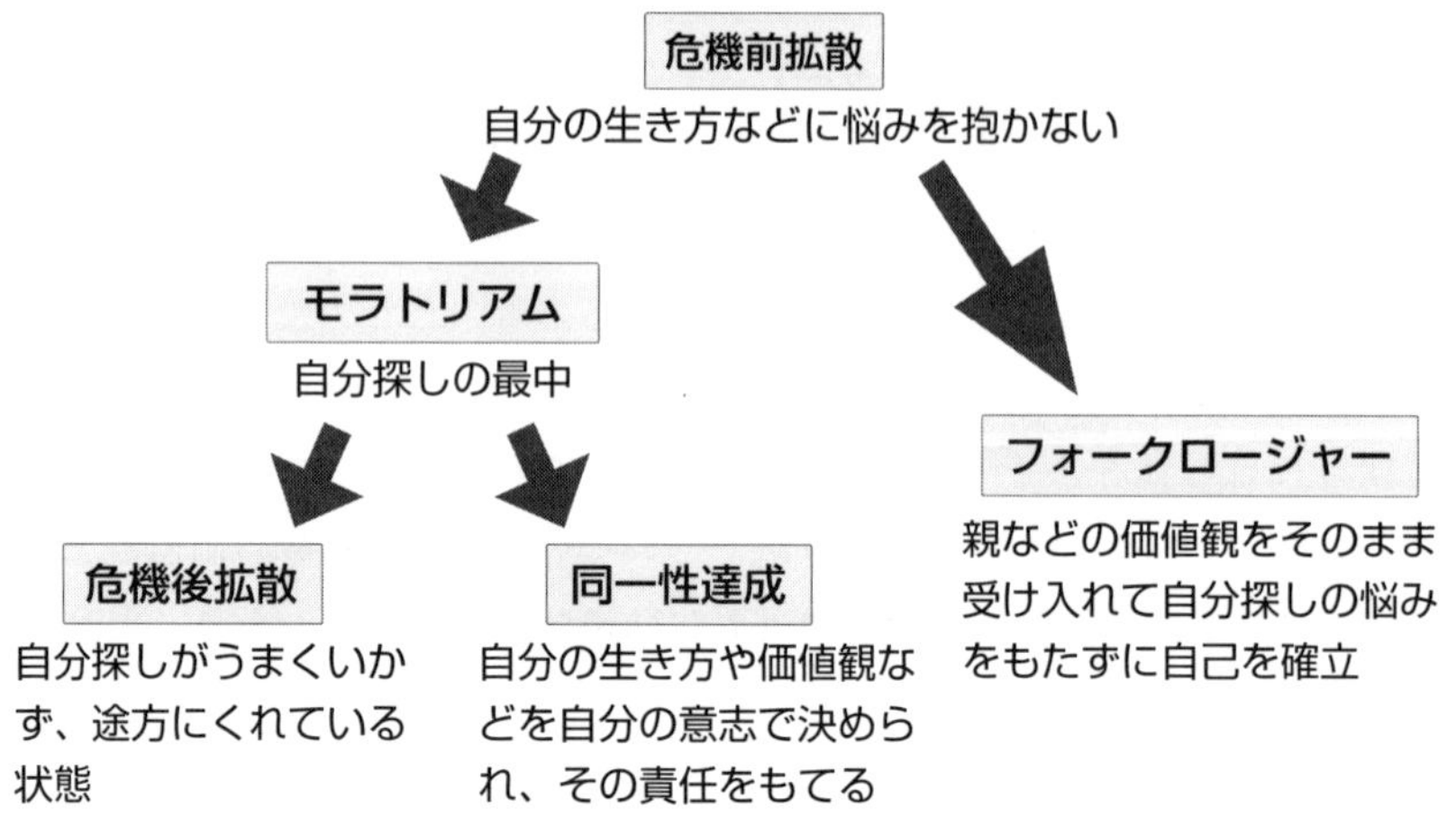

図 4-1　アイデンティティ・ステイタスの発達的変化

（3）成長にともなうステイタスの変化

青年期の課題が自我同一性の獲得であることから、当然のこととしてアイデンティティ・ステイタスは成長とともに変化する。一般的には**図 4-1** のように自分の生き方や将来像を考えない状態からモラトリアムを経験し、同一性達成に至る。そして同一性を達成することによって青年期を卒業すると考えられる。また、何らかの権威等の影響により、既に生き方が決められている場合にはモラトリアムさえ経験せずに早期完了という形で同一性達成に近い状態に到達し、そのまま成人期へと入っていく者もいる。残念ながら危機後拡散となって健康な成人期を迎えられない者もいるが、そのような者のなかに最終的には同一性が達成されるケースもあり、アイデンティティ・ステイタスは青年期以降も変化することがある。

●3節　青年期の対人関係

青年期を迎えると、それまでの親子関係を主とした**タテの関係**から友人関係を主とした**ヨコの関係**を求めるようになる。そして、パーソナリティ形成においても友人をはじめとした家族以外の人間関係から多大な影響を受けるようになる。本節では、異性交遊を含めた家族以外の人間関係（友人関係）から青年期に迫りたい。

■ 1 友人関係

（1）友人関係の特徴

思春期という概念を取り入れた発達論を展開したブロスは、第二次性徴を迎えて本能活動が活発になることで同性同年配の仲間集団を形成する力が強まり、そのなかで経験されるさまざまな心理的葛藤などがパーソナリティ形成に影響を与え、結果として親からの自立につながるのだとした。ただし現代の発達加速化により、このような時期に入るのは小学校高学年頃が主流とも言われる。中学生くらいになると、内面的な問題を解決するためにはより個人的な関係が必要となってくる。自分と同じ特徴（体格・性格・能力など）をもった対象を見つけて自らの内面を投影し、夢や葛藤を共有していると感じることで一体感を得ようとするのである。この段階を経て、青年期には異性に関心を向けるようになる。このように、青年期の友人関係は、この時期のテーマの一つである**親からの自立**を促す大切な要素である。では、青年期の友人関係はどのような特徴があるのだろうか。佐藤（2010）は「何かを共有している関係」「対等な関係」「主体的につくられる関係」の３点にまとめて説明した。単純に同じ学校・同じクラスであることが大切な要因となることもあるが、趣味や興味関心が共通していることなどはこの時期によく見られることである。「おソロ」「双子コーデ」などのブームが生まれたのもこの時期のあり方が影響しており、それが社会的に注目を集めた結果だと考えられる。そのような「何かを共有している」人同士は多くの場合が同年齢・同世代なので、親子関係のようなタテの関係ではなく対等なヨコの関係である。また、この時期の仲間集団は学級のようなフォーマルな集団ではなく、上記のような関係で結びついたインフォーマルで自然発生的な集団である。誰かに決められて集団になったのではなく、個々人が自ら選択・行動して集団が作られる。

このように作られた集団は、仲間関係の発達においては**チャム・グループ**

（保坂, 1996）と呼ばれる。お互いの共通点や類似性を確認しあって安心感を覚えると同時に、みんなと同じであるという同一感や仲間に入れているという適合感を感じることで、自分に自信をもつことができる集団である。このチャム・グループは、多くの場合が中学生くらいに経験する仲間集団である。このなかでの経験などにより精神的に成長することで、強固な同一感や適合感がなくても結びつく友人関係を作ることができるようになる。それが**ピア・グループ**と呼ばれる仲間集団であり、多くの場合は高校生くらいに経験する。この段階になるとお互いの価値観を認めあい、異質性をぶつけあうことでお互いが自立した個人として認め合うことができるようになる。そのため、チャム・グループに比べると集団凝集性は低下し、同調圧力も弱まる傾向がある（61頁参照）。

（2）友人選択

私たちは誰を友人として認めるのだろうか。発達的には幼児期では物理的な距離の近さであったり、何らかの空間的に近接していることが大きな条件となる。ご近所同士や親同士が仲良しでよく顔を合わせることなどによって、幼児期の子どもは友だちとなれる。逆に言うと、空間的な近接性が失われると友だちという認識も薄れてしまうことも珍しくない。幼稚園などで同じクラスだったときには毎日のように一緒に遊んでいた仲だったのに、進級にともなうクラス替えで違うクラスになってしまうとまったく遊ばなくなる、という現象もよく見られる。小学校に入学してからは、低学年のうちは興味関心が一致していたり、性格や能力が類似している者同士が友人としてつながりやすい。中学年以降になると徐々に思春期へと近づくことから、興味関心の一致とともに秘密を打ち明けたり相談することができる者を友人として認識する。さらに中学生以上になると、自分に欠けているものを相補う関係も生まれてくる。このように、一口に友人といっても発達が進むにしたがって相手に求めるものが変化してくるのである。

（3）親友の意味

友人関係においては、その相手を表現する言葉にはさまざまなものがある。たとえば友だち、友人、仲間、親友などがある。このなかで、**親友**という言葉は友人関係のなかでも特別な存在に対して使われることが多い。近年では「心友」や「真友」などの字を当てて、相手を殊更特別な存在であると印象づけるような子どもたちも多い。

実際に現代の青年期にはどれくらいの「特別な友だち」がいるのだろうか。内閣府（2019）が13～29歳までの男女1,134名に「仲の良い友だちの人数」を尋ねたところ、1～5人という回答が一番多く42.9％、次いで6～10人が25.4％であった。ここで尋ねられた「仲の良い友だち」が親友といえるのか確認することは不可能だが、ただの「友だち」ではなく「仲の良い友だち」とした場合には1ケタの人数になる若者が3分の2になる。青年期は親からの自立と自らのアイデンティティの確立のために親や家族よりも友だちとの付き合いが中心となってくる。しかし、信頼して自分の弱さを見せ、お互いの悩みを語り合う特別な存在となり得るのは、友人のなかのごく一部ということがわかる。それでもそのような存在の友人と巡り合い、お互いのアイデンティティの安定に寄与し、お互いの価値観を認め合って交流するなかで大人へのステップを歩んでいくことは青年期には欠かせない。つまり親友という特別な存在である友だちは、この時期の成長を促す大切な存在であると考えられる。

（4）友だちとのつき合い

友だちとのつき合い方について、よく「浅い－深い」「広い－狭い」という次元で語られることがある。近年では友人関係が希薄になったと言われることがあるが、これはいわゆる「浅い」つき合い方が増えたと考えられているのだろう。土井（2016）は「人間関係の制度的基盤が弱まってきている」とし、友だち関係に対して、たとえば「同じクラスだから仲間である」などの規範的圧力が近年では弱くなっていると説明している。一方で「遊びは○○さん」「学校では●●さん」「相談するのは△△さん」など、場面によって友人を使い分ける「**友人構造の二重化**（岡田, 1990）」によって友人関係が一致せず、結果として希薄化しているように見えるだけであるという指摘もある。このように「浅い－深い」とは違った「**選択的な友人関係**（佐藤, 2010）」によって青年期の友人関係を理解することで、現代的な友だちとのつき合い方が見えてくるだろう。

ところで、一般的には発達的に友だちとのつき合い方には変化が見られるものである。青年期の友だちとのつき合い方の変化については、発達的観点を踏まえて考察した落合・佐藤（1996）の研究が参考になる（図 4-2）。中学生に比較的多いつき合い方は「本音を出さない自己防衛的なつきあい方（防衛的）」と「みんなと何でも同じようにしようとするつきあい方（同調）」である。前者は傷つけられたり嫌われてしまうことを恐れて、ありのままの自分を見せることを避けようとするつき合い方であり、中学生では男子も女子もよく見られる。後者は友だちと合わせることで同一感を感じ、そこに居心地の良さを感じるつき合い方であり、比較的女子に多いとされる。これは女子の場合、自分以外の他者に目が向き、自分と他者との違いから自分を評価し始めるのが男子よりも早い段階から現れる特徴が影響していると考えられる。女の子同士は「『嫌われないように自分の属するグループに同調しながら、そのなかで、他の子どもよりもちょっと輝きたい』という密かな願望をもっている（鵜養，2009）」ともされている。中学生から高校生に多く見られるのは「誰とでも仲良くしていたいというつきあい方（全方向的）」である。できるだけ多くの人と友だちになろうとする傾向だが、見方によっては八方美人

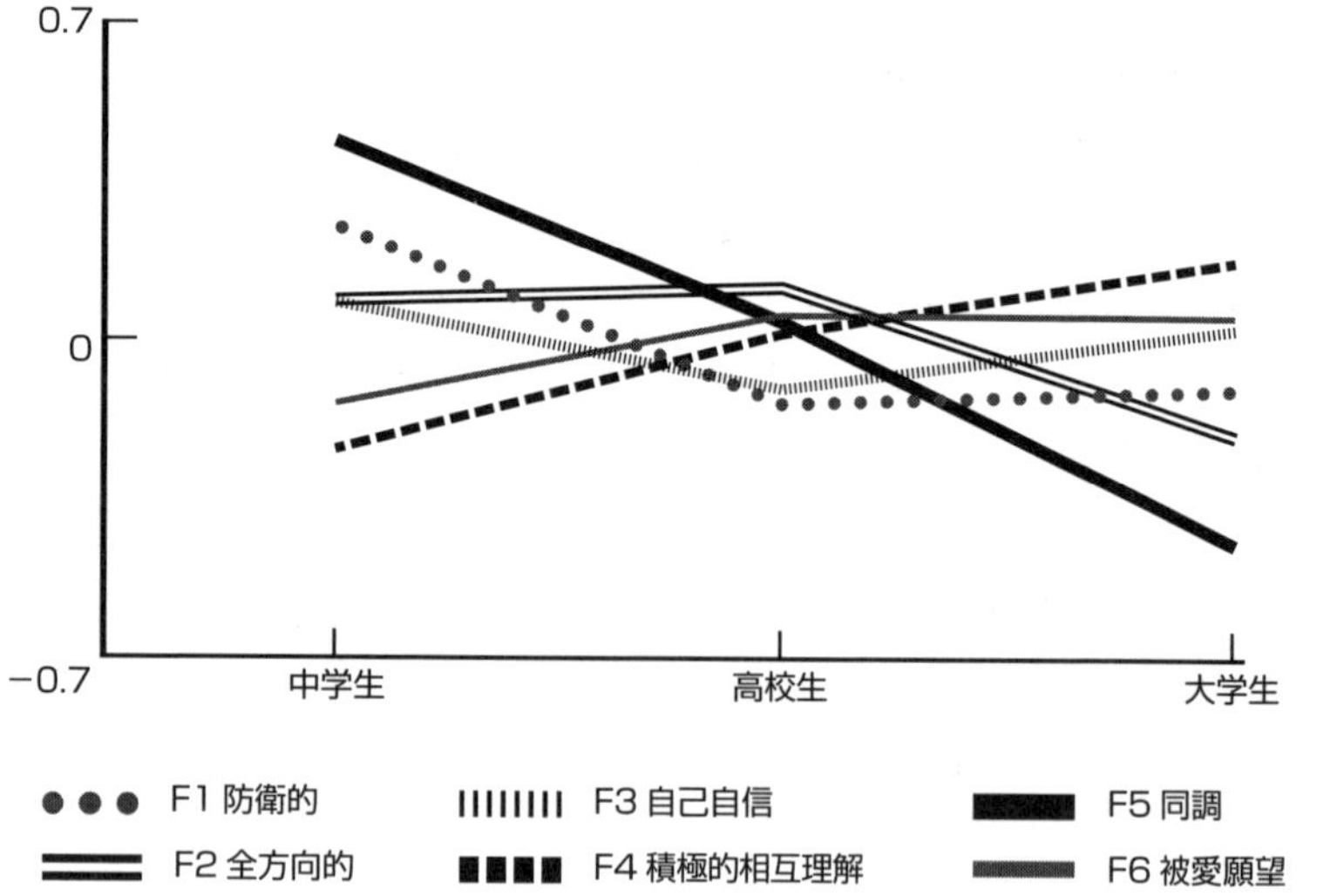

図 4-2　友だちとのつきあい方の得点の発達的変化（落合・佐藤，1996）

と受け取られかねず、トラブルの原因になることもある。基本的には女子に多く見られるとされるが、近年では男子にもこのようなつき合い方はよく見られるようになっている。中学生よりは高校生や大学生で多く見られるのは「みんなから好かれることを願っているつきあい方（被愛願望）」と「自己開示し積極的に相互理解しようとするつきあい方（積極的相互理解）」である。前者のつきあい方には友だちから認められ、受け入れられたいという青年期の願望が色濃く現れている。後者は積極的に深い友だちづき合いを求め、たとえ傷つくことがあっても内面の深いところでつながろうとするつきあい方である。これらのつきあい方も男子より女子に多いとされている。中学生から大学生まで全般にわたって男子に多く見られるつきあい方は「自分に自信をもって交友する自立したつきあい方（自己自信）」である。これは、お互いの考え方に違いがあっても、迷ったり自信をなくすことなく友だちと関わるつきあい方である。

このように青年期の友だちづき合いを見ると、単純に「浅い－深い」「広い－狭い」では理解しきれないことがわかる。この時期の友だちとの関係を理解するためには、多角的な視点で関係性を分析する必要がある。

2 青年期の恋愛

（1）初恋の特徴

青年期になると、それまで幼児期や児童期に見られたような「○○ちゃんが好き」というような感情とは一歩進んだ「好き」という感情が現れてくる。幼児期などのそれは、どちらかというとおもちゃや食べ物などの好みに近い感情であるが、青年期のものはいわゆる**恋愛感情**とも言われ、明確にひとりの他者（多くの場合が異性である）に対して向けられる特別な感情である。

その入口ともいえる**初恋**の特徴に関して、西平（1981）は以下のようにまとめている。①接近の欲求（その人の近くにいたい、見ていたいと思うこと）、②情報収集の欲求（その人のことは何でも知りたいと思うこと）、③強い相手への思慕の情（「好きだ」という感情を強く感じること）、④憧憬（いわゆる「あこがれ」のことで、その人を思い続けること）、⑤結晶作用（相手の欠点さえも美化してしまう傾向のこと）、⑥憑執状態（寝ても覚めてもその人のことを考え続ける傾向のこと)、⑦恋にともなう身体的現象（その人のことを考えるとドキドキする、顔が赤くなるなどの身体現象のこと)。

初恋以降も、恋をするということは上記のような状態に陥ることと考えていいだろう。また、相手を好きになるのに時間がかからないのも恋の特徴である。

（2）青年期にはなぜ「恋」をするのか

第二次性徴を迎え自らの性に目覚める青年期は友人関係と並んで、もしくはそれ以上に異性との関係を求める時期とも言える。この時期の友人は多くの場

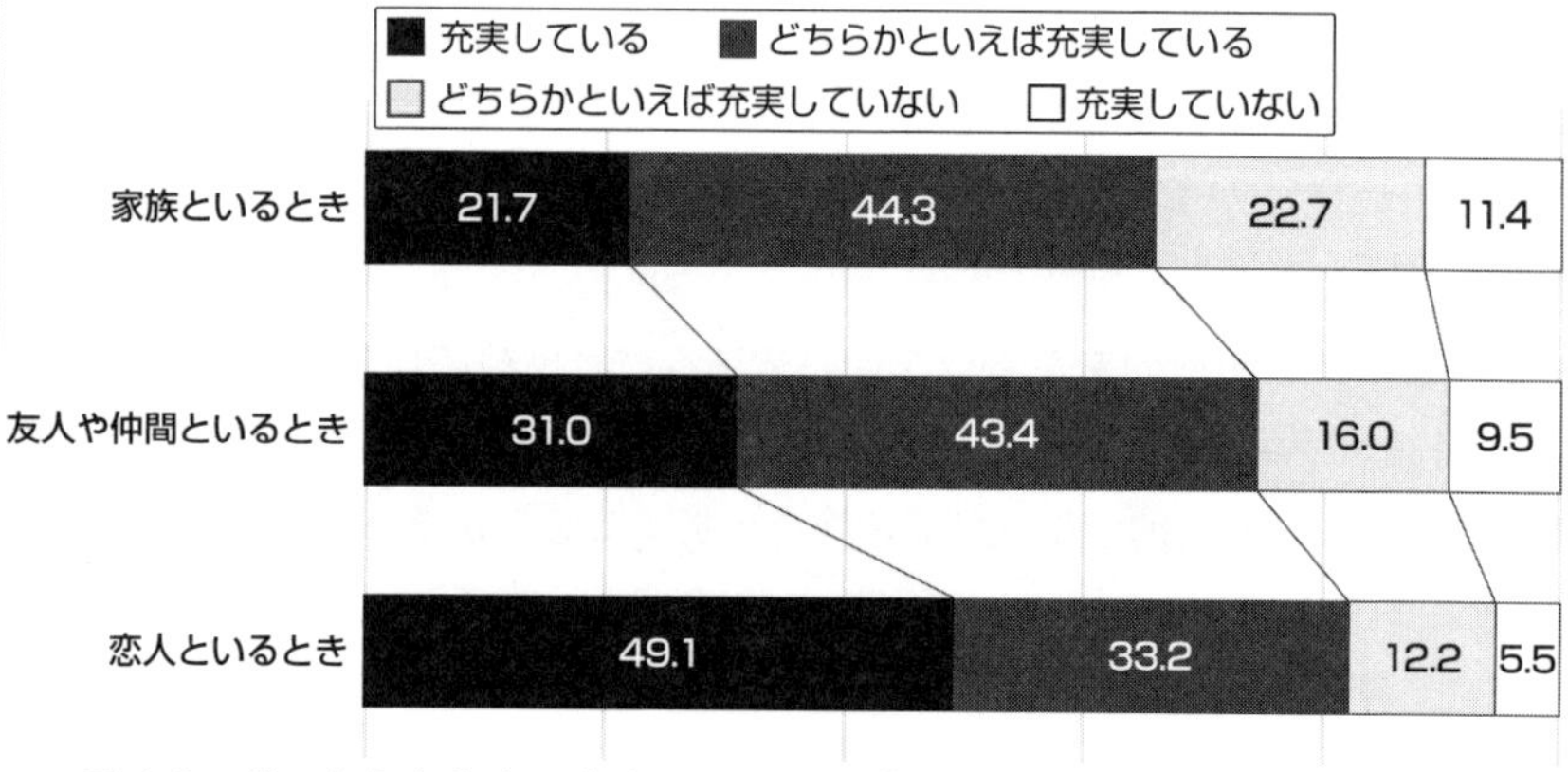

図 4-3　どのようなときに充実していると感じるか（内閣府，2019より作成）

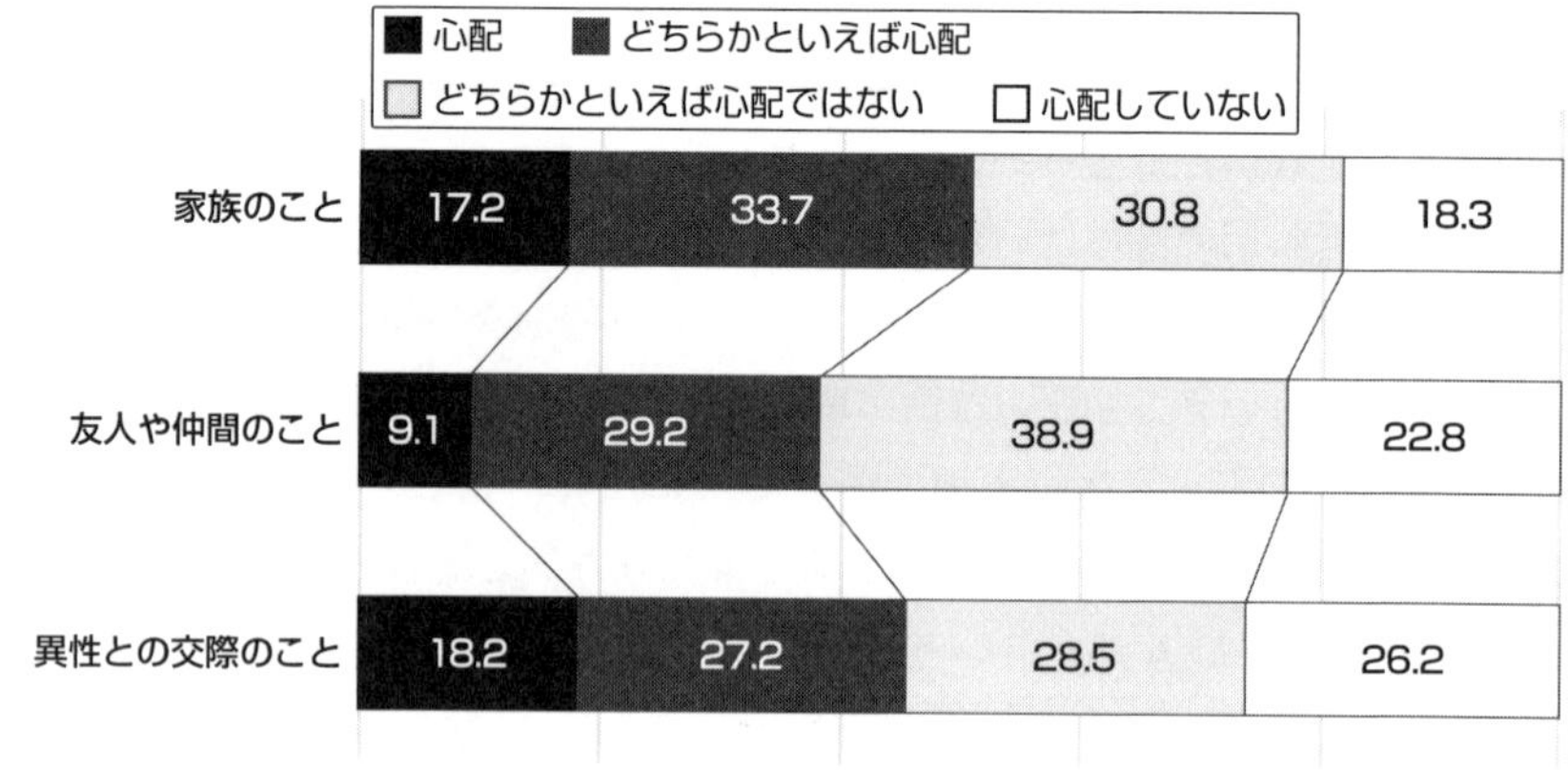

図 4-4　悩みや心配事の有無（内閣府，2019より作成）

合が同性であり、お互いのアイデンティティをぶつけ合うことのできる貴重な仲間である。一方で異性の存在は同性である友人とは違った安らぎや自信を与えてくれる存在である。内閣府（2019）の調査では、日本の若者の多くが家族や友人といるときよりも恋人といるときの方が充実感を感じており、恋人が友人などとは違った意味での特別な存在であることがわかる（**図4-3**）。

ところで、大野（1995）は青年期の恋愛を**アイデンティティのための恋愛**と呼んでいる。この時期はまだ自らのアイデンティティを探索する旅の途中であり、当然のことながら確固たるアイデンティティを確立していない。そのため、相手からの評価や賞賛を自分のアイデンティティのよりどころとし、賞賛し続けてもらうことによって安定を得ようとする特徴がある。恋愛関係においても、常に相手から賞賛されることを望み、相手が常に自分に向いていることを確かめないと不安に陥るのである。内閣府（2019）が行った調査でも、悩みや心配事を尋ねた項目で、「心配」と「どちらかといえば心配」を合わせた割合が『友人や仲間のこと』では38.3％だったのに対して、『異性との関係のこと』は45.3％と、同じように青年期のアイデンティティ探索のよりどころとなる両者の間に大きな差が見られた（**図4-4**）。まさに、お互いが自分の安定のために恋愛をしているのであり、「アイデンティティのための恋愛」、ある意味では自分勝手な恋愛ともいえるだろう。そのため、「この時期の恋愛は長続きしないのも大きな特徴」（大野, 1995）である。

（3）青年期の性行動とその課題

前述のように、青年期には友人関係と並んで異性との恋愛関係も進んでいく。さらに、青年期には第二次性徴により**性**に目覚める時期でもある。恋人との関係は、たとえ青年期であっても性的な関係を欲し、**性行動**（キスやセックス）に進もうとするベクトルが生まれる。以前の日本社会では、結婚前のセックスはタブー視されてきたといっていいだろう。しかし、1990年代から2000年代前半にかけて、青少年の性的行動の活発化が見られ、性的行動の低年齢化が指摘されてきた。NHK放送文化研究所（2015）の調査では、1993年には婚前交渉を「不可」とした割合を「愛情で可」とした割合が上回り、その差は徐々に大きくなっている。また、日本家族計画協会（2017）の調査では累積性交経験率が50％を超えるのが男子で20歳、女子で19歳となっており、青年期の子どもの約半数がセックスを体験していることになる（**図 4-5**）。その一方で、「草食系」という言葉が生まれたように青年期になっても性への関心を表さず、恋人さえも欲しない若者の存在が注目されている。このような若者は、「アイデンティティの確立が十分でなく、自分に自信がもてないため（高坂, 2013）」とする研究結果もあるが、十分にアイデンティティが確立された場合でも「恋人を欲しいと思わない」「セックスをしたいと思わない」という若者もいて、その背景はまだはっきり解明できていない。

人間のセックスには生殖以外にも**愛情表現**や**コミュニケーションの手段**としての役割がある。青年期の恋愛がアイデンティティのための恋愛なので、相手の愛情を確かめたいという意識がセックスという行動に駆り立てている側面もあるかもしれない。しかし、愛情表現を安易にセックスに求めるのは問題や危険がともなう。日本性教育協会（2007）の調査では高校生・大学生の約半数がセックスをするときに避妊をしないと回答しており、妊娠のリスクを軽視していることがわかる。エイズなどの性感染症についても２割ほどが「気にしていない」と回答している。さらに、近年では暴力的・束縛的な関係を愛情表現で

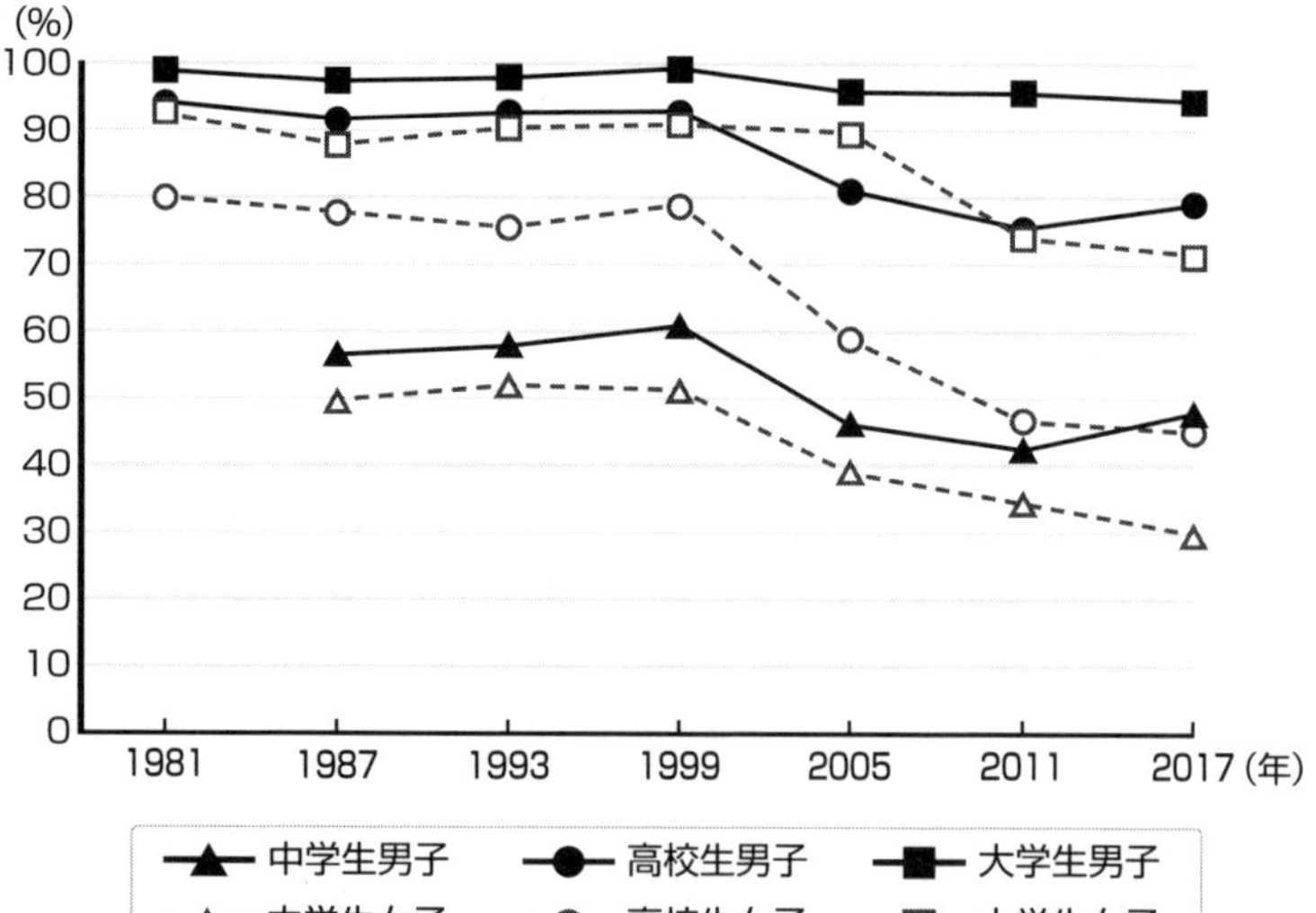

図 4-5　学校段階・性別にみた性的なことへの関心をもった経験がある割合の推移（日本性教育協会, 2019）

あると誤った認識のまま加害・被害が繰り返される若者がいて（松野, 2017；松永・森脇, 2019)、デートDVが注目されるようになった。

青年期には身体も大人と同程度になり、成熟度が増すからこそ、相手を尊重する態度と性に関する正しい知識を得る必要がある。また、社会的には性感染症のリスクを含めた性教育の充実が望まれる。

（4）青年期以降の恋愛

青年期も後半になると、成人のような恋愛関係を結ぶことができるようにもなる。アイデンティティのための恋愛が「恋」ならば、それ以降の恋愛は**愛的な恋愛**と表現することもできるだろう。愛的な恋愛ができるようになるということはアイデンティティの探索が終わり、安定したアイデンティティを獲得した一つの証拠ともいえる。その段階になると、自分を見てほしい・褒めてほしい・気にしてほしいという自分中心で自分勝手な思いを相手にぶつけるのではなく、相手を思いやり、ふたりでいることを喜び、相手を好きと思うことに条件などなくなる。ふたりでいる将来を考えることができるようになり、お互いに支え合う関係に発展していく。そして、ドキドキするなどの身体現象がなくなるのも大きな特徴である。

相手にドキドキを感じなくなったが、相手と一緒にいることに幸せを感じ無条件に好きだと思えるようになったら、自分も相手も成長して愛的な関係を作れるようになったということだろう。

≪文献≫

Blos, P. (1962). *On Adolescence: A Psychoanalytic Interpretation.* Free Press. New York.［野沢栄治 (訳) (1971). 青年期の精神医学　誠信書房］

土井隆義 (2016). 友だち関係のつまずきを恐れる子どもたち―友だち関係って面倒で大変，でも大切！―　児童心理, 1022, 1-10.

Erikson, E. H. (1950). *Childhood and society.* Norton.［仁科弥生 (訳) (1977). 幼児期と社会　みすず書房］

Erikson, E. H. (1959). Identity and life cycle : Selected papers. In *Psychological Issues.* Vol.1. International Universities Press.［小此木啓吾 (訳) (1973). 自我同

一性 誠信書房〕
保坂 亨 (1996). 児童期から思春期・青年期における友人関係の発達と「いじめ」 千葉大学教育実践研究, **3**, 1-9.
川瀬正裕・松本真理子 (編) (1997). 新自分さがしの心理学―自己理解ワークブック― ナカニシヤ出版
高坂康雅 (2013). 青年期における“恋人を欲しいと思わない”理由と自我発達との関連 発達心理学研究, **24**, 284-294.
Marcia, J. E. (1966). Development and validation of ego-identity status. *Journal of Personality & Social Psychology*, **3**, 551-558.
松永明莉・森脇智秋 (2019). 大学生のデート DV の認識と友人から相談を受けた時の対応 徳島文理大学研究紀要, **97**, 31-38.
松野 真 (2017). デート DV における加害・被害経験タイプと加害者の特性 教育カウンセリング研究, **8**, 1-11.
内閣府 (2019). 我が国と諸外国の若者の意識に関する調査 (平成 30 年度)〔http//:www8.cao.go.jp/youth/kenkyu/ishiki/h30/pdf-index.html(2020 年 3 月 30 日閲覧)〕
NHK 放送文化研究所 (編) (2015). 現代日本人の意識構造 第 8 版 NHK 出版
日本家族計画協会 (2017). 結婚しない, セックスしない若者たち―「第 8 回男女の生活と意識に関する調査」結果から― 現代性教育研究ジャーナル, **72**, 1-10.
日本産科婦人科学会 (1981). 思春期の定義について 日産婦誌, **33**(6), 7-8.
日本性教育協会 (編) (2007).「若者の性」白書―第 6 回青少年の性行動全国調査報告― 小学館
日本性教育協会 (2019). 青少年の性行動の不活性化と多様性―「第 8 回青少年の性行動全国調査」からみえてくる若者像 現代性教育研究ジャーナル, **94**, 1-11.
西平直喜 (1981). 友情・恋愛の探究 大日本図書
落合良行・佐藤有耕 (1996). 青年期における友達とのつきあい方の発達的変化 教育心理学研究, **44**, 55-65.
岡田守弘 (1990). ともだちができない子どもたち こころの科学, **32**, 27-31.
大野 久 (1995). 青年期の自己意識と生き方 落合良行・楠見 孝 (編) 講座生涯発達心理学 4 巻 ―自己への問い直し― 金子書房
大野 久 (2010). 青年期のアイデンティティの発達 大野 久 (編著) エピソードでつかむ青年心理学 ミネルヴァ書房
佐藤有耕 (2010). 青年期の友人関係 大野 久 (編著) エピソードでつかむ青年心理学 ミネルヴァ書房
清水將之 (2013).「思春期を考える」ということ そだちの科学, **20**, 48-55.
鵜養啓子 (2009). 思春期女子の心理と行動―指導, かかわりの難しさの背景にあるもの 児童心理, **892**, 17-22.
WHO (2018). The age of adolescence. *The Partnership for Maternal, Newborn & Child Health.*〔who.int/pmnch/media/news/2018/the-age-of-adolescence/en/〕

第５章
子どもにとっての家族

●1節　親子関係

■ 1 家族とは

家族とはいかなるものか。日常語としての「家族」の語義は、「夫婦の配偶関係や親子・きょうだいなどの血縁関係によって結ばれた親族関係を基礎にして成立する小集団。社会構成の基本単位。」と記されている（『広辞苑』岩波書店）。家族心理学においては、家族は一つのシステムとしてとらえられている。家族システムは、父・母・子どもという要素が結びついた家族構造と、構成員の間でなされる秩序立ったコミュニケーションや役割パターンという家族機能をもち、子どもの誕生、子どもの自立などの家族の発達にともない、次々と構造も機能も変化させながら、家族独自の適応した型をもって変化していくものである（布柴, 2019）。ゆえに、親子関係やきょうだい関係を検討するとき、家族という文脈のなかでとらえる必要性が出てくる。

近年わが国における家族の構成は、夫婦と未婚の子どもで構成される核家族が６割近くを占めている。家族の構成は家庭によってそれぞれであるが、この１節では、現在一般的な家族構成である核家族をとりあげて、家族関係について考えていく。

家族（核家族）には親子関係、きょうだい関係が存在し、それぞれの関係は相互に関連して支えあったり補い合ったりしながら、親も子も発達していく。

子どもにとっての家族は、子どもが成長し人格形成を成していくうえで、もっとも基本的な人間関係である。子どもは、家庭を中心とした日々の生活でいろいろな経験を重ねながら人間関係のあり方を学び、他者との関係を徐々に拡大していくのである。

2 親子関係

乳児期における親との愛着関係の成立は、**親子関係**や対人関係の基礎である。愛着が形成されると、子どもは親が自分のそばにいてくれると安心して探索行動を始める。親は、子どもにとって「安全基地」としての機能を果たす。

また、親は、子どもの欲求を満たし、安心感や心地よさを提供してくれる存在でもあり、日々の生活のなかで、子どもと親との間の基本的信頼感が育まれていく。

幼児期の子どもにとって、親は理想化されたモデルであり権威である。子どもは、生活面でも情緒面でも親に依存している。2、3歳頃になり、身体能力や運動能力が発達し徐々に自分で身体的にいろいろなことができるようになってくると、子どもは自分ひとりでできるという自信が芽生え、自己主張をしたり、親の保護的で干渉的な態度に反抗するようになる。子どもの自己主張や反抗的な態度に、親も強圧的な対応をとったりすることで親子間に葛藤が生じることがあるが、親や子どもどうしの相互作用を通して、他者の意見と自身の主張の折り合いをつける経験を積むことで、子どもの自己主張や自己抑制（集団場面で自分の欲求や行動を抑制・制止しなければならないとき、これを制止すること〈柏木, 1988〉）の機能は発達していく。

児童期になると、子どもの生活は、学校生活を軸として家庭以外の多くの大人や友人との関係が主体となってくる。行動範囲が広がるにつれ、家庭で過ごす時間は減少するものの、それでも、家庭は子どもにとって心身のエネルギー回復の場である。家庭での親との関わりのなかで愛情を感じながら精神的に安定感を得ることで、子どもはストレスを低減し元気を取り戻していく。子どもが社会参加をしていくうえで必要な社会的技能は、大方、家庭での親のしつけを通して獲得されていく。

児童期ぐらいまでは、子どもは親に守られ保護された関係のなかで、親の言うことに従い親の価値観にもとづいたしつけのなかで育つが、青年期に入ると親以外の価値観を取り入れながら自分自身で意思決定を行おうとするようになる。いわゆる子どもの親離れが始まる。

青年期に入ると、子どもは、親以外の大人との関係がさらに広がっていく。さまざまな人と接する機会が増すことで、多様な価値観に出会うようになり、必ずしも親の価値観が絶対的ではないことや、親も長所や短所をもつひとりの人間として生きていることに気づいていく。子どもにとって親とは、自分を守り保護してくれる存在である一方で、自分自身とは違う存在であることに気づきはじめる。

親に対する見方が変化してくると、親の支配的な態度や価値観を批判的にとらえたり、親の利己的な側面に反発したりするようになる。子どもは、自分なりの考えを主張し反抗的な態度をとることが多々あり、屁理屈とも思えるような自分の考えを主張したかと思えば、頑なに主張していたことを簡単に覆してみたりと極端な言動をとる。しかしそういう反抗的な態度の一方で、親に甘えてみたり依存を繰り返したりと相反する感情が混在することで、子どもは心理的な混乱に陥りやすくなる。

そのような親との葛藤のなかで、子どもは、自分のことを理解してもらえないという孤独感を感じたりすることがある。そういうときに子どもの心の支えとなるのが友人だが、青年期の友人関係も流動的で不安定であることが少なくない。同世代の友人に受け入れられないことで緊張や不安をもたらすことも多く、それゆえ青年期の子どもにとって、親の情緒的サポートが重要になってくる（鈴木・滝口, 2016)。青年期の子どもは、自己の存在が大きく揺れ動き、自立に向けて試行錯誤している。親は安全基地として、子どもに過度に干渉することなく一定の距離を保ちながら、子どもの心理的混乱を受け止めサポートしていく必要がある。

青年期も後期頃になると、子どもは、自分自身を親とは違う考えや価値観をもったひとりの人間として自分を捉えるようになっていき、自分自身の内面に関心を向けるようになる。そして、自分と親との関係も客観的、内省的に捉えられるようになっていく。青年期初期の頃に親を批判したり反発したりしていた子どもは、親を欠点もあるが尊敬できる存在として理解を示すようになっていく。子どもは、親に幻滅することがあっても、幼い頃から育まれてきた親との基本的信頼感が根底にあれば、親のありのままの姿を次第に受け入れ理解できるようになっていく。

青年期の子どもは、児童期の頃の親の権威に対する尊敬ではなく、親に対し「人として」の尊敬を抱き始め、親子関係をとらえなおして再構築を進めていく。そして、子どもは、自己と向き合い自己を探求して自分らしさをみつけ、自我を確立していくのである。

3 親からの自立

青年が親から自立するということは、親から単に離れていくというだけではなく、親子関係の再構築でもある。平石（2010）は、子が親離れすることは親が子離れすることでもあり、親と子の双方は態度を変容させていく「共変関係」にあると指摘している。子どもが成長するにしたがって、親も成長を続けている。つまり、家族関係も発達しているのである。

青年が親から離れひとりの独立した存在になろうとする衝動が表れることを**ホリングワース**（Hollingworth, 1928）は、**心理的離乳**（psychological weaning）と呼んだ。この時期に親子関係が大きく変容し、青年は自立へと進み始める。

わが国における心理的離乳に関する研究として、落合・佐藤（1996）による研究がある。この研究では親子間の心理的距離に着目して、中学生から大学院生までの生徒・学生を対象に調査を行っている。その結果、青年期の親子関係が**表 5-1** の５段階を経過しながら心理的離乳へと向かって発達的に変化していくことを明らかにしている。第１段階から第３段階の親子関係は小学生・中学生にみられ、親に従うというタテの関係がうかがえる。第４段階

表 5-1　心理的離乳へ至る親子関係の変化（落合・佐藤, 1996 より作成）

段階	親子関係のあり方
5	親が子を頼りにする関係
4	子が親から信頼・承認されている関係
3	子が困ったときには親が支援する関係
2	親が子を危険から守る関係
1	親が子を抱え込む関係 ／ 親が子と手を切る関係

から第5段階の親子関係は大学生・大学院生にみられ、親と子が対等に向き合えるようなヨコの関係に変化してきていることがうかがえる。高校生は特徴的な親子関係がみられないが、それゆえ高校生の時期は親子関係の変化が大きく関係性も多岐にわたると思われる。落合・佐藤（1996）は、親子関係の大きな転換は高校生から大学生の間に生じると考えられることを示唆している。

この研究では男女差についても検討され、「親が子を危険から守る関係」は女子の方が男子よりも強く認知し、「親が子と手を切る関係」は、男子の方が女子よりも強く認知していることを明らかにしている。また母子関係において、「子が困ったときには親が支援する関係」「親が子を頼りにする関係」は女子の方が男子よりも強く認知しており、親密な母と娘の関係がうかがえ、心理的離乳への過程において、男子と女子では心理的発達に違いがあることが示されている。

4　心理的自立の多様な側面

「親から自立するとはどういうことなのか」と考えるとき、特に**心理的自立**には複雑で多様な側面がある。

青年期の親からの自立について、**ホフマン**（Hoffman, 1984）は、「機能的自立（functional independence）：両親の援助なしに実際的で個人的な問題を管理し、それに向かうことができる力を得ること」「態度的自立（attitudinal independence）：両親から分化し、自分の信念、価値観、態度をもっていると思えること」「感情的自立（emotional independence）：両親との関係のなかで、承認、親密さ、一緒にいたい気持ち、感情的なサポートなどを過度に求めようとしないでいられること」「葛藤的自立（conflictual independence）：両親との関係のなかで過度の罪悪感、不安、不信、責任感、抑制、憤慨、怒りなどの感情を抱かないでいられること」の四つの側面をあげている。これら四つの側面は、青年が自立へと進むなかで相互に関連しあいながら確立されていくものと考えられる。

5 現代青年の親子関係

現代青年の親子関係は穏やかである（藤原, 2016；Steinberg, 2001）と言われている。

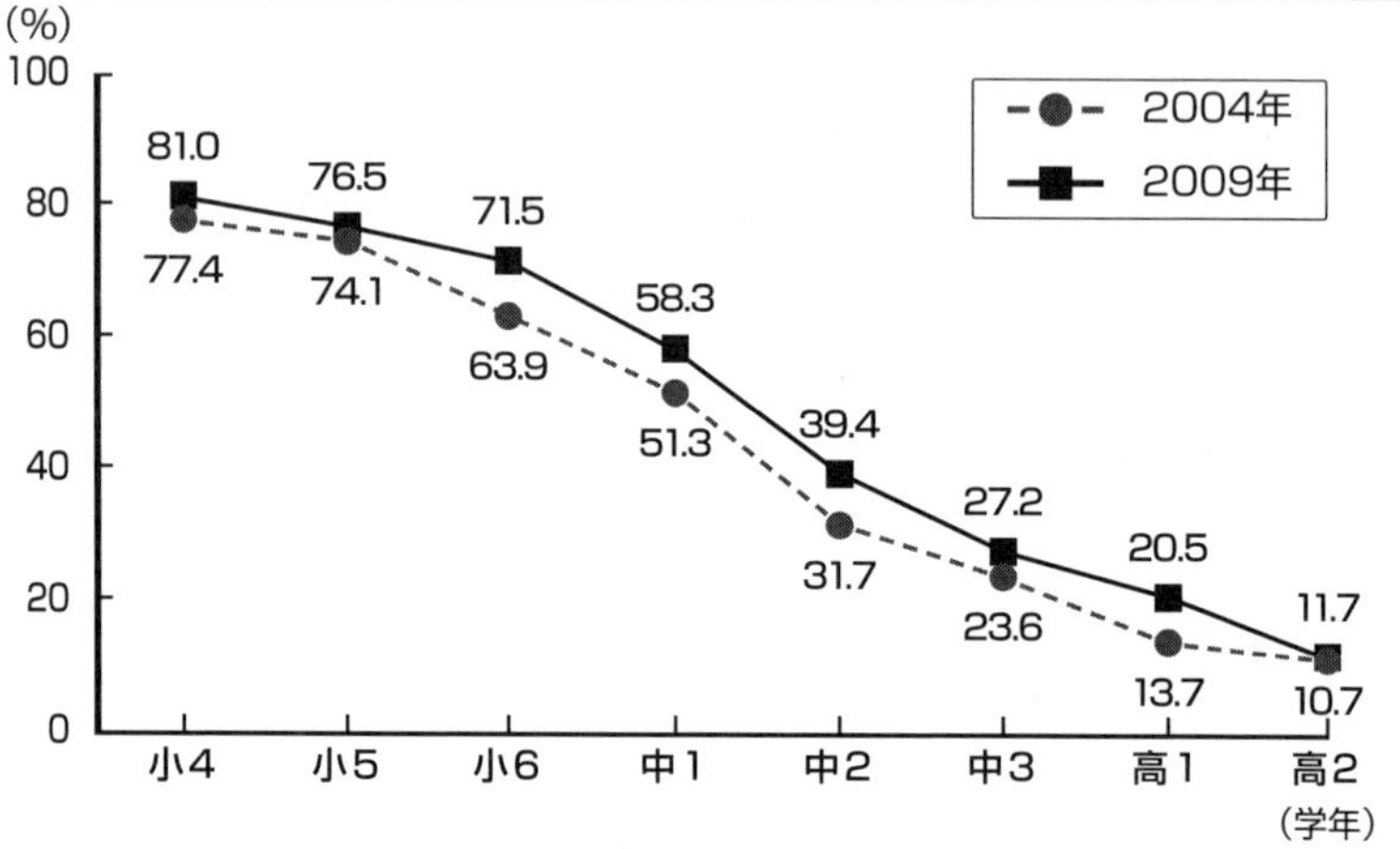

図5-1　親との関わり－①勉強を教えてくれる（ベネッセ教育総合研究所, 2009）

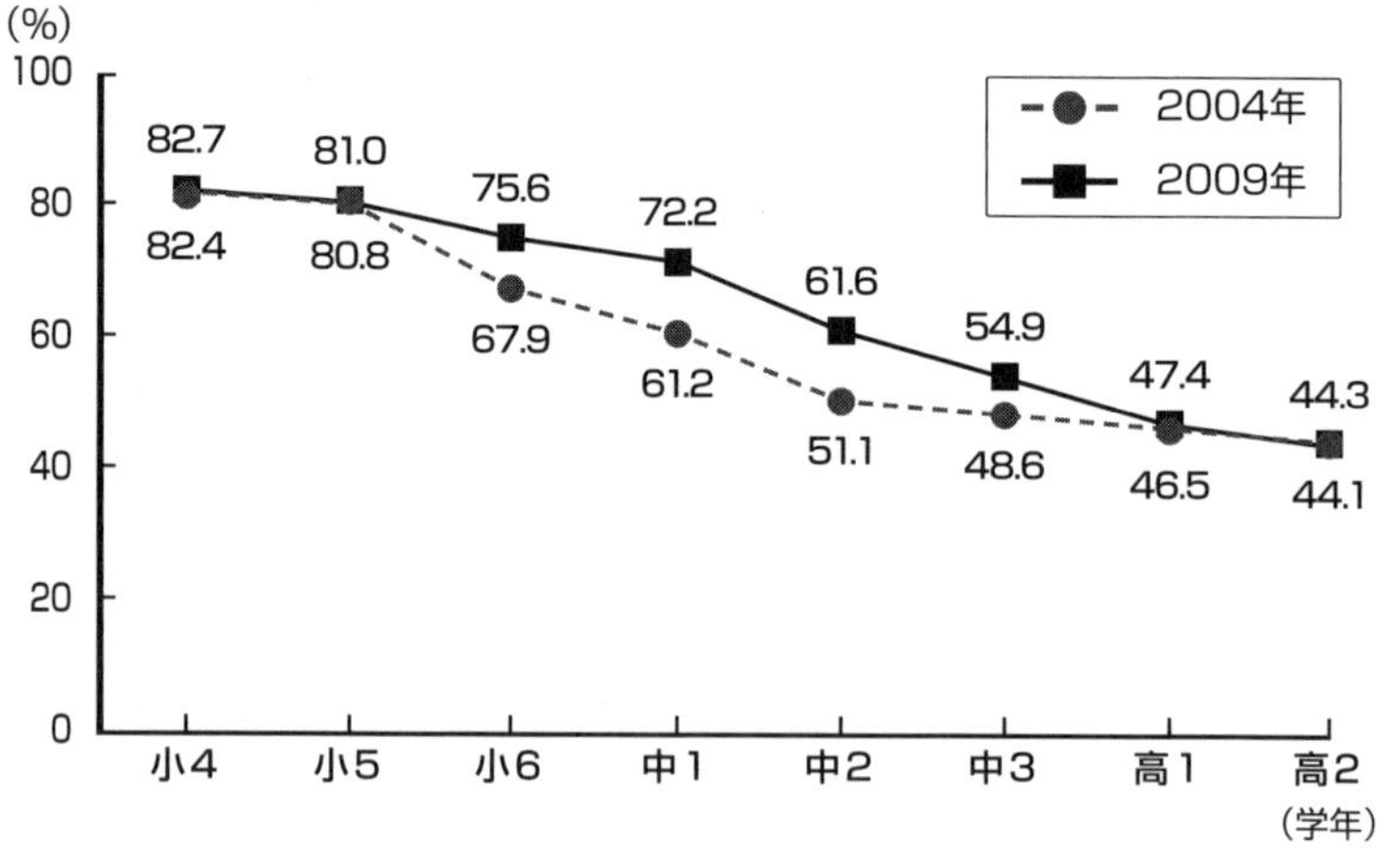

図5-2　親との関わり－②いいことをしたときにほめてくれる
（ベネッセ教育総合研究所, 2009）

ベネッセ教育総合研究所（2009）の質問紙調査で、小学校4年生から高校2年生の男女を対象に、親との関わりについて、2004年と2009年の経年比較をしている（**図5-1～図5-4**）。四つの項目を取り上げてみると、どの項目も2004年よりも2009年の方が割合は高くなり、また、小学6年生から中学2年生の間で増加の幅が大きくなっていて、この時期に親子関係がより良好で親密

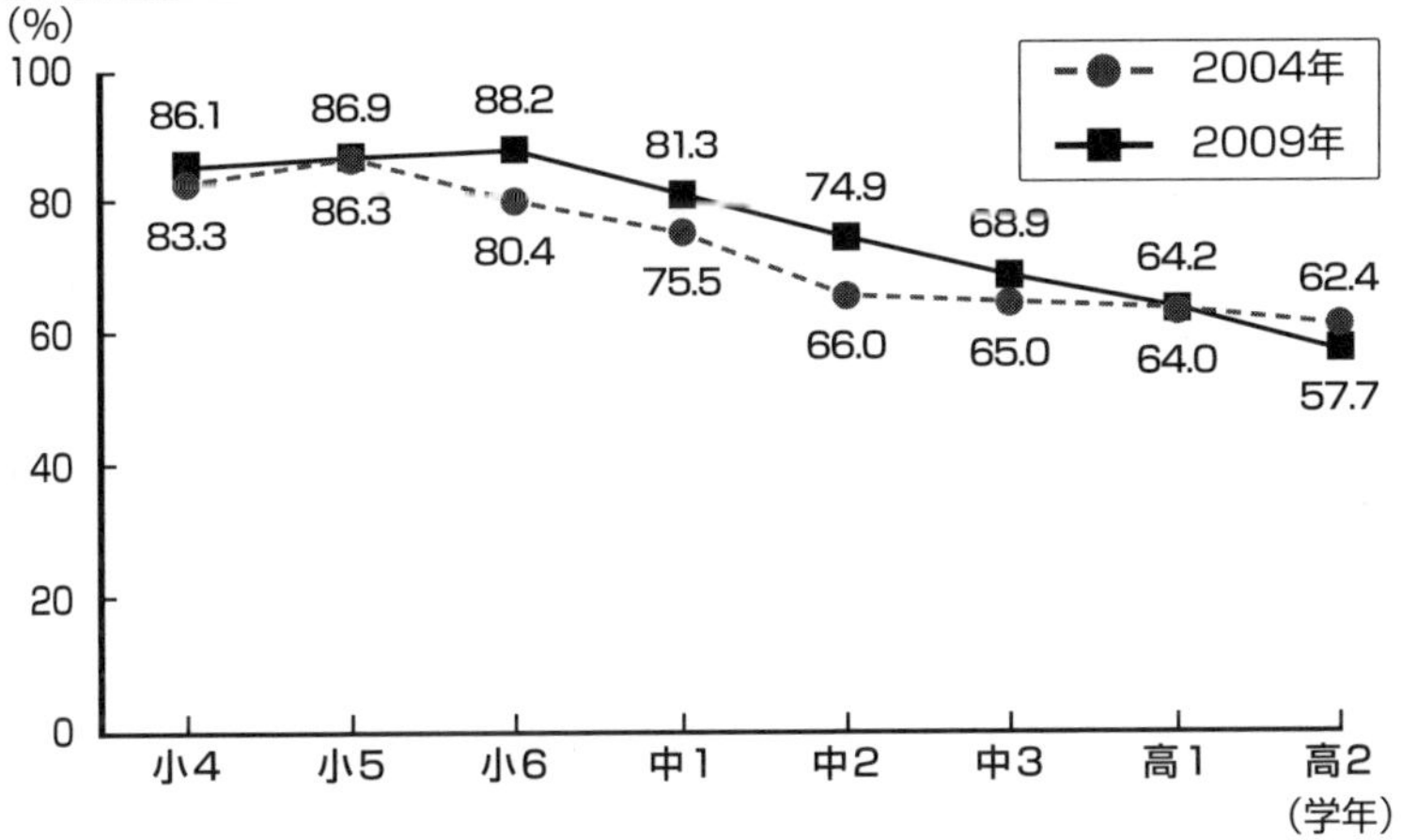

図5-3　親との関わり－③悪いことをしたときにしかってくれる
（ベネッセ教育総合研究所, 2009）

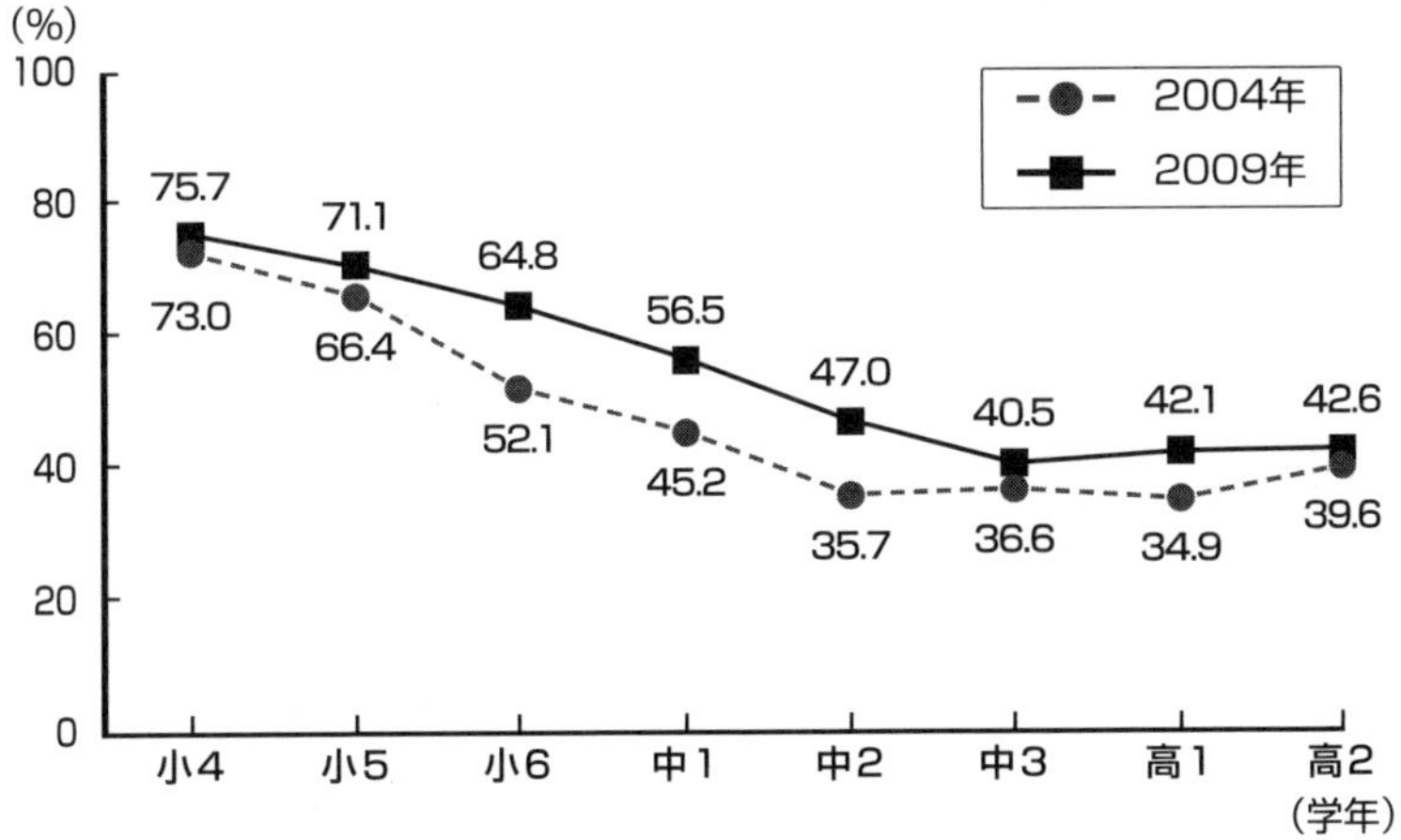

図5-4　親との関わり－④困ったときに相談にのってくれる
（ベネッセ教育総合研究所, 2009）

になってきていることがうかがえる。しかし、この時期は、本来ならば親離れが始まる頃であり、子どもの親に対する見方が変化し、親の態度や価値観を批判的にとらえたり、親の利己的な側面に反発したりする時期である。そうであるならば、親子関係がより良好で親密になっていることを肯定的に受け取ることは早計なのだろうか。

そもそも、青年期に**第二反抗期**がみられないのは問題なのであろうか。従来、青年期の親子関係は親子間に葛藤の様相を呈するものとされてきたが、近年は、親子の葛藤は必ずしも発達に必然ではないとする研究も出てきている。たとえば、宮下・渡辺（1992）は、高校時代に自分のいうことに父親が耳を傾けてくれると感じていた男子大学生は、自我が成長していたことを指摘している。また、江上・田中（2013）は、大学生を対象とした研究で、第二反抗期がなかった者はその理由として、家族や日常生活に不満がないという「家庭・環境の良さ」をあげる者が多く、また、自我同一性の確立に向けて発達しつつあるという感覚が反抗期があった者よりも強いことを示唆している。親との良好な関係は、青年期においても幸福感をうみ、自我の発達を促し自分らしい生き方を確立する助けとなっているのである（斎藤, 1996）。しかしながら、葛藤がなく良好な親子関係であっても、**青年の自立**の在り方は当然問われなければならない。青年は、自立という青年期の課題が積み残されたままにならぬよう、また、自身の発達のプロセスが遅延することがないように自我の発達を促していく必要がある。

▩ 6 親子関係のゆがみ

青年期の親子関係は穏やかである一方で、児童虐待は年々増加の一途である（厚生労働省, 2020b）。

親子間の対立や葛藤が起きたとき、子どもが親から心理的・精神的に傷つけられることがあり、そこには、「児童虐待」といえるあからさまな虐待だけではない「親の期待で子どもを縛る」という「**見えない虐待**」がある（斎藤, 1999）。小高（2006）は、「見えない虐待」を「親から心理的・精神的に傷つけられること」と表現し、親の愛情の欠如や親の過度の統制は、子どもを心理的・精神的に傷つけることにつながると指摘している。親の言動が「子どもを縛る」こととなり、子どもを心理的・精神的に追い詰めてしまうのである。斎藤（2009）も、「親自身の親としてふるまうための原体験の少なさが、親の常道を逸した行為や未熟さに大きく影響をおよぼしており、親としての発達における欠陥につながっている可能性がある」と、親の発達の問題を指摘している。

このように、青年期の親子間の葛藤を子どもの発達の問題としてとらえるだけではなく、そこには親の発達の問題も関わってくる。子どもが発達するにしたがって、親自身も心理的に成熟していくことが不可欠となってくるのである。

また、友だちのように仲のいい「**友だち親子**」は、何でも語り合え、お互いがわかり合える親子関係としてポジティブにとらえられる面がある一方で、親が子どもに過度に干渉したり支配したりすることで、葛藤を抱える関係でもある。親子関係のなかでも特に、母と娘の関係は、女性どうしで親密性が高く互恵的な関係を結びやすく、親密にすることでお互いに得るものがある支えあいの関係にある。しかし、一方で、**母娘関係**は、はるかに同質性が強いだけに、母が娘の隅々にまで干渉し、支配することがよりたやすく実現してしまい（矢幡, 2000）、葛藤を抱える関係であることが多く、母と娘の関係には、親密さのみならず葛藤も存在する（藤原・伊藤，2007）。たとえば、摂食障害である子どもの母子関係の特徴として、母親の過干渉、子どもの母親への依存、母子関係の信頼関係の欠如が指摘されている（梶山, 1992）。

2節　きょうだい関係

1 きょうだいの数の現状

少子化が止まらず、わが国における2019年の合計特殊出生率は、1.36となり、過去最低となっている（厚生労働省, 2020a）。国立社会保障・人口問題研究所（2015）の調査によると、結婚からの経過期間が15～19年の夫婦がもつ子どもの数は2人が過半数を占め、長年変化はみられない。また、子どもを3人以上もつ夫婦の割合は前回調査の2005年から低下し始め、子どもをもたない夫婦と

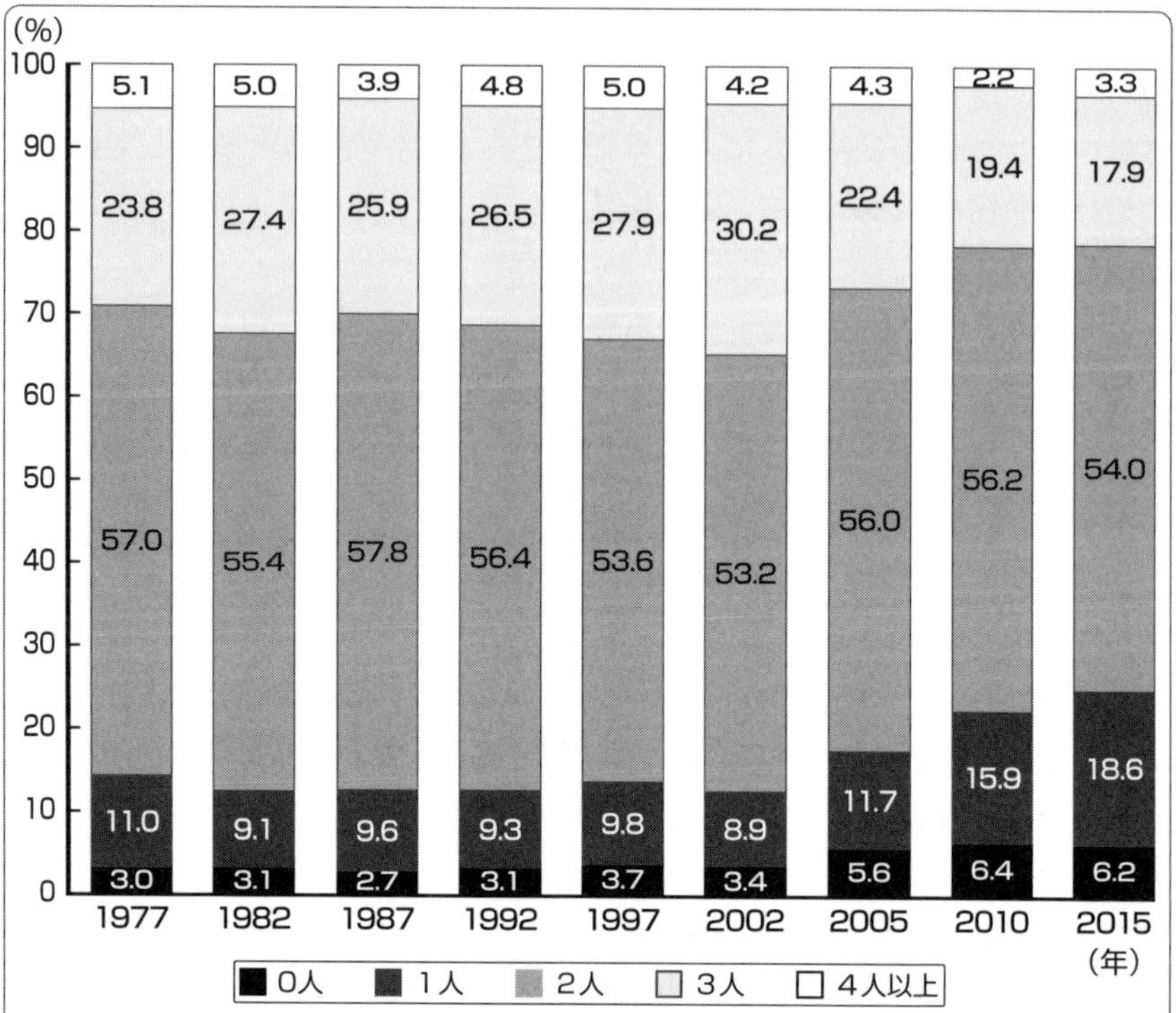

図 5-5　夫婦の出生子ども数分布の推移（結婚持続期間 15 ～ 19 年）

（国立社会保障・人口問題研究所, 2015 より作成）

子ども１人の夫婦が近年僅かずつではあるが増加してきている（図 5-5）。

きょうだいの数は家庭によってそれぞれであるが、本節では、現在一般的なきょうだい数である２人きょうだい（上の子、下の子）をとりあげて、きょうだい関係について考えていく。

■ 2　きょうだいの誕生

上の子にとってきょうだいの誕生は、大きな喜びである反面、今まで自分に向けられていた親の愛情や関心を奪われてしまうのではないかという不安を抱いてしまうことでもある。不安を抱えた上の子は、親に対して過度に甘えてみたり、些細なことに癇癪を起こしたりする。また、指しゃぶりやおねしょといった「赤ちゃんがえり」などの退行的行動がみられるなどの心理的葛藤を引き起こすことも多く、上の子にとってきょうだいの誕生は危機場面でもある。また、きょうだいの誕生は、それまでの３者関係の家族関係が４者関係の家族関係へと変化することとなり、上の子のみならず家族の人間関係にさまざまな変化をもたらしていく。

3 きょうだい関係

きょうだいは、同じ家族の一員としてかなりの年月をともに過ごし、日常生活でいろいろな経験をともに重ねていくなかで、子どもどうしの親密な関係を築いていく。きょうだいはもっとも身近な遊び相手であり、他者とのやり取り、社会的ふるまい、感情表出などの行動のモデルでもある。

親子をタテの関係、友だちをヨコの関係とするならば、きょうだい関係はナナメの関係であり、きょうだい関係はタテの関係とヨコの関係の双方をあわせもつ（依田, 1990)。きょうだい関係をタテの関係でみると、上の子が下の子をかわいがり下の子が困っていると助けようとしたり、下の子が上の子を頼りにしたりする向社会的行動がみられる。さらに、きょうだい関係をヨコの関係でみると、きょうだい仲良く友だちどうしのように遊んだり、おもちゃの取り合いなどできょうだい喧嘩を始めたりする。また、優先順位などをめぐってきょうだいに対する競争心をもったり、親の愛情をめぐってやきもちを焼いたりする。

幼児期や学童期のきょうだい間の相互作用は、子どもの言語発達や社会性の発達を促進する働きをもつ。亀岡（2009）は、きょうだい喧嘩での奪いあいなどの経験は、子どもにとって、相手の意図や欲求を敏感に察知して行動することや、相手の意図と自分の意図がぶつかったときにどのように折り合いをつけていくのかを学ぶための重要な練習の機会となることを指摘している。このように、きょうだい関係はタテとヨコの関係の双方をもちながら、日常生活のなかでさまざまな体験をする機会を得ることができる。

磯崎（2006）は、きょうだい関係についての調査を中学生から大学生までの学生を対象に行った結果、きょうだい関係が性別、出生順位、年齢段階などの要因によって変化がみられることを報告している。調査結果では、男子よりも女子の方が、そして年上よりも年下のきょうだいの方が、きょうだい関係について「一緒にいて楽しい」「きょうだいが好き」「きょうだいの素晴らしさを感じる」と肯定的に答えていた。そして、中学生、高校生、大学生と進むにつれ、「きょうだいが好き」と答える者が増え、きょうだい関係の認知はより好ましいものとなっていた。このようなきょうだい関係におけるさまざまな感情体験は、他者理解の発達を促進し、子どもの社会心理的発達に寄与していくのである。

しかし、きょうだい関係は頻繁な接触や感情的関わりが強いだけに、親密なだけではなく嫉妬や葛藤を生みだすことも多々ある。荒賀（2009）は、「きょうだい関係の特性である『対立・競争・支配』と、『協力・援助・調和』の質の違う二つの特性を受け入れることを通して、子どもは初めて複雑で多様な人間関係を学んでいくことができる。それだけに、子どもたちがこれらを学ぶことができるきょうだい関係を築けるように、親はバランスのある接し方をしていくことが必要である」と指摘している。きょうだい間でトラブルが起きたとき、親は、子どもの気持ちを汲み取った適切な配慮をする必要がある。適切な配慮に欠けると、子どもが疎外感、敵対心、劣等感などをもってしまい、その後のきょうだい関係や親子関係に影響を及ぼすことになる。

≪文献≫

荒賀文子 (2009). 現代社会におけるきょうだい状況の変化―核家族化と少子化―　藤本修 (編)　きょうだい―メンタルヘルスの観点から分析する―（pp.44-53)　ナカニシヤ出版

ベネッセ教育総合研究所 (2009). 第２回こども生活実態基本調査

江上園子・田中優子 (2013). 第二反抗期に対する認識と自我同一性との関連　愛媛大学教育学部紀要, **60**, 17-24.

藤原あやの (2016). 青年期後期の親子関係―親子関係における未解決の問題と関係の良好さについての検討―　聖徳大学児童学研究, **18**, 1-6.

藤原あやの・伊藤裕子 (2007). 青年期後期から成人期初期にかけての母娘関係　青年心理学研究, **19**, 69-82.

平石賢二 (2010). 青年期の親子関係　大野 久 (編著) エピソードでつかむ青年心理学（pp.113-145)　ミネルヴァ書房

Hoffman. J. (1984). Psychological separation of late adolescents from their parents.

Journal of Counseling Psychology, **31**, 170-178.
Hollingworth, L. S. (1928). *The psychology of the adolescent.* New York : D. Appleton Century Company.
磯崎三喜年 (2006). きょうだい関係に関する基礎的研究—きょうだい関係の認知について—　日本心理学会大会発表論文集, 70th.
梶山有二 (1992). 思春期やせ症　公衆衛生, **57**, 570-573.
亀岡智美 (2009). 乳児期・幼児期のきょうだい関係　藤本 修 (編) きょうだい—メンタルヘルスの観点から分析する— (pp.92-98)　ナカニシヤ出版
柏木恵子 (1988). 幼児期における「自己」の発達—行動の自己制御機能を中心に—　東京大学出版会
国立社会保障・人口問題研究所 (2015). 第 15 回出生動向基本調査
小高 恵 (2006). 親から心理的・精神的に傷つけられることについての因子分析的研究　太成学院大学紀要, **8**, 59-68.
厚生労働省 (2020a). 令和元年 (2019) 人口動態統計 (確定数) の概況
厚生労働省 (2020b). 令和元年度 児童相談所での児童虐待相談対応件数 速報値
宮下一博・渡辺朝子 (1992). 青年期における自我同一性と友人関係　千葉大学教育学部紀要, **40**, 107-111.
布柴靖枝 (2019). 家族を理解するための鍵概念. 中釜洋子・野末武義・布柴靖枝・無藤清子 (編), 家族心理学 第 2 版—家族システムの発達と臨床的援助— (pp.19-33)　有斐閣
落合良行・佐藤有耕 (1996). 親子関係の変化からみた心理的離乳への過程の分析　教育心理学研究, **44**, 11-22.
斎藤 学 (1999). 依存と虐待　日本評論社
斎藤誠一 (1996). 青年期の人間関係　培風館
斎藤嘉孝 (2009). 親になれない親たち　新曜社
Steinberg, L. (2001). We know some things : Parent-adolescent relationships in retrospect and prospect. *Journal of Research on Adolescence*, **11**, 1-19.
鈴木 忠・滝口のぞみ (2016). 関係性の発達. 鈴木 忠・飯牟礼悦子・滝口のぞみ (著)　生涯発達心理学—認知・対人関係・自己から読み解く— (pp.137-165)　有斐閣
矢幡 洋 (2000). 強すぎる母-娘関係に生じる問題　児童心理, **54**, 28-33.
依田 明 (1990). きょうだいの研究　大日本図書

第2部

子どもをめぐる臨床的課題

第６章
発達障害

1節　知的遅れのない発達障害

従来、**発達障害**（developmental disorders）とは、広くは身体、認知、適応行動を含む領域のいずれかにおいて発達上の問題がある状態を指し、発達障害の原因は脳の先天的な機能障害であり、幼少期から認められ、問題の本質は生涯にわたると理解されてきた。『心理学辞典』（中島ら, 1999）では、「通常、幼児期や児童期または青年期に初めて診断されその障害（impairment）の起因が精神的、または身体的であるか、あるいは心身両面にわたり、その状態がいつまで続くか予測することができず、自己管理、言語機能、学習、移動、自立した生活能力、経済的自立等のいくつかの領域で機能上の制限のあるものを発達障害という。したがって、症状が成人期に認められた場合にあっても、症状が幼児期や児童期といった狭義の発達期に生じたと認められれば、発達障害という判断が下される場合がある」と定義されている。すなわち、発達障害は生まれながらの脳の神経発達の障害であり、成長とともに状態像の見かけ上の変化はみられるものの、障害の本質的な特徴は持続する（**表 6-1**）。半世紀以上前までは、発達障害のなかでは知的能力の障害を中心に臨床や教育や研究が進められてきた。

1940 年代に欧米の医学領域において、知的能力は正常で運動や視覚聴覚や環境にも問題がないが、注意集中・持続の困難、多動、衝動性などの行動の問題や、特殊な学習上の困難を示す子どもの存在が報告されるようになった。これらの症状は、成人の脳損傷患者に見られる症状と類似しており、その原因は脳の微細な損傷、中枢神経系の微細な偏りによるものと考え

表6-1　発達障害とは

・行動や精神的な問題の背景は本来備わっている資質であり、家庭環境、社会環境、突発的出来事などが直接要因ではない

↓

・神経発達、神経ネットワークの障害
・成長とともに、経験し知識を得ることにより見えにくくなる特性はあるが、基本的特性は変わらない

られ、**微細脳障害**（minimal brain disorder: MBD）あるいは微細脳機能障害（minimal brain dysfunction: MBD）の用語が提唱された。これが、後の注意や多動や、特異な学習障害の概念につながっていくこととなる。また、1943年には、カナー（Kanner）が早期幼児自閉症（early childhood autism）を、1944年にはアスペルガー（Asperger）が自閉性精神病質（autistic psychopathies in childhood）を発表し、自閉症に関する関心が高まっていく。

1970年代頃から、日本において自閉症児に関心が集中し始め、同時期に一部の臨床家や研究者の間では、かつてのMBD児に見られた注意・行動の問題や学習上の問題にも関心が向けられ始めた。そして1990年代には、高機能自閉症やアスペルガー障害、注意欠陥/多動性障害、学習障害など**知的遅れのない発達障害**児の問題に焦点が移っていった。そして、発達障害者支援法（2005〈平成17〉年施行、2016〈平成28〉年改正）では「発達障害とは、自閉症、アスペルガー症候群その他の広汎性発達障害、学習障害、注意欠陥多動性障害その他これに類する脳機能の障害であってその症状が通常低年齢において発現するもの」と記載され、現在一般的に**発達障害**の定義として理解されている。

2000年頃から、使用の経緯が不明確であるが、**軽度発達障害**という用語が医学や臨床心理や教育の領域で頻繁に使われるようになった。一見すると健常児と変わらず、しかし知的に正常であるにもかかわらず認知能力の発達にアンバランスがあるため、行動や学習上のさまざまな困難を示す子どもたちを、従来の発達障害概念とは異なる観点を記述し理解するために使用される

表 6-2 発達障害

知的遅れ	知的能力障害
多動と集中困難	注意欠如・多動性障害（AD/HD）
対人関係・社会性の問題	自閉症スペクトラム障害（ASD）
特定の学習上の困難	限局性学習障害（SLD）
運動の困難	発達性協調運動障害（DCD）
情動の問題	情緒障害

ようになったと考えられる。**軽度発達障害**は、障害が軽い状態であると誤って理解されがちであるが、正しくは知的に正常であることを意味しており、広義には知能指数 70 以上、狭義には知能指数 85 以上の知的レベルであることを指していた。**注意欠陥 / 多動性障害**（attention-deficit/ hyperactivity disorders: AD/HD）、高機能自閉性障害（high functioning autism）、アスペルガー障害（Asperger's syndrome）、学習障害（learning disorders: LD）などが**軽度発達障害**としてあげられた。これらの子どもは、発達の過程で状態像が変化し健常児との違いが見えにくくなることが少なくないが、一方で、合併症による症状の悪化や、本質的問題の顕在化や持続や拡大によって苦悩することも稀でなく、問題の中核は、一般の人びとにも、あるいは子どもに携わる専門家の人びとにも、なかなか理解されないことが多かった。先に述べたように、**軽度**の意味が誤解されやすく、また意味する範囲が明確でない等の理由から、2007 年に文部科学省はこの用語の使用を止めている。本章で記載する**発達障害**は、このかつて軽度発達障害という名称が使われた**知的遅れのない発達障害**すなわち、**注意欠如・多動性障害**（Attention Deficit/ Hyperactivity Disorder: AD/HD）、自閉症スペクトラム障害（Autism Spectrum Disorder: ASD）、限局性学習障害（Specific Learning Disorder: SLD）、発達性協調運動障害（Developmental Coordination Disorders: DCD）を中心に述べていく（**表 6-2**）。

ちなみに、文部科学省による 2012 年に実施した全国公立小中校（普通学級）における約 5 万人を対象とした教職員などの見立てによる発達障害児の割合調査では、発達障害の可能性のある（発達障害：学習面、行動面、および両面で著しい困難がある）児童生徒の割合は 6.5% であった。

●2節　注意欠如・多動性障害（注意欠如・多動症）

■ 1 行動特徴

注意欠如・多動性障害（注意欠如・多動症：以下 AD/HD）は、不注意と多動性・衝動性を主症状とする（DSM-5, 2014）。乳児期から幼児期早期にかけて既に特徴が見られるため、発見が比較的早い。たとえば、乳児期には「動きが多い赤ちゃん」「おむつ交換のときもじっとしていられず、おむつを換えにくい」「歩き始めとほぼ同時に走り出した」「どこにでも行ってしまうので目が離せない」などが養育者から語られる。保育園や幼稚園に通うようになると、行動や注意の問題はよりはっきりしてくる。着席不能、駆け出し、よそ見、順番妨害等々、集団のなかで問題行動が目立つ子であると言われがちになる。AD/HD の特徴と実際に見られる行動を**表 6-3** に示す。

表 6-3　AD/HD の特徴と実際の行動

不注意
・見当はずれの応答
・熱中すると周りが見えない
・物を忘れる、なくす
・一つのことを長い時間続けられない
・約束の日時を間違える
・聞き間違い、見間違い、読み間違い
・同時に二つのことができない
多動・衝動
・姿勢保持ができない（ぐにゃぐにゃ、そわそわ）
・立ち歩き、飛び出し
・突然の口出しや発言、割り込み
・攻撃行動、パニック

2 特性による問題と対応方法

AD/HD 児の問題行動は日常生活で観察されやすく目立つため、周囲の叱責や禁止や干渉を受けやすい。そのため、本来の問題行動に加えて自信喪失、自己肯定感の低さ、チックや強迫的行動などの二次的な問題行動を生じやすい。AD/HD 児の問題行動には薬物治療が効果的なこともあり、治療薬としてメチルフェニデート（商品名コンサータ）、アトモキセチン（商品名ストラテラ）、グアンファシン（商品名インチュニブ）がある。一方、行動論的・治療教育的観点からの行動のコントロール方法や怒りやパニックへの対処方法の習得、ペアレント・トレーニングを含む保護者や関係者の心理教育、刺激の統制など環境条件の具体的調整も必要である。薬物と治療的教育や心理教育的カウンセリングなどを併用して、早期からの親子のサポートが有効である。

3節 自閉症スペクトラム障害（自閉スペクトラム症）

1 行動特徴

自閉症スペクトラム障害（自閉スペクトラム症：以下 ASD）は、対人的相互反応および社会的コミュニケーションと行動・興味・活動の偏りを主症状とする（DSM-5, 2014）。ASD の特徴と実際に見られる行動を**表 6-4** に示す。

1943 年カナー（Kanner）により**早期幼児自閉症**（early childhood autism）の記述が、翌年の 1944 年アスペルガー（Asperger）により**自閉性精神病質**（autistic psychopathies in childhood）の記述がなされた。以降の自閉症概念の変遷についてはしばしば語られるところであり、紙面の都合で本節では多くを述べることができないが、やはり少し触れておかなくてはならない。

1940 年代から 1960 年代半ばまで、自閉症は環境要因、主に母子関係が原因の後天性の情緒障害であると考えられ、治療法は精神力動的治療法が適用された。1960 年代後半から 1970 年代にかけて、さまざまな研究や臨床報告から、自閉症児では児童期以降に脳波異常やてんかんを合併するケースが少なくない

表6-4　ASDの特徴と実際の行動

対人的相互反応、社会的コミュニケーションの問題
・人への関心の欠如、または興味・関心の表現や共有ができない
・表情、声の調子、身振りなどの読み取りが苦手
・人との距離が測れない
・状況の理解・判断が不適切
・他者視点に立てない
行動・興味・活動の偏りの問題
・常同的、反復的行動（物の並べ方、同じ言葉や行動の繰り返し）
・限られた事柄への強い興味・関心、没頭
・同一性の保持要求：習慣や決まった行動の変更困難、微細な変化に対する抵抗、パニック
・感覚過敏または鈍感

こと、言葉を話せても言語の使用には独特の困難があり幼児期・学童期以降も持続すること、自閉症の行動特徴には成人の脳障害と類似した特徴がみられること、などが明らかにされ、自閉症は中枢神経系の障害であることが示唆されるようになった。自閉症は脳障害による言語・認知機能の発達障害であると考えられ、原因論の大転換がなされたのである。1980年代以降は、自閉症の対人関係や情緒発達、社会的コミュニケーションなどへ関心が広がり、**心の理論の障害**（他者や自分の心的状態の推理・理解の困難）、**共同注視の障害**（乳児期早期の対象に向ける視線の共有の困難）、**実行（遂行）機能の障害**（反応抑制、計画性、注意のシフトなどの問題）、**中枢性統合の障害**（部分の詳細な認知、全体認知の困難）などいくつかの障害論が展開された。また、生物学的研究では、前頭・側頭・頭頂葉、連合野、小脳、脳幹などの脳の多領域（広汎性）の所見や、対人的関心や愛着行動の形成と解消などに関連する大脳辺縁系の機能の障害（扁桃体・海馬・尾状核の体積の減少、扁桃体と海馬の発達不良）などが指摘されている。

現在、多少の観点の相違はあるものの、自閉症の中核症状は脳の認知機能の障害であり環境が一次的原因でない、ということに関しては一致した見解が得られているであろう。

2 特性による問題と対応方法

ASDでは社会性やコミュニケーションの障害、こだわり行動などの行動特性があげられてきた。原因仮説の変遷にともなって、ASDの治療方法は変更され、精神分析的治療法から行動療法的な治療法が主流となった。1980年代以降は、これらの問題行動の本質は社会性の障害であり、社会的機能をいかに促すかが治療の中心とみなされるようになっていった。

ASDの特性のために生じる問題には、対人相互間の言語や状況や行動の誤解や勘違いによることが多い。そのために、たとえば些細なことから喧嘩や衝突になる、友人関係が築きにくい、誤解され社会的に非難される、関係認識や自己認識の混乱、といった問題が生じ、社会的場面で欲求充足が阻止され、危機的状況に陥りやすい。このような問題に対しては、社会的能力の発達あるいは獲得を促す治療教育的対応が必要である。具体的には、構造化された場面（発達臨床心理学を専門とする指導者によって計画・統制された場面）で社会的手がかりを意識し解釈すること（社会的認知）、集団のなかで適切に行動すること（社会的行動）、対人的な言葉を適切に使用すること（言語的コミュニケーション）などの認知や行動スキルについて、自分の特徴に気づき、どんなときにどのようにすれば良いかを学習することが重要である（五十嵐, 2005）。ASDの治療的教育の要点を**表6-5**に示す。

表6-5　ASDの治療的教育の要点

ＡＳＤの治療的教育
・構造化された場面で認知機能に焦点を置く介入
①言語により明確化して伝達
：行動と言語を選択的に取り上げ、共通理解につなぐ
②情動共有の体験
：情動を理解し、相互に調整する
↓
・状況と感情・言語の関連性の理解
・適切な感情・言語表現の受容
・不適切な感情・言語表現の理解と修正
・おとなを交えた双方向的な感情・言語のやり取りの繰り返し

4節　限局性学習障害（限局性学習症）

1 行動特徴

日本での学習障害（LD）は、1970 年代に医学領域で MBD に関心が集まったことに始まっている。1980 年代には、知的遅れがないにもかかわらず読み・書き・算数に特別な困難を示す子どもたちについて、対象や定義の議論や調査研究が行われた。1990 年代には公教育の取り組みが開始され、1999 年に文部省（当時）から**LDの定義**が出された（**表 6-6**）。

DSM-5 (2014) では、**限局性学習障害**（限局性学習症：以下 SLD）として、読字困難、読解の困難、綴字の困難、書字表出の困難、数字の概念・数値・計算の困難、数学的推論の困難を主症状としてあげている。LD の読み書きの特徴と学習の問題を**表 6-7**、**表 6-8** に示す。

表 6-6　LD の定義（文部省, 1999）

LDの定義
・学習障害とは、基本的には**全般的な知的発達に遅れはない**が、聞く、話す、読む、書く、計算するまたは推論する能力のうち特定のものの習得と使用に著しい困難を示すさまざまな状態を指すものである。
・学習障害は、その原因として、**中枢神経系に何らかの機能障害があると推定される**が、視覚障害、聴覚障害、知的障害、情緒障害などの障害や、環境的な要因が直接の原因となるものではない。

表 6-7　LD の読み書きの特徴

読字の特徴	
① 逐字読み	② 文字を読む際の不自然な区切り方
③ 文字や行のとばし読み	④ 推測読み
書字の特徴	
① 文字の大きさや並びの不揃い	② 促音や撥音の表記の誤り
③ 形態が似ている文字の誤り（例：い / こ、め / ぬ、わ / ね）	
④ 鏡文字や部分の書き誤り	

表 6-8 LDの学習の問題

・すらすら読めない（促音、拗音など）
・文字や文がきれいに書けない
・抽象的な内容をイメージしたり、文の背後を読み取れない
・数の概念や計算の間違いをする
・図形、分量、距離、方向、時間等がわからない

SLDは小学校に入学した後に、国語や算数の学習の不得意で明らかになることが多い。しかし、振り返ってみると幼児期から兆候は見られていることが少なくない。たとえば、簡単な物語文が書かれた絵本や童話を読むことに関心がなかった、絵が極端に下手で周囲は何を描いているか判別できないような絵を描いた、言葉を獲得しているのに言葉数が少ない子だった、道順を覚えられずよく迷子になった、などが語られている。本格的な教科学習が始まると、国語、算数だけではなく、他の教科にも基礎教科学習の影響があり、知的能力に見合った学習成果が上がらなくなっていく。

2 特性による問題と対応方法

SLDの結果、教科学習の困難、学業成績の低下、日常生活における情報収集の困難、読書・作文・手紙などの苦手意識、地図や案内図が読めないなどの問題が生じる。本人の努力不足であるとか、教員の指導が不十分であるとか、保護者の家庭学習の指導が足りないとか、原因がさまざまに指摘される。また、本人は、他の子どもと同じように、あるいは他の子どもよりもっと多くの予習復習をしても、それに見合った成果が得られないので、負担が大きくなり、ストレス下におかれやすく、自己効力感が低くなりがちである。基本的には本人の努力や周囲の指導の問題ではないことを理解することが第一である。そのうえで、認知のアセスメント、読み書きや学力のテストなどのアセスメントにより、SLDのタイプを明らかにして個別の治療教育がなされなければならない。

表 6-9　粗大・協調・微細運動

粗大・協調運動
・這う、立つ、歩く、走る 蹴る、投げる、受け取る、操作するなど
・リズム体操、自転車、鉄棒、跳び箱、マット運動、水泳、球技など
微細運動
・折る、つまむ、押さえる、はさむなど
・スプーン・ストロー・箸・クレヨン・鉛筆・はさみなどの使用、ボタン・スナップはめ、衣類・履物の着脱、折り紙、書字、描画、楽器、技術関連など

●5節　発達性協調運動障害（発達性協調運動症）

■ 1 行動特徴

発達性協調運動障害（発達性協調運動症：以下 DCD）が発達障害として注目されるようになったのは、近年のことである。発達段階の早期から、**粗大運動**、**微細運動**、**協調運動**の発達の遅れや困難があり、日常生活における活動に困難を生じている状態を指す（DSM-5, 2014）。一言で言うと、いわゆる運動（**表 6-9**）の不器用さである。

これらの行動特性は、AD/HD や ASD、SLD に比べてあまり重要視されてこなかった。少しくらい運動が不器用でも、落ち着かないよりは……友だちと関われないよりは……読み書きや算数ができないよりは……といった点から問題を軽視されがちであった。しかし、DCD の本人にとって、特に児童期の小学生にとって、極めて重要な問題であることに、周囲は気づかなければならない。

■ 2 特性による問題と対応方法

DCD の運動の不器用さがもたらす日常生活上の問題を**表 6-10** にあげる。

小学生時代は、心身ともに安定した発達をする時期にあり、子どもは個人的

表 6-10　DCD の運動の不器用さの実際

・ボールのやり取りができない
　相手の位置に投げない、落下地点にいない
・集団競技や遊びの最中に「待った」がかかる
・食べ物をこぼす
・支度、乗り降り、購入などに時間がかかる
・集団行動に出遅れる

表 6-11　DCD の運動の不器用さがもたらす日常の問題

・遊びに誘われない
・遊びに加わらない
・運動・スポーツ嫌い
・外食、給食、会食嫌い
・集団遊びや競技から自主的にはずれる

⬇

・消極性、自信喪失、自己効力感低下

にも社会的にも活発な活動をするようになる。子どものなかでの自然な序列や、ルールや、尊敬や、羨望などが交錯する時期でもある。体が大きく健康で俊敏であること、これは子ども集団のなかでの信頼獲得の大きな条件の一つとなる。運動が不器用であることは、周囲のおとなが何と言おうと、その子ども本人にとっておそらく大きなダメージであろうと思われる。運動はまるでだめだが勉強でいいところを見せるから、と仲間から認められるのは、通常はもっと後の年齢になってからである。運動が不器用な子どもから得られた情報にもとづいて、日常生活上の問題とその心理的影響について**表 6-11** に示した。

　これらの子どもについては、神経系の発達を踏まえた専門家による定期的な運動指導や作業療法が有効である。また、臨床心理学的には、二次的問題の発生の予防、あるいは二次的問題への対処のための心理・教育的な対応を行うことが役立つ。

≪文献≫

五十嵐一枝 (編著) (2005). 軽度発達障害児のための SST 事例集, 北大路書房

厚生労働省 (2004). 発達障害者支援法 (2004)（平成十六年法律第百六十七号）第 1 章第 2 条

文部科学省初等中等教育局特別支援教育課 (2012). 通常の学級に在籍する発達障害の可能性のある特別な教育的支援を必要とする児童生徒に関する調査結果について

髙橋三郎・大野 裕 (監訳) (2014). DSM-5 精神疾患の分類と診断の手引き　医学書院

第７章
子どもの心の病

1節　幼児期から児童期に起こりやすい心の病

幼児期には思考力や言語の発達が顕著であり、人間関係では家族中心から幼稚園をはじめとした家族以外の人との関わりが加わる。仲間が与える影響は大きく、仲間から種々の技能を学ぶ。児童期には論理的思考が発達し知識が拡大する。また、人間関係では、学校を中心とした仲間関係が主となり、児童期の子どもにとって重要な存在になっていく。しかし、幼児期・学童期ともに家族や教師の言動や態度も子どもに大きな影響を与えており、その後の発達に大きな意味をもつ。本節では、幼児期から児童期に起こりやすい心の病として、アタッチメント（愛着）障害、分離不安、選択性緘黙《かんもく》、チック症、夜尿、吃音《きつおん》、抜毛症について述べる。

1 アタッチメント（愛着）障害

乳幼児期は、他者に対する基本的信頼感を形成する大切な時期であり、特に特定の養育者との間に人間関係が発達する。特定の養育者と子どもとの間に形成される愛情的結びつきをアタッチメント（愛着）という。養育者に対する愛着の存在が子どもの情緒的な安定に関わっており、この愛着を土台にして子どもは成長していく。乳幼児期に養育者が子どもに応答的に接することで「自分は人から愛される存在である」「人や世の中は自分を受け入れてくれる」等の自己・他者に対するポジティブな考えを抱く。しかし、非応答的な養育者との間では「自分は愛されない存在である」「人や世の中は自分を拒否する」等の自己・他者に対してネガティブな考えを抱くようになる。乳幼児期に安全基地であるはずの愛着対象者から長期にわたって虐待を受ける、愛着対象者が次々と変わる、両親が死別し愛着対象がいなくなってしまう等で養育者との愛着関係が形成されないと、アタッチメント障害を起こすことがある。

DSM-5（American Psychiatric Association［髙橋・大野, 2014］）では、「反応性アタッチメント障害」と「脱抑制型対人交流障害」の名を用いている。反応性アタッチメント障害は、それまで「通常、幼児期、小児期、または青年期に初めて受診される障害」に分類されていたが、DSM-5では「心的外傷およびストレス因関連障害群」に分類されるようになった。反応性アタッチメント障害は、養育者に対し情緒的な関わりが乏しく接近することが少ない、他者との関わりを避ける、過度の警戒や攻撃性等を特徴とする。脱抑制型対人交流障害は、見知らぬ人に対しても過度になれなれしい、無分別な社交性が見られる等を特徴とする。

アタッチメント障害の治療では、安全性の確保、安全基地の形成、養育者の質が重要とされる。山下（2018）は「アタッチメント領域における問題の主な治療的介入のターゲットは、子ども自身よりも養育システム自体である」と述べている。養育者も子育てのストレスや不安のために余裕がなくなり、虐待に発展してしまうことがある。養育者も治療対象という認識をもつことが大切であり、治療に参加することで子どもとの関係を修復、親としての自信を回復させることが大切である。子どもだけに治療の焦点を当てるのではなく、養育者や家族、子どもに関わる存在を含めて幅広くアプローチすることが必要である。

2　分離不安

乳幼児が愛着対象者（通常、母親）から分離されると不安を起こすようになることを分離不安という。分離不安は一般的に１歳代に最高に達するが、通常は年齢とともに次第に弱まり、幼児の分離不安は正常な反応とみなされる。しかし、過度に長引く場合には注意が必要である。また、逆に乳幼児期に分離不安が全く見られない場合も対象関係において何らかの問題があると考えられる。分離不安は、対象の永続性が発達し、「お母さんはいずれ戻ってくる」ということを理解するようになれば弱まっていくのが通常である。しかし、分離不安が長引き、愛着対象者から離れるような場面で、愛着対象者が離れられない程泣き叫ぶ、愛着対象者が交通事故に合うのではないか等と強い不安に襲われる、頭痛・腹痛の身体症状を訴える等、社会生活に支障が出る場合を分離不安障害という。分離不安障害は一般的に幼児に発症し、生活上のストレス（肉親や友人、ペットの死、転居、転校等）が発症の引き金になることがある。また、遺伝的に不安になりやすい性質も原因の一つである。

分離不安障害の治療には、認知行動療法が有効とされている。分離不安障害の子どもは登園を拒否する、不登校という形で現れることが多い。少しずつ幼稚園や学校にいる時間を増やしていく等のように段階的に不安対象と接していく、適応的な思考を見つけ出す練習をする等の方法があげられる。また、場合によっては薬物療法が用いられることもある。

3　選択性緘黙《かんもく》

選択性緘黙は、学校や幼稚園といったある特定の場面や状況では話すことができないものの、特定の場面（主に家庭）では、ほぼ通常の発話ができる状態のことを言う。発話の抑制だけではなく動作が抑制される子どもから、うなずきや素振りは可能な子ども、音読ができる子ども、特定の友人や日常生活場面から離れた初対面の人とは話せる場合がある子どもなどさまざまである（角田, 2011）。DSM-5では、「不安症群／不安障害群」として位置づけられている。２～５歳に兆候が見られるが、家庭では話すため保護者は気づきにくく、一般的に子どもが入園・入学するまで発見されないことが多い。また、学校や幼稚園等で行動上の問題を示さず、家庭では話すため、「いずれは話すようになるだろう」と保護者や教師の問題意識は低く、見過ごされやすい。そのため、治療に至るまでに時間差が生じるという問題がある。青年期、成人期まで症状が続いた場合、対人恐怖や就労に困難が生じる等の問題が起きることがあるため、予後を楽観視することができない。緘黙の経過が長いほど、治療が困難になるため、できるだけ早い時期に対応することが望まれる。

具体的な治療や支援方法は確立されていないが、従来から遊戯療法、箱庭療法、行動療法が取り入れられている。今後は不安障害や発達障害との関連からのアプローチ、また個人の心理療法だけではなく、保育園・幼稚園・小学校等のコミュニティを対象とした予防的アプローチの必要性も指摘されている。また、選択性緘黙の臨床像は多様なため、子どもに合わせて理解し、対応を考えていくことが大切である。

4 チック症

チックとは、突発的で、急速で、一定のリズムがなく繰り返される不随意の運動および発声のことである。運動性チックと音声チックがある。運動性チックによくみられるのは、目をぱちぱち瞬く、目を回す、顔をしかめる、口をとがらす、首を振る、肩をすくめる等の上半身の運動であるが、時には飛び跳ねる、地団駄を踏むといった全身運動が現れることがある。音声チックには、咳払いをする、鼻をクンクンさせる、唸《うな》る、奇声を発するなどがある。特異的な複雑音声チックとして、下品な言葉や場に合わない単語や句の繰り返しをする汚言《おげん》症（コプロラリア）、他の人の言った言葉を繰り返す反響言語（エコラリア）、自分の言った言葉等を繰り返す反復言語（パリラリア）がある。

一般的に小児期から成人初期に発病し、やがて消失するか半永久的に続く。子どもの10～20%に見られるというほど、チックは多い。

原因はよくわかっていない。昔は親の育て方に問題があると言われていたが、素質的要因、脳要因等、生物学的基礎をもつ病気であることが考えられてきている。しかし、心因性要因が強いものがあることも認められる。疫学的には、男子優位で男女比は4：1、家族性要因が見られ、家族がチック、吃音、貧乏ゆすり、強迫症状、神経質、不安症状等を有する場合が多い（星野, 2017）。

チック自体は自然に改善することが多く、積極的な治療がなされることは少ないが、生活指導、環境調整等を行うことがある。また認知行動療法も注目されている。症状が激しく生活に支障が生じる場合は、薬物治療が考慮される。

5 トゥレット症

全身の運動性チックと音声チックの両方を有し、症状が1年以上継続しているチック症のことである。トゥレット症には、注意欠如・多動性障害（AD/HD）

や強迫症（OCD）、不安障害が併存することが高く、生活への影響が強い。

6　夜尿

昼間に尿を漏らすものを尿失禁症、昼間・夜間とも尿を漏らすものを遺尿症という。夜間睡眠中にのみ尿を漏らし、5歳を過ぎても1か月に1回以上の夜尿が3か月以上続くものを夜尿症としている。夜尿症には一次性と二次性がある。これまで夜尿が消失していた時期があったとしても6か月に満たない症例が一次性夜尿症、これまで夜尿が6か月以上消失していた時期があった症例を二次性夜尿症としている（夜尿症診療ガイドライン, 2016）。二次性夜尿症は弟や妹の誕生、家庭環境の変化などをきっかけとして起こることが多く、心因の関与が大きいと考えられる（柄澤, 2001）。

治療の対象は小学校入学以後とするのが一般的であり、治療は生活指導（夕食を就寝2時間前に済ませる、睡眠中に排尿させるために起こさない等）、行動療法、生活指導や行動療法で効果が見られない場合は、薬物療法も考慮される。

7　吃音《きつおん》

吃音は話し言葉が滑らかに出ない言語障害である。吃音は、多語文で話せるようになる幼児期に出現することが多く、また、その多くは幼児期に自然治癒すると言われている。しかし、できるだけ早期に治療することが勧められる。

吃音に特徴的な中核症状には、繰り返し、引き伸ばし、ブロック（阻止ないし難発とも言う）の三つがある（小澤ら, 2016）。繰り返し（連発）は、音や語の一部を繰り返すこと（例：「わたし」→「わ、わ、わたし」）、引き伸ばし（伸発）は、語の一部が伸びてしまうこと（例：「わたし」→「わーーたし」）、ブロック（阻止、難発）は、言葉を発するとき詰まって出ないこと（例：「わたし」→「……わたし」）である。

幼児期には、周囲がゆっくりと楽な発話をして本人の自然な模倣を促す、本人の話をじっくり聞いてあげる、子どもの発達に合わせ簡単な語彙や短い言葉で応答できるようにする、落ち着いて話しやすい環境を整える、吃音は「特別なことではない」ことを伝え、自尊感情が低下しないよう対応することが大切である。学童期には、吃音を恥ずかしいものとして捉える、思うように話せない不全感、また話せなくなるのではないかという不安感、発話困難により自尊感情が低下する等、心理的負荷が加わることがある。さまざまな発表や回答方法を取り入れる等の環境調整、いじめやからかいへの断固たる対応、また子どもの得意なことや好きなことを伸ばし自己効力感を高めることも重要である。小林(2018) は「子ども一人ひとりで、有効な配慮が異なることに注意する必要がある」と述べており、子どもの思いにそって配慮を実施することが大切である。

8 抜毛症

抜毛行動は習癖異常の一つで、自分の体毛、たいてい頭髪を抜去することを強迫的に繰り返すものである。眉毛や睫毛のこともある。DSM-5では「強迫症および関連症群 / 強迫性障害および関連障害群」に含まれている。小学生から思春期までに現れ、若年女性に多いとされる。抜毛症の原因は解明されていないが、家庭環境（母子関係の阻害や歪み、圧力等）や学校生活での精神的なストレスでの欲求不満や不安の緩和、怒りの表現等から発症することが考えられている。治療には、箱庭療法、遊戯療法等の非言語的な心理療法、行動療法、薬物療法が取り入れられている。

2節　思春期・青年期に起こりやすい心の病

本節では、思春期・青年期に好発する心の病としてうつ病、摂食障害、社交不安障害、適応障害、パニック障害、強迫性障害を取り上げ概説する。また、疾患として診断されるものではないが、この年代の学校臨床場面でよく見られる自傷行為と過剰適応についても述べていきたい。

1 うつ病

うつ病は誰もがその名前を知っているといっても過言ではないくらい、非常にメジャーな精神疾患の一つである。一般的には**気分の落ち込み**がその症状として認識されているが、DSM-5（2014）では**表7-1**のように診断基準をあげている。他の疾患等による影響がないにもかかわらず、表にある基準のうち（1）または（2）を含む五つ以上の症状が見られた場合、うつ病と見なされる。発症のきっかけとしては、転校や進級・進学等による環境の変化、その他ストレスが考えられる。

ところで、子どもの場合には大人のそれとは違う形で症状が見られることがあるので注意しなければならない。たとえば、子どものうつは身体症状として現れることがあると言われている。「おなかが痛い」とか、「頭が痛い」「イライラする」といった症状を訴える子どもが、実はうつ病であったというケース

表7-1 うつ病の診断基準（DSM-5, 2014より作成）（日本精神神経学会［日本語版用語監修］（2014）『DSM-5 精神疾患の診断・統計マニュアル』髙橋三郎・大野 裕監訳、医学書院、pp.160-161 修正 /B 以下省略）

A．以下の症状のうち5つ（またはそれ以上）が同じ2週間の間に存在し、病前の機能からの変化を起こしている。これらの症状のうち少なくとも1つは（1）抑うつ気分、または（2）興味または喜びの喪失である。

注：明らかに他の医学的疾患に起因する症状は含まない

(1) その人自身の言葉（例：悲しみ、空虚感、または絶望を感じる）か、他者の観察（例：涙を流しているように見える）によって示される、ほとんど1日中、ほとんど毎日の抑うつ気分

注：子どもや青年では易怒的な気分もありうる

(2) ほとんど1日中、ほとんど毎日の、すべて、またはほとんどすべての活動における興味または喜びの著しい減退（その人の説明、または他者の観察によって示される）

(3) 食事療法をしていないのに、有意の体重減少、または体重増加（例：1ヵ月で体重の5%以上の変化）、またはほとんど毎日の食欲の減退または増加

注：子どもの場合、期待される体重増加がみられないことも考慮せよ

(4) ほとんど毎日の不眠または過眠

(5) ほとんど毎日の精神運動焦燥または制止（他者によって観察可能で、ただ単に落ち着きがないとか、のろくなったという主観的感覚ではないもの）

(6) ほとんど毎日の疲労感、または気力の減退

(7) ほとんど毎日の無価値観、または過剰であるか不適切な罪責感（妄想的であることもある。単に自分をとがめること、または病気になったことに対する罪悪感ではない）

(8) 思考力や集中力の減退、または決断困難がほとんど毎日認められる（その人自身の言明によるまたは他者によって観察される）

(9) 死についての反復思考（死の恐怖だけではない）、特別な計画はないが反復的な自殺念慮、または自殺企画、または自殺するためのはっきりとした計画

も少なくない。これは「気分の認識は（中略）だいたい小学校高学年から中学入学後（宮川, 2011）」から自覚されるようになることと関係するようである。

また、宮川（2011）によると「発達途上の子どもは、気分が変調するもの」であり、「『うつ』の確定診断は年齢が低いほど難しい」という。子どもに気分の落ち込みや上述のような身体症状が続いた場合には医療機関との連携も視野に入れ、専門的立場からのアドバイスを得ながら対応することも必要だろう。

なお、近年では**新型うつ病（非定型うつ病）**が注目を集めている。従来のうつ病とは違い、抑うつ気分はあるものの楽しいことがあれば一時的に気分が明るくなるという「気分の反応性」を示すこと、「過眠」や「過食（摂食障害のように過食するわけではない）」、他者からの拒絶や批判に対して過敏になる「拒絶過敏性」などが見られるとされている（American Psychiatric Association［髙橋・大野, 2014］）。

2 摂食障害

摂食障害は一般的に女性に多く、青年期から始まることが多い。症状は主に拒食と過食に分かれる。**拒食症**は自らの意志で食事量を減らし、極端に痩せた体型を維持しようとする。**過食症**はむちゃ食いが止められず、一方で体重増加を防ぐために下剤を使用したり無理やり嘔吐しようとする。

発症のきっかけの一つとして「ダイエット」があげられるが、服部（2011）は思春期に入って「自分の体型に目が向きやすくなることや、これまでの『よい子』である基準が揺らいでくること、親離れの入り口に立つ時期で不安定になりがちなことが関係している」とし、ダイエットのみならず挫折体験であったり劣等感を強くしたりする体験など、幅広く思春期・青年期の体験による誤った認識やネガティブな感情が影響していると考えられる。また、東（2009）によると過食嘔吐タイプは虐待や性格的、精神的な問題などが絡んでいるという。実際に筆者が関わったケースでも、本人の話から親の心理的虐待が疑われ、それを背景に抑うつ状態をはじめとした精神的な問題を抱えて過食と嘔吐を繰り返していた。

摂食障害の人は、拒食であっても非常にアクティブな人が多い。しかし、そもそもエネルギーの摂取が十分でないため、摂食障害の影響は精神的な問題に

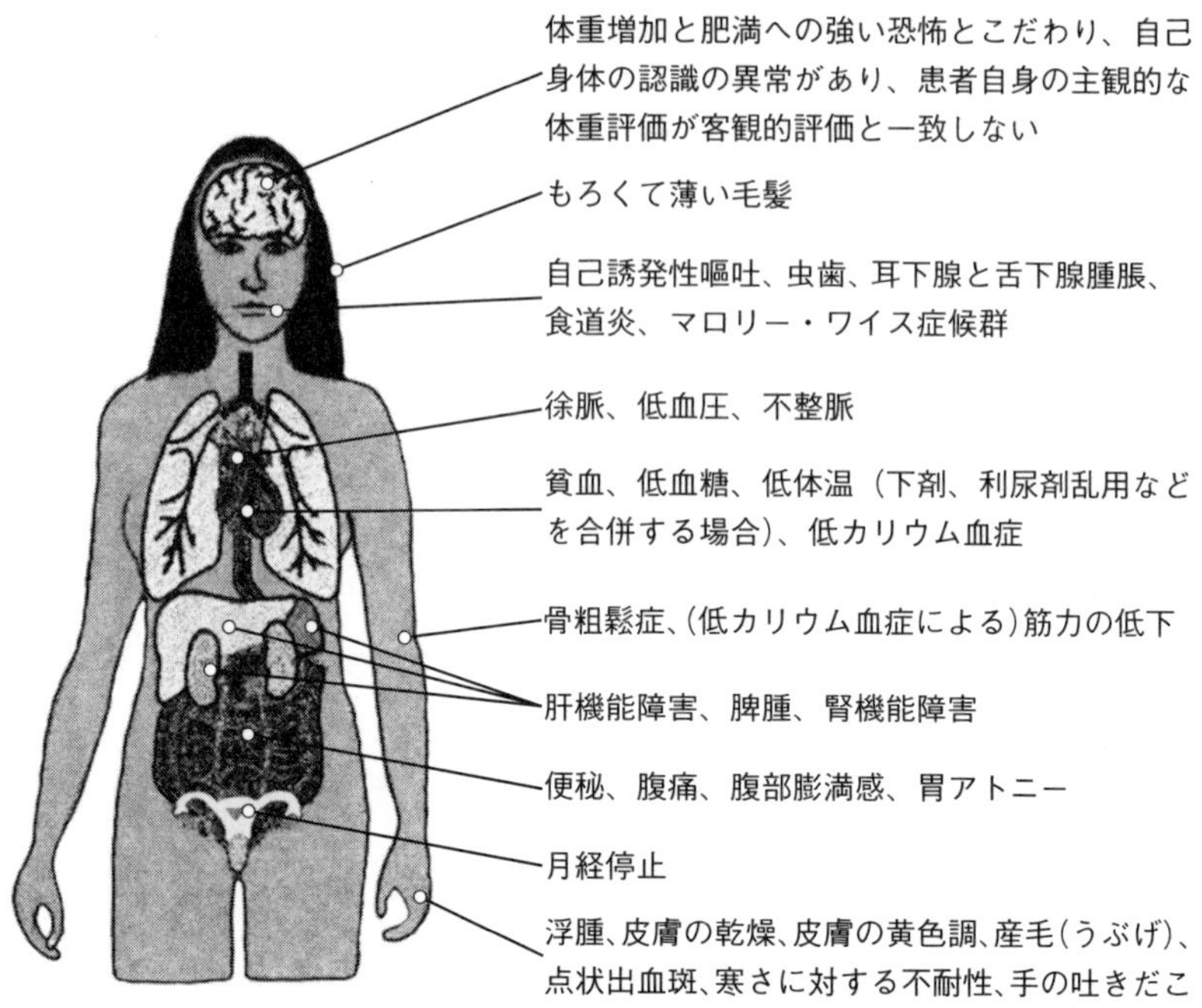

図 7-1　摂食障害の徴候と症状（東, 2009）

止まらず身体的な問題として広範囲に表れてくる。極端な例では栄養失調で死亡することもあり、医療などの専門的な対応が必要となる（**図 7-1**）。

3 社交不安障害

社交不安障害は、DSM-Ⅳ（髙橋ら, 1995）では社会恐怖（社会不安障害）と呼ばれていたものであり、パニック障害などと同様に「不安症」のカテゴリーに分類される。

幼児期には分離不安が疑われるように幼稚園・保育園に通園することを嫌がったり友だちと遊べないといった、社会的場面に対して強い不安や回避行動が見られる。成長するに従って人前で話したり、他者から注目を集めるような場面を怖がり、回避する傾向が強くなることから、不登校につながる可能性がある。DSM-5では定義が明確になり、「わが国の用語である〈**対人恐怖**〉とほぼ同じもの（森ら, 2014）」となった。

この症状の背景として、近藤（2014）は「他者から注目されることや人前で恥ずかしい思いをすることに対する恐怖がある」としている。また、親の不安傾向が強いことや人づき合いを避ける傾向があることによって、子どもの傾向はさらに強まることがあるとも指摘している。

4 適応障害

適応障害はDSM-5よりトラウマとストレス因子関連障害に分類されている。

環境移行にともなうストレスから新しい環境に適応できず、抑うつ状態に陥ったり不安感が現れたりする。引きこもってしまったり、攻撃行動や逸脱行動など普段とは違った行動を取ったりすることもある。これらの状態が適応障害であるが、学業や仕事がおろそかになってしまうため、「怠けている」と誤解をされてしまうこともある。明確に原因とされるストレッサーから3か月以内に症状が現れ、6か月以内の短期間に収束する。不登校に陥った子どもが適応障害と診断されるケースもあるが、森ら（2014）は「精神科を受診するレベルの不登校で、6か月以内におさまる者などほとんどいない」と述べ、不登校児へ安易に適応障害の診断をするべきではないとしている。

5 パニック障害

パニック障害とは、突然のパニック発作と、それによって引き起こされる予期不安や広場恐怖を総じて指す。

パニック発作とは激しい動悸や発汗（冷や汗が出る）、息苦しさ、めまい、「死んでしまうのではないか」という恐怖に襲われるなどの症状が突然現れることである。このような経験が1回のみで終わるケースもあるが、繰り返し発作に襲われることもある。さらに発作を経験したことによって、「また同じようなことが起こるのではないか」という不安（**予期不安**）に襲われたり、発作を経験した場所や状況、たとえば電車に乗ることなどに恐怖を感じて避けるようになる（**広場恐怖**）といった不適応行動に陥り、正常な社会生活を送ることが難しくなる場合がある。

6 強迫性障害

強迫は、自分にとって無意味で、合理的ではない思考や衝動があり、それを制御できない症状である（木村, 2011）。また、強迫性障害は「**強迫観念**」と「**強迫行為**」からなっている。強迫観念とは、自分の意志とは無関係に勝手に浮かんできてしまう考え、イメージ、衝動等であり、強迫行為は、この強迫観念にともなう不安を打ち消す行為のことである（木村, 2011）。症状には大きく三つのパターンがあるとされ、①不潔恐怖、②他人に危害を加えることの恐れや何かよくないことが起きるのではないかという恐れ、③無秩序であることの恐れである。筆者は、①不潔恐怖の女子高校生に出会ったことがあるが、彼女は外出から帰ると自分の部屋より先に浴室へ直行し、30分以上かけてシャワーを浴び、ボディソープは1本が3日で無くなるというエピソードを話してくれた。②に当てはまるタイプは、何度も確認しないと気が済まないという行動に現れる。③のタイプは物の位置が左右対称でないと気が済まないなどの形で現れる。

7 過剰適応

過剰適応とこの後にあげる自傷行為は、いわゆる「診断名」ではないが、その行為の背景にはさまざまな心の病気や問題があるため、ここで取り上げる。

石津（2006）は過剰適応を「環境からの要求や期待に個人が完全に近い形で従おうとすることであり、内的な欲求を無理に抑圧してでも、外的な期待や欲求に応える努力を行うこと」と定義している。いわゆる「いい子」を演じることで環境に適応しようと努力するものであり、一般的にはストレス反応が高いなどメンタルヘルス上の問題を抱えることが多い。また、鈴木（2007）は「過剰適応的な青年は『アイデンティティ』の感覚が希薄であり、アイデンティティ拡散傾向にある」と指摘しており、青年期の自分探しにおける困難さとも関わりがあると考えられる。

8 自傷行為

自傷行為とは「自殺以外の目的から『これくらいであれば死なないだろう』という非致死性の予測のもとに、客観的にも致死性の低い手段を用いて、みずからの身体を傷つける行為（松本, 2011)」であり、ファッションの一部として近年ではごく普通に見られるピアスやタトゥーも、場合によっては自傷行為と解釈されることがある。行為の背景には不安や気分の落ち込み、怒りなどのネガティブな感情があるとされ、松本（2009）によると「身体に痛みを加えることで心の痛みを鎮め、さらには、封印してしまう方法」だという。

調査では、中学生・高校生の１割程度に刃物で故意に自分の体を切った経験があり（Matsumoto & Imamura, 2008)、中学・高校の養護教諭のうち98～99％が自傷をする生徒に対応した経験をもつ（松本ら, 2009）ことが明らかになっている。

≪文献≫

American Psychiatric Association (2013). *Diagnostic and statistical mannual of mental disorder*, 5th ed. (DSM-5). Washington, DC : American Psychiatric Association.［髙橋三郎・大野 裕 (監訳) (2014). DSM-5 精神疾患の分類と診断の手引き　医学書院］

青柳宏亮・丹 明彦 (2015). 選択性緘黙に関する研究動向：臨床的概念の変遷を踏まえて　目白大学, 心理学研究, **11**, 99-109.

後藤麻友・今井正司 (2018). 抜毛行動様式と抜毛重症度との関連．日本健康心理学会大会発表論文集, **31**, 43.

濱本 優・金生由紀子 (2017). チック・トゥレット症の治療・支援③薬物療法　こころの科学, **194**, 61-67.

原 由紀 (2005). 幼児の吃音　音声言語医学, **46**, 190-195.

服部晴希 (2011). コラム３　摂食障害．武内珠美・渡辺 亘・佐藤晋治・溝口 剛（編）教育臨床の実際—学校で行う心と発達へのトータルサポート—　ナカニシヤ出版

東 誠 (2009). 摂食障害の理解と対応　杉山登志郎 (編著) 講座子どもの心療科　講談社

久田信之・金原洋治・梶 正義・角田圭子・青木路人 (2016). 場面緘黙 (選択性緘黙) の多様性—その臨床と教育—　不安症研究, **8**(1), 31-45.

星加明徳 (2017). チック・トゥレット症の治療・支援①心理教育—小児科での経験— こころの科学, **194**, 48-54.

星野恭子 (2017). 幼児期から学童期のチック・トゥレット症 こころの科学, **194**, 18-23.

生島博之 (1999). 毛を抜く少年の内的世界について 愛知教育大学教育実践総合センター紀要, **2**, 165-172.

石川信一 (2012a). 子どもの不安障害—認知行動療法の実践と成果— 日本保健医療行動科学年報, **27**, 59-67.

石川信一 (2012b). 子どもの不安障害に対する心理的介入について 広島大学大学院心理臨床教育研究センター紀要, **11**, 26-32.

石津憲一郎 (2006). 過剰適応尺度作成の試み 日本カウンセリング学会第 39 回大会発表論文集, 137.

角田圭子 (2011). 場面緘黙研究の概観—近年の概念と成因論— 心理臨床学研究, **28**, 811-821.

角田圭子 (2012). 場面緘黙のアセスメントについて 日本保健医療行動科学会年報, **27**, 68-73.

金生由紀子 (2017). チック・トゥレット症の広がり こころの科学, **194**, 14-17.

柄澤昭秀 (2001). 精神医学入門 1 中央法規出版

河内明宏・内藤泰行・三木恒治 (2007). 夜尿症に関する最近の知見 日本小児腎臓病学会雑誌, **20**(2), 59-63.

木村一優 (2011). 手洗いがやめられない〔強迫〕 山登敬之・斎藤 環 (編) こころの科学 入門 子どもの精神疾患—悩みと病気の境界性— 日本評論社

小林宏明 (2018). 吃音の理解と支援—症状と原因，周囲の配慮や専門家・支援者の関わり 児童心理, **10**, 94-98.

近藤俊明 (2014). 子ども臨床心理学 サイエンス社

松本俊彦 (2009). 自傷行為の理解と援助—「故意に自分の健康を害する」若者たち— 日本評論社

松本俊彦 (2011). リストカットが続いている〔自傷〕 山登敬之・斎藤 環 (編) こころの科学 入門 子どもの精神疾患—悩みと病気の境界性— 日本評論社

Matsumoto, T., & Imamura, F. (2008). Self-injury in Japanese junior and senior high-school students: Prevalence and association with substance use. *Psychiatric and Clinical Neuroscience*, **62**, 123-125.

松本俊彦・今村扶美・勝又陽太郎 (2009). 児童・生徒の自傷行為に対応する養護教諭が抱える困難について—養護教諭研修会におけるアンケート調査から— 精神医学, **51**, 791-799.

宮川香織 (2011). 元気がない？それともうつ？—子どものうつ— 山登敬之・斎藤 環 (編) こころの科学増刊 入門 子どもの精神疾患—悩みと病気の境界性— 日本評論社

水島 栄・友田明美 (2018). マルトリートメントを受けた子どもの生物学的研究—臨床応用の可能性とレジリエンスのための支援— こころの科学, **198**, 31-37.

森 浩一 (2018). 小児発達性吃音の病態研究と介入の最近の進歩 小児保健研究, **77**, 2-9.

森松光紀 (2000). Ⅱ. 主な不随意運動の病態と治療 10. チック 日本内科学会雑誌, **89**(4),

74-80.
森 則夫・杉山登志郎・岩田泰秀 (編著) (2014). 臨床家のための DSM-5 虎の巻　日本評論社
村田孝次 (1981). 児童心理学入門　培風館
成瀬智仁・髙橋克忠 (2019). 特別支援教育における場面緘黙児への援助―場面緘黙児支援の課題と支援方法の検討―　地域連携教育研究, **4**, 66-72.
日本夜尿症学会 (2016). 夜尿症診療ガイドライン 2016　診断と治療社
日本夜尿症学会ガイドライン作成委員会 (河内明宏 , 津ヶ谷正行 , 相川 務 , 赤司俊二) (2005) 日本夜尿症学会―夜尿症診療のガイドライン―　夜尿症研究, **10**, 5-13.
野中舞子・金生由紀子 (2017). チック・トゥレット症の治療・支援②認知行動療法　こころの科学, **194**, 55-160.
人友義之・藤永周一郎・西崎直人 (2016). 単一症候性夜尿症 (monosymptomatic nocturnal enuresis) の薬物治療　日本小児腎臓病学会雑誌, **29**(2), 34-41.
小澤恵美・原 由紀・鈴木夏枝・森山晴之・大橋由紀江・餅田亜希子・坂田善政・酒井奈緒美 (2016). 吃音検査法 第 2 版 解説　学苑社
清水將之 (2008). 子どもの精神医学ハンドブック [第 2 版]　日本評論社
杉原一昭・次良丸睦子・藤生英行 (2001). 事例で学ぶ生涯発達臨床心理学　福村出版
鈴木優美子 (2007). 青年期における過剰適応―いわゆる「よい子」とアイデンティティとの関連について―　心理臨床センター紀要, **3**, 72-81.
髙橋三郎・大野 裕・染矢俊幸 (訳) (1995). DSM- Ⅳ 精神疾患の分類と診断の手引　医学書院
玉岡文子・田中 究 (2018). 精神科臨床においてアタッチメントを考える―児童期から成人期まで―　こころの科学, **198**, 38-45.
友田明美 (2018). アタッチメント (愛着) 障害と脳科学　児童青年精神医学とその近接領域, **59**(3), 260-265.
山室和彦・飯田順三 (2017). チック・トゥレット症の病因・病態　こころの科学, **194**, 73-77.
山下 洋 (2018). アタッチメントの臨床診断とフォーミュレーションの意義―反応性アタッチメント障害を中心に―　こころの科学, **198**, 24-30.
矢澤久史 (2008). 場面緘黙児に関する研究の展開　東海学院大学紀要, **2**, 179-187.

第8章
子ども虐待における心の病理
――子ども虐待は心身に後遺症的障害を残す

1節　子ども虐待の歴史的背景

ボウルビィ（Bowlby, 1951）は、母性的愛情の欠如が乳幼児の心身の発達に深刻な影響を及ぼすと警告した。母性剥奪にかわって、母親が自分の子どもを虐待するという被虐待児症候群（battered child syndrome）なる語を、ケンプ（Kempe, 1962）が「子ども虐待シンポジュウム」において提案した。その後ケンプ自身が、より広義に解釈される「子ども虐待（child abuse）」なる用語を用いるようになった。

ケンプの提案した子ども虐待は「骨折、膜下出血、軟組織の腫脹、栄養不良、皮膚打撲、突然死などとして現れ、結果として子どもは死亡し、また永久的な障害を残すことが多い。怪我《けが》の程度とタイプが、親が述べる報告と一致していない」と定義づけた。彼らの症状は皮膚外傷、皮下出血、擦過《さっか》傷、僕傷、裂傷、火傷、熱湯などがある。これらの障害は池田由子（1984）によれば、たとえば、もっとも多い虐待方法は殴打、蹴る、つねる、地面や壁に叩きつける、ベルト等でなぐる、床に投げ出す、階段から突き落とす、マッチやタバコの火を押しつける、湯をかける、首を絞める、溺れさせる、刃物で刺す、逆さ吊りにする、毒物を飲ます、食物を与えない、冬の戸外に締め出す、寝具を与えない、一室に拘禁する、唇を切断する、フライパンで子どもを焼くなど、ありとあらゆる残酷な方法で虐待行為が行われる。納谷ら（1991）による『小児科臨床』における「児童虐待：こども虐待」の定義をここに採用する。

身体的暴行による虐待（Battered Child Syndrome）

親または親に代わる養育者により加えられた虐待行為の結果、小児に損傷が生じた状態で、以下の要件を満たしたもの。

①非偶発的であること（事故でないこと）。

②反復的・継続的であること。

③身体的暴行を受け、通常のしつけ、体罰の程度を超えていること。

養育の放棄・拒否による虐待（Neglect）

親または親に代わる養育者による小児の健康と発育発達に必要な保護・衣食住の世話・情緒的ケア・医療的ケア等が不足または欠落したために、栄養不良・体重増加不良・低身長・発達障害等の症状が小児に生じた状態、養育の放棄・拒否および無知によるものを含む。

性的虐待（Sexual Abuse）

親または親に代わる養育者により、児童が性的暴行・性的いたずらを受けた者。

坂井聖二著（2013）『子どもの虐待への挑戦－医療、福祉、心理、司法の連携を目指して』は、子ども虐待における小児医学の役割に言及した好著であり、本論も同書に依拠している。

●2節　子ども虐待の定義と特徴

子ども虐待とは身体的虐待とネグレクト（育児放棄）という正反対の２種類を含んだ概念である

ネグレクトは子どもに無関心で育児をせずに放棄することである。英語ではAbuseとNeglectの両方を含む概念として、「Maltreatment：マルトリートメント」という上位概念がある。児童虐待防止法の「虐待」はこの両方を含めている（Maltreatmentの日本語はいろいろ工夫されて「不適切な養育」とか「非道処遇」などがあるが、普及していない）。

子ども虐待の本質につながる下記の四つの視点は、子ども虐待を考える上で重要である。

・子ども虐待は、**家族機能不全**の表れである。
・子ども虐待は、加害者の意思にかかわらず、子どもの健康と安全が危機的状況にある。
・子どもは親に対して多大な心理的・身体的依存状態にある。幼い子どもほど親に大きく依存しているので、食事をネグレクトされれば簡単に死んでしまう。子ども虐待は人間への基本的な信頼を奪い、その心の傷を一生背負うことになることもある。
・支援者は加害者に懲罰を与えるためではなく、家族を援助するためのキーワードとして虐待をとらえる。

虐待家族の問題は時代を映す鏡、現代社会全体に対する大きな警鐘である

日本における子どもの虐待相談件数は2005年34,000件、その発生数は非常に高く、急激に増加している。子どもの虐待は死に至る。これは確実に厚生労働省が把握し、厳密に判断しても「疑いようのない」確実な数を出している。

子ども虐待は身体的虐待とネグレクト（育児放棄）という正反対の二つの種類を含んだ概念である。子ども虐待は死に至らないまでも、保護対象になる身体的・知的障害者になることもある。慢性的で手の付けられない非行を繰り返す子どもの7～8割が被虐待児である。また反社会的行動に出ないまでも、学業や就労への意欲や能力のない人がたくさん発生して、多くの精神障害を抱えて苦しむ人も少なくない。この〈病気〉は親から子どもに伝染し拡大する。

社会全体が、家族の崩壊に直面し、そのなかでもっとも弱い家族が崩れていく

子どもの虐待は、家族が崩れていることの表れである。日本の年間自殺者は34,000人（2005年）であり、被虐待者の自殺者数とほぼ同じである。歓迎され祝福されるべき子どもが虐待されている数と、この世に見切りをつけて死んでいく人の数が、ほぼ同じなのである。ヨーロッパから来日したある大学教授は、「日本は、経済的に恵まれ、文化程度も高く、国民の道徳意識も誉れ高い。その立派な日本人が、何ゆえに、毎年3万人以上も自殺しなければならないのか。わたくしは、日本国の人々のために、東京の山手線に乗車したとき、いつ

も自ら自殺しようとする人々のために祈っています」と漏らしていた。このような自殺者の数を考えると、次のようなことにもなる。

虐待される子どもの現状については、毎週ひとりの割合で虐待により幼い子の尊い命が失われている。子ども虐待による死亡事件は毎年50～60件程度発生しており、なんの罪もない幼い命が失われている。虐待死ゼロを目指す法律家、後藤啓二（2011）は『子どもを虐待から守る本』を刊行し、「本来、親に愛され、守られるべき多くの子どもが食事を与えられず餓死する、ゴミ箱のなかに入れられて窒息死する、長期間にわたる凄惨な暴力を受けるなどすさまじい虐待の末、親に殺されている。毎年明らかになったものだけでも、数十人程度の子どもが虐待の末、殺されている。児童相談所への相談（通告）件数は、1990年には、1,011件あったものが、20年後、2010年には55,152件と激増を続けている。虐待は犯罪であり、子ども虐待を根絶することは国家の大人社会の最大の責務である」と断言した（後藤, 2011）。

3節　子ども虐待が被虐待児に与える影響
――被虐待児は心身ともに後遺症的な障害を残す

子ども虐待が被虐待児に与える影響は、その虐待が慢性的であること、一過性で終わることはない。時間の経過とともに重症化し、重症化すればするほど、治療的介入は困難となり、最悪の場合には、子どもが死亡する。生き延びた子どもも、なかには深刻な後遺症を残し、そのまま生涯、生存していく者もいる。ある症例では、女性が幼い子ども時代に母親から愛されずに大人に成長した。やがて彼女は大人になってから人格障害を発症し、症状を呈するようになった。この成人女性には、薬も効かず、注射も効かなかった。現代医学では、その症状を癒すこともできず、生涯、その苦しみに耐え忍び、引き受けていくことになる。

坂井聖二（2013）は 虐待が被虐待児に与える影響について下記のように記した。

①死亡：この疾患は致命的なものとなった場合、死亡する。

②虐待が子どもの知的発達に深刻な影響を及ぼす。頭蓋内出血や脳挫傷を負った子どもが重度な心身障害児となることは容易に予想される。心身障

害児は健常者と比較して虐待を受けるリスクが高く障害が重症化する。

③身体的障害（肢体不自由、視覚障害、重複障害）として：虐待による頭部外傷による窒息などを生き延びた子どもが重度な心身障害児となる。それ以外にも眼外傷による視覚障害などが知られている。

④反社会的行動として：非行、犯罪：被虐待児は思春期以降に反社会的行動を起こしやすい。最近、少年期の非行を経て、成人期に達して違法行為を繰り返し、なかには凶悪な犯罪に走るケースも稀ではない。

⑤非社会的行動として：極端な学力不足、不安定な就労の形をとる。

⑥精神障害：統合失調症、対人関係に問題を抱えるさまざまな精神障害、人格障害、アルコール・薬物依存、摂食障害、自殺願望、リストカット、それらに起因する対人関係上の問題（不適切な配偶者選択、性的問題、攻撃的行動、DV、などがあげられる)。

⑦子どもの虐待の世代間連鎖：この疾患は世代を超えて伝達（連鎖）していく。いわば「垂直感染」していく。

●4節 子ども虐待の種類

子ども虐待の種類について下記にあげる。

■ 1 身体的虐待（Physical Abuse）

子どもの虐待のなかでは、もっともわかりやすいものであり、人目につきやすいために虐待が発覚するきっかけとなる。「養育者により加えられた身体的暴行の結果、児童に損傷が生じた状態であり、非偶発的であること、反復的・継続的であること、および通常のしつけ・体罰の程度を超えているものである場合を身体的虐待という」（児童虐待防止協会「1999 年度 子ども虐待ホットライン報告書」〈坂井著・西澤編著（2013)〉)。身体的虐待が子どもに与える悪影響は、個々のけがの重症度よりも、日常的に繰り返される暴力行為や、いつ暴力にさらされるかも知れないという、恐怖心によって大きく左右されることが知られている。

2 心理的虐待（Psychological Abuse & Neglect, Psychological Maltreatment）

心理的虐待は、第1に、子どもの虐待のなかでもっとも頻度の高いものであること。第2に、心理的虐待はあらゆる形式の子どもの虐待にともなって発生するものである。これは心的外傷（トラウマ：trauma〈DSM-5　精神疾患の分類と診断の手引，2019〉：S. フロイトの精神分析理論による概念で、のちに神経症が発症する基盤となるほどの強い影響を与える主観的体験。幼児期の心的外傷体験は無意識界に抑圧されてコンプレックスを形成し、神経症発症の素地となる）としていつまでも子どもに影響を及ぼし、子どもの心身の発達に極めて有害な作用を及ぼすことの2点である。アメリカでは心理的虐待は“Psychological Abuse & Neglect” すなわち “Psychological Maltreatment” としてとらえられていることに注意してほしい。坂井聖二（2013, pp.60-62）は、心理的虐待（“Psychological Maltreatment”）とは「子どもの世話をするべき人間の言動、あるいは過酷な出来事が、子どもたちに次のようなメッセージを繰り返し伝える場合である」として、このメッセージの内容を二つに分けて挙げている。

①お前は役立たずで、出来損ないで、誰からも愛されていないし、いてもいなくてもどうでもいい存在であり、誰かの役に立つときだけはかろうじて存在する価値があるかもしれない、といった子どもを侮辱し、軽蔑するメッセージ。

②子どもが自分の身に危険を感じるような恐怖心を与え、怯えさせるようなメッセージ。

3 身体的ネグレクト（Physical Neglect）

子どもにとって基本的な「衣食住」「安全」「医療」「教育」が与えられない場合を身体的ネグレクトと呼んでいる。教育が単に「身体的なもの」でないことは自明であるが、便宜上ここに入っている。あまり理解されていないのが、「安全」のネグレクトである。ある事例によると「3歳と1歳の兄弟をアパートに残して、母親が長時間外出し、その間に子どものいた部屋から失火して子どもが焼死した」など実際にあったケースである。

一般には、このようなケースは「事故」「誘惑」として報道される。しかし、このような保護者の行動は子どもの安全についての配慮に大きく欠ける「安全のネグレクト」ととらえるべきである。ネグレクトは保護者の子どもへの悪意や敵意に発する場合もあるが、安全なネグレクトの場合には、親の常識的な配慮の不足、判断の甘さや誤り、子どもを配慮する心身のゆとりの不足などが原因である場合が多い。“Abuse & Neglect”の本質は加害者の意思にあるのではなく、「子どもが安全でない、危険な状態である」という認識にあることは重要な点である。起こるべくして起こったことは「事故」などではなく、保護者のネグレクトである。

子ども虐待の認知の目的は、加害者を告発したり、罰したりすることにあるのではない。したがってネグレクトと認知することは、再び子どものネグレクトが発生しないために、保護者や家族への援助活動を始めるきっかけになることは言うまでもない。

4　性的虐待（Sexual Abuse）

性的虐待はこれまで述べた虐待とはその趣を大いに異にする。その特徴は以下のとおりである。

・加害者のほとんどが男性である。実父、継父、祖父、叔父、兄弟など子どもにとって身近で信頼できると思っていた男性が加害者になる。被害者もほとんどは女の子であるが、男の子が被害者であることもある。

・次に、この虐待行為を行う加害者には、はっきりした目的があることである。すなわち、自分の性的な欲求を満足させることが目的であり、その目的を果たすために子どもを利用する。

・次の特徴は、加害者が自分の行為を他人には絶対に秘密にしたいと思っていることである。暴力やネグレクトも人に知られたくはないであろうが、場合によっては「しつけとして当然のことだ」といった確信犯的発言や「仕方がなかった」「あんまり言うことを聞かなかったから」と言った言い訳を聞くことも実際に多く経験する。それに対し、性的虐待行為は、人間としてあまりにも恥ずかしい行動であること、どんな言い訳もできるものではないことを加害者自身が自覚していることが普通である。そうであるからこそ、加害者がその行為を認めることは、自分の人格そのものの低劣さを認めることになり、絶対に容認できないのである。そのために、加害者は子どもに対して、あらゆる方法を使ってその行為を秘密にすることを要求する。多くの場合は「誰かに言ったら、お母さんを殺すぞ！」とか「家族がバラバラになってもいいのか！」といった脅しによって子どもの口を塞ごうとする。この子どもへの秘密の強要は、性的虐待の重要な特徴の一つである。

・子どもへの性的虐待が強姦（レイプ）のような暴力をともなった形で行われることは稀であることもあまり知られていない。加害者は子どもが大声をあげたり、助けを求めて逃げることはどうしても避けたい。初めは、子どもを裸にしたり、子どもの体に触ったりする。優しい言葉をかけたり、褒美を与えたりして子どもの歓心を買おうとする。幼い子どもは、何をされているのか理解できない。奇妙な感覚を経験するかもしれない。「お父さんが嬉しそうだ」としか思わないかもしれない。子どもが自分の行為を受け入れると、その次には、自分の性器を見せたり、マスターベーションを手伝わせるといった行為に進む。最終的には性交に至ることも稀ではない。子どもの性的虐待は、徐々に始まり、子どもの抵抗がなければ繰り返し行われ、慢性化することが特徴である。

・秘密を守ることに同意した子どもは、虐待が繰り返されるにつれて、自分も秘密の行為の共犯者であると思うようになる。実際に「もうお前もお父さんと同罪だぞ」と言って子どもを追い詰める父親もいる。「誰かに相談しても誰も信じてくれないぞ」という父親もいる。子どもは自分がしていることは恥ずかしい行為であり、自分は他の子どもとは違う汚れた存在であると思いこむようになる。この場合、被害者自身の罪悪感、孤立感がひときわ大きい。

・信頼できると思っていた学校の先生に思い切って打ち明けても、「とんでもないことを言う子どもだ」と言ってまったく取りあってくれない経験を子どもがすることも稀ではない。母親でさえ子どもの訴えを信じてくれない場合には、子どもの孤独感は頂点に達する。そして、父親の忠告が事実であったことを確認し、二度とそのことを口にしなくなる。母親が虐待の事実に気がついていながら、見て見ぬ振りをしていることもある。子どもの隠された激しい怒りは、加害者に対して以上に自分を守ってくれなかった母親に対して蓄積されていく。

以上述べたように、性的虐待が子どもに与える影響は、身体的なもの以上に、心理的に深刻な作用を及ぼし、その後の子どもの人生に破壊的な影響を与えるという意味で、特殊なタイプの虐待として他の虐待から分けて考えられている。

以上挙げた身体的虐待、心理的虐待、ネグレクト、性的虐待は、互いに錯綜し、同時に発生することも多く、決して厳密に分けられるものではない。すべてに共通しているのは、子どもに対する「不当な扱い（Maltreatment)」である。愛され、守られ、成長を保障されるべき子どもが、その保護者によって不当に傷つけられ、さげすまれ、放置され、性的欲求の対象にされることである。

●５節　被虐待児の悲惨な行動特徴および虐待する親の行動特性と心的メカニズム

■ 被虐待児の悲惨な行動特徴

虐待児は子どもとしての人格を認められず、子どもらしい好奇心や探求心すら罰せられる。実際、被虐待児には生活の喜び、楽しみ、幸せの体験がない。いつも無視され、阻害されているが、時には思わぬ承認（心理学的に言えば行動の強化）を受ける。しかし、そのような強化される行動的基準が一定でない。親の暴力は突然で予期できない。被虐待児は虐待する親の危害を避けるために、親の身体的、感情的要求に対して過度に気を遣い、それを感じとる本能的な知覚能力をもっている。それとともに危機的場面に遭遇するときには被虐待児特有の表情をする。被虐待児の他者関係場面における行動特性として、その表情を「凍てついた凝視」と表現することがある。その他、他者への恐怖、場面恐怖、視線回避、無表情、無反応、無気力、無感動、沈黙、上目づかい、横目で流し目、チック、ヘッド・バンキング等、日常普通の子どもの表情には見ることのないものである。これらの行動の背景には親が突然、暴力者に変貌するショックから自己を防衛する規制があるものと考えられる。また親の暴力を前にして呆然と立ちすくむ子どもの精神構造は、重篤な心的外傷による一時的な精神病的状況のそれであって、現実吟味が不可能になっているものと考えられる。

■ 虐待する親の悲しみに満ちた危機的生活実態のなかで

虐待する親は未熟で依存的で、しばしば慢性的なストレスをもっている。それは要するに貧困、子育て不安、夫あるいは妻の非協力、社会的孤立、不十分な住居などの社会的ストレスで、したがって多くは慢性化している。彼らは自ら満足を探し求めたり、獲得することができず、自信欠乏症に陥っている。精神遅滞や身体障害などの子、世話のしにくい乳児、育てにくい難しい子ども、育て甲斐のない子、両親の期待に沿わない子、奇形や先天疾患をもった子、このような場合の親が虐待に走りやすい。早産であったりして新生児に長期の入院を余儀なくされ、そのために母と子の初期のアタッチメントを妨げられた場合もそうである。

■ 虐待する親の行動特性と心的メカニズム

子どもを虐待する親は子どもを見る見方が歪んでいる。しばしば見られるのが**役割知覚の逆転**で、これは虐待の一つの心理機制である。親の役割は子を愛することであるが、それが逆転して親の方に子に愛してもらいたいという無意識的な心理メカニズムがある。もちろん、乳児や幼児にそのような役割を期待することはできない。そこで母親は怒って虐待に及ぶ。当然、そのような親には、子どもの身になって子どもの要求を聞き、適切に対応する能力はない。要するに虐待する親は愛に飢えているにもかかわらず、自分から甘えることができない自虐的なパーソナリティである。虐待する親は配偶者にも問題がある。緊急で援助的な夫婦関係が保持できず、精神的にも性的にも不満があり、年子の世話などがストレス因子となる。また彼らは若年結婚が多い。夫の頻繁な失業、たびたびの引越しなどの家事問題にともなう夫婦の口論などが子への虐待の誘因となる。それは今や機能不全家族から家族崩壊への途の一歩手前である。

現在、こども虐待で問題になっているものに、「**代理ミュンヒハウゼン症候群：わが子を病人にしたてる親たち**」がいる。これは医療行為を利用した母親の子ども虐待という特殊な様相を呈するものである。つまりわが子が健康であるにもかかわらず、薬と称してわが子に毒物を飲ませたり、窒息させたりし、子どもを医師に診せて偽りの症状を医師に訴え、わが子の不必要な検査、入院、手術、治療を施すもので、子どもには苦痛である。病気ではないと医師に言われても母親は納得せず、他の病院をわたり歩く。これを**ドクター・ショッピング**という。ある症例では親が自分の子どもを1か月間に50人から100人の医者に診せていた。病院をわたり歩くなかで、医者は子どもの症状も診ずに母親の言うがままに検査や手術を行っており、これらの治療は結果的に虐待に他ならない。

このような虐待行為は、母親が医者と接触したいという自己満足のためで、母親における精神の病である。母親は自分をひとりの人格ある人間として実感できず、家族や社会から取り残されたと感じる女性である。そして妊娠や出産によって人々から気づかわれたり、子どもの病気で人々から心配される経験を経て、それが忘れられなくなる。結果、病院に行けば医療スタッフと親密な関係が保たれるという図式でドクター・ショッピングを行うのである。代理ミュンヒハウゼン症候群の母親の人生は平坦ではなく、夫にも問題があることが多い。その行為は母親の精神の病の危険信号であり、心の叫び・母親の絶叫である。

子どもを虐待する親に対する心理的援助として坂井・西澤（2013）が提唱することは、子どもを通してではなく現実的方法で欲求を満たす方法を探ること、親の社会的孤立を救うこと、パートナーとのコミュニケーションを改善すること、子どもに暴力を用いず子どもをしつける技術を学習することである。

≪文献≫

後藤啓二 (2011). 子どもを虐待から守る本　中央経済社
池田由子 (1987). 児童虐待―ゆがんだ親子関係―　中央公論社
日本精神神経学会 (2019). DSM-5 精神疾患の分類と診断の手引　医学書院
最新医学大辞典編集委員会 (編) (2017). 最新 医学大辞典〔第3版〕　医歯薬出版
坂井聖二 (2013). 子どもの虐待のスペクトルとメカニズム　西澤 哲 (編著) 子ども虐待への挑戦 ―医療、福祉、心理、司法の連携を目指して― (pp.57-78)　誠信書房
坂井聖二著・西澤 哲 (編著) (2013). 子ども虐待への挑戦　誠信書房
杉原一昭・次良丸睦子・藤生英行 (編著) (2001). 事例で学ぶ生涯発達臨床心理学　福村出版

第９章
学校適応に関する課題

1節　いじめの様相

1 いじめとは

いじめ防止対策推進法では、いじめを「児童生徒に対して、当該児童生徒が在籍する学校に在籍している等当該児童生徒と一定の人的関係にある他の児童生徒が行う心理的または物理的な影響を与える行為（インターネットを通じて行われるものを含む）であって、当該行為の対象となった児童生徒が心身の苦痛を感じているもの」と定義し、起こった場所は学校の内外は問わないとしている。旧文部省が初めていじめを定義したのが1986年であるが、それから２回にわたって定義が見直され、現在に至っている。この定義の変遷において大きく注目される点は、1986年当時は「学校としてその事実を確認しているもの」としていたのが、1994年の修正では「いじめられている児童生徒の立場に立って判断を行う」とされ、2006年の修正ではその文言が最初に示されるようになったところである。さらに「いじめている側の行動」を定義していたものが「いじめられている側の感じ方」を定義するようになったことから、**いじめは受けている側から理解する**という考え方がより一層強くなったと言えるだろう。その他、1994年の修正までは「自分より弱いものに対して一方的に」、「相手が深刻な苦痛を感じているもの」という文言が見られたが、2006年の修正ではそれらが削除される一方で、「一定の人間関係のある者から」の行為であり「精神的な苦痛を感じているもの」とした

表 9-1　問題行動調査におけるいじめの定義の変遷（文部科学省, 2019 より作成）

1986（昭和 61）年度からの定義	➡	1994（平成 6）年度からの定義	➡	2006（平成 18）年度からの定義
①自分より弱い者に対して一方的に ②身体的・心理的な攻撃を継続的に加え ③相手が深刻な苦痛を感じている ・学校としてその事実を確認しているもの ▶起こった場所は学校の内外を問わない	・「学校としてその事実を確認しているもの」を削除 ・「いじめられた児童生徒の立場に立って」を追加	①自分より弱い者に対して一方的に ②身体的・心理的な攻撃を継続的に加え ③相手が深刻な苦痛を感じている ▶起こった場所は学校の内外を問わない ・いじめに当たるか否かの判断を表面的・形式的に行うことなく、いじめられた児童生徒の立場に立って	・「一方的に」「継続的に」「深刻な」といった文言を削除 ・「いじめられた児童生徒の立場に立って」等に注釈（※）を追加	・いじめに当たるか否かの判断は、表面的・形式的に行うことなく、いじめられた児童生徒の立場に立って ・一定の人間関係のある者から ・心理的、物理的な攻撃を受けた ・精神的な苦痛を感じている ▶起こった場所は学校の内外を問わない

※ 2006（平成 18）年度からの定義に対して、「いじめられた児童生徒の立場に立って」「一定の人間関係のある者」「攻撃」等について注釈を加え、改めていじめ防止対策推進法（2013〈平成25〉年施行）においていじめを定義

(**表 9-1**)。これはいじめをより広くとらえ、児童生徒の対人関係上のトラブルを見逃すことなく解決していこうという考えと理解していいだろう。

2 いじめの現状

ところで、いじめは増えているのだろうか。「令和元年度児童生徒の問題行動・不登校等生徒指導上の諸課題に関する調査（以下、「**問題行動調査**」；文部科学省, 2020）によると、いじめの認知件数は小学校 484,545 件、中学校 106,524 件、高等学校 18,352 件でそれぞれ前年度よりも増加している。いじめを現在の定義

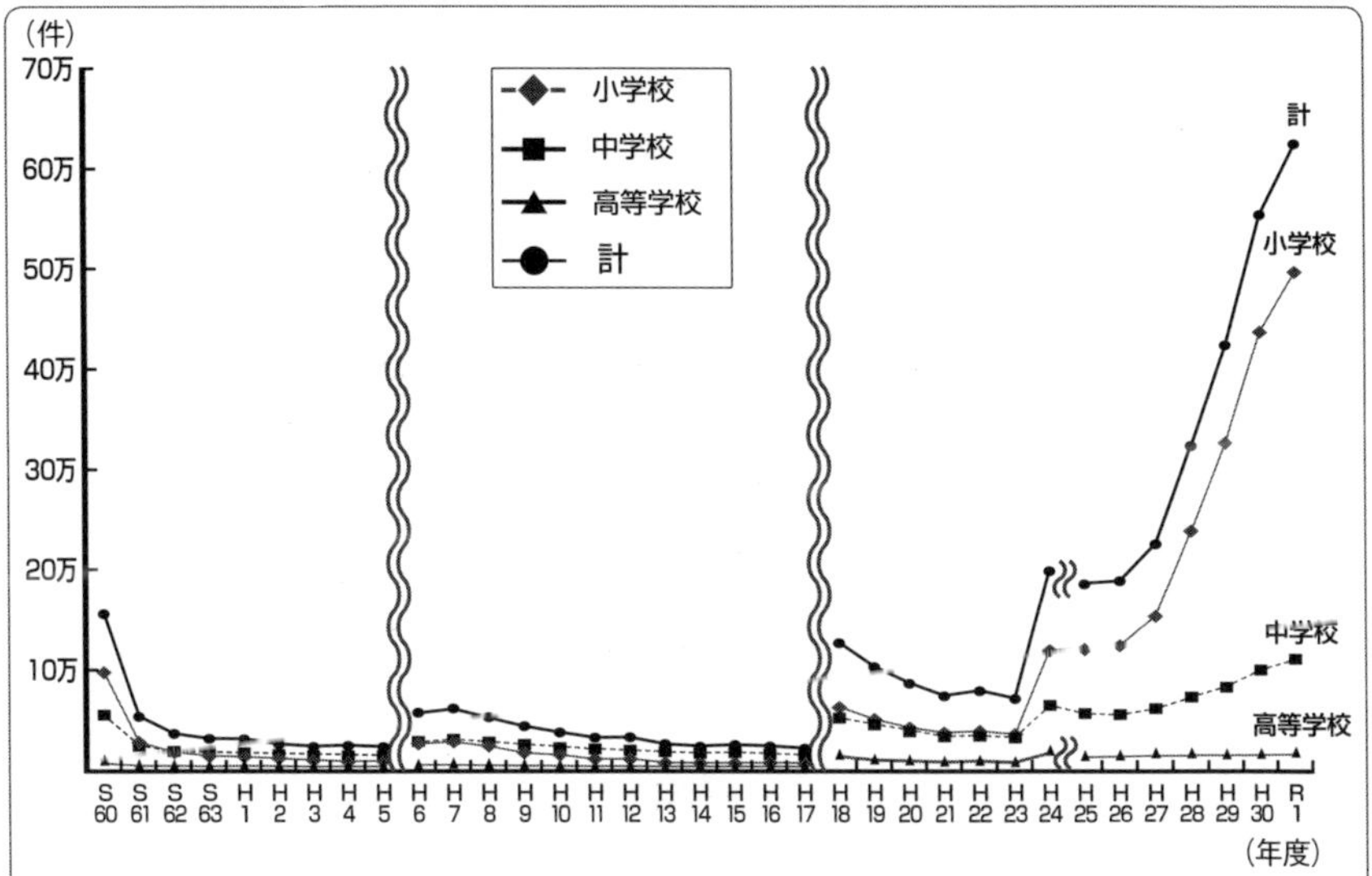

図 9-1　いじめの認知件数の推移（文部科学省, 2020 より作成）

とした 2006 年度以降 5 年間は件数、認知率（1,000 人当たりの認知件数）ともに減少傾向にあったが、その後は増加に転じている（**図 9-1**）。ただ、認知件数増加の背景はいじめ防止対策推進法の施行にともなって、学校現場でも**いじめを積極的に認知したうえで解決させていこう**という考え方が広まった結果とも考えられる。実例として、新潟市は令和元年度の認知率が 259.3 と全国でも群を抜いて高かったが、解消率も 98.5％と非常に高い数値であった。同様に認知率の高い自治体は解消率も高い傾向がある一方で、さいたま市や名古屋市など認知率が非常に低い自治体では解消率も低い様子が見られる。このように、自治体ごとの温度差は若干残っている点は否めないが、各都道府県および市町村教育委員会ではいじめは隠ぺいすることなく報告し、解決するために現場の教職員が努力することを求めるようになった。いじめは発生したことよりも放置することが問題であるという姿勢により、学校現場も萎縮することなくいじめを積極的に認知するようになったことから、近年の認知件数の大幅増加となったのではないだろうか。

3 いじめの特徴

最新のいじめの定義にもあるように、近年のいじめはインターネットを介し

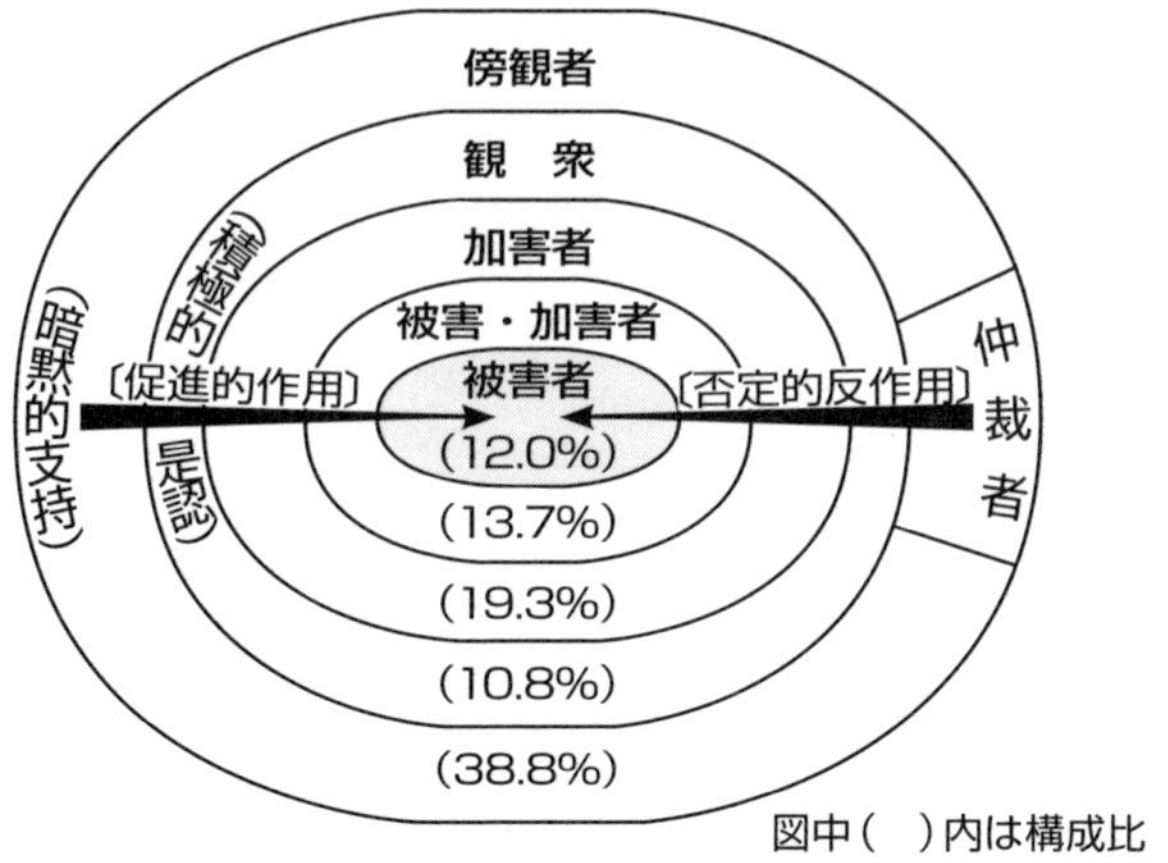

図 9-2　いじめの４層構造（森田・清水, 1994）

て学校外で行われるものが一つの特徴である。つまり、大人の目が行き届かない空間で発生することがあるため、見つけにくく対応が遅れることがある。

また、いじめの被害者と加害者が流動的に入れ替わるのも近年のいじめの特徴である。小学生では８割、中学生では７割の児童生徒がそれぞれいじめの被害と加害の経験があるという調査結果もある（国立教育政策研究所, 2016）。そしてこの入れ替わりは最短で１週間以内で、たとえクラス替えがない環境でも被害経験者の３分の１が半年で入れ替わっていることも明らかになっており、「いじめの被害も加害も、一部の特別な児童生徒だけが関わっているのではなく、どの子どもにも起こりうること（石川, 2014）」と理解し、対応していく必要がある。

さらに近年のいじめの特徴としてあげられるのが、その構造である。以前のいじめは少数の加害者（いわゆるガキ大将的な者）がその他大勢に対して威圧的にふるまったり、被害者も完全に孤立しているわけではなく助けの手を差し伸べる者がいた。しかし、現在のいじめの構造は、複数の**加害者**とごく少数の**被害者**から成り、しかも「被害者」と「加害者」の関係のみで理解できるものではない。そこには**観衆**と**傍観者**がおり、その「**４層構造**」（森田・清水, 1994）として理解するべきであるとされている（**図 9-2**）。「観衆」とは直接いじめの手を出すことはしないものの、加害者の行為をおもしろがって煽《あお》ることもある。一方で「傍観者」はいじめの事実を知りながら遠巻きに見て関わろう

表 9-2　現代におけるいじめの特徴（伊藤, 2000）

① 可視性の低下	特に教師の目には見えにくい形で行われる。
② 立場の入れ替わり	加害者と被害者が一定せず、誰もが標的になりうる。
③ スティグマの拡大	特別な事象（運動や勉強が苦手などの負の要因）がなくても対象になりうる。
④ いじめの集合化	単独の「いじめっ子」がいるのではなく、集団でいじめが行われる。
⑤ 歯止めの消失	クラスのなかで仲裁役をするようなリーダー格の子どもが育ちにくくなった。
⑥ 非行との接点	非行と区別がつかないような凶悪ないじめが増えている。加害者の罪悪感が希薄化し、軽い気持ちで行われるケースが増えた。
⑦ あっけらかんとした無邪気な明るさ	いじめそのものが大人の目の届かないところで行われ、しかも加害者には罪悪感が見られない。

としない者である。このなかで、近年では観衆が減少するとともに傍観者が増加していることが大きな特徴である。自分がいじめの標的とされることへの恐れ、自分ひとりの力では解決できない無力感、教師（つまり大人）に加担することをためらう思春期特有の心の動きなど、さまざまな理由から見て見ぬふりをする児童生徒が増加していると考えられる。これらの特徴をまとめると、**表9-2**のような7点に集約される（伊藤, 2000)。

4 いじめへの対応

（1）初期対応

いじめの**初期対応**とは、児童生徒・保護者からいじめの相談を受けたり、教師がいじめを発見し、いじめられている児童生徒と話し合いをもったりしたときから解決に向けての指導方針を決定するまでの間のことであり、これが適切に行われないと学校は児童生徒や保護者に不信感をもたれる（石川, 2014)。いじめが認知された場合には問題を軽視せず、積極的に解決に向けた行動を取ることが学校には求められる。初期対応では、①学校全体で組織的に対応する、②被害者のケアを最優先にする、③いじめの実態を正確につかむ、の３点が重要である（石川, 2014）。

（2）いじめ被害者への対応

いじめの対応では、初期対応から一貫して**被害者のケア**を優先に行う必要がある（石川, 2014）。そのため、**スクールカウンセラー**など心の専門家との連携も視野に入れて、まずは被害を受けた児童生徒の心の安定を図る取り組みをしなければならない。被害者の立場に立ってその気持ちを受け止めながら、今後どうしていきたいか一緒に考えていく姿勢が重要である。

（3）いじめ加害者への対応

いじめの事実が確認されたら、いじめを止めさせることが必要である。もちろん、加害者に対して「止めなさい」と言ってもさしたる効果もなく、むしろいじめがエスカレートしたり陰湿化したりすることもある。大人は「いじめは絶対に許されない行為である」ことを加害者が十分に理解できるような指導とともに、本当にいじめが無くなったのか経過観察をしなければならない。また、いじめが行われる背景には加害者自身が家庭の問題や心理的な課題を抱えていることも少なくない。そのような問題が解決されないことには、本当の意味での問題解決にはつながらない。そこで、加害者が何らかの問題や課題を抱えているケースでは、加害者にもカウンセリングなど心理的な援助が必要となる場合がある。

（4）観衆・傍観者などいじめを取り巻く子どもたちへの対応

いじめを解決するためには大人が発見（認知）することが大切である。しかし、インターネット上のいじめであるかどうかにかかわらず、どんなに親や教師が注意をしていても、発見が難しいことがある。このとき、重要な役割を果たす可能性があるのが傍観者の子どもである。傍観者がいじめをそのまま傍観せずに、せめて通報者となって大人がいじめを発見する手助けをしてくれるよう、親や教師は「いじめは許さない」という姿勢を見せつつアンテナを高くし、いじめの周りにいる子どもたちが通報できるようチャンネルを開いておくことが重要である。また、通報してくれた子どもをしっかりと守るという姿勢も、周りの大人たちが示す必要がある。

コラム５

小さなことも見逃しません！
いじめに対する学校の対応

ある日、中学１年生の女の子２人が先生に用事があって職員室に来た際に、何気なく「そういえば（同じクラスの）A君が今日の給食準備のときにB君の牛乳をわざと床に置いて踏みつけようとしてたよ」「この間も同じことしてたよね」という話を担任の先生にした。その瞬間、この話を聞いていた担任、学年主任、教頭の表情が変わった。担任は女の子たちにもう少し詳しい状況を聞いた後、副担任と生徒指導主任を加えた５人で「いじめ事案」として対応を協議、その日の放課後にA君を呼んで話を聞くことにした。

担任は「なぜそのような行為をしたのか」「B君はどんな気持ちだったと思うか」「やっていいことなのか」など、丁寧にA君の話を聞いた。A君がやったことは女の子たちが話した以上のことはなく、A君も悪ふざけのつもりだった。担任はこのような行為は認められないこと、相手が嫌だと思うことはしないことなどを指導した。

これは実際に筆者がスクールカウンセラーとして勤務していた学校で起こった事例である。以前であれば「悪ふざけ」ということで、現場を見ていた先生がいれば注意くらいはしても、「いじめ」としての対応や指導まではなかったと考えられるケースだろう。しかし、いじめ防止対策推進法にもあるように「受けた側の立場に立って」考えれば、このような軽微な行為も続いていれば「いじめ」の兆候としてとらえ、迅速に対応する必要がある。この件以降、担任や副担任はこれまで以上にA君の様子を丁寧に見守っており、B君だけでなく他のクラスメートも含めて、A君からの嫌がらせの報告は上がっていない。

●2節　不登校

■ 1 不登校とは

文部科学省（2020）では、**不登校**を「何らかの心理的、情緒的、身体的、あるいは社会的要因・背景により、児童生徒が登校しないあるいはしたくともできない状況にあること（ただし、病気や経済的理由によるものを除く）」と定義し、その数を集計している。以前は「登校拒否」とも呼ばれ、学校に行かない姿勢を積極的に表出している不適応行動であり、その背景には教育や学校の問題が存在すると考えられてきた。しかし、不登校状態にある児童生徒のなかには登校の意思がある（いわゆる「行きたいのに行けない」）場合も多く、登校を拒否していると考えることは適切ではないとされるようになり、現在の「不登校」が使われるようになった。

■ 2 不登校の現状

2019（令和元）年度の**問題行動調査**（文部科学省, 2020）によると、不登校児童生徒数は小学校 53,350 人、中学校 127,922 人、高等学校 50,100 人で、高等学校を除いて前年度より増加、初めて小学校が高等学校を上回った（**図 9-3**）。在籍者数に占める割合は小学校 0.8%、中学校 3.9%、高等学校 1.6%であった。このうち、1 日も出席できなかった者は小学校 1,601 人、中学校 5,757 人、高等学校 621 人と、不登校児童生徒のうち 1 ～ 4%程度は 1 年間まったく学校へ通うことができなかったということである。

小中学校の不登校は実数・割合ともに 2000（平成 12）年度以降はほぼ横ばいの状態が続いていたが、2013（平成 25）年度頃から上昇を始め、2019（令和元）年度は文部科学省が問題行動調査として公表しているデータにおいて過去最高となった。高等学校の割合はデータのある 2004（平成 16）年度以降、1.4 ～ 1.7%台で推移し続けている。

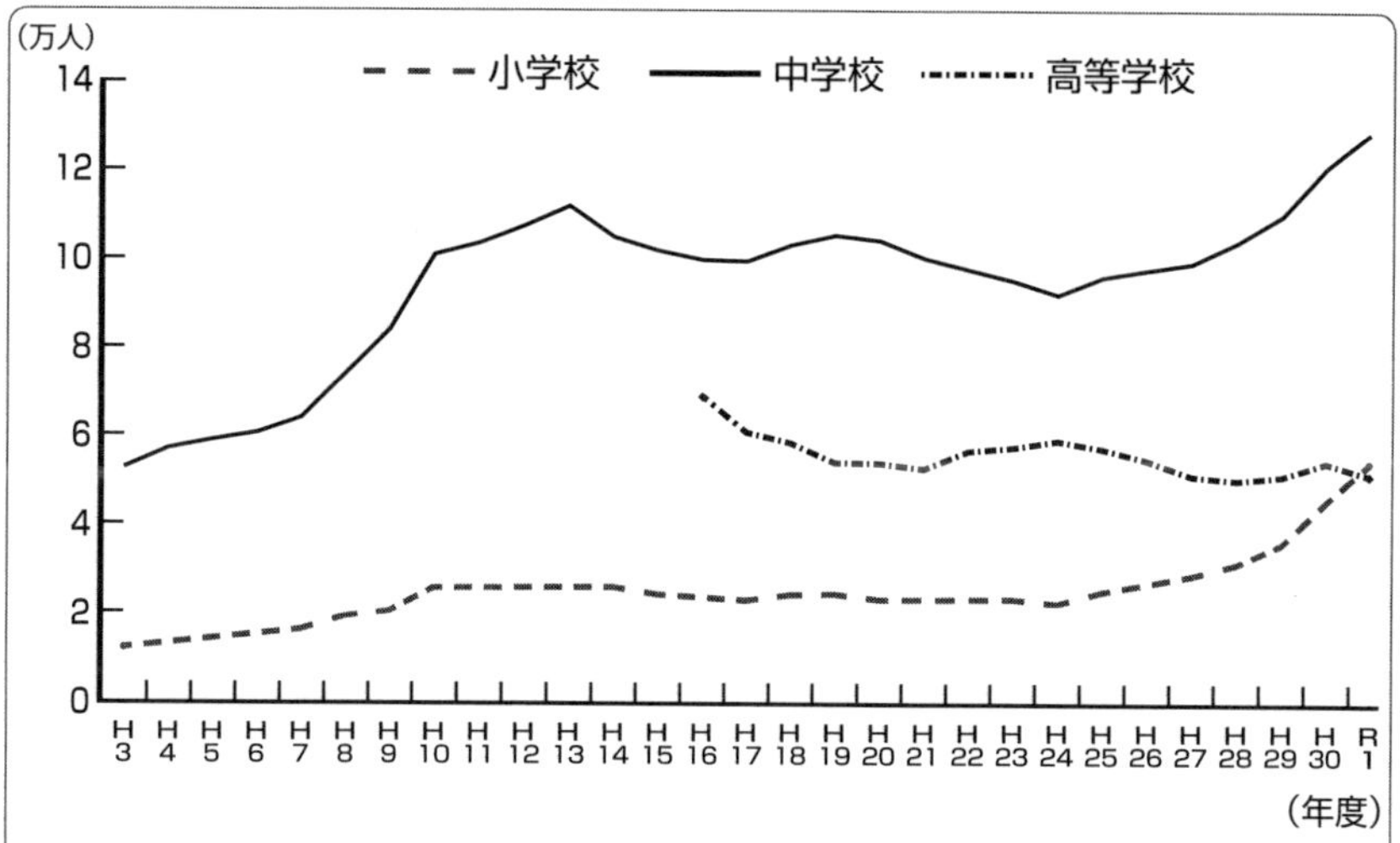

図 9-3　不登校児童生徒数の推移（文部科学省, 2020）

3 不登校の背景

問題行動調査においては、不登校の要因は「学校に係る状況」（いじめ、いじめを除く友人関係、教職員との関係、学業不振、進路などの８区分）と「家庭に係る状況」（生活環境の急激な変化、親子の関わり方、家庭内の不和）、「本人に係る状況」（生活リズムの乱れ・あそび・非行、無気力・不安）、「上記に該当なし」に分けて、要因として「主たるもの」と「それ以外にも当てはまるもの」に区分して集計されている。主たる要因を見てみると、小学生では「本人に係る状況」の不安傾向がもっとも高く、全体の４割を占める。中学生でも同様の傾向が見られるが、小学生では「親子の関わり方」、「生活リズムの乱れ・あそび・非行」といった、比較的家庭での関わりに起因すると考えられる要因が上位を占めるが、中学生になると「いじめを除く友人関係」が要因の２番目に上がってくることは特筆するべきである。また、学業不振が小学生の割合よりも倍増し、進路と合わせると１割程度を占めていることから、家庭・友人・学業が中学生の主要な悩みであることがわかる。高校生でも依然として「無気力・不安」が全体の1/3を占め、要因の最上位にあることは変わりない。その一方で「生活リズムの乱れ・あそび・非行」が中学生より割合が約２倍、

「進路」も４倍弱まで増加し、「いじめを除く友人関係」が割合は低下したものの要因の上位３番目に残っている。さらには「入学・転編入・進級」といった環境移行にともなう不適応も中学生より大幅に増加しており、問題が複雑多様化していっていることが伺える。

小学生の不登校は分離不安など家庭や親子の問題が背景として考えられるが、思春期に入る高学年では親子関係よりも友人関係に重点が置かれるようになるため、クラス内の人間関係でつまずいたり、トラブルを抱えることによって不登校につながったりする可能性がある。また、この時期は性と出会い個を確立する時期だが、第二次性徴を迎えることによって男子は自分でコントロールが難しい性衝動への戸惑いが、女子では自分の体の変化の受容に困難を示す者が少なからず存在し、それらが不適応の要因となりうる。土井（2016）は近年では中学生や高校生よりも小学生の方が仲間の反応を気にする傾向が強く、友だち関係に過敏になっているとしているが、これは発達加速化による成熟前傾現象により、「自分」と「他者」を意識し始める年齢が早まっていることが考えられる。

表 9-3　不登校の背景（渡辺, 2011）

背　景
環境要因
家庭：保護者の養育態度（過保護、過干渉、無関心、不在がち、虐待、学校への敵視）、保護者の疾患、両親の不和、親と祖父母の対立、弟妹の誕生、きょうだい間葛藤、家族団らんがない、経済的事情
学校：勉強と宿題がつらい、学級崩壊、教師によるひいきや高圧的態度、居場所や役割がない、友だちがいない
心理・情緒的要因
ひとりでいられない（分離不安）、自主性や自発性がない、完全主義（強迫傾向）、他人の評価や反応に過敏、傷つきやすい、自身がもてない、誇大感や万能感が強い、協調性がなくわがまま、ソーシャルスキルがない、発達課題のつまずき、第二次性徴にともなう混乱
発達的要因
学習・注意・情報処理・社会性・自己コントロールなどに関する認知発達上の諸問題（広汎性発達障害等）
社会・文化的要因
学歴社会、習い事の増加、自然な遊び場の減少、地域コミュニティの崩壊、核家族化、共働き、情報化社会の歪み、価値観の多様化

小学６年生から中学１年生までの１年間で不登校の数は倍増し、さらに中学２年生までの１年間で１万人以上増加する。小学校から中学校への環境移行に困難が表出される**中１ギャップ**の問題が指摘されているが、学級担任制の小学校では人間関係もなんとか作ることができ、学業面でも担任が注意を払って対応したことで問題が表面化しなかった子どもが、教科担任制の中学校に進学することで人間関係や学業面などでつまずくようになり、不適応につながってしまうケースが多いようである。

実際には家庭や学校などの「環境要因」と本人の「心理・情緒的要因」および「認知・発達的要因」に本人を取り巻く「社会・文化的要因」が複雑に絡み合って不登校という状態が生まれていると考えるべきである（渡辺, 2011）（**表 9-3**）。

4 不登校のタイプ

不登校の背景は前述のように多岐にわたっている。不登校のタイプはこれまでにも多くの検討がなされているが、背景を踏まえて考えていくと、以下の五つのタイプ（渡辺, 2011）にまとめることができる。

（1）神経症型

前日にはきちんと登校の準備をするが、登校直前になると元気がなくなり、腹痛などを訴えたりして休む。登校するかどうか葛藤・苦悩し、不登校に罪悪感を強く感じる。午後や休日には比較的安定して過ごせることが多い。

（2）分離不安型

親から離れ、ひとりで学校や教室に入っていくことに強い不安を感じ、しがみついたり泣き叫んだりする。

（3）無気力・未熟型

不登校に関する葛藤、苦悩、危機感がなく、無気力で、なんとなく学校を休んでいる。周囲に促されて登校したり、学校行事に参加することもあるが、長続きしない。友人関係も希薄で、学習意欲も低い。

（4）怠学・非行型

当初は不登校に対する葛藤や悩みもあるが、次第に同じようなタイプの子どもとつながりをもち、万引きや喫煙、徘徊などをするようになる。教師や大人に対しては反抗的ではあるが、一方で関わりを求めているところもある。

（5）二次障害型

登校しないという現象だけでなく、精神状態の異常（幻聴、妄想、奇異な行動、感情の麻痺、意欲や集中力の低下など）や発達障害等に類する問題（学習面、注意、社会性、感情コントロール等の困難）が認められる。

5 不登校への対応

不登校の前兆として、江川（1994）は**表 9-4** のような行動をリストアップしている。このような行動に気づいた場合には、予防的に声かけをして子どもの孤立感や不安感などを緩和していくことが重要である。

休み始めの頃には子どもには情緒的な不安定さが見られる。頭痛や腹痛、眠れないといった症状を訴えることもある。この時期には子ども自身も非常に混乱しており、無理な登校刺激は状態を悪化させることもある。この時期には子どもの安定を優先させることが必要で、スクールカウンセラーや養護教諭なども連携を取りながら子どもの心の安定を目指すことが重要である。これによって早期の学校復帰につながることもある。

不登校の状態が長期化すると、子どもは登校しないことによって安定してくる面が見られる。これまで登校するかしないかといった葛藤、登校することによるストレスなどに多くのエネルギーを費やしてきた子どもが、登校しない選択肢をもつことによって自分の好きなことに時間を使い、それによって枯渇していたエネルギーがたまってくるのである。そのため、この時期の対応としては見守りながら子どものエネルギーの充填を援助することが重要となる。

学年や学期の変わり目などは、不登校児童生徒が学校へ復帰する一つの契機となりうる。そのような時期には学校への興味関心をもてるような働きかけも必要な場合がある。しかし、重要なのは学校へ復帰させることではない。不登校となった子どもも等しく、将来自立した生活を送れるようになることが最重要課題である。そのため、特に中学生や高校生など青年期における不登校の場合は、その子どもがアイデンティティを確立し自らの将来展望をもつことができるようになるような援助が重要となってくる。

表 9-4　不登校の前兆行動（江川, 1994）

表情・感情	① ちょっとしたことで、イライラしたり、ふてくされたりすることが目立つ ② ふさぎこんでいる様子で、元気がない ③ 話すときの声が小さい、もしくは小さくなってきている、つまり声に元気が感じられない
学習時の様子	① 成績が下がってきて、自信をなくしてきている ② 授業中の発言・挙手が少なくなってきている ③ 授業中に脇を見たり、なにか考えごとをしている様子で、学習態度に集中力が感じられない
対人関係の場面での様子	① 業間の休み時間や昼休み時に、ひとりでぽつんとしている ② 友だちといっしょにいても、楽しくはしゃいだり、笑ったりすることがない、つまり心身ともに本当にくつろぐことはない ③ グループでなにかをやるときや、グループ分けをするときに、どのグループにも入れないで残ってしまう
出欠の状況	① 理由のはっきりしない欠席が、ときどきある ② 休日の翌日や特定の教科のある日・曜日に欠席することが、ときどきある ③ 早退することが、ときどきある ④ 遅刻がときどきある
家での様子	① 朝起こされても、なかなか起きない ② 登校時間になっても、なかなか家を出ようとしない ③ 朝、家を出るときの様子がなにか変である ④ 朝、家を出るときに元気がない ⑤ 朝の身支度をてきぱきとせず、ぐずぐずしている ⑥ 原因のはっきりしない身体の不調を訴える ⑦ 帰宅しても、戸外で遊んだり、友だちと遊んだりすることが少なくなってくる ⑧ 学校での様子を尋ねられても、あまり答えたがらない ⑨ 家族と口をきくのを避け、自室に閉じこもりがちである ⑩ イライラして親に反発したり、口答えをしたりすることが増える ⑪ 母親にベタベタ甘えるようになる ⑫「学校がつまらない」とか「できれば転校したい」などと言い出す ⑬ 家庭での勉強に身が入らない ⑭ わけのわからない声を発したり、ため息混じりの言い方をしたりする ⑮「夜ひとりで寝るのが怖い」と言いだすなどする ⑯ その他、なにか変わったことを言ったり、やったりするようになる
その他	① 学校で保健室に行くのが多くなる ② 昼食時にも元気がない

●3節　少年非行

■ 1 非行、非行少年

少年非行とは20歳未満の者が刑法および特別法を犯す行為と、少年法に規定された夜間徘徊など将来罪を犯す恐れをもつ行為（虞《ぐ》犯）と理解することができる。このような行為を行い、逮捕または補導された者が**非行少年**と呼ばれる（**表9-5**）。なお、女子の場合も法律上は「少年」であり、性別によって「男子少年」「女子少年」と呼ぶことがある。

法務省（2019）の統計によると、少年による刑法犯（交通法令違反および虞犯を含む）は近年減少を続け、2018（平成30）年は戦後最少の44,361人であった。少年人口10万人あたりの検挙人数も392.6と、もっとも高かった時期の約4分の1程度まで減少している。特別法犯（交通法令違反を除く）は1983（昭和58）年の39,062人をピークに減少を続け、2018（平成30）年は4,354人であった。構成比としては軽犯罪法、迷惑防止条例、児童買春・児童ポルノ禁止法が上位を占め、この三つで全体の6割に上る。また、ピーク時には大半を占めていた薬物犯罪が大幅に減少するなかで、近年は大麻取締法違反の比率が大きくなっているのが目立っている。

法務省（2019）（**図9-4**）によると、少年非行にはこれまで4回のピークがあったとされている。第1のピークは1951（昭和26）年の166,433人で、この時期は戦後の混乱期であり国全体が貧しかった時代である。長く続いた戦争は終わったものの、親と死別して住む場所もないようなストリートチルドレンなどが貧しさ故に食べるための窃盗をする、といった非行が目立った。第2の

表9-5　非行少年とは

非行少年	**犯罪少年**	罪を犯した14歳以上20歳未満の者
	触法少年	法律違反を行った14歳未満の児童
	虞《ぐ》犯少年	保護者の正当な監督に服しないなど、将来、罪を犯し、または刑罰法令に触れる行為をするおそれのある少年

ピークは1964（昭和39）年の238,830人で、高度経済成長期にあたる。日本全体が豊かになったが、その一方で価値観の急激な変化が起こったのもこの時期である。校内暴力や家庭内暴力が目立ち、暴走族の全盛期とも言われた。第3のピークは1982（昭和57）～88（同63）年だが、それまでに日本経済は驚異的な発展を遂げ、世界第2位の経済大国となった。それにともなって大量消費社会となり、一方では少子化が進行していった。この経済的な豊かさと子どもの減少から、親の子どもに対する過保護・過干渉が社会問題となった。このような社会のなかで、いわゆる普通の家庭の子どもが非行に走るといった現象も見られるようになり、内容としてもスリルを味わうための自転車盗や万引きといった遊び型・初発型非行が目立った。1998（平成10）年には184,290人となった第4のピークを迎える。この時代はバブル景気と言われた好景気が崩壊し、いわゆる「バブルがはじけた」と表現される時期と重なる。このような経済悪化から先行きの不透明さが増し、世の中全体が不安を抱えたまま身動きが取れなくなった時代である。非行もいわゆる「いきなり型非行」と言われるような、それまで全く非行歴がない少年が初犯で殺人や傷害などの大きな犯罪に

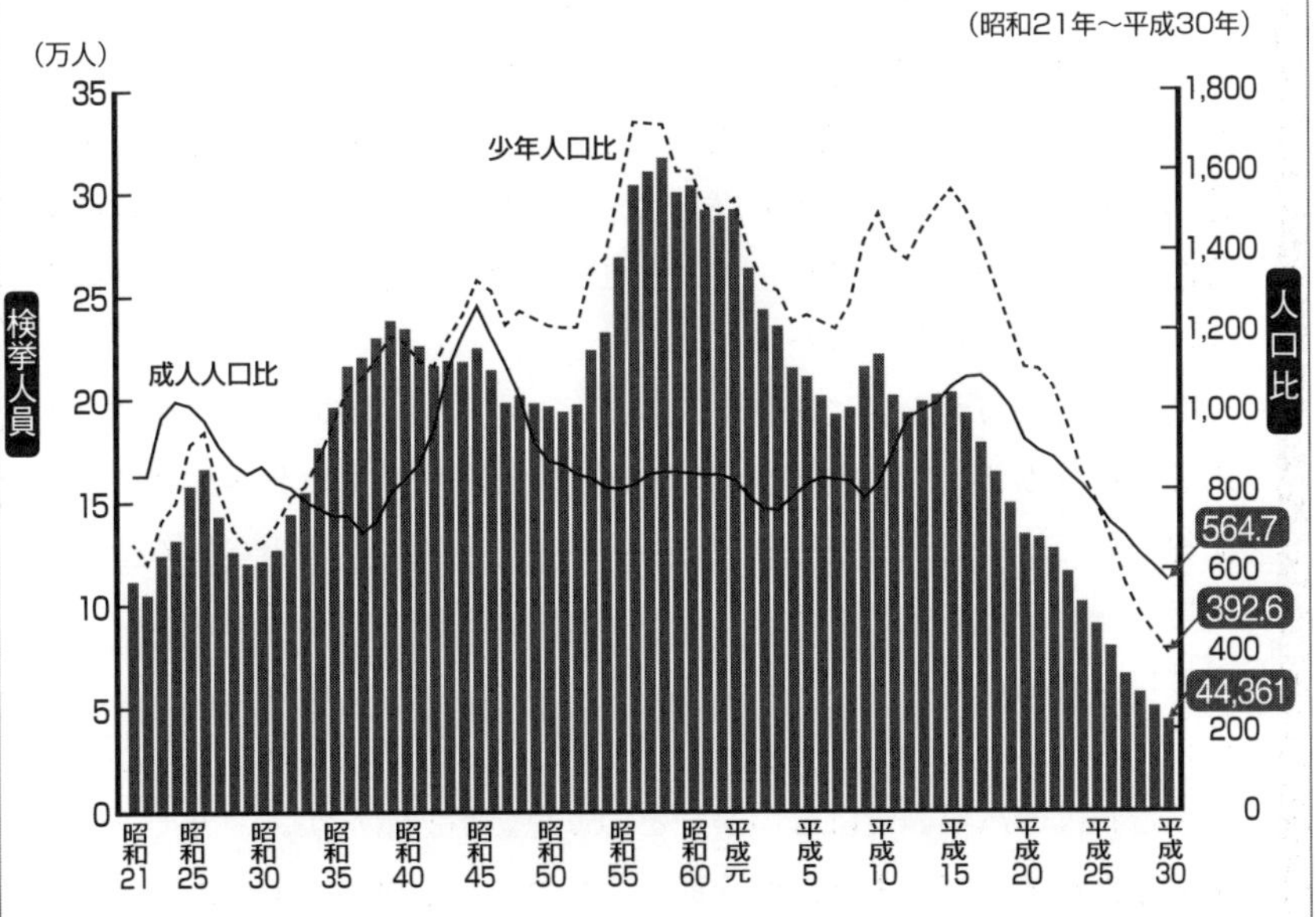

図9-4　**少年の検挙人員**（刑法犯・危険運転致死傷・過失運転致死傷等）（法務省，2019）

手を染める例が多数見られた。これもやはり、普通の家庭の子どもと見られていた子どもが突然非行を犯す例が多かった。

2 現代の非行の特徴とその背景

前述のように、以前の非行は家庭や社会的背景から何らかの問題を抱え、それを日頃から何らかの形で表面化させていた子ども（第1のピークにおけるストリートチルドレン、第2のピークにおける暴走族やいわゆる不良少年など）によるものだった。非行を犯す子どもは家庭の経済状況が悪い、単親家庭であ

コラム6

SNSから特殊詐欺加害者への道

ある大学2年生のA男は陸上部に所属し、授業も休まず出席するまじめな学生だった。ある日、もっとお小遣いが欲しいと思い、A男はSNS上で「高額バイト　○○（地域名）」と入れて検索した。そこで出てきたのが「日給○万円！簡単な業務です！」というもの。A男はさっそく連絡を入れた。先方からは履歴書は求められず、顔写真の入った運転免許証と学生証をカメラで撮って送ること、無線のイヤホンと封筒を購入するよう指示されただけだった。

2日後に先方から急に連絡が入った。「今から仕事がある」「すぐに△△公園へ向かえ」「今後の指示は◆◆というアプリ（匿名性が高く通信記録が残らないもの）を使用する」「買ったイヤホンを装着して指示を聞け」とのこと。A男は指示どおりに公園に向かった。公園に着くと、今度は「封筒にカード大の厚紙を入れて封をしろ」「■■という家に向かえ」「家に着いたら××と名乗れ」との指示。既にA男の頭のなかでは「これはヤバいのではないか」という思いがあったが、一方で「学生証の写真を送ってしまったから逃げられない」と思い、不安に押しつぶされそうになりながらも指示に従ってしまった。

る、学校の成績が悪いなどのシグナルを見せていた。しかし、最近の非行は特に表立って悪さをしているわけではなく、表面的にはごく普通の家庭で育った子どもによるものが目立つようになっている。これを顕著に示した研究として安川（1997）は家族の欠損、つまり単親家庭は単独では非行の要因とならないことを明らかにし、むしろ子どもが小学校高学年頃のちょうど思春期に差し掛かった時期に両親が不仲である状態であることが影響が大きいとした。

このように非行の背景として現代においてもあげられている要因が、上記にもあるような家族、親子関係である。稲村（1983）は「過剰対応及び父性欠如」が現代の問題家庭であるとし、浅川（1983）も「親の無干渉主義と、予定

到着した家ではおばあさんが出迎えてくれて、「××さんですね、待ってました」と玄関先で金融機関のカードが入った封筒を渡された。既に別の者からおばあさんには嘘の情報が伝えられており、安全のために××と名乗る者にカードを渡すようにと言われていたらしい。イヤホンからは「印鑑を持ってくるように言え」「相手が家のなかに入ったら渡された封筒をしまって、あらかじめ用意した封筒を相手に渡せ」との指示。A 男は印鑑を持って戻ってきたおばあさんに厚紙を入れた封筒を渡し、封を開けずにしまっておくように念を押して家を出た。家を出ると、イヤホンからは近くの金融機関に向かうように指示され、A 男はそこで 100 万円を言われるがままに引き出してしまった。

自宅に戻った A 男は、自分のしてしまったことの重大さを改めて認識し、引き出した 100 万円を持って警察に自首した。しかし、その後の裁判では特殊詐欺に加担したことにより有罪判決を受け、当然ながら大学は退学処分となった。

これは現実に起こった学生のケースである。現在は誰もがインターネットに接続し、SNS を介して誰とでもつながることができる。A 男のように簡単にアルバイトを見つけようとする若者も少なくないだろう。簡便であるということは、悪いことをしようとする者にとっても簡便だということを忘れず、しっかりとした情報リテラシーを身に付けてもらいたい。

表 9-6 機能不全に陥っている家族の親の 4 タイプ（橋本, 2007）

自信欠如タイプ	子どもから反発を招いたり、親子関係がぎくしゃくすることを懸念し、どのようにふるまえばよいかわからず、自信がもてない親
評論傍観タイプ	親自身の不十分な自己開示のために、評論家的もしくは傍観者的になってしまう親
責任回避タイプ	周囲の状況を客観視できないばかりか、社会のなかでの役割などにはまったく無頓着で責任を回避する親
常識欠如タイプ	常識的な判断や考えが一部欠落しているために、規範意識や言動にズレを生じさせてしまい、子どもの逸脱を修正できない親

調和主義」を現代的な子育ての失敗としてあげている。予定調和主義とは子どもの可能性を広げるために親が子どもにさまざまなものを用意してやることであり、過剰対応、過干渉と通じる。この点をもう少し詳しく解説するならば、橋本（2007）が機能不全に陥っている家族の親の姿を分類した知見が参考になるだろう。ここでは**表 9-6** のように四つの親のタイプがあげられている。いずれのタイプにしても、教育・指導力を発揮できない親によって子どもの成長発達ないしはパーソナリティが歪められてしまっているとも考えられよう。

近年では非行の背景として虐待の存在があげられることがある。橋本(2004)によると、虐待を受けている子どもはその恐怖や不安から家出や盗みなどの回避的行動に出ることが多く、虐待が続くことによってそれらの行動が虐待回避型非行（家出、万引き、無免許運転など）に移行してしまうという。さらに虐待回避型非行が反復されることで暴力粗暴型や性的逸脱型、薬物依存型非行など別のタイプの非行へと発展することがある。このように、虐待を受けることがすぐに非行につながるわけではないが、虐待環境が続くことによって必然的に回避的行動に出る可能性も高まり、結果的に子どもを非行に走らせることになってしまう。ただし、ここで誤解しないでほしいのは、回避的行動は子どもが虐待を避けるための適応行動であり、非行とは区別して考えるべき段階だということである。

さらに近年の非行に特徴的なこととして、インターネットが関係する非行が増加していること、特殊詐欺など組織的な犯罪に（場合によっては本人が知らないうちに）関わっている者（いわゆる「出し子」や「受け子」）が増加している（西尾ら, 2016）ことがあげられる。SNS を使って手軽にアルバイトを見つけられることが災いし、高額アルバイトの募集を装ったサイト（相手）にアクセスすると身分証を写した写真を送信させられた挙句、スマートフォンを通じて出される指示に従うように命令され、見知らぬ相手に言われるがままに犯罪に手を染めてしまうのである。

≪文献≫

浅川道雄 (1983). 今日の非行の特徴と要因　あゆみ出版

土井隆義 (2016). 友だち関係のつまずきを恐れる子どもたち―友だち関係って面倒で大変、でも大切！―　児童心理, **70**(8), 1-10.

江川玟成 (1994). 不当校生の早期発見法と指導対策　教職研修実践ハンドブック No.2 学校カウンセリングの考え方・進め方 (104-105)　教育開発研究所

橋本和明 (2004). 虐待と非行臨床　創元社

橋本和明 (2007). 非行と家族関係. 藤岡淳子 (編) 犯罪・非行の心理学　有斐閣ブックス

法務省 (2019). 犯罪白書

稲村 博 (1983). 家族の崩壊と病理　岩波書店

石川満佐育 (2014). いじめ―いじめる子，いじめられる子，いじめを見ている子　黒田祐二 (編著) 実践につながる教育相談　北樹出版

伊藤美奈子 (2000). 思春期の心さがしと学びの現場―スクールカウンセラーの実践を通して―　北樹出版

国立教育政策研究所 (2016). いじめ追跡調査 2013-2015　いじめ Q&A　生徒指導・進路指導研究センター〔https://www.nier.go.jp/shido/centerhp/2806sien/tsuiseki2013-2015_3.pdf〕

文部科学省 (2019). いじめの定義の変遷〔https://www.mext.go.jp/component/a_menu/education/detail/__icsFiles/afieldfile/2019/06/26/1400030_003.pdf〕

文部科学省 (2020). 令和元年度児童生徒の問題行動・不登校等生徒指導上の諸課題に関する調査結果〔https://www.mext.go.jp/content/20201015-mext_jidou02-100002753_01.pdf〕

森田洋司・清水賢二 (1994). 新訂版 いじめ―教室の病―　金子書房

西尾憲子・三井英紀・小宮聖子・関根 徹 (2016). 少年矯正のあり方に関する基礎研究―少年の矯正教育・処遇における課題と可能性について―　高岡法学, **34**, 175-211.

渡辺 亘 (2011). 不登校 . 武内珠美・渡辺 亘・佐藤晋治・溝口 剛 (編) 教育臨床の実際―学校で行う心と発達へのトータルサポート―　ナカニシヤ出版

安川禎亮 (1997). 非行の要因について―中学校教育現場からの再考察―　犯罪心理学研究, **35**(2), 41-51.

第3部

子どもの理解と支援

第 10 章
幼児の知的能力の発達——脳科学からの考察

▶ **概要**

本章では幼児期の急激な脳発達について実験的に検証した内容を紹介する。

本稿は、健常児を対象に個別指導による知的能力の発達と促進に尽力し、優秀な子どもの育成に寄与することを目的とする。本稿は脳科学における幼児期の脳の発達が知能検査によって測定された**知能指数（IQ）**の上昇の指標とするという仮説を立て実験を行い、結果を得た。学習による知能指数の上昇は生物物理学者エプステイン（Epstein, H. T., 1974ab）の仮説によると、脳科学における急激な脳重量の増加は 2 年ごとに行われ、もっとも顕著に認められる年齢は、2 歳～ 4 歳、6 歳～ 8 歳、10 歳～ 12 歳、14 歳～ 16 歳であった。エプステインの仮説にもとづいて 2 歳 5 か月～ 5 歳 11 か月の幼児を対象にこれらの急激な脳発達は、脳細胞間の組織化された結合が増加し、学習能力が最大になると期待された時期であると推論している。エプステインはこの仮説を**「フレノプリシス（精神急成長説）」**と名づけている（フレノは精神や頭脳を、プリシスは噴出するを意味するギリシャ語である）。確かに筆者の実験研究による作業仮設として 2 歳 5 か月～ 5 歳 11 か月までの幼児期における知能の発達の学習効果は最高であった。すなわち知能指数（IQ）が 20 以上まで発達した幼児はそれ以後、自ら高度な学問に挑戦し、新たな学習効果を修めた。優秀な子どもたちは現役で医学部等々に進学し、専門分野において活躍している。

1 節　幼児期における知能の発達

本稿は、健常児を対象に個別指導による知的能力の発達と促進に尽力し、優秀な子どもの育成に寄与することを目的とする。本稿は脳科学における幼児期の脳の発達が知能検査によって測定された知能指数（IQ）の上昇の指標となると推論した。

なお、保護者には発達心理学的、教育心理学的示唆を提供し、当該児の知的能力の発達の様子を日々伝え、その促進に尽力する。学術的視点より当該児の知的能力の開発の扉を開き、そろって多くの人びとに貢献することを目的とする。

知能とは何か

本稿はウェクスラー（Wechsler, D.）の知能の定義を採用する。「**知能**とは目的的に行動し、合理的に思考し能率的に環境を処理する個人の総合的全体的活動である」とし、知能を一元的なものとして見るのではなく、より包括的でかつ多元的、多面的なものを包含しているとする。もちろん、推理、記憶、言語的流暢さ、言語理解など、知的能力は決して一種類の能力ではなく、多面的構成体である。ひとは、知的能力その他、個人の考え方、話し方、行動のとり方などを通して知的行動を推測する。知的行動は、認識能力だけでなく動機づけ、態度、社会的、道徳的、美的価値に対する感受性をも含み、かつそれは個人の性格特性とも関連し、忍耐力、熱意、衝動統制、目標意識などが含まれる。これらの特性を総体的多面的知能とは独立して非知的要因と呼んだ。このような特性は知識のあらゆるレベルに働き、優秀者にもあるいはどんな才能の乏しい者にも影響を及ぼし、個人の知的能力の発達を促進させたり遅延させたりする。

幼児の知能検査・学力検査における測定と分析

本稿で使用した知能アセスメントおよび各学年の学力検査は下記のとおりである。たとえば、心理検査ではWPPSI-Ⅲ知能検査、WISC-Ⅳ知能検査、KABC-Ⅱ知能検査、田中ビネー知能検査Ⅴ、乳幼児精神発達診断検査〈適応範囲：0歳～7歳〉、ITPA言語学習能力診断検査、DTVPフロスティグ視知覚発達検査、WAIS-Ⅲ成人知能検査であった。各学年末には、個人における各年度の全国共通学力検査を行った。

各学習系の幼児教育の教科目標と教科内容の採用

本稿において各学習系の幼児教育の教科目標と教科内容を使用した。筆者が行った実験では、筆者独自が開発した『幼児教育カリキュラム』を学習プログラムとして採用し、これにもとづいてその他、学校教科書・学習参考書等を使用し、個々人の知的能力に合わせた学習プログラムを設定し、個別指導が執り行われる。

知能検査結果にもとづいて各学習系教科内容および教育プログラムが設定され、当該児の能力に合わせた個別指導を行い、指導後に保護者への子どもの発達および教育心理学的示唆を提供している。1回の学習所要時間は来室する該当児の能力に合わせて時間が設定される。当該児の学習時間はおよそ1回1時間半を予定している。

幼児の知的能力の発達研究に関する先駆者たち

乳幼児教育の歴史を繙《ひもと》くと、幼児教育および知的発達理論の先駆者たちが存在する。やがて、幼児教育の中核に感覚教育を掲げ、独自の教具を開発したモンテッソーリ（1870-1952）や、米国の乳幼児の行動を客観的にとらえ、行動の科学化を提案したゲゼル（1880-1961）、20世紀最大の発達心理学者ピアジェ（1896-1980）が登場する。このたび、脳のメカニズムから心理学に提言したヘッブ（Hebb, D. O.〈1904-1985〉）の『行動の機構』が本稿の発達優秀児教育の端緒となった。生物物理学者エプステインによる脳の急激な成長に関する仮説は興味深い。ワッセルマン（Wassermann, G. D., 1978）の『分子生物学からみた神経心理学』は、大脳における物質的過程は何かを解説したもので、神経心理学理論で大きな役割を果たした。また本研究の幼児の知能開発方法論は、ハントの知能理論、優秀児教育の神経心理学および教育心理学的視点に負っている。

●2節　幼児期の知能の発達と神経心理学

人生初期における乳幼児の知能の発達について脳科学の背景をもつ神経心理学の立場から論述する。元来、人間のあらゆる行動や精神活動を制御しているのは脳であり、それは人間にとってもっとも重要な臓器である。脳は前脳、中脳、間脳、終脳、後脳、髄脳（延髄）に分けられ、それぞれの分業体制があって、ある部分は皮膚感覚（体性感覚）、言語中枢、手先の巧緻《こうち》性、運動や動作、意欲、創造活動など人間の精神的、身体的行動の源泉でもある。このような分業体制の考え方は局在論の思想である。たとえば、ナカノ（Nakano, 1987）は大脳右半球麻痺の患者が描いた自画像と花の絵を分析した。この患者は、見ようとすれば見えるのに、まるで空間の左側半分が存在しないかのようにふるまう。このような脳の半側障害の場合、視野が半分欠けている人とそうでない人があるが、重度になると洋服の片袖を通さないでいるとか、左靴をはかないで歩くという症状も現れる。このような症状を左半側空間無視といって右半球損傷により空間の認知の欠落があることを意味する。

この**局在論の考え方**に対して、もう一方では、精神の局在は認めるものの、脳の機能は大脳皮質全体との関連でみるべきで、それぞれ相互に神経線維で連絡があり、精神活動が局在すると言っても大脳皮質全体の密接な関わりがあるという。つまり、**全体論の考え方**である。脳がこの全体論に通ずることの証明としていくつかの事例を紹介してみる。

また、別な事例で、ある部位の働きが障害されるとその周辺部の部位が働きを代償するようになる。特に乳幼児の代償作用はめざましく2歳以前に言語野をほとんど失っても言語障害が残らない例もある。まさに、これは乳幼児の精神発達の可塑性を意味し、その復元機能は計り知れない。

元来、人の精神活動、つまり、知覚、認識、思考、感情あるいは意欲、創造などは他の動物と比較して人間がもっとも発達しており、これは連合野で営まれる。金子ら（1986）によれば、大脳の連合野は、人間では非常に大きく前頭葉、頭頂葉、側頭葉を含めると半分以上が連合野になっている。彼によれば、連合野は、いわゆる白紙の脳で、生まれたときには、まだきちんと組織化されておらず、生まれてからの体験や教育に応じて組織化が進む。もし幼少の時に連合野を使わないと、それはもはや使えなくなってしまうという。これはまさにアヴェロンの野生児にも共通するところである。

また、生後間もないサルの目をふさいだまま育てた場合、長じてのちに目をあけてやっても、脳は視覚情報の処理能力を失っている。このように生まれてからの教育や経験で開発されてくる脳の部分は、人間の場合には特に大きいことからして、それが有効に開発されないで終わってしまう場合もあり得ると考えねばならない。初期経験としての乳幼児教育の重要性が脳科学の立場から指摘される十分な理由がある。

人の脳の働き、つまり知能を決定する脳の構造的要因として一般的にいわれているものに脳の重量や、脳の表面にある皺の数などがある。現在の段階では、脳科学の立場から脳細胞の数が知能の程度を決める一つの基準になっている。さらに、重要なことは、それらの脳細胞同士の樹状突起による複雑な絡み合いで決定される。そして機能的には、大脳皮質における分業体制の確立があげられる。

●3節　ワッセルマンの神経心理学に関する知見

近年、急速に発達を見ている分子生物学は中核神経系の神経心理学に関しても新しい知見を提供しつつある。本稿ではそれに関連して特にワッセルマン（Wassermann, G. D.）の神経モデルに注目したい。人間の知的活動を決定すると考えられる神経細胞の結合連絡について分子レベルにおける分子チャンネルの回路が仮定されるが、それを決定するのが蛋白質の構造であるというのである。すなわち、分子チャンネルは蛋白質の連鎖である。一つの蛋白質の大きさは、15～20 Åの大きさで、このような蛋白質分子の連鎖が、他方はシナプス後膜から突起となって、互いにシナプス間隙に突き出ていって間隙をつなげている。

このシナプス間隙を200～300Åとするとシナプスの間隙には10～15個の蛋白質分子がつながっていることになる。このÅの記号は、物理学用語でシナプスの［オングストローム（Å）］は、長さの単位、1Å = 0.1nm（ナノメーター）。Åはスウェーデンの物理学者オングストローム（Ångström, A. J.〈1814-74〉）に因んで命名された（金子ら, 1991）。また、この膜面の構造を分子地図といっている。このような蛋白質の突起は分子チャンネルの回路を決定するのであるが、ここにおいて、ある神経が、他のいかなる神経と結合してシナプスをつくるということは、分子チャンネルの蛋白質どうしの分子的構造的一致により、細胞の相互認識によって決まるというのである。しかるに、蛋白質分子構造は完全に遺伝的にDNA（遺伝子暗号）によって決定されている。

ワッセルマンの分子モデルでは、神経結線ないしは頭脳の知的能力に関する遺伝的決定論である。しかし、これは中枢神経における神経結線のポテンシャルであり、そのポテンシャルが実現するためには、これに対して外的刺激による促進作用が必要である。これは、まさに個人が体験する学習の効果である。

ワッセルマンは、このように遺伝子能力を分子生物学的に言明した。ちなみに、ミツバチの中枢神経系の細胞数は比較的少ないと考えられるが、それにもかかわらずミツバチが高度な知的行動を示すのは、優れた蛋白質をもっているからである。換言すれば、動物の知的能力は脳細胞の重さや数ではなく、その蛋白質である。頭のよしあしは、**遺伝子DNA**によって決定され、それが神経結線を決定し、知的能力を決定する。そのように知的能力は遺伝的に決定されているとはしながらも、それなりにそれが十分発現するかどうかについては、生後の育成期間における外的刺激の栄養効果が必要であることはワッセルマンも強調している。

●4節　ハントの知能理論と子どもの知能の教育心理学的考察

ハント（Hunt, J. McV.）は、1961年『知能と経験』を出版し、彼独自の知能観や発達観を確立し、乳幼児教育に新しい理論を構築した。彼の知能理論によれば、知能とは「一般化された情報処理の方略」であると定義した。

この考えの背景は、ハーロウ（Harlow, H. F.）の動物の問題解決行動に依存しており、サルがある種の問題に対してその解決法を繰り返し学習していると、やがてサルはその種の問題に対して即座に解決できるようになり学習の構えが成立する。このような学習の構えがハントのいう知能であり、ハントの用語で表すならば方略である。この方略はコンピューターに組み込まれたプログラムのようなもので、コンピューターはデータを入れてプログラムを挿入すれば、すぐ解答は得られるが、人間や動物は、そうはいかない。長い経験と学習とを通して獲得していくものだとしている。

さらに、彼は「方略」、つまり子どもの潜在的能力である知能を発達させるには、幼少期の初期経験が重要な役割を果たすということを指摘した。彼は知的発達に対してひとの知能は遺伝によって固定されたものではなく、子どもが幼いときに出会う環境によって大きく変化するという形成的知能説の立場をとっている。

事実、ハントは知能の発達にとって初期経験が与える影響については、高等な動物ほど、大脳に経験を蓄積する域は増大し、その個体の知的発達に対して与える初期経験の影響は大きくなるという。このことは初期経験が子どもの知的、認識的発達に対して重要な影響を与えることを意味している。ハントによれば、幼いときの精神発達は極めて可塑的なものであり、この可塑性の程度は加齢とともに減少していくという。

ハントは、もともとヘッブの大脳の中核過程に関する研究や情報科学から多くの示唆を受けながら、乳幼児の初期経験の重要性を理論化した。また、彼は従来の固定的な知能観から脱皮して、個人と環境との相互作用のなかで発達する知能を乳幼児の精神発達に視点を合わせ、幅広い視野と高い実証性にもとづいて理論を展開した。さらに、彼は遺伝学の概念である「表現型の可変範囲」を使って、子どもの能力は遺伝型、すなわち、遺伝子の配列が同一の場合であっても、その子どものその後に出会う環境や経験の質によって、ある可変範囲が変わる可能性があるという。さらに遺伝型が優れていればいるほど、その「表現型の可変範囲」は大きくなるという。このことからすれば、個人の発達は、遺伝的素質に依存しながら、質の高いしかも個人にあった環境との絶え間ない相互交渉の過程を通して発達していくということを意味している。

ハントは子どもの知能の発達にとってもっとも重要なのは、学習に対する意欲、つまり動機づけの問題であるという。彼によれば、ひとの発達にとってもっとも大切なことは、子どもが絶えずまわりのひとや物、場所に対する興味と関心をもち、それに対する積極的に働きかけ意欲をもつことだとし、発達を推進する力として「やる気」または「動機づけ」を重視してきた。この学習に対する意欲、つまり動機づけは、彼によれば、環境との関わり合いのなかで啓発されるとしており、これがまさに個々人による内発的動機づけに依存している。

従来の子どもの学習においては、褒めたり、叱ったりなどの賞罰を与えることで学習効果をあげるべきだと考えられていた。しかし、ハントの見解は「ある環境」つまり、その子どもに適した心理・物理的環境を準備することによって、自ら進んで学習するものだとの立場に立っている。

この「ある環境」とは子どもがそれまでに貯えてきた知能や能力と「**適切なずれ**」をもった環境のことである。彼はこれを「対応の問題」という言葉で表現し、この立場から見るならば、教育とは子どもが「適切なずれ」をもった挑戦的課題に、絶えず直面できるような環境を与えることであり、また環境からの働きかけを準備することである。これらの「ある環境」によって子どもは、学習に対して興味を示し、自ら積極的に学習するようになるのである。これらの「やる気」は個々の子どもが遭遇する環境のなかで経験的につくられ、かつ子どもが出会うさまざまな状況に適応でき、その事象を処理することができる能力を意味している。

▶ 結語

本稿では幼児の知的能力の発達について『分子生物学からみた神経心理学』の脳科学の立場でその重要性を展望した。続いてハントは知能理論における知能を「一般化された情報処理の方略」としてとらえ、第二に知能の発達における経験の重要性を強調し、第三に発達と学習を促進する「情報処理や活動に内在する動機づけ」を提案した。ハントは博識家であり、この新しい知能観が彼の幼児教育のバックボーンとなった。彼はヘッブ的な枠組みのなかに偉大なる発達心理学者ピアジェ理論を取り入れた。一方、生物物理学者エプスティンは「幼児期の脳の急激的かつ驚異的な発達」すなわち、これらの急激な脳の発達は、脳細胞間の組織化された結合が増加し、学習能力が最大になると期待された時期であると推論している。

確かに、本研究によると2歳5か月～5歳11か月までの幼児期に知能の発達の効果は最高であった。すなわち**知能指数**（**IQ**）が20以上発達した幼児は、より高度な学習を修め、知恵と叡智に満ち、青年として大人として知識と理性を獲得し、卓越した才能と賢慮を身に修め、立派な仕事に開花している。ここに彼らが愛と奉仕の精神で人類の幸福に貢献することを切望する。

≪文献≫

Epstein, H. T. (1974a). Phrenoblysis : Special brain and mind growth periods. Human brain and skull development. *Developmental Psychobiology*, **7**, 207-216.

Epstein, H. T. (1974b). Phrenoblysis: Special brain and mind growth. Periods. Ⅱ. Human mental development. *Developmental Psychobiology*, **7**, 217-224.

Hebb, D. O. (1949). *The organization of behavior*. John Wiley & Sons.［ヘッブ (著) 鹿取廣人・金城辰夫・鈴木光太郎・鳥居修晃・渡辺正孝 (訳) (2011). 行動の機構—脳メカニズムから心理学へ— (上・下)　岩波書店］

Hunt, J. McV. (1941).

Chap.1. The evolution of current concepts of intelligence and intellectual development.

Chap.2 Psychological assessment, developmental plasticity and heredity, with implication for early education.

Chap.3 Reflections on a decade of early education. Charles E. Tuttle Company.［ハント (著) 波多野誼余夫 (監訳) (1976). 乳幼児の知的発達と教育　金子書房］

金子隆芳・伊藤正男・永井克孝・大熊由紀子 (1986).「こころと医療情報」へのアプローチ　桃井宏直他 (編) メディコピア第 15 号　富士レビオ

金子隆芳・台 利夫・穐山貞登 (編) (1991). 多項目心理学辞典　教育出版

Nakano, M. (1987). A study of left unilateral spatial neglect with special reference to hemianopsia. *Japanese Psychological Research,* **29**(2), 49-58.

Wassermann, G. D. (1978). *Neurobiological theory of Psychological Phenomena.* The Macmillan Press.［金子隆芳 (訳) (1984). 分子生物学からみた神経心理学　サイエンス社］

第 11 章
遺伝子病 ウィリアムズ症候群の発達臨床的研究報告

だれもが、『白雪姫と七人の小人』の童話を耳にしたことがある。過日ウィリアムズ症候群 6 人を中心とした音楽キャンプ（研究集会）に筆者は参加する機会を得た。そこで彼らの、噂に違わぬ有様を目のあたりにしてウィリアムズ症候群とは何かについて本章をみていただかねばならない。彼らの身体的特徴の妖精顔貌は言われているとおりで、『白雪姫と七人の小人』に登場する小人さながらと言ってよい。実際、物語に出てくる妖精はウィリアムズ症候群をモデルにしたものかもしれないという学者もいる。過日の音楽キャンプ参加者の 5 歳のウィリアムズ症候群男児が美貌のピアニストにまとわりついて、しきりにキスを求めるなどの様子が見られた。言語的に多弁であり、彼らは皆、高度な曲をよく聴いていた。どちらかといえば静かな音楽を好むらしく見えるのは、音刺激に対する彼らの過敏性によるのかもしれない。あえてサヴァン（天才）とは言えないが、音の聞き分け（車のエンジン音など）や旋律の記憶はよく、ほぼウィリアムズ症候群の子ども全員が小さな指を思いっきり広げて懸命にピアノを演奏する姿ははなはだ興味深い。この子どもたちの精神医学的関連論文と僅かな心理学抄録を研究報告として紹介する。

1 節　遺伝子病 ウィリアムズ症候群の概要

ウィリアムズ症候群（Williams Syndrome：WS）は 1961 年、ニュージーランドの医師ウィリアムズ（Williams, J. C. P.）が、医学雑誌『Circulation（循環）』に世界で最初に発表した遺伝子病である。1993 年に、ウィリアムズ症候群は第 7 染色体長腕 11.23 領域に位置するエラスチン遺伝子を含む約 20 の遺伝子欠失が原因の隣接遺伝子症候群であることが判明した。出生率は2万人に1人である。

2001年1月9日、ウィリアムズ症候群に関する神経生物学的研究は、この症候群が臨床的に非常にユニークな特徴をもっていることから、遺伝子メカニズムと神経発達や認知や行動の間の関連に対する理解を深めるためのまたとない機会を提供している。2019年4月24日、ウィリアムズ症候群は言語と脳が話題になるとき、必ず言及される病気であり、それは彼らが知能の発達の遅れにもかかわらず、言葉を話す能力が極めて高い特徴をもつ症候群であるからである。

ウィリアムズ症候群の臨床症状は成長障害、低身長、特異な妖精顔貌、過度に馴れ馴れしさを表現する社会性の認知の偏移を示す行動、また、大動脈《だいどうみゃく》弁上狭窄《べんじょうきょうさく》(症)(supravalvular aortic stenosis : SVAS)と末梢肺動脈狭窄《まっしょうはいどうみゃくきょうさく》(症)(peripheral pulmonic stenosis : PPS)、視空間認知障害、歯の異常、時に乳児高カルシウム血症などが認められる。欠失範囲には20個以上の遺伝子が報告されており、このために本症候群では多臓器にわたる疾患をともなっている。

成人期には、顔貌は幼児期の丸い顔から細長い輪郭、長い顎への変化、平均IQは58.5。重症から境界例までの精神発達遅滞が認められる。大部分は精神発達の問題により社会適応ができない。先天的心疾患に加え、高血圧(22歳以上の60%)が認められる。脳血管障害発作にも注意が必要、慢性便秘、胆石、結腸憩室《けっちょうけいしつ》などの消化器症状や肥満がみられ、尿路感染症を繰り返す。

ここに**遺伝子病(hereditary disease)**について考察すると、『最新医学大辞典』〔第3版〕(2017)によれば、「遺伝子病とは遺伝子が発症に関与していると考えられる疾患の総称。狭義には発症の原因が突然変異遺伝子または染色体異常によることが解明されているものを指すが、広義には、遺伝子が多少でも関与しているすべての疾患を含み、遺伝性疾患とほとんど同義的に用いられる」とある。

また一方、**症候群(syndrome)**とは、「一群の徴候や症状で病態が形成されている状態。独立した疾患単位であることもあるが、種々の原因で同一の病態を呈することもある」(同『最新医学大辞典』)。

ここで、このウィリアムズ症候群の名をもって登場した1982年以降1998年から2000年の間に精神医学文献36論文と心理学抄録に掲載された4論文計

40 編と、たまたまディーコン（Deacon, T. W., 1997）がこの症候群について本質論ともみられるべき見解を披露したことから、これらをもとにその症状と行動特徴ならびに遺伝学的神経学的背景とについて紹介する。これにもとづいてまず、発達臨床的治療の立場からこの症候群の治療教育の重要性とその急務の課題を明らかにし、方法や指導上の要件について考察する。

2節　ウィリアムズ症候群の行動特性

ウィリアムズ症候群は全般的な身体的発達の遅れとともに、妖精（ピクシー）顔貌と言われる独特な容貌をしており、いつも口を開けてニヤニヤしている。知的にも軽度から重度のさまざまなレベルの学習障害などの各種障害をともなう。それにもかかわらず、彼らはそのレベルをはるかに超えた複雑な言葉を話すが、その会話には往々にして不適切な言葉遣いが見られ、言葉の意味がわかっていない。実際、彼らの言語理解能力は表出に較べれば劣る。たとえば完璧に子守歌を歌い、物語を暗唱するが、概念を理解したり学習したりする様子がない。周りの人の言い回しや文章を口まねするだけである。しばしば会話は表面的で、決まり文句や同じ表現の繰り返しであるが、それは一見大人風であるが、絶え間なく同じ話をする。彼らは音声に対して優れた記憶力と配列記憶能力をもつように思われるが、読みも達者で早熟である。近年、それは過読症と呼ばれるが、普通の子どもがようやく語や文を言えるようになる年齢で、例外的であるが文字や記号がよくわかる子どもがいる。コンフレークの箱の文字を読み、道路標識を言い、商標を見分け、アルファベットや数字が全部わかる。この限りでは文学的数学的神童の徴候と見られるが、不幸にしてこれは孤立した心の能力であり、事実、文字や記号の意味はわかっていない。言語の解釈は最低で文字は読んでも事実関係を推理し理解する能力は貧しい。書字や綴りは読みに較べると上達が遅い。このような作業には視覚と微細運動の巧緻性が要求されるからである。彼らは非言語的な視覚空間的および運動技能にも、著しく弱いのが普通である。

彼らは著しく外交的であり、大人に対して大変馴れなれしく、大人にまつわりたがる。大人の集まりが好きで大人がおもしろがることが楽しい。見知らぬ大人に対しても馴れなれしくマナーを超えている。そうであるから同世代の子どもとは仲良くできない。これは成人しても変わらず、同年齢の仲間との関係は貧困である。社交性があり、音過敏症と言われ、特定の過敏性たとえば雷、物が落ちる音、拍手、笑い声、割れる音のような突発音や掃除機、ひげそり、電気器具のような日常音にも敏感であり、音が予想されるだけで緊張し不安になる。彼らは多動で注意散漫で仕事に集中することが困難である。特に音に敏感であり、偶発的な音や事件に気が散って肝心なことに集中できない。彼らは特定の物や話題に夢中になって時間を過ごす。不安が強く心配性で人に注意されたり思うようにことが運ばなかったりすると動揺し、過剰なほど気にかける。その反面、衝動的で、順番を待つとか大人の忠告を聞くことができない。気にいらなかったり自分のやり方が通らないときは、しばしば癇癪を起こす。シュレッツら（Sherrets, et al., 1982）は、ウィリアムズ症候群の子ども（8歳男児）の総合的な医学的、心理学的、神経心理学的病蹟を報告したが、その注意のスパンは短く自己管理が貧困である。重篤ではないが広範な皮膚障害をともなった遅滞があり、言語、推理、その他の高度の認知技能には特に著しい。この意味においても当該症候群を早く発見することが重要であるとされた。ウィリアムズ症候群の行動を分析するには神経心理学的検査が重要である。

チャップマンら（Chapman, et al., 1996）はウィリアムズ症候群の男女12名について、広範囲な年齢（2歳～30歳）にわたる神経学的所見の変化を系統的に調べた。使用した神経学的検査は69項目からなり、心的状態、運動協応、トーン、ゲイトの異常を調べた。トーンの異常は年齢によって変わり、年少者は低いトーンを示すことが多く、年長者はほとんど高いトーンである。ゲイトと協応の異常は年長者にも続き、単に成熟の問題ではないことを示している。このように神経学的異常はこれらの患者に共通で、なかには進行する者もある。神経学的検査はウィリアムズ症候群の患者の監視にはルーチン化される必要がある。

また、パワーら（Power, et al., 1997）は、ウィリアムズ症候群と診断された7歳と8歳のふたりの男児の症例における薬物療法に関する研究である。注意欠如・多動性障害（AD/HD）の児童には薬物療法が有効とされている。その結果、注意欠如・多動性障害基準に合ったウィリアムズ症候群の子どもの注意と行動の問題の処置には、メチルフェニデートが有効とされた。

●3節　ウィリアムズ症候群の研究報告例の紹介

以上が通常言われているところのウィリアムズ症候群の素描であるが、次の研究報告の面からこれらの特徴をやや詳しく検討する。

摂食 / 睡眠障害

彼らの多くは、生後数か月から 1 年にかけて嘔吐、便秘、ミルク嫌いなど、哺乳や食事に問題があり、この時期にカルシウムの血中濃度が高くなる。その場合は低カルシウム食や低カルシウム乳の調合が必要である。一般に精神遅滞には摂食障害に睡眠障害（寝つきが悪い、夜泣き行動、寝かせつけるのに何時間もかかる等）はある種の遺伝的障害の特徴でもある。睡眠問題を解決するには治療教育的方法が必要である。

感覚 / 運動障害

彼らは、視覚 - 運動系の障害があり、視知覚認知や運動の協調、特に微細協調運動が不得意である。さらに身体全体を使う粗大運動、目と手の協応、手先を使う微細な運動、自己の身体や対象物の空間定位、方向や距離の判断、弁別と定位、記憶など、行動上の視覚的情報処理過程に独特な障害がある。そのため、乳児期におけるお座りや歩行開始が遅れ、自転車乗り、ボタンかけ、鋏《はさみ》の使用、鉛筆をもつなどが難しい。山登りや階段の昇降または高所の吊り橋わたり等、高さに臆病であり、キャッチボール、バイクの運転なども苦手である（MacDonald & Roy, 1988）。

認知障害

クリスコその他（Crisco, et al., 1988）はウィリアムズ症候群児 22 人（4 歳 2 か月～ 18 歳 3 か月）と統制群として年齢、性別、総合知能に関して対応する非特異的発達障害児 22 名に「ITPA 言語学習能力診断検査」を実施した。両群の差は視覚的情報処理に顕著な傾向が見られた。ウィリアムズ症候群の子どもは視覚的閉鎖、視覚的記憶の各課題に本質的に問題があった。なお視覚的注意の全体的配分に関しても一層固執的であった。しかし視覚処理の障害は心的能力のレベルとは関係なかった。

なお、視覚的受容、視覚的閉鎖、視覚的記憶の各得点によってウィリアムズ症候群の82%、統制群の68%を間違いなく分類できた。

またヴィカーリら（Vicari, et al., 1996）は記憶能力についてウィリアムズ症候群患児16名（平均年齢：10歳1か月；平均知能年齢は5歳）の言語記憶と空間記憶を調べた。正常発達児童（平均年齢5歳3か月）の言語と視知覚材料の言語/空間スパンと直後/遅延再生課題のそれと比較した結果、ウィリアムズ症候群児の記憶能力は短期記憶にも長期記憶にも視覚－空間記憶の欠陥を特徴とするようである。言語記憶は、短期は正常だが長期は欠陥であった。この結果は、彼らの知的障害は認知能力の障害の有無を含む複雑なシステムの機能欠陥であるという説を支持するものと解釈される。

中村ら（Nakamura, et al., 1999）はウィリアムズ症候群の漢字書き言葉について調査した。これによると、ウィリアムズ症候群と診断された9歳男児について心理テストバッテリーにより言語と視覚認知の能力を調べた。このウィリアムズ症候群の被験児には「読み」かつ「理解」できるのに「書けない」漢字があった。部分的に字画が書けても、その正しい配置ができない。これは臨床的に観察されている模写の困難ともよく似ている。K-ABC（Kaufmann Assessment Battery for Children）によれば、このウィリアムズ症候群の被験児は同時処理の平均点に較べて空間記憶のサブテストが難しい。このことは図形模写と漢字書字の困難とに関係が深いと思われる。ITPA言語能力診断検査によれば、意味と用法に問題はあるが、被験児の語彙は比較的よかった。患児の能力のこのような利点と弱点を知ることはもっともよい治療教育技法の策定に役立つはずである。

行動情動障害

今日、遺伝的な知的障害症候群と関連した行動的精神病理的特徴は行動表現型と呼ばれるもので、ウィリアムズ症候群の行動障害は行動表現型研究から明らかになった新しい精神病理の一例である（Einfeld & Hall, 1994）。またアインフェルドら（Einfeld, et al., 1997）は、ウィリアムズ症候群70名（平均年齢9.2歳）と精神遅滞児454人（平均年齢12歳）の行動的情動的障害の全体レベルを比較検討した。この結果、ウィリアムズ症候群は、不安、過活動、先入見、不適切な人間関係を特徴とする精神医学的障害として診断されると提言した。ウィリアムズ症候群には精神障害の今後の標準的分類に行動表現型を含めなければならないと考えるべき十分な障害行動表現型があるとした。

4節　ウィリアムズ症候群と遺伝学的神経学的背景

ウィリアムズ症候群の神経学的プロフィールについて、言語を含む記号通信活動が大脳の前頭前野にあるという多くの所見がある。したがってウィリアムズ症候群と自閉症のようなもっぱら言語に関する異常が前頭前野を軸として論じられるのは自然である。ディーコン（Deacon, 1997）は（後節に述べるように）、これを、発生を巡る遺伝子的問題として最近の研究を総合して論じたものである。

近年のウィリアムズ症候群に対する関心の一つの理由はその遺伝子的原因がわかってきたことにあると思われる。ウィリアムズ症候群の発症原因は、7番目の染色体のエラスチンの欠失に由来する。エラスチンとは結合組織蛋白質であり、これがないとウィリアムズ症候群に特有の心臓欠陥を来たす。ディーコン（Deacon, 1997）によればエラスチンは軸策成長の基質であり、その欠失は脳の発達に問題を起こす。ところが近年、エラスチン遺伝子の隣にあってウィリアムズ症候群にもっとも関連する遺伝子がわかった。その生成蛋白質はホメオチック遺伝子生成物LIM 1と構造的に類似しているのでLIM 1キナーゼといわれる。LIM 1キナーゼとLIM 1の遺伝子は、どちらも発生胚の頭の部分に表現する。

LIM 1キナーゼ遺伝子の欠失がどうしてウィリアムズ症候群となるかについてはまだ不明なことが多いが、対応するLIM 1キナーゼ遺伝子が、非常に関係があることを示す一つの証拠がある。すなわち、LIM 1キナーゼ遺伝子がノックアウトされたトランスジェニック・マウスの胚は、体の他の部分は普通に発達するが、頭がまるで発達しない。ウィリアムズ症候群は要するにヒトのLIM 1キナーゼのノックアウトと考えることができる。それはマウスの場合と同様に、脳の各組織の間に発達不全とアンバランスを引き起こすらしい。それがウィリアムズ症候群特有のピクシーのような顔の発達異常の原因でもある。

ウィリアムズ症候群はヒトの記号能力への偏りの基にある遺伝子変化の、歪んだ反映とみることができる。ウィリアムズ症候群に見られるのは前頭皮質と小脳を残した脳の大部の発達不全であるが、結局そのためにこれらの二つの組織に認知過程を委ねることになる。その結果は、非記号的な連合（刺激連合）の学習能力がひどく障害され、反対に記号的連合学習への偏りが強くなる。ウィリアムズ症候群の子どもの過読傾向、早熟な語彙と読字能力、その珍語好み、昂揚した社会感覚がこれで説明できる。

ウィリアムズ症候群におけるホメオチック遺伝子（形態形成遺伝子）の欠陥は前頭前野への強い偏向となったが、引き替えに他の領域の学習不全となった。その結果、彼らの記号理解はほとんど完全に辞書的関係、つまり語 - 語関係にとどまり、事物や事象との刺激連合的な結合の支援がない。それによって一般知能の著しい低下を来たすが、それでいて言語記号行動は達者だということは、言語獲得にとって一般に考えられているようには、高度の知能は必要でなく、学習傾向の特異な偏向をもって成長すればよいことを証明している。

以上はもっぱらディーコン（Deacon, 1997）によるが、次にこの問題を PsychLIT（精神医学文献）所蔵のいくつかの研究報告を通して見ることにしよう。

ギャラバーダら（Galaburda, et al., 1994）によるウィリアムズ症候群の31歳の男性患者についての報告では、稀な遺伝的異常で特異な顔貌をしており、心臓欠陥、その他、結合組織の異常、独特な神経行動的様相をきたしている。脳の新皮質の細胞組織学的所見では、皮質層内のニューロンの過剰な水平組織（特に17野）、脳の各野に共通な高い細胞密度、異常に集団化し方向づけられたニューロンなどがある。前脳野後部は萎縮している。かかる脳の異常は同症候群における極端な視覚空間的欠陥、卒中発作の細胞死の異常をともない、それはその遺伝的原因、すなわち染色体7のエラスチン部位を含む半接合欠失に関係がある。

ボグダノフとソロニチェンコ（Bogdanov & Solonichenko, 1997）はウィリアムズ症候群の子ども16人（3歳～10歳）を対象に、**手の掌紋（皮膚紋理）**の側性と特徴を研究した。それによるとウィリアムズ症候群には指に複雑な螺旋形と明らかに左手に優位な一層複雑なマークを特徴とする掌紋が見られた。この特異的な特徴は普通の人や他の遺伝的神経系障害には極めて稀である。掌紋パターンの特徴は人間の遺伝的に決定された中枢神経系の右半球優位の特徴的標識となる。この症候群は遺伝的疾病であり、心臓欠陥系病理と特徴ある顔形（妖精様顔貌）をもち、特異な心的知的障害をともなうことも併せて報告されている。このことは人間の高次神経機能の分析のユニークなモデルとして、ウィリアムズ症候群の子どもの神経生理学的研究の指針とされた。

ゴールデンら（Golden, et al., 1995）は 35 歳のウィリアムズ症候群の男性患者の、神経病理学死後剖検の所見を提出した。これによると、この症候群は言語の保持と視覚 - 空間能力の基本的障害をふくむ異常な認知能力を特徴とした。予期せぬことに老人斑にベータ /A4 アミロイドの沈着、新皮質に神経原線維タングル、新皮質と辺縁組織にジストロフィー神経炎が見られた。もしこれらの所見が他のウィリアムズ症候群の患者にも見られるならば、それは精神遅滞をともなった前老人型アルツハイマー型病理の新たな事例ということになる。ウィリアムズ症候群は上部心臓弁膜部大動脈狭窄を合併するが、その症状は重度から軽度までさまざまである。

ダウン症候群、脆弱X症候群、ターナー症候群、ウィリアムズ症候群、レット症候群などは、いずれも子どもの発生的機能障害に関連したいくつかの特異的症候群であるが、その最近の画像研究が、子どもにおける遺伝子に起因する脳の異常発達と認知的行動的機能不全を起こすメカニズムの探求に利用されている。発生的脳異常を起こす神経生理学的メカニズムは、この神経画像法の発達と利用によって著しく解明された。**神経画像研究**は脳の発生に体系的に迫ることによって、障害特異的脳異常の確定、加齢による機能変化の神経解剖学の探求、**脳と行動の関係の仮説**の直接検証の有力な方法となっている（Kates, et al., 1997）。

●5節　遺伝子病 ウィリアムズ症候群の発達臨床的課題

ウィリアムズ症候群の遺伝的神経学的研究、その症状や行動特徴を通覧すると発表された研究論文のほとんどが精神医学、脳神経学の領域である。行動科学としての人間の心理や発達、教育に関する基礎的研究や子どもの発達を促進する発達障害治療に関する領域の研究は皆無に等しい。つまり、心理学・教育・発達臨床という研究領域として要求されるウィリアムズ症候群に関連する研究は人間の生理、認知、思考、言語、人格、感情、社会性、家族等のような人間行動科学に関する基礎的研究や、その病理の追究としての療育・治療教育における心理的技法および行動療法的治療技法の開発が求められる。

ウィリアムズ症候群の言語と脳が話題になるとき、必ず言及される病気である。もちろん、認知的、社会性の問題については遊戯療法、音楽療法、保護者への心理相談等の技法の開発が急がれる。ウィリアムズ症候群の研究方法として知能検査・神経心理学検査の測定と分析を行い、ウィリアムズ症候群の療育と発達臨床指導の開発に言及し、実験的研究による分析が求められる。

コラム7

発達臨床症例　サヴァン症候群児の驚異的才能

なんといってもサヴァン症候群は、望んでも容易に出合える症例ではない。筆者が今回初めて出会った**サヴァン症候群（Savant Syndrome）**は某教育相談所に来談した自閉症児であった。発達障害や脳の機能不全のなかに異彩を放つこの子どもの存在する事実には畏敬の念すら禁じ得ず、この稀有な出会いにただひたすらサヴァン症候群の子どもとご父兄に感謝した。臨床研究には純粋なシングル・ケースにしばしば事の真実がある。対象となったサヴァン症候群児（以下、本児とする）は1993年4月生まれ。調査開始時は6歳2か月であった。某大学病院にて「自閉的言語障害」と診断され、母親はわが子の特殊な才能のIQは、じつに160であったと述べられた。その後、医師から正式に高機能自閉症で対人関係障害をもち「広汎性発達障害」と診断された。本児が6歳7か月のとき、WISC-Ⅲ知能診断検査の結果、言語性IQ:77、動作性IQ:110、全検査IQ:92（平均的水準）であった。本児は音楽的才能、数的能力、計算能力に優れ、記憶能力に関しては会話や物語を全部暗記する。2～3ページの短編物語は1回聴いただけで覚えた。掛け算の九九はおもしろがって聴き、電話番号、家の住所、県名や県庁所在地、県の花や鳥や木をすべて記憶する。各国の首都を暗記していた。

本児は数的計算能力に関しては、8桁程度の数の加減算、3桁や4桁程度の数の乗算、また 3 の 17 乗といったようなべき乗は暗算でやる。たとえば、18065743 ＋ 69286742 といったような 8 桁と 8 桁の足し算、1042 × 3568、9874 × 5892 という 4 桁の掛け算などを、自分で問題を作って計算する。おもしろいのは計算時間を自分で決めて、その時間内に計算するべく、時間をカウントしながら計算する。母親の買い物に同行したときレシートに興味を示し、25 ～ 30 品目なら 5％の消費税をつけてレジより先に計算する。算数の文章問題を作って母親に突きつける。その数字も「兆」の上の「京」の桁に及ぶこともあり、数が大きすぎて母親が困惑していると、本児が読んで教える。母親は本児がこれをどこで学習したのか、不明だと漏らしていた。

本児は音楽サヴァンでもあった。音楽の才能も抜群で、ピアノをよく弾き、ピアノに向かえば何でも、しかも両手で弾く。長調・短調、シャープ、フラットを知っており作曲もする。本児がピアノの個人レッスンを受け始めた 4 歳の頃、一度モーツァルト作曲『アイネ　クライネ・ナハトムジーク（原語：Eine Kleine Nachtmusik)』を聴かせ、本児はすぐその場でその通りに弾いたという。小学 3 年生の頃、ピアノの発表会の折、ベートーベンの『月光』を弾いたそうだが、彼は『月光』よりも『悲愴』が好きだと言っていた。

サヴァン症候群児の心理学的考察と結論

サヴァンの驚異的能力がどうしてあり得るのか、誰しもが説明しようとするが、サヴァン研究者のトレッファート（Treffert, D. A.）も二度にわたってサヴァンの一般理論はないと言っていることにも注目しておこう。一つはダケット（Duckett, J.）の博士論文の「あらゆるサヴァンを説明する単一の理論はない」との結論を引用し、再度、ラフォンテーン(LaFontaine, L., 1974）の博士論文の結論においても「サヴァンの行動にいかなる単一の説明もなく、それは複雑かつ真に理解困難」であると引用している。

トレッファート, ダロルド・A.（著）(1996) 髙橋健次（訳）なぜかれらは天才的能力を示すのか――サヴァン症候群の驚異　草思社

≪文献≫

Arbib, M. A. (1989). *The Metaphorical Brain 2 : Neuralnetwork and beyond.* Wiley. ［アービブ (著) 金子隆芳 (訳) (1992). ニューラルネットと脳理論〔第２版〕 サイエンス社］ 参考文献：アービブによると, "The Metaphorical Brain two Neuralnetwork and beyond" (1989).『脳のメカニズムを探る　知能機械をつくる。二つのモチーフに』。神経回路網の基本思想や脳のモデルとしてのスキーマ理論,「知」のもとにある高度分散, 協調を紹介・解説していく定評ある前書。脳のあらたな問題意識をもって全面的に改訂し書き下ろした。AI, ロボティクス, 認知科学, 神経科学等, 多方面の知見を有機的に結合し, 次のステップに向けて数多くの刺激的示唆を与えたインパクトあふれる書（書評)。

Bogdanov, N. N., & Solonichenko, V. G. (1997). Williams syndrome as a Model of genetically determined right hemisphere dominance. *Neuroscience and Behavioral Physiology*, **27**(3), 264-267.

Chapman, C. A., du-Plessis, A., & Pober, B. R. (1996). Neurologic findings in children and adults with Williams syndrome. *Journal of Child Neurology*, **11**(1), 63-65.

Crisco, J. J., Dobbs, J. M., & Mulhern, R. K. (1988). Cognitive processing of children with Williams syndrome. *Developmental Medicine and Child Neurology*, **30**(5), 650-656.

Deacon, T. W. (1997). The Symbolic Species : The co-evolution of language and the brain. W.W.Norton & Company. ［金子隆芳 (訳) (1999). ヒトはいかにして人となったか―言語と脳の共進化―　新曜社］(Deacon, T.W. はノーベル賞受賞者)

Einfeld, S. L., & Hall, W. (1994). Recent developments in the study of behaviour phenotypes. *Australia and New Zealand Journal of Development Disabilities*, **19**(4), 275-279.

Einfeld, S. L., Tonge, B. J., & Florio, T. (1997). Behavioral and emotional disturbance in individuals with Williams syndrome. *American Journal on Mental Retardation*, **102**(1), 45-53.

Galaburda, A. M., Wang, P. P., Bellugi, U., & Rossen, M. (1994). Cytoarchitectonic in a genetically based disorder : Williams syndrome. *Neuroreport : An international Journal for the Rapid Communication of Research in Neuroscience*, **5**(7), 753-757.

Golden, J. A., Nielson, G. P., Pober, B. R., & Hyman, B. T. (1995). The neuropathology of Williams syndrome : Report of a 35-year-old man with Presenile !b /A4 amyloid plaques and neurofibrillary tangles. *Archives of Neurology*, **52**(2), 209-212.

次良丸睦子 (2011). サヴァン症候群　次良丸睦子・五十嵐一枝 (2011). 発達障害の臨床心理学 (pp.132-155)　北大路書房

次良丸睦子 (2001). ウィリアムズ症候群とその臨床心理学的課題　児童学研究―聖徳大学児童学研究所紀要―, 第３号, pp.1-10.

次良丸睦子 (2002). ウィリアムズ症候群　次良丸睦子・五十嵐一枝 (2002) 発達障害の臨床心理学 (pp.106-130)　北大路書房

Kates, W. R., Kaufmann. W. E., & Reiss, A. L. (1997). Neuroimaging of developmental and genetic disorders. *Child and Adolescent Psychiatric Clinics of North America*, **6**(2), 283-303.

MacDonald, G. W., & Roy, D. L. (1988). Williams syndrome : A neuropsychological profile. *Journal of Clinical and Experimental Neuropsychology,* **10**(2), 125-131.

Nakamura, M., Hara, K., Watamaki, T., Nishimura, B., et al. (1999). Difficulty in writing Japanese semantic characters in a 9-year- old boy with Williams syndrome. *Journal of Intellectual Disability Research*, **43**(6), 562-567.

Power, T. J., Blum, N. J., Jones, S. M., & Kaplan, P. E. (1997). Brief report : Response to methylphenidate in two children with Williams Syndrome. *Journal of Autism and Developmental Disorders*, **27**(1), 79-87.

Sherrets, S., Quattrocchi, M., & Menolascino, F. (1982). Psychological and neuropsychological findings in a child with supravalvular aortic stenosis (Williams Syndrome). *Clinical Neuropsychology,* **4**(4), 186-190.

第 12 章
支援のための心理教育的アセスメント

●1節　心理教育的アセスメントの目的

■ 1 心理教育的アセスメントとは

子どもに対する**心理教育的アセスメント**とは、「子どもの問題状況についての情報を収集し、分析して、援助介入に関する意志決定を行う資料を提供するプロセスである」(石隈, 1999) とされる。

このアセスメントは、よく知能検査などの標準化された検査による、子どもの特性を査定することと誤解されるが、それだけではない。対象児やその保護者、担任等関係者との面接（現在何に困っているかという主訴だけではなく、これまでの成育歴情報を含む）や、対象児と遊びや学習指導で関わったり、あるいは作品やノートを見たり、園や学校での様子を見学したりしての観察などから、総合的に行われるものである。むしろ、保護者の承諾が得られない場合など検査実施をしない場合もよくある。その場合は、たとえば、認知特性の強弱がよくわかるような遊び（例：トランプでの神経衰弱、しりとりや逆さ言葉遊び、ジグソーパズル、かるた）で遊ぶことにより、知能検査の代わりの情報を得てみるとよいのではないだろうか (**表 12-1**)。もちろん視覚的な記憶が苦手な児童は神経衰弱をやりたがらないかもしれない。その場合無理にやらせることはせず、やりたがらないこと自体が苦手意識を表すと考えたり、取り組み始めたが多くの支援を必要としたならば、それも、苦手分野であると考えたりする。もちろん、統計的な裏付けのある標準化された検査とは異なり、参考材

表 12-1　身の回りの遊びとその遊びに主に関係すると考えられる認知的活動

遊びの名前	主に関係すると考えられる認知的な活動とその説明		同様の認知的活動に関連すると考えられる検査
神経衰弱	視覚的短期記憶	短期間覚えていられる視覚的な記憶。神経衰弱の場合カードを裏返すと忘れてしまうため、どのあたりにあったという位置情報と数字を組み合わせて反芻することにより忘却が防げる。そういった記憶方略も十分ないと難しい。	K-ABC の「位置さがし」
しりとり 逆さ言葉遊び	音韻意識	単語を構成する音を把握し、単語の最初の音（語頭音）を取り出すなどの操作をすること。たとえば「いか」の「か」と「かさ」の「か」が同じ音であることの気づきからこのような遊びが成り立っていく。	LCSA の「音韻意識」
ジグソーパズル	視覚構成	視覚情報の細部の色や形態に気づき、要素と要素を組合せて意味のあるものや見本のとおりのものに組み立てること。	WPPSI-Ⅲの「組合せ」 WISC-Ⅳの「積木模様」 KABC-Ⅱの「模様の構成」
かるた	視覚探索	標的とする対象を、それと似ているが異なる、妨害刺激のなかから見つけ出すこと。重要なものだけに注意を向ける選択的注意と深く関わっている。	WISC-Ⅳの「絵の抹消」

料でしかないが、そういったことも重要な情報である。

2 アセスメントから指導へ

標準化された知能検査が実施できた場合は、その結果から得られた対象児の①認知面の強弱に関する仮説を、観察や面接から得られた背景情報から裏付けできた場合に採択し、②観察や面接、あるいは、学力検査等から得られた、学習や生活上のつまずきと①との関連を考察し、③強い認知能力を用いてつまずきを乗り越える「**長所活用型指導**」(藤田ら, 2000) を試みることが重要である。または弱い認知能力に配慮して補助する方法を用いて指導を試みることもあろう。

このことを仮想事例で説明すると、次のようになる、たとえば、①知能検査で「聴覚的記憶容量が乏しいが視覚記憶は強い」という仮説が得られた場合、背景情報から、「劇のセリフが長いと覚えるのが困難」「神経衰弱は得意」といった裏付けがあれば、この仮説は合っていると考えられ採択される。次に、②学校でのつまずき「九九が覚えられない、九九暗誦テストの成績が悪い」と、①で得られた認知特性の仮説との関連を、「聴覚的記憶が弱いため、全員で九九を唱えるタイプの授業では覚えにくいのではないか」と考察する。その結果、③長所活用型指導として、本児には暗誦学習ではなく、九九の答えを小さい順に並べていくような視覚パズル的な活動を用いて指導する。また、九九を用いて算数文章題を解くような場合は、九九表を見ながら学習できるよう配慮する。こういったことを本人が望み、教員側にも過度な負担がないのであれば、「**合理的配慮**」(内閣府, 2017) として実施推進していく。なお、さらにより進んだ考え方として、暗誦でどうしても覚えられない児童を他の児童と別に教えるのではなく、クラスのどの児童も、暗誦で覚えても、視覚パズル的な活動で覚えてもよいとして自分が学習しやすいと感じる方法を選ぶタイプの九九指導を展開する動きもある。それは、すべての児童が学習しやすい環境を用意する「**学習のユニバーサルデザイン**」(UDL) という考え方につながっていく (齋藤・藤井, 2010)。

■ 3 アセスメントと指導の一体化

このような心理教育的アセスメントは、指導前にするだけのものではない。対象児に対する指導の試みそのものがアセスメントのプロセスであるという考えもある。こういったアセスメントと指導の一体化として**ダイナミック・アセスメント**という考え方が現在は注目されている。伝統的な知能検査を、現在何ができるか、何を知っているかということを評価する static (静的) アセスメントとし、それに対して dynamic (動的) アセスメントという言葉が生まれた。これはヴィゴツキーの最近接発達領域 (ZPD) の概念を教育的な評価に拡張したものである。対象の子どもが独力で遂行できる水準よりも少し高い水準の課題を提示し、その子どもが新しい原理を学習して適用できるようになるまで大人が支援していく。その必要な支援の程度こそが、子どもが当該の領域でどのように学習していけるかの指標となる（今中, 2006）。

標準化された検査のなかでも正誤を明らかにして実施するため対象児が学んでいく検査（KABC-Ⅱ検査のなかの「語の学習」など）も登場している。これは「学びののびしろ」とでもいうべき学習可能性を測っている。しかしながら、ほとんどの標準化知能検査は、回答に対する正誤を教えずに実施するものである。そして標準化知能検査を手引き通りに実施しなければ、尺度の信頼性や妥当性が揺らいでしまう。ダイナミック・アセスメントは伝統的な検査を否定するものではなく補完的な関係にあると今中（2006）が述べていることに留意したい。

なお、標準化された検査の実施は、心理学知識を学んだうえに検査実施についてより専門的に学んだ、心理職の人に限られていく時代になってきたため、子どもの心理教育的アセスメントに関わるスタッフも、標準化検査を実施する人と行動観察等と合わせ総合的に検査結果を解釈し、指導計画を考える人の分業・連携が今後進んでいくと考えられる。

4　教室のすべての子どものアセスメント

ここまでは、子どもの認知特性と指導方法の考え方ということを概観してきた。しかしながら、多くの教師が本当に困っているのは、教師の指示に従わなかったり、授業を妨害したりする行動問題である。登校渋り、余計な私語や手いたずら、テストの紙を丸めて投げる、頻繁な離席、課題に取り掛からない、授業妨害などの行動問題は、ただ頭ごなしに叱っても解決しないどころか教師と児童の信頼関係を失ってクラスの状態も悪化させる。教師が行動問題が悪化した段階でその行動に対して注意し修正しようとしても、原因となる学習面での不具合にアプローチしないと行動問題は減らないであろう。できれば初期の行動問題に敏感に気づいて、その児童の学習面を即座にアセスメントして欲しいと思う。それは、決して授業内容が理解できずに辛い思いをしているケースだけではない。授業内容を既に習得しているのに、さらに上の課題を与えられずつまらない思いをしているケースへの手当ても重要である。

こうしたすべての子どものために、筆者は、B-C-A-Iアセスメントすなわち B（Behavior：行動面のアセスメント）-C（Cognition：認知面のアセスメント）-A（Academic：学習面のアセスメント）-I（Interaction：子どもと環境の相互作用のアセスメント）の合言葉で、安定した教室を作ることを提唱する。つまり、行動問題（B）の裏には、認知特性（C）からくる学習習得状況（A）があり、子どもの認知特性と教師の教え方、あるいは子どもの習得状況と授業の内容の間に齟齬（I）が生まれていることを探すというやり方である。

たとえば、子どもが教師の話を聞いていないように見える状態があるとする。その原因には、①言葉の意味理解の困難さ、②聴覚的短期記憶の乏しさ（覚えるための器が小さい）、③注意を向けることの困難さ、④興味のなさ、など、原因はさまざまなものが考えられる。そのどの原因かをつきとめずに、「○○、話を聞きなさい」と注意喚起をしたとしても、結果はよくならない。このうち①～③の要因については、詳しく調べるならば標準化された知能検査の活用も考えられるが、検査ができない場合でも、教師がそのことについて意識して行動を観察していれば、その子どもが怠けて聞いていないのか、聞こうとしているが覚え切れていないのかの区別がつくであろう。後者の場合の対応は、注意喚起ではなく、一度に話す言葉の量を減らすことが重要となる。

また、視覚的短期記憶の弱さのために、黒板の文字を視写することが苦手であるところへ、教師がすぐに板書を消してしまう場合、子どもは視写をやめてしまい、私語を始めるなどの逃避行動に出るかも知れない。このように、行動の問題の背景には、認知の問題からくる学習のつまずきがあって、さらに、環境との折り合いが悪いと行動は悪化するということも意識したい。

●2節　観察によるアセスメント

■ 1 行動観察法とは

今回話題にする行動問題のアセスメントだけでなく、学習習得状況のアセスメントにも使える方法として、ここでは、**行動観察法**の基礎を述べることとする。行動観察法とは、「人間や動物の行動を自然な状況や実験的な状況のもとで観察、記録、分析し、行動の質的・量的特徴や行動の法則性を解明する方法」(中澤, 1997) とされる。行動観察法は、面接法や質問紙法などとともに代表的な人間研究の方法であるが、他の方法に比べ、対象者への要求（話すこと、書くことなど）は少なく、日常生活のありのままに近い行動を調べることが可能である。したがって、言語面の理解・表出が充分でない人にも適用可能であるという利点があることから、幼児や障害児・者の研究でも多く用いられている。

2　行動観察法によるデータの収集法

行動観察法によるデータの収集法としては次のものがある。

①自由記述

行動（発話なども含めて）やその生起した環境について詳しく文章や図などで記述する方法。

②サイン法

標的となる行動があるかないかのどちらか（1-0データという）を記録する方法。

③カテゴリー・チェック法

生起した行動の種類をカテゴリー分類してチェックする方法。

④評定尺度法

行動を一定時間観察し、対象者の印象や示した行動の強度を、形容詞や行動特徴に対する段階的尺度（4件法、5件法など）で評定する方法。

3　行動観察法の種類

場面と時間などを中心に分けた行動観察法の種類は、次のとおりである。

①日誌法

育児日誌、実習日誌など。長期間継続して書けば対象者の縦断的発達、特性を理解できる。一日の終わりに書くため記憶に残ったことのみになりやすい。

②時間見本法（タイム・サンプリング法）

行動を短い時間間隔で区切り（時間単位)、その時間単位ごと、あるいは時間単位の切れ目における特定の行動の生起を記録する方法。行動の生起した時間単位を計測すれば、量的データが得られる。しかし、機械的に時間を区切ってしまうため、行動の流れとしての意味が少なくなる。

時間見本法には、各時間単位のなかでの行動をチェックするインターバル記録法と、時間単位の切れ目ごとに行動をチェックするポイント記録法がある。ビデオ撮影した記録による時間見本法を考えてみよう。**図 12-1** は、方法によってどう観察結果が異なってくるかを示している。行動の持続時間が複数のインターバルにまたがる場合、インターバル記録法では、生起（ここでは○）が続くことになるが、ポイント記録法では、たまたま行動が生起していない瞬間にチェックすることになるため○が減ってしまう。このようなずれは、時間単位をより短くすることで軽減される。インターバル記録法は休みなく観察しなければならないため観察者の負担が大きい。対象となる行動の生起頻度や持続時間などによって、インターバル記録法がよいか、ポイント記録法がよいか、また、どの程度の時間単位がよいかを決めていくことが重要である。

③事象見本法（イベント・サンプリング法）

特定の行動（たとえば、「おもちゃを巡るいざこざ」[高坂, 1996]）の生起要因や展開過程、終結のようすなどをセットにして記録し、そのイベント（できごと）を数える方法。したがって、イベントを流れのなかでとらえるため、時間で区切ることがなく、各イベントの時間はまちまちとなる。

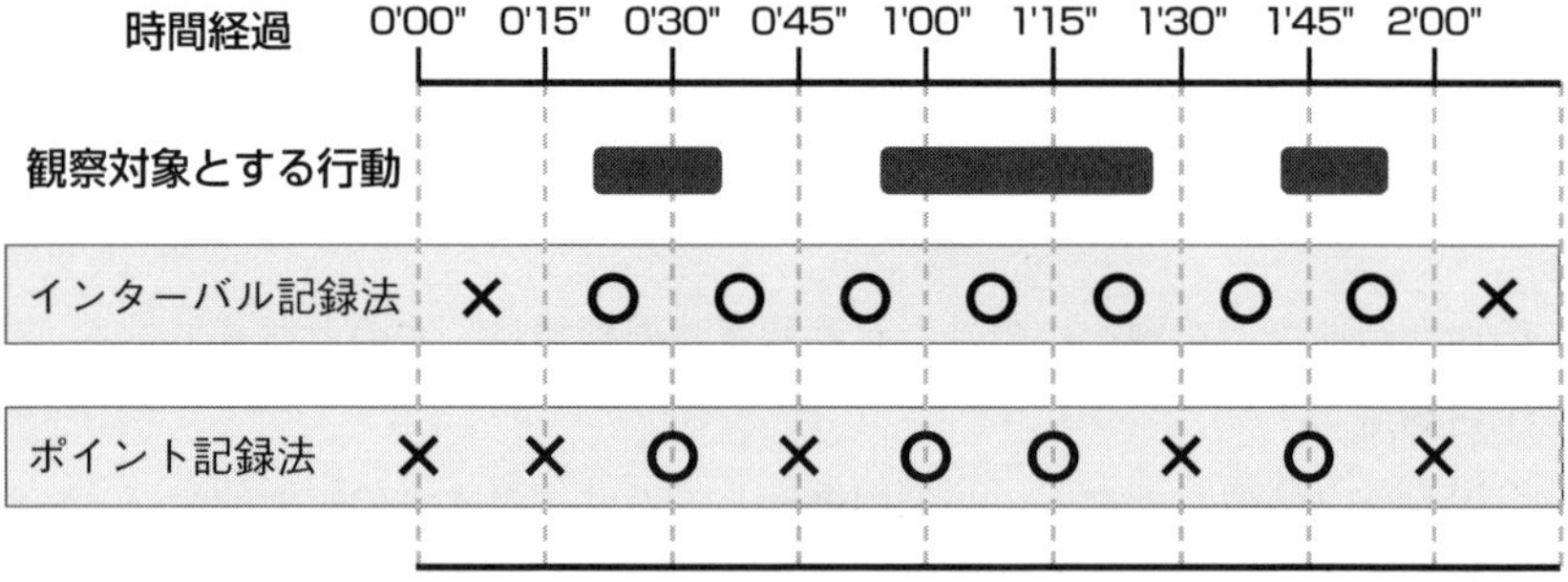

図 12-1　インターバル記録法とポイント記録法による行動のチェックの違い
（東原, 2009）

4 行動観察法における留意点

行動観察法でもっともやるべきでないことは、観察者が対象者を、みかけや事前の情報によって勝手な思い込みにより偏った見方をすること（ハロー効果）である。さらにデータの信頼性に特に留意する必要がある。同じ観察対象であれば、①何度見ても（個人内）、②誰が見ても（個人間）、同一の一貫性のあるデータであることが求められる。そのためには、**操作的定義**（信頼性を保つために前もって観察者間で決めておく、行動の定義）が重要である。

たとえば、ある児童の授業中の離席行動を調べる場合、椅子から立つ、椅子から立って歩き出す、椅子から完全に体が離れる、のどれを指すのかを決めておかないと、椅子から体が離れているが中腰であり立たなかった状況を「離席」とするかどうか観察者間で差が出てしまう。データにずれが生じないようにするため、「今回はこうする」と限定的に定義しておく。また、複数の観察者の観察結果の一致率を取る必要がある。行動の一部（全体の約20%）をランダムに選び、複数の観察者で別々に観察し、一致率を取る。**観察者間一致率**は、

> 一致率（%）＝
> （2名の観察者の観察が一致した観察単位数 / 全観察単位）× 100

で算出されることが多く、80%以上あれば信頼性のあるデータとされる。

3節　検査によるアセスメント

1 主な児童用知能検査

1905年に、フランスの実験心理学者ビネー（Binet, A.）が、政府より特別な教育を必要とする児童を探すためのテストを作るよう依頼され、友人である医師のシモンの協力を得て作成したものが最初の知能検査であるとされている。

知能検査には集団式と個別式があるが、ここでは、**個別式知能検査**について述べる。現在日本でよく用いられるのは、**ビネー式検査**と**ウェクスラー式検査**である。ビネー式検査は、各年齢級を構成する小問に通過した分だけ月齢が加算され、精神年齢（MA）が算出され、そこからIQ（**知能指数**）が、IQ=MA/CA（生活年齢）× 100という式により算出される。現在最新のものは、田中ビネーV（ファイブ）（2003年刊行）である。

一方、ウェクスラー式検査は、現在日本では、幼児用（2歳6か月～7歳3か月）としてWPPSI-Ⅲ、児童用（5歳0か月～16歳11か月）としてWISC-Ⅳ（Wechsler Intelligence Scale for Children）、成人用（16歳0か月～90歳11か月）としてWAIS-Ⅳがある。ウェクスラー式検査の大きな特徴は、知能を構造的にとらえることと、検査結果を精神年齢から算出するIQではなく、偏差IQ（DIQ）と呼ばれる、同年齢集団のなかでの相対評価を用いる（**図12-2**）ことである（田中ビネーVでも、14歳以上に関しては、精神年齢を算出せず、全体の評価を総合DIQで示し、また、知能を因子に分け、領域別DIQを設けている）。

日本版WISC-Ⅳでは、全検査IQ（FSIQ）と四つの指標得点といった合成得点（平均が100、標準偏差15）が算出される。四つの指標得点とは、言語的な情報の理解と表出（言語理解指標VCI）、視覚的な情報の分析・統合・推理

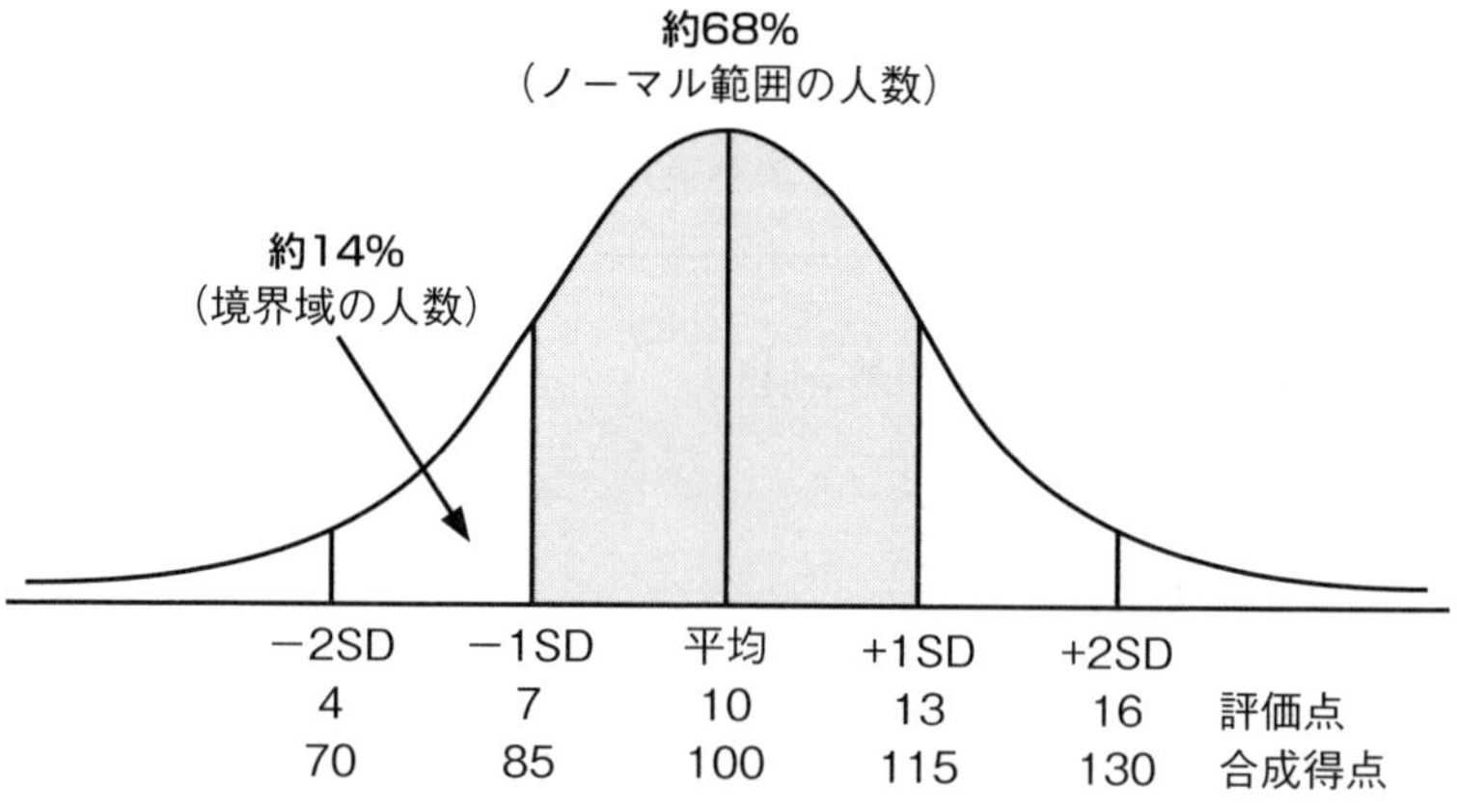

図12-2　知能テストにおける評価点および合成得点の正規分布

(知覚推理指標 PRI)、聴覚的な情報の正確な記憶・処理（ワーキングメモリ指標 WMI)、視覚的な情報の正確ですばやい処理（処理速度指標 PSI）に関わる複数の下位検査の評価点（平均が10、標準偏差３）から算出される。合成得点も評価点も、平均から±１標準偏差の範囲内であれば通常範囲、平均から±２標準偏差以上離れると、平均的な子どもより有意に高い（低い）とされる(**個人間差**)。ウェクスラー式検査の場合、全検査 IQ の値で全般的な知的水準を求めるだけでなく、各指標得点の間に有意差があるかどうかや、各下位検査の評価点のばらつきを充分に検討することが重要である（**個人内差**)。前述したように指導計画に活かすためである。

このように同年齢集団のなかでの相対的な位置を用いた評価点や合成得点を用いた検査として、他に、２歳６か月～18歳11か月を対象とする日本版 KABC（Kaufman Assessment Battery for Children）-Ⅱがある。この検査では、前バージョンの K-ABC と同様、子どもの学習スタイルとして**継次処理**(時間的系列的処理）と**同時処理**（空間的統合的処理）のどちらが適しているかなどがわかる。なお、日本版 KABC-Ⅱは、認知面のアセスメントができる知能検査のような認知検査と、読み書きや算数に関する学習面のアセスメントができる習得検査の二つの検査で成り立っており、WISC-Ⅳの全検査 IQ と同様に全般的な知的水準を示す認知総合尺度と、習得検査のなかの各尺度（語彙、読み、書き、算数）との比較を行うことができる。旧文部省（1999）は「学習障害とは、基本的には全般的な知的発達に遅れはないが、聞く、話す、読む、書く、計算する、または推論する能力のうち特定のものの習得と使用に著しい困難を示すさまざまな状態を指すものである（後略)」と定義しているが、この日本版 KABC-Ⅱを用いることで学習障害（LD）の状況にある児童のアセスメントができるわけである。

また、それぞれの知能テストの特徴を活かし、不足するところが補えるよう、たとえば WISC-Ⅳと KABC-Ⅱなど、ひとりの児童に複数の検査を用いることも多い。これをテストバッテリーという。

▒ 2 検査結果の伝え方、使い方

子どもが活動するとき、何らかの情報が脳に取り込まれ（入力)、脳のなかで処理され（中枢処理）、その結果、話したり書いたりといった形で表出される（出力）。特別支援のニーズのある子どもは、このような入力－中枢処理－出力という一連の情報の流れのどこかに困難があるために活動がうまくいかないと考えられる。しかしながら、困難を抱えているルートをある程度避け、子どもの得意とするルートに従って情報の流れを進めることで、活動はかなり改善される。筆者は、図 12-3 の「得意・不得意チェックシート」（東原, 2011）を考案し、その図に検査結果や行動観察などを総合して仮説として書き入れ、相談室での支援方法をスタッフ間で話し合うようにしている。このチェックシートは、通常学級担任と特別支援教育コーディネーターが話し合うときなどにも利用できるとよいと考えている。

たとえば、KABC-Ⅱ検査には、「語の配列」という下位検査がある。これは、子どもの脳に、情報として、簡単な単語（易しい音声言語）が入力され、脳で継次処理（この場合順番どおりに記憶する）され、絵を指さすことで再生（操作）する形で出力される一連の情報の流れを調べている。このようなルートが得意かどうかは、もちろんこの検査のみで決めるのではないが、平素の学校や家庭での様子で裏付けがとれるのであれば、このルートを仮説として書き込んでいく。また、弱い部分、たとえば継次処理が苦手であれば、継次処理の

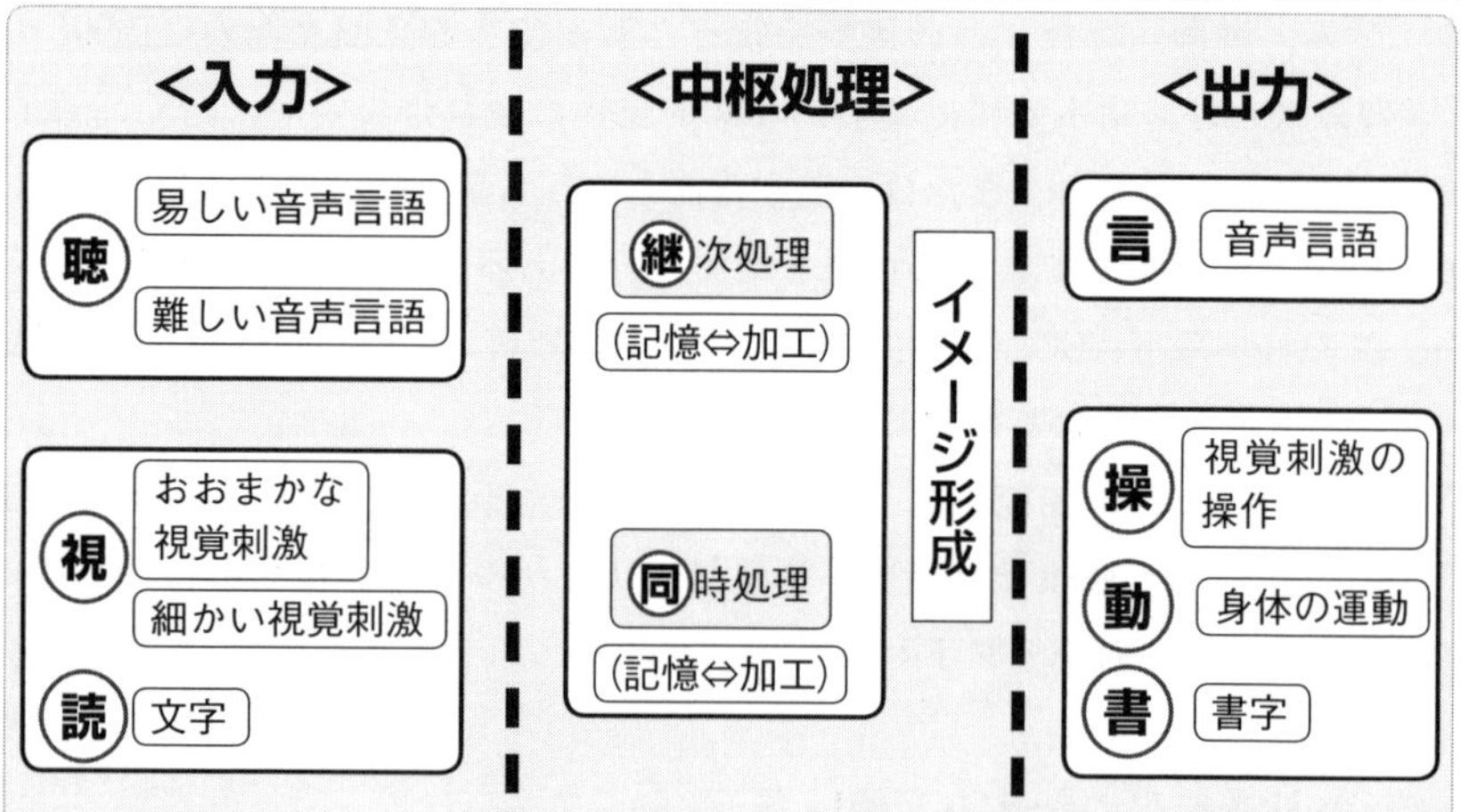

図 12-3　子どもの得意・不得意チェックシート（東原, 2011）

ところを網掛けにしておき、弱いところは通らないルートで学習を組み立てられないかを可能な限り考えていく。

●4節　教育相談室での指導事例

本報告では筆者が大学院の臨床実習のスーパービジョンにおいて、実習生と共にビデオを見て話し合い、心理検査結果などを見返しながら改善案を助言したケースを取り上げる。まさにこれまで述べてきた、B-C-A-I アセスメントにより学習指導の改善ができたケースである。

1 対象児

小学校通常学級に在籍し、通級指導も受ける 2 年生の男児 A。母親の初回面談における主訴は、学習面の遅れや学習に対する消極的な姿勢を改善したいというものであった。A 児は 3 歳児健診で言葉の遅れ、構音の遅れを指摘された。就学前に公的な療育施設に通い、就学に向けて数や文字の指導を受けていた。小学校入学後は漢字の読み書きや計算が難しく、落ち着きの無さ等も指摘された。ひらがなについては、特殊表記、特に拗音を含む単語の読み書きは困難が続いた。対人コミュニケーションは良好である。虫探しの絵本など、探すという要素のある遊びを好み、特にかるた遊びが得意である。一方、ジグソーパズルは苦手で嫌いであった。

2 指導方針

WISC-Ⅲや K-ABC（この 3 年後に、WISC-Ⅳや KABC-Ⅱからも同様の結果が得られた）、および背景情報や平素の様子の観察から、A 児は言語情報の理解は良好であると考えられたが、聴覚的短期記憶容量の乏しさ、継次処理の困難が窺われた。以上から、①聴覚的記憶に負荷をかけない程度に、短い言葉での手がかりを用いることを、支援の第 1 の方針とした。

しかし、視覚刺激の取り扱いについては、慎重に考える必要があった。

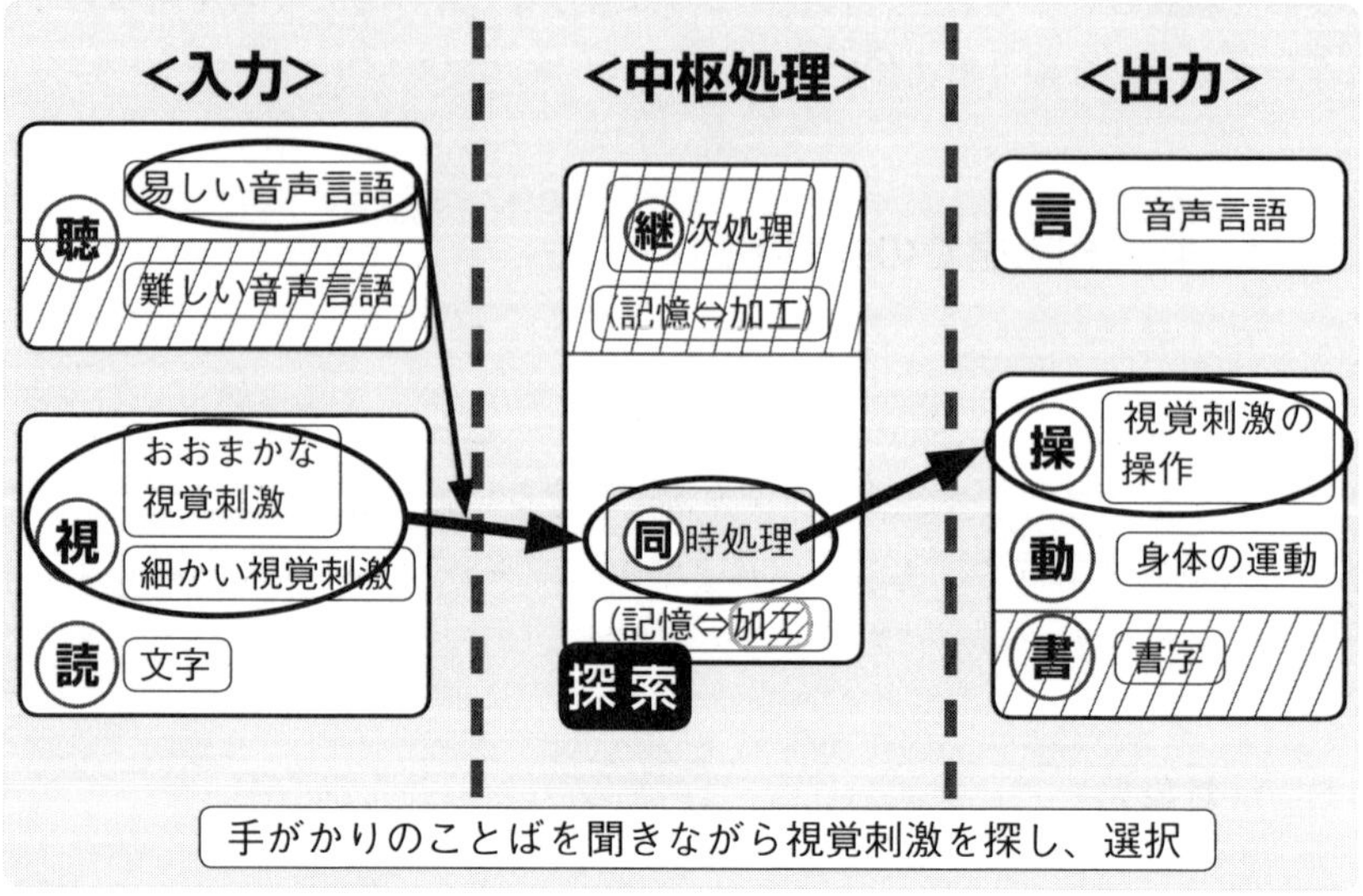

図 12-4　A児の検査結果と背景情報から組み立てた得意・不得意チェックシート

（東原, 2011）

WISC-Ⅳの積木模様の評価点が低く、視覚刺激の分析・統合の力は弱いと考えられ、それはジグソーパズルが苦手であることと関連するであろう。一方WISC-Ⅳの「絵の抹消」が強く、背景情報からもかるた遊びを得意とすることから、視覚刺激を探すことは得意であろう。そこで、②言葉を聞きながら視覚刺激を選択するという手続きを用いることを、第２の方針とした。また、③コンピュータ等で自動的に作業手順が進むようにし、A児の不得意な継次処理を肩代わりすることを第３の方針とした（図 12-4）。

■ 3　指導経過と考察

小学校２年生であったA児は、１年生の漢字で、線の数を１本誤るなどの細部における誤りが多かったため、『小学自由自在漢字辞典』（受験研究社）の、漢字の構成を示した語呂合わせを用いた漢字指導を行った。第１回は、漢字をパーツに分解した物を散在させて、語呂合わせ「十・二・月の青い月」の言葉を聞いて、十や二や月の形に切り取った厚紙を一つずつかるた形式

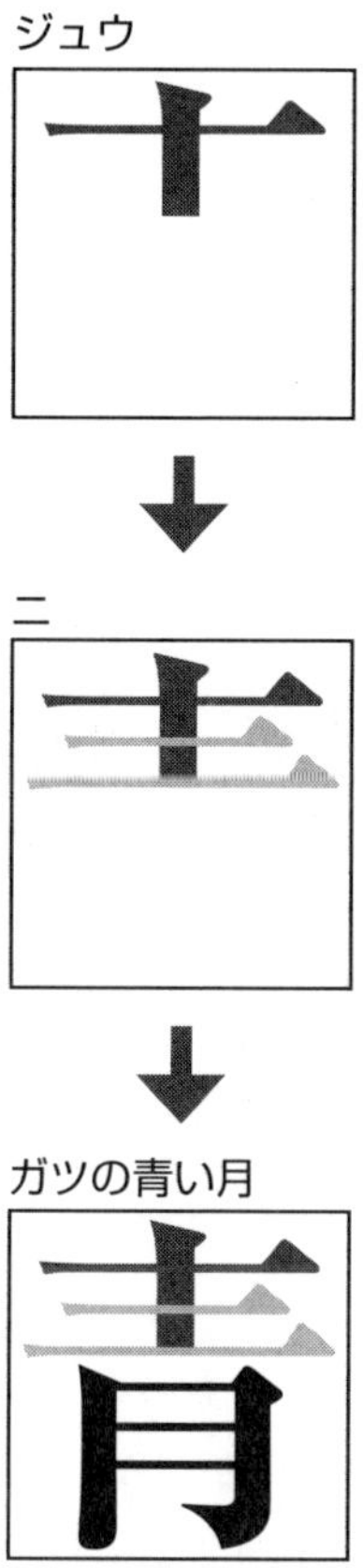

図 12-5　A児に見せたスライド

でとっていき、実習生がそれをもらって「青」という漢字を組合せていくといった手続きをとった。しかし、A児は途中から離席が激しく、かるたが好きなA児もこの学習は好まないようであった。

ここで改めて検査結果等を筆者が実習生と共に確認した。前述したようにA児は部品を組み立てる構成系の検査の評価点が低く、ジグソーパズルが苦手なことからも視覚刺激の分析・統合の困難さが推察された。「漢字がパーツに分解されている状態から何が出来上がるかイメージできないという苦しさがあるのではないか」と仮説を立てた。さらに筆者が、パソコン上で、漢字のパーツの色を一つずつ変え、それがマウスクリックで順々に書き加えられていくようなスライド（図12-5）を作成し、指導者はスライドの提示に合わせて言葉を言い、A児がパーツ毎にパソコン画面を見ながらホワイトボードに書いて最終的に漢字を完成するという方法を提案した。第2回は、筆者がA児にその教材を用いて指導したところ、離席がほとんどなかった。そこで実習生が筆者の教材の続きを作成し、第3回以降は実習生が指導したところ、離席は第1回よりも激減し、安定して学習が進んだ。

分析方法としては、離席の生起率を、各セッション7分間のビデオ記録について、15秒間のインターバル記録法で調べた。そのうち2セッション分について筆者とその場にいなかった大学院生の評定の一致率を算出したところ97.4％であり、信頼性は高いと考え、全体を筆者ひとりが評定した。その結果、離席とされたインターバルの数が手続き変更により大きく変わったことが示された（図 12-6）。

図 12-6 から、対象児の認知特性に合わせた指導方法を取ることにより、行動の問題が明らかに減少したことが見てとれる。

さらに、第１回と第３回の離席生起率の比較で、指導者が慣れていないからではなく、指導手続きが合わないために離席が起こっていたことがわかり、実習生の自信にもつながった。したがって、実習が充分な成功と言えなかった場合に、ただ試行錯誤するのではなく、根拠にもとづいて改善をすることが、スーパービジョンにおいても重要であると考えられた。

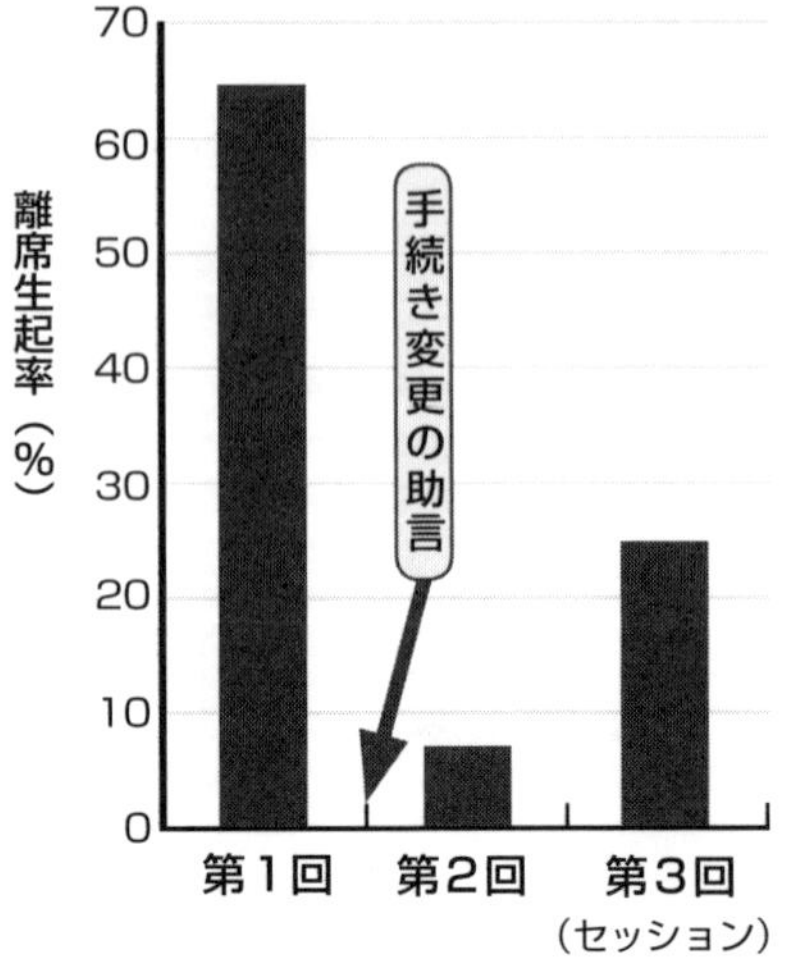

図 12-6　漢字指導におけるＡ児の離席生起率（離席とされたインターバル数の全インターバル数における割合）
（東原・永田, 2011）

児童の行動問題に対して、問題となる離席などの行動そのものをやめさせようとすると、ますます教師と児童の関係性を悪化させてしまうおそれがある。そうではなく、児童の認知面の強弱を考慮した指導法を行うことで、児童の学習意欲が上がり、行動問題が減るという良い循環にしていきたい。

≪文献≫

藤田和弘 (監修) 熊谷恵子・青山真二 (編著) (2000). 長所活用型指導で子どもが変わる　Part2―国語・算数・遊び・日常生活のつまずきの指導―　図書文化

東原文子 (2009). 行動観察法　前川久男・園山繁樹 (編著) 障害科学の方法　シリーズ障害科学の展開 第 6 巻 (pp.69-88)　明石出版

東原文子 (2011). 発達障害児の理解と保育・教育　聖徳大学特別支援教育研究室 (編)　一人ひとりのニーズに応える保育と教育―みんなで進める特別支援― (pp.117-148)　聖徳大学出版会

東原文子・永田真吾 (2011). 大学院臨床実習におけるスーパービジョンの事例的検討―心理教育的アセスメントを重視した指導方法改善の効果―　日本LD学会第20回大会発表論文集, 496-497.
石隈利紀 (1999). 学校心理学― 教師・スクールカウンセラー・保護者のチームによる心理教育的援助サービス ―　誠信書房
今中博章 (2006). 発達障害児の教育実践におけるカリキュラム依拠ダイナミック・アセスメントの可能性と課題　東京成徳大学研究紀要, **13**, 53-62.
文部省 (1999). 学習障害児に対する指導について（報告）
内閣府 (2017). リーフレット「合理的配慮を知っていますか？」
中澤 潤・大野木裕明・南 博文 (編著) (1997). 心理学マニュアル 観察法　北大路書房
齊藤由美子・藤井茂樹 (2010). 学習のユニバーサルデザインの導入による教員の意識と授業スタイルの変容　日本LD学会第19回大会発表論文集, 584-585.
小学教育研究会 (編著) (1997). 小学自由自在漢字辞典 1 ～ 6 年用　受験研究社
高坂 聡 (1996). 幼稚園児のいざこざに関する自然観察的研究―おもちゃを取るための方略の分類―　発達心理学研究, **7**(1), 62-72.

第13章
スクールカウンセリングの現状と課題

近年、スクールソーシャルワーカーやスクールロイヤー、さらには地域資源の活用と、外部人材を積極的に学校現場に導入する動きが見られる。本章ではその先駆けとして既に学校にも定着しているスクールカウンセラーの現状と課題を通して、学校に関わる援助者の立場と、それを迎え入れる学校側の立場について理解を深め、円滑な連携のあり方を考えてほしい。

●1節　学校の意味

学校とは何を指すのか、学校教育法第1条には「幼稚園、小学校、中学校、高等学校、中等教育学校、特別支援学校、大学及び高等専門学校とする」と定められている。近年の発達加速化および思春期の延長という現象を鑑みると、青年期までを含めた子ども時代は幼稚園から大学・高等専門学校まで幅広く「学校」に関係すると言えるだろう。

学校へ通うこと、学校という存在にはどのような意味があるのだろうか。小中学校は義務教育であるため、学校へ通う（親が子を学校へ通わせる）ことは国民の義務であり、多くの人が当然のことと受け止めているだろう。そこでは一般常識としての知識を身に着けることが期待されている。高等学校以上は義務教育ではないため、必ずしも進学する必要はない。にもかかわらず、今日では中学校卒業後ほぼ100％近くが高等学校へ進学し、さらに高等学校を卒業する者のうち半数以上が（短期大学を含む）大学へ進学している。これだけ多くの人たちが中学校以降の学校へ進学するのは、学歴、すなわち高等学校もしくは大学卒業程度の知識や学力を身に着けることを社会が求めている証とも考えられる。

もちろん、学校（保育園や認定こども園を含む）で身に付くのは学力だけではない。わが国では以前より「知育・徳育・体育」といわれ、知識の習得のみならず、健康増進・体力向上と幅広い社会性を身に着けることも大切な教育とされてきた。文部科学省（2015b）は、特に義務教育は「児童生徒の能力を伸ばしつつ、社会的自立の基礎、国家・社会の形成者としての基本的資質を養うこと」が目的であり、「児童生徒が集団のなかで多様な考えに触れ、認め合い、協力し合い、切磋琢磨することを通じて思考力や表現力、判断力、問題解決能力などを育み、社会性や規範意識を身に付けさせることが重要」であるとしている。

さらに、その前段階の幼児期については、幼稚園教育要領（文部科学省, 2017）、保育所保育指針（厚生労働省, 2017）および幼保連携型認定こども園教育・保育要領（内閣府他, 2017）において「**幼児期の終わりまでに育ってほしい姿**」のなかに協同性（友だちと関わるなかで、互いの思いや考えなどを共有し、共通の目的の実現に向けて、考えたり、工夫したり、協力したりし、充実感をもってやり遂げるようになる（文部科学省, 2016））や道徳性・規範意識の芽生え（友だちとさまざまな経験を重ねるなかで、してよいことや悪いことがわかり、自分の行動を振り返ったり、友だちの気持ちに共感したりし、相手の立場に立って行動するようになる。また、きまりを守る必要性がわかり、自分の気持ちを調整し、友だちと折り合いを付けながら、きまりをつくったり、守ったりするようになる（文部科学省, 2016））などの項目があげられている。わが国の学校の基本は集団生活であり、そのなかでの関わりが社会性の学びに大切な役割を果たしていることは言うまでもない。そして、学校において経験する関わりは、友人関係だけでなく先輩後輩という異年齢、対教師という異世代との関係に及ぶのも大きな特徴である。異年齢・異世代との関係は悩みや不安の多い青年期の子どもにとっては情緒的な安定と成長を促すサポート源となったり、親とは違った「大人モデル」を提供してくれる存在となり得る。

さらに、経済産業省（2006）は「職場や地域社会で多様な人びとと仕事をしていくために必要な基礎的な力（**社会人基礎力**）」として12の要素からなる三つの能力を提唱しているが、「考え抜く力」（課題発見力・計画力など）といった知識や学力に関係する能力のみならず、「前に踏み出す力」（働きかけ力など）、「チームで働く力」（傾聴力、ストレスコントロール力など）も社会では大切な能力であるとされている。昨今の進学率上昇の背景には社会で求められている能力、つまり学力だけでなく社会性をも学校での生活を通じて身に付けることが求められていることが関係しているのではないだろうか。

このように、友人関係を含めて学校での人間関係は子どもの社会性の育成に重要な役割を果たす。一方で学校における人間関係のなかではトラブルも発生する。筆者はこれまでにスクールカウンセラーとして小学校・中学校・高等学校の現場にも出ているが、児童生徒から寄せられる相談の多くは人間関係のトラブルにまつわるものであった。しかし、トラブルを乗り越えることによって成長する側面もある。特に社会性はトラブルを含む広範な人間関係のなかで育まれるものであり、児童生徒は時に先生や専門家などの援助を受けながらも学校のなかで社会に出ていく準備をするのである。

●2節　スクールカウンセラーの導入と活動

■ 1 スクールカウンセラーの導入

近年、児童生徒の不登校、いじめ、引きこもり、発達障害、虐待などさまざまな問題が発生している。このような深刻な状況に対応するために文部省（現文部科学省）は、1995（平成7）年度から「スクールカウンセラー活用調査研究委託事業」を全国154名のスクールカウンセラーの配置で開始させた。

スクールカウンセラーの導入当初は、学校側から「黒船の来航」と呼ばれ、教員免許を持たない部外者を派遣して何ができるのかと批判や不満が続出した。しかし、派遣された第一陣が高く評価され、その後のスクールカウンセラー派遣事業は拡大されていった。1995（平成7）年度には154校であった派遣校は、2003（平成15）年度には約7,000校、2013（平成25）年度には約20,000校にまで拡大されている。なお、東京都では、児童生徒に対する相談体制を強化しようと、2013（平成25）年度から都内の公立小学校、中学校、高等学校へのスクールカウンセラー全校配置が実施された。

スクールカウンセラーの配置の成果として、「学校教育相談体制の強化」「不登校の改善」「問題行動の未然防止、早期発見・早期対応」等があげられ、調査対象校の96％がスクールカウンセラーの「必要性を感じている」としている（文部科学省, 2015a）。スクールカウンセラーの必要性が認められるようになり、今では「学校にスクールカウンセラーがいる」ということが当たり前になってきている。学校からの期待が大きくなっている分、評価も厳しくなっており、学校現場のニーズを的確に把握し、教職員と協働していくことが求められる。

2 スクールカウンセラーの活動

スクールカウンセラーの活動には以下のことがあげられる。

①児童・生徒の面談

②保護者の面談

③教員へのコンサルテーション（専門家同士においてされる相談・助言）

④外部の専門機関との連携（教育相談室、病院、児童相談所、療育機関等）

⑤研修や講話（教員向けの研修、事例検討会、保護者向けの講話、児童・生徒にいじめ予防や心の教育の講話等）

⑥学校危機への介入（事故や災害時に不安を和らげ、安心できる環境を整える）

⑦広報活動（相談室だよりの発行）

スクールカウンセラーとして学校現場で働いていると、児童・生徒、保護者、教員、外部の専門機関の援助者等、多くの人と関わることが多い。④の外部機関との連携では、スクールカウンセラーから外部の専門機関を紹介することがしばしばあり、また専門機関側からも連携を求められることがある。⑤の研修や講話では、スクールカウンセラーの認知や理解が広がり、相談につながることがある。⑥の学校危機への介入では、緊急支援のニーズが増えてきている。自然災害、児童・生徒・教職員の自殺、学校が関わる事件、教職員の不祥事等の突発的な学校危機に対して、学校全体の様子を把握し、迅速なアセスメントと支援を考え、関係者と共有、対応していくことが求められる。⑦の広報活動も重要な役割を果たしており、広報活動がきっかけで相談室に来室する児童・生徒、保護者は少なくない。

では、スクールカウンセラーはどのような一日を送っているのだろうか。ここでは小学校スクールカウンセラーの一日を例にあげる（**表13-1**）。

このような例をあげたが、学校によって動き方はさまざまである。スクールカウンセラーは、相談室での個人面談だけではなく、相談室の外から出た活動

表 13-1　スクールカウンセラーの一日（例）

時刻	内容
8：00	出勤
8：00～ 8：15	教員と情報共有
8：15～ 8：25	朝の打ち合わせに参加
8：25～ 8：35	児童朝会や児童集会に参加
8：40～ 8：50	養護教諭や管理職から１週間の児童の様子を聞く
9：00～10：00	保護者と面談
10：20～10：40	児童と面談（面談がないときは相談室を自由開放）
11：00～12：00	別室登校の児童と相談室で面談
12：20～13：00	職員室にて昼食　専科や講師の教員と情報共有
13：00～13：20	児童と面談（面談がないときは相談室を自由開放）
14：00～15：00	保護者と面談
15：30～16：00	児童と面談
16：00～16：30	教員と情報共有、コンサルテーション
16：30～17：00	記録や書類をまとめる
17：00	退勤

も多く、臨機応変な対応が求められる。また、スクールカウンセラーとしての限界を踏まえ、保護者や教職員、外部の専門機関と連携をしながら関わっていくことが大切である。学校からの働きかけを待つのではなく、学校の現状を把握し、自ら積極的に学校に関わり、活動していくことが求められる。

3 学校現場で対応することが多い事例

ここでは、学校現場で対応することが多い、発達障害、不登校、児童虐待について取り上げる。

（1）発達障害

最近、学校現場で発達障害が注目されている。子どもに落ち着きがない、指示が入らない、人とのコミュニケーションが苦手、こだわりが強い等の明らかな偏りがあったとしても軽々しく障害名を使用して説明することはあってはならない。発達障害の診断を出せるのは医師である。発達障害の可能性を視野に入れて医療機関につないでいくか、診断の有無にかかわらず、対象児の発達特性を見立て、学校でどのように配慮していくかを考える必要があり、これはスクールカウンセラーとして重要な機能である。たとえば、「落ち着きがない」といっても、ずっと落ち着きがないわけではない。対象児がどのような場面で落ち着かなくなってしまうのか、どのような刺激に反応してしまうのか、またどのような環境であれば落ち着いていられるのかを観察し、アセスメントすることが大切である。

事例①：保護者が困り感をもっていたが、なかなか相談できずにいた事例

A男は小学校入学当初から「変わった子」と言われていた。友だちの輪に入れない、A男にとって予想外なことが起きるとパニックになって泣いてしまう、大人びた言葉遣いをする、場にそぐわない発言をするということで、教員も配慮しながら対応しており、スクールカウンセラーもとてもA男のことが気になっていた。3年生までは何とか担任が配慮しながら対応してきたものの、4年生になると周囲との差が際立ち、スクールカウンセラーにつなげたいとのことだった。スクールカウンセラーから担任に、個人面談の際にさり気なく学校の様子を伝え、家庭で心配なことはないかどうかを聞いて保護者の様子を見てみたらどうかと伝えてみた。個人面談で、母親は「特に心配なことはない」とのことで、スクールカウンセラーにつながるのは難しい様子だった。

4年生の2学期にスクールカウンセラーがたまたま子どもと保護者向けに講話する時間があった。講話が終わり、スクールカウンセラーが職員室へ戻ろうとすると、A男の母から「実は前から相談がしたかった」と声をかけられた。A男の母はスクールカウンセラーがどのような人物なのかわからないため相談できずにいたこと、相談することでA男が特別な目で見られないか心配だったとのことだった。

A男の母から、息子は急な予定変更が苦手、一度話し出すと止まらない、家族との会話の最中に急に突拍子もないことを言い出すことがあるため、学校でもそのようなことがないかと打ち明けられた。担任、スクールカウンセラーともに外部の専門機関も視野に支援を考えていたが、まずは学校でできることを考え支援をしていくことにした。後日、保護者、担任、スクールカウンセラーで話し合い、学校では事前に予定を伝えること、何か発言があるときは手を挙げること、発言内容は授業と関係があることかを確認することを決めた。家庭

でも会話のなかで突然話題が変わったら「今は～の話をしているよ。この話が終わったらしよう」と伝えてみることにした。これまで、授業中に場にそぐわない発言をし、クラスメートから非難されていたA男だったが、約束を決めたことでA男も発言を意識するようになり、クラスメートもA男の頑張りを認めるようになった。その後、定期的に母親と面談をしていくなかで、母親が「もしかしたらA男は人より苦手なことがあるのかもしれない」と考え、医療機関の受診を希望し、医療機関につながった。

（2）不登校

スクールカウンセラーで不登校の対応をしたことがないという人はおそらくいないと言っても良いのではないだろうか。本人や取り巻く環境がどのような状態にあるのかを情報収集し、見極めることが必要である。家族、クラスメート、担任、学校内の教員との関係性、勉強面の遅れの有無、本人の特性や発達の偏りの有無、精神疾患の有無、登校への可能性、家族関係の不和や環境の変化で直接不登校とは関係がないことが背後に潜んでいないか等からアセスメントし、どのように対応していくのかを考えていく必要がある。

不登校の背景や対応は一人ひとり異なり、解決に至るまで時間がかかる問題である。そのなかで、周りは焦ってしまうことがあるが、慌てずに少しずつ外に向かうよう働きかけることが大切である。

事例②：小３から不登校になり、自分の気持ちを話すのが苦手だった男児

小学校３年生のB男は、ゴールデンウィーク後からぽつりぽつりと欠席するようになり、5月下旬から連続した休みが続くようになった。B男は低学年の頃から勉強面、友人面で特に問題がなく、ノーマークの児童であった。

しかし１週間ほど欠席が続き、両親が相談室に来室。B男は「学校へ行きたくない」と言うだけで何が嫌なのかがわからないとのことだった。学校には行けないものの、休日には仲の良い友人と遊んだり、家族で出かけたりもしていた。B男は、小さい頃から手がかからず、習い事や家のお手伝いも「やりなさい」と言えばやる、聞き分けの良い子だったという。それが欠席をするようになってから、夜になると「行きたくない！」と泣き叫び、本や棚の物を投げて暴れ、朝になると腹痛や頭痛を訴えるようになったという。B男の両親に対する初めての反抗のようだった。両親は、自分たちが厳しくB男を押さえつけすぎていたのかもしれないということを語った。また、「B男と何を話したら良いですか」「B男にこういうことを聞いても良いですか」等の質問があり、B男と日常的な会話や感情的な交流をするのが苦手な様子が伺えた。

B男の登校はしばらく難しいと感じ、週に1回、母親とスクールカウンセラーが面談、週に2回、母親が配布物や宿題を担任から受け取ることになった。また、月に1～2回、母親、担任、学年主任、養護教諭、スクールカウンセラーで情報共有する場を設けた。

B男は真面目な性格で、勉強の遅れを気にして、学校の宿題をきっちりこなしていた。宿題は担任がチェックし毎回手紙も添えてくれ、クラスメートもときどき手紙を書いてくれた。本人は口には出さないが嬉しそうな様子だったという。スクールカウンセラーも一度、自己紹介を兼ねてB男へ手紙を書いた。

2学期の終わり頃、B男が担任、スクールカウンセラーに会っても良いということで担任とともに家庭訪問した。B男は礼儀正しく挨拶し、少し緊張している様子だった。B男が元気かどうかを尋ね、B男が好きなゲームや遊びについて一緒に話し、B男に負担にならないよう、15分程度で切り上げた。その後、B男の方からまた話したいということで、3学期から週1回放課後の誰もいない時間に面談の時間を設けた。B男は、出来事はよく話すが、自分の気持ちや自分がどうしたいのかを伝えるのが苦手な印象だった。

4年生に進級し、最初の数日は登校したが、また行けなくなってしまった。しかし、週一回の面談には来室し、「放課後に担任の先生に宿題を届けに行きたい」「自分が学校に行けないことをお父さん、お母さんは怒っていそう」「相談室で話したことをお母さんや先生に伝えて欲しい（自分からは怖くて言えない）」等自分の気持ちやどうしたいのかを少しずつ話すようになった。そこで、教室へ行くことより、まずはB男が自分の気持ちを話すこと、自分がどうしたいのかを自分で決められるようになること、それを徐々にその相手に伝えられるようになることを目標とした。それが少しずつできるようになると、「図工の時間に参加してみる」「○曜日は2時間頑張ってみる」等、少しずつ教室へ向かうようになった。

6年生まで本人なりのペースでの登校だったが、中学は誰も自分のことを知らない新しい環境で頑張りたいと受験勉強に励み合格し、新たな環境で頑張っているとのことだった。

（3）児童虐待

スクールカウンセラーは、子どもが顔や体に痣《あざ》を作って登校するのを見たり、普段の何気ない会話のなかで虐待を疑われるような話を聞いたり、担任から相談されたり等、虐待問題に出会う機会がある。虐待を受けたと思われる児童を発見した際は通告の義務があり、それは守秘義務よりも優先される。

スクールカウンセラーは子どもとの会話のなかや様子で虐待を疑われる事例に出会った際、担任、養護教諭と情報共有し、管理職に報告・相談することが必要である。緊急を要し、帰宅させて大丈夫か判断に迷うときは、管理職から児童相談所に通告し、その後の対応は児童相談所と検討していくことになる。

事例③：目の周りに大きな痣を作って登校した小５女児

小学校４年生のときに転校してきたＢ子。気さくで明るい子ではあったが、友人トラブルが多く、友人のちょっとした言動や態度に過敏に反応し「てめー、うるせーんだよ！」「黙れ！」「消えろ！」等と強い口調で驚かすことがあり、怖がるクラスメートもいた。学習面でもつまずきが見られ、教員やスクールカウンセラーも気になる存在だった。

５年生になったある日、担任からＢ子についての相談があった。昨日顔に痣を作って登校し、担任がＢ子にどうしたのか尋ねると、「お父さんに殴られた」と話し、管理職に相談したが動いてくれず困っているとのことだった。また、Ｂ子にスクールカウンセラーに相談してみないかと促したところ、希望したため、面談をお願いしたいとのことだった。

Ｂ子の目の周りは赤く腫れあがり、とても痛々しいものだった。殴られたきっかけはＢ子がなかなか片づけをせず、それに父親が腹を立て殴られたとのことだった。Ｂ子に対する父親からの暴力がときどきあること、母親からも暴言を浴びせられていたこと、母親は日中も夜も遊びに出かけほとんど家にはおらず、家庭のことは父親がしていること、母親のことが大嫌いであるということが語られた。

スクールカウンセラーは、本人につらい出来事をよく話してくれたことを伝え、気持ちを受け止め、これからどうしていくのかをＢ子と一緒に話し合った。Ｂ子の意向を聞くと、家に帰りたくないこと、もう殴られたくないことが語られ、Ｂ子にその件を管理職や担任、養護教諭に伝えることの了解を得て、みんなでどうしていくかを考えること、みんなでＢ子を守っていくことを伝えた。

スクールカウンセラーは、面談後に管理職、担任、養護教諭にB子の状況と意向を報告し、管理職には通告の義務があることを伝え、管理職から児童相談所へ通告、相談してもらった。その後、児童相談所の面談で、B子の父親は育てにくかったこと、暴力を振るって後悔していること等が語られ、B子は検査によって発達に偏りがあることがわかった。

校内ではB子の状況を情報共有し、学校全体で見守っていく体制を整えた。また、B子だけでなく、保護者の状況も理解し、日頃から相談できる関係に築けるよう心がけた。

4 まとめ

多様化する児童の問題に対応するためには、スクールカウンセラーひとりで支援することには限界があり、保護者や教員との協力が必要不可欠である。また、場合によって外部の専門機関へつなげる必要もある。外部の専門機関へつなぐ場合、「子どもの様子や行動の観察 → 保護者や担任、前担任、専科の教員等からの情報収集 → 情報収集からアセスメント → アセスメント結果を保護者や教員に伝える → 外部の専門機関の協力が必要となれば専門機関の吟味（病院、療育、教育相談室、児童相談所等本人に適した機関はどこなのか、また家庭の経済状況や立地の考慮、本人・保護者とリファー先の性質と先生との相性の考慮等）→ そしてリファーする」という流れを作る必要がある。

どの問題においても、本人、保護者の意向を第一に尊重し、保護者、学校、スクールカウンセラーがそれぞれの立場で本人にどのような形で支援していくのか共通の認識をもちながら関わっていくことが大切である。

3節　予防的心理教育

1 スクールカウンセリングにおける予防的心理教育

前田（1995）は、引っ込み思案傾向や攻撃性の高さなどを要因に拒否される地位に陥ると、それが維持されやすいことを明らかにしている。そして、この

図 13-1　3段階の援助サービス（石隈, 1999）

ような地位に陥る子どもは社会性が未熟であるとも言われている。1990年前後のこのような研究から、学校現場においても予防・開発的な介入の必要性が叫ばれるようになった。わが国に「学校心理学」の考え方を導入した石隈（1999）は学校における心理臨床的援助を3段階に分類した（**図 13-1**）。このなかで、たとえばスクールカウンセラーに求められてきた役割は主として三次的援助である。しかし、スクールカウンセラーが学校現場に導入されて20年以上が経過しても、いじめや不登校など児童生徒の課題は一向に減少の兆しを見せない。これは、スクールカウンセラーのような専門家が一次的援助や二次的援助を積極的に行ってこなかったことが一つの要因ではないだろうか。実際、わが国において「臨床心理学」がタイトルに含まれる書籍を見ても、「予防」という介入について述べられているものは山口ら（2012）など数えるほどしかない。すなわち、スクールカウンセラーなどを志す心の専門家を育成する段階においても、予防的な介入方法の習得が十分に行われていない可能性がある。もちろん、スクールカウンセラーのみならず、学校の教職員も専門的な予防的介入の方法を知り、スクールカウンセラーなど心理臨床の専門家とチームを組んで現場に導入することができれば、より高い効果が期待できる。以下、社会性の育成という観点で活用できる**予防的心理教育**の手法を紹介する。

2 ソーシャル・スキル・トレーニング

わが国では1980年代から教育現場で導入され始めたが、特に2000年代に入って多くの実践報告がなされるようになった。ソーシャル・スキルを簡単に定義すると、「他の人との関係を円滑に築きそして維持するための考え方、感じ方、ふるまい方（渡辺, 2018）」ということができるだろう。このなかで児童生徒に未熟な部分を獲得できるように援助するのが**ソーシャル・スキル・トレーニング（SST）**である。

実際の介入方法としては、「①ターゲットスキルの設定」→「②インストラクション」→「③モデリング」→「④リハーサル」→「⑤フィードバック」→「⑥チャレンジ」と進んでいく（渡辺, 1996）。それぞれの段階を説明すると、「①ターゲットスキルの設定」では子どものソーシャルスキルについてアセスメントを行い、不足しているスキルやそのときに課題とされているスキルが何かを明らかにする。アセスメントの方法としては質問紙を用いて自己評定をさせたり他者（専門家や教師など）が評価する方法、行動観察、面接などが考えられる。「②インストラクション」とは言葉を用いて教示を行うことである。SSTで取り上げるスキルがなぜ必要とされるのか、そのスキルを身に付けることはどういう意味をもつのかなどの説明が行われる（宮前, 2007）。「③モデリング」は、実際にスキルをやって見せる段階である。寸劇にしたり、紙芝居や人形劇などSSTの対象となる子どもの年齢に合わせてモデルを示す。観察を通して子どもたちがスキルの重要性やスキルの中身に気づくことができるようにモデルを示さなくてはならない。「④リハーサ

①まず大学生が寸劇で課題場面を児童に見せ、②そのとき、どのような行動が好ましいか児童に考えさせる。それを発表してもらい、③実際に大学生と一緒にリハーサルする。

図13-2　小学校におけるSSTの実例

ル」はモデリングによって示したスキルを実際に子どもたちがやってみる段階である。モデリングの場面設定を使ってロールプレイをするなど、子どもたちが見たものをそのまま真似してみることでスキルを体験できるように工夫することが必要である。「⑤フィードバック」ではリハーサルの際に子どもたちがスキルを使えたことを褒めたり、さらによくするためにはどうしたらいいか子どもたちと一緒に考える段階である。宮前（2007）は「フィードバックを通じて、対人スキルを実際に使ってみようという気持ちを子どもたちが抱けるようにすることが大切」であるとしている。「⑥チャレンジ」は般化を目指して日常場面でスキルが使えるようにする段階である。そのために、子どもたちには「スキルを使ってみよう」という宿題を出したり、スキルについて教室に掲示を出したり、子どもがスキルを使えた場面で教師がそれを褒めるなどが必要である。SST はプログラムを実際に行った後にどれだけ日常場面でそのスキルを使えるように促すことができるかが大切な段階だといえる（前掲図 13-2）。

3 対人関係ゲーム

SST よりも、より自然な学校環境のなかで社会性の獲得を目指せる手法として期待できるのが**対人関係ゲーム**（田上, 2003）である。背景理論としては、社会的場面で起こる不安や緊張に対して身体反応を起こして楽しいという思いを経験できるようにすることで不安や緊張を起こりにくくするという「不安の逆制止」（図 13-3）であるが、社会的場面とされる集団に入ることや迎えること、集団を維持していくことには、お互いを受け入れることやその集団のなか

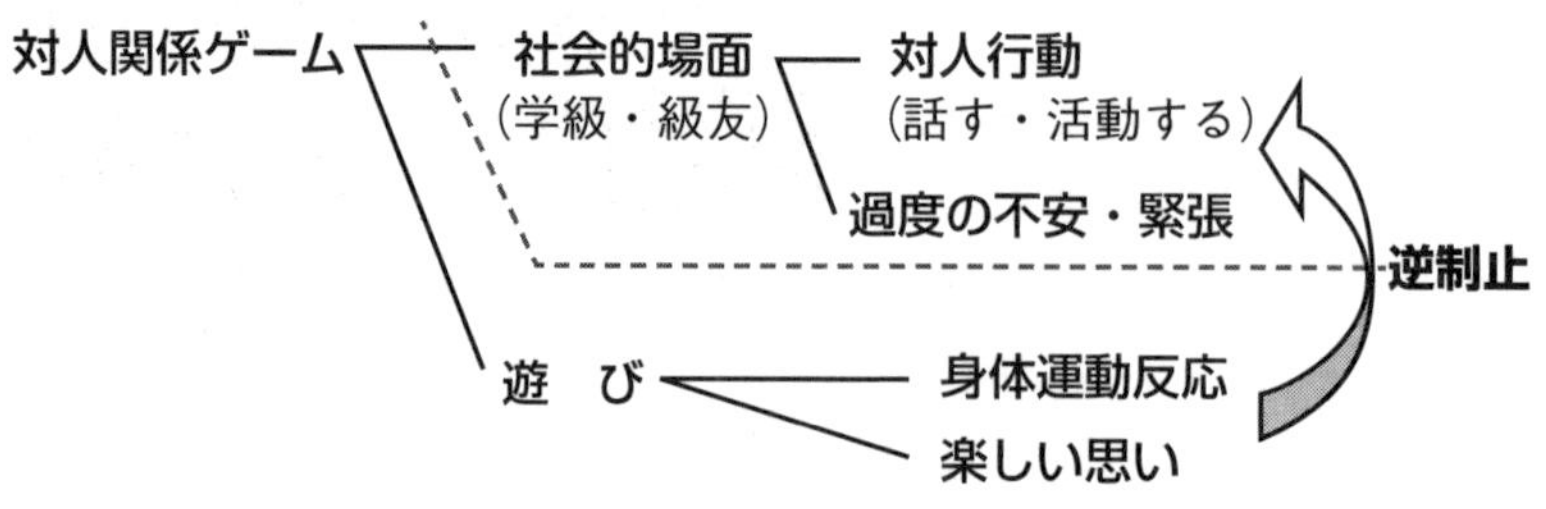

図 13-3 対人関係ゲームによる不安・緊張の逆制止（田上, 2003）

表 13-2　対人関係ゲームの具体例

〈誰の手ゲーム〉（関係づけ・心の交流）
４～５人程度のグループを作り、ひとりが目隠しをする。そのほかの人は目隠しをしている人と順番に握手をする。全員が握手をしたら、目隠しをしている人は握手をした順番を当てる（図 13-4）。
〈ワープスピード〉（集団活動）
15 人程度のグループを作る。グループに風船を一つ渡し、グループ全員が１回ずつ両手で風船を触って次の人に渡すようにして１周させる。途中で風船が落ちてしまったら、もう一度最初からやり直しとなる。できるだけ早く１周できるように、グループで順番や作戦を考える。１度成功したら、より早いタイムで１周できるようにチャレンジする（図 13-5）。
〈じゃがいも（さつまいも）物語〉（折り合い）
４人一組になる。全員がじゃがいもを一つずつ手元にもち、そのイモを見ながら物語を書く。４人がそれぞれ誕生・成長・現在・未来のテーマで独自の物語を作り、グループのなかで披露する。その後、４人の物語を一つの物語に統合させて、誕生から未来までのじゃがいも物語を作り上げる。筆者の実践では学校で育てたさつまいもで代用して実施した（図 13-6）。

図 13-4　誰の手ゲーム

図 13-5　ワープスピード

図 13-6　さつまいも物語

でそれぞれが役割を果たすスキルが求められる。対人関係ゲームではそれらをゲームという活動のなかで体験的に学ぶことができる。

実際のプログラムは複数回にわたって実施し、個人の不安・緊張の度合いや社会性の程度、集団の育ちなどを考慮しながらどのような活動（ゲーム）を採用するか考えなければならない。基本的な順序性としては「集団参加を個人が調整できるものから始める」「運動量の多いものから始める」「楽しいゲーム性の高いものから始める」「関わりの質と量を段階的に高める」「段階的に高度な社会的スキルを導入する」の５点を意識することが求められる。

プログラムとして導入されるゲームには、①関係をつけるゲーム（身体運動反応や楽しい感情によって不安や緊張を緩和し、ほかの人との関係しやすさを作り出す）、②他者と心を通わすゲーム（少人数で相手の心にふれることを目指す）、③集団活動の楽しさを実感するゲーム（集団としての一体感を体験する）、④他者と折り合いをつけるゲーム（それぞれのもつ思いに折り合いをつけながら目標を達成することを目指す）、⑤集団の構造・役割分担を体験するゲーム（集団として目標をもち、メンバーの役割意識と集団としての一体感を体験する）の五つが想定されている。このなかで②〜④はSSTのような要素を含んだ集団体験であり、⑤はその集大成としてより高度なスキルを発揮して目標達成を目指すものである。

このプログラムを中学生に対して継続的に実施することで、不適応傾向の上昇を抑えることができたという実践報告（高橋, 2009）もある。対人関係ゲームによって他者と関わる不安や緊張が抑制されただけでなく、体験的にスキルを学ぶことによって他者と関わることに対する自信が生まれ、結果として不適応感の上昇が抑えられたのではないだろうか。

4　構成的グループエンカウンター

國分・片野（2001）によると、**構成的グループエンカウンター**（SGE）は「ふれあい」（リレーション）と「自己発見」のための技法と定義される。ここでの「ふれあい」とはホンネとホンネの交流（感情交流）のことであり、自分のホンネに気づく、気づいたホンネを表現・主張する、他者のホンネを受け入れるということである。「自己発見」とは自己盲点に気づき、それを克服することであり、自己盲点とはまわりの人は気づいているが自分は気づいていない自分自身のこととされている。これらを達成するために、SGEではエクササイズによるグループ体験とシェアリングによるメンバー相互の感情と思考と行動の共有体験を核としている。近年ではレクリエーション的なグループワークを「エンカウンター」と称して実施されるものもあるが、厳密にはそれはSGEではない場合が多い。

前述のようにSGEのプログラムは大きく二つの内容に分かれる。一つがエクササイズで、もう一つがシェアリングである。エクササイズではホンネとホンネの交流を促進するよう、①自己理解、②自己受容、③自己表現・主張、④感受性、⑤信頼体験、⑥役割遂行と、それぞれのねらいに合わせたプログラムが組まれる。國分・片野（2001）は、われわれは自分のホンネに気づいたり、そのホンネを主張したり、他者のホンネを受け入れることが困難なため、徐々にホンネとホンネの交流を促進する媒体としてエクササイズが使用されるとしている。シェアリングは、エクササイズに取り組んでみて、「感じたこと気づいたこと」を共有する時間である。エクササイズの後に15分程度で行われるものとエクササイズと同じ時間すべてをシェアリングに当てるものがあるが、シェアリングは「構成的グループ・エンカウンター（SGE）のなかで、エクササイズと同じかそれ以上の比重をもつ（國分・片野, 2001）」とされている。シェアリングによって体験や感情を共有することで自己理解と他者理解が促進されるので、たとえ学校などでSGEを導入して時間がないときでも、ふりかえり用紙を用意するなどして参加者に記述を求め、それを次回の導入に活用するなどしてシェアリングを行うようにすることでSGEの大切な要素を体験することができる。

≪文献≫

石隈利紀 (1999). 学校心理学―教師・スクールカウンセラー・保護者のチームによる心理教育的援助サービス―　誠信書房

伊藤美奈子 (2013). スクールカウンセリングの新たなパラダイム, 臨床心理学, **13**(5), 605-608.

経済産業省 (2006). 社会人基礎力〔https://www.meti.go.jp/policy/kisoryoku/index.html〕
國分康孝・片野智治 (2001). 構成的グループ・エンカウンターの原理と進め方—リーダーのためのガイド— 誠信書房
厚生労働省 (2017). 保育所保育指針 フレーベル館
前田健一 (1995). 仲間から拒否される子どもの孤独感と社会的行動特徴に関する短期縦断的研究 教育心理学研究, **43,** 256-265.
宮前義和 (2007). 集団 SST による教育の実際 小林正幸・宮前義和 (編) 子どもの対人スキルサポートガイド—感情表現を豊かにする SST— 金剛出版
文部科学省 (2013). スクールカウンセラー等の配置箇所数、予算の推移
文部科学省 (2015a). チームとしての学校の在り方と今後の改善方策について (チームとしての学校・教職員の相方に関する作業部会中間まとめ)
文部科学省 (2015b). 公立小学校・中学校の適正規模・適正配置等に関する手引き—少子化に対応した活力ある学校づくりに向けて—
文部科学省 (2016). 幼児教育部会における審議のとりまとめ〔https://www.mext.go.jp/b_menu/shingi/chukyo/chukyo3/057/sonota/__icsFiles/afieldfile/2016/09/12/1377007_01_4.pdf〕
文部科学省 (2017). 幼稚園教育要領 フレーベル館
村瀬嘉代子監修・東京学校臨床心理研究会編 (2013). 学校が求めるスクールカウンセラー アセスメントとコンサルテーションを中心に 遠見書房
村山正治 (2010). スクールカウンセラー事業の実態と課題ーデータとともに見るー , 教育と医学, **58**, 430-437.
内閣府・文部科学省・厚生労働省 (2017). 連携型認定こども園教育・保育要領 フレーベル館
田上不二夫 (編著) (2003). 対人関係ゲームによる仲間づくり—学級担任にできるカウンセリング— 金子書房
高橋淳一郎 (2009). 対人関係ゲームによる中学生への介入効果 (6)—３年間の介入が不適応感に及ぼす影響— 日本発達心理学会第 20 回大会発表論文集, 519.
内田俊広・内田順子 (2011). スクールカウンセラーの第一歩 創元社
渡辺弥生 (1996). ソーシャル・スキル・トレーニング 講座サイコセラピー 11 日本文化科学社
渡辺弥生 (2018). ソーシャルスキルトレーニングの“これまで”と“これから”—介入に予防に，そして教育へと—, 日本学校心理士会年報, **10**, 25-32.
山口勝己・鈎 治雄・久野晶子・高橋早苗・李 和貞 (編著) (2012). 子どもと大人のための臨床心理学 北大路書房

索 引

あ行

愛情表現 86
愛他的行動 63
愛的な恋愛 87
愛着（attachment） 8, 58
アイデンティティ 41
アイデンティティ・ステイタス 75
アイデンティティのための恋愛 85
アタッチメント（愛着）障害 116
adolescence 71
アンダー・アチーバー 53
いじめ 56, 121, 141, 202
いじめ防止対策推進法 141
石隈利紀 210
一語文期 26
一次性夜尿症 120
遺伝子 DNA 167
遺伝子病 171, 172
遺尿症 120
入り混じった感情 47
ウィリアムズ症候群 171-180
ウェクスラー（Wechsler, D.） 163
ウェクスラー式検査 192
うつ病 121
運動障害 175
運動性チック 119
エインズワース（Ainsworth, M.） 10
エプステイン（Epstein, H. T.） 162, 169
エリクソン（Erikson, E. H.） 37, 73
LDの定義 111
援助行動 63
エントレインメント 8
オーバー・アチーバー 53
汚言症（コプロラリア） 119
親からの自立 79, 92
親子関係 90
母娘関係 97
親子関係の変化 74
音声チック 119

か行

外的報酬 63
概念的知識体系 36
外発的動機づけ 53
加害者 144
可逆性の理解 39
学習のユニバーサルデザイン 186
過剰適応 126
過食症 123
家族 89
家族機能不全 132
感覚 175
観察者間一致率 191
観衆 144
感情と表現の発達 45
危機 75
気質 33
吃音 120
寄付行動 63
気分の落ち込み 121
虐待する親 138
客観的思考 37
ギャング・グループ 61
9、10 歳の壁 52
吸啜反射 14, 21
共感性 64-66
共感的理解 62
きょうだい関係 97
協調運動 113
共同注意 20, 30
共同注視の障害 109
強迫観念 126
強迫行為 126
強迫性障害 121
共鳴動作 8
局在論 165
拒食症 123
勤勉性 43
具体的操作期 38, 48, 51
形式的操作期 38, 39, 51
継次処理 193
軽度発達障害 105, 106
系列化操作 38
結果論的な判断 55
限局性学習傷害 111
語彙爆発 27
好感・愛着 59
向社会的行動 62-64
向社会的判断 64-66
構成的グループエンカウンター（SGE） 214
拘束の理論 41
行動観察法 188
行動情動障害 176
合理的配慮 186
國分康孝 214
互恵性 63
心の理論の障害 109
個人間差 193

個人内差 193
個性をもった唯一の存在 60
子ども虐待 130-134
子どものうつ 122
個別式知能検査 192
コミュニケーションの手段 86
コールバーグ (Kohlberg, L) 56

さ行

サヴァン症候群 180, 181
坂井聖二 131, 133, 135
三項関係 20, 30
3段階の援助サービス 208
実行（遂行）機能の障害 109
自己概念の基礎 43
自己決定理論 53
自己主張 29
自己統制 29
自己抑制 29
思春期 44, 71
自傷行為 121, 127
児童虐待 208
自閉症スペクトラム障害 108
自閉性精神病質 108
社会化 57
社会人基礎力 201
社会的参照 20
社会的微笑 18
社交不安障害 124
自由への理論 41
純粋性 62
症候群（syndrome） 172, 176
少年非行 154
初期対応 145
初語 20, 26
集団的協同 59
純粋性 62
自律的判断 56
新型うつ病（非定型うつ病） 123
神経画像研究 179
新生児模倣 8
身体的虐待 134
身体的ネグレクト 135
身体的暴行による虐待 131
身体の変化 73
心的ルール 58
心理教育的アセスメント 184
心理的虐待 135
心理的自立 93
心理的変化 74
心理的離乳 92
親友 80
随意運動 15
睡眠障害 175
スキャモンの発育曲線 13
スクールカウンセラー 146, 202
ストレンジ・シチュエーション法 10, 47
性 85
性行動 85
生産性 対 劣等感 43
脆弱X症候群 179
性的虐待（Sexual Abuse） 131, 136-138
青年期 73
青年の自立 96
生理的早産 6
生理的微笑 17
積極的関与 75
摂食 175
摂食障害 97, 121, 123
選好注視法 17
全体論 165
選択性緘黙 116
選択的な友人関係 81
早期幼児自閉症 108
相互的接近 59
操作的定義 191
ソーシャル・スキル・トレーニング（SST） 210
ソシオメトリック・テスト 59
粗大運動 15, 113
尊敬・共鳴 59

た行

ターナー症候群 179
対人関係ゲーム 212
ダイナミック・アセスメント 186
第二次性徴 71
第二反抗期 96
代理ミュンヒハウゼン症候群 139
ダウン症候群 179
田上不二夫 212
脱中心化 38
タテの関係 78
他律的判断 56
チック症 119
知的遅れのない発達障害 104-106
知的リアリズム 50
知能 162, 167
知能指数（IQ） 162, 163, 169, 192
チャム・グループ 61, 79
注意欠陥 / 多動性障害 106, 107
注意欠如・多動性障害 106, 107, 174
中1ギャップ 151
中枢性統合の障害 109
長所活用型指導 186
ディーコン（Deacon, T. W.） 173, 177, 178
DSM-5 118
デートDV 87
適応障害 125

適切なずれ　169
手の掌紋（皮膚紋理）　178
同一性　73
同一性 対 同一性の拡張　73
動機論的な判断　56
同時処理　176, 193
トゥレット症　119
ドクター・ショッピング　140
友だち親子　97
トラウマ　135

な行

内的作業モデル　12, 58
内的報酬　63
内発的動機づけ　53
仲間をモデル　60
二項関係　30
二次性夜尿症　120
尿失禁症　120
認知障害　175
脳と行動の関係の仮説　179

は行

ハヴィガースト（Havighurst, R. J.）　37, 39
初恋　83
発達課題　41
発達障害　104-106, 204
発達性協調運動障害　113
発達的な危機　42
抜毛症　121
パニック障害　121, 125
パニック発作　125
反響言語（エコラリア）　119
反抗期　74
反射運動　14
ハント（Hunt, J. M.）　167-169
反復言語（パリラリア）　119
ピア・グループ　61, 80
ピアジェ（Piaget, J.）　iii, 20, 23, 37, 48, 51, 164
被害者　144
被害者のケア　146
被虐待児　133, 138
被虐待児症候群　130
非行少年　154
微細運動　15, 113
微細脳障害　105
人見知り　9
ビネー式検査　192
皮膚紋理（手の掌紋）　178
表現すること　45, 46
広場恐怖　125
不安障害　118
ファンツ（Fantz, R. L.）　16
不登校　60, 118, 124, 142, 148, 202
不登校のタイプ　151
不変性　73
フレノプリシス（精神急成長説）　162
分配行動　63
分離不安　117
ヘッブ（Hebb, D. O.）　164
ベビーシェマ　7
ボウルビィ（Bowlby, J.）　9, 130
母子関係先行仮説　58
保存　39
puberty　71
ホフマン（Hoffman. J.）　93
ホリングワース（Hollingworth, L. S.）　92
ポルトマン（Portmann, A.）　6

ま行

見えない虐待　96
無条件の積極的関心　62
メタ認知　51
問題行動調査　142, 148

や行

役割取得　65
役割取得の萌芽　9
役割知覚の逆転　139
夜尿症　120
友人構造の二重化　81
指さし　20
養育の放棄・拒否による虐待（Neglect）　131, 135
幼児期の終わりまでに育ってほしい姿　201
妖精（ピクシー）顔貌　173
予期不安　125
ヨコの関係　59, 78
予防的心理教育　210
４層構造　144

ら行

理解すること　45, 46
理想像　71, 74
領域特殊理論　56
レット症候群　179
恋愛感情　83
連続性　73
ローレンツ　7

わ行

ワッセルマン（Wassermann, G.）　164, 166

編著者紹介

■ 編著者

次良丸睦子《じろうまるむつこ》【はじめに，第 8 章，第 10 章，第 11 章，コラム 7】前聖徳大学人文学部

五十嵐一枝《いがらしかずえ》【序章，第 6 章】国立病院機構東京医療センター

相良《さがら》　順子《じゅんこ》【第 2 章，第 3 章 2 節，コラム 2，コラム 3】聖徳大学教育学部

芳野《よしの》　道子《みちこ》【第 3 章 1 節，3 節，コラム 4】前武蔵野短期大学幼児教育学科

髙橋淳一郎《たかはしじゅんいちろう》【第 4 章，第 7 章 2 節，第 9 章，第 13 章 1 節，3 節，コラム 5，コラム 6】
国際学院埼玉短期大学幼児保育学科

■ 著　者

東原《ひがしばら》　文子《ふみこ》【第 12 章】聖徳大学教育学部

菊地《きくち》　一晴《かつはる》【第 1 章，コラム 1】聖徳大学教育学部

藤原《ふじわら》あやの【第 5 章】聖徳大学教育学部

渕澤《ふちざわ》　紫苑《しおん》【第 7 章 1 節，第 13 章 2 節】前スクールカウンセラー

現代《げんだい》の子《こ》どもをめぐる発達《はったつ》心《しん》理《り》学《がく》と臨床《りんしょう》

2021年5月10日　初版第1刷発行
2023年4月 1 日　　　第3刷発行

編著者　次良丸睦子・五十嵐一枝・相良順子・芳野道子・髙橋淳一郎
発行者　宮下基幸
発行所　福村出版株式会社
〒113-0034　東京都文京区湯島2-14-11
電話 03-5812-9702　FAX 03-5812-9705
https://www.fukumura.co.jp
印　刷　株式会社文化カラー印刷
製　本　協栄製本株式会社

ISBN978-4-571-23064-6　C3011　Printed in Japan